Frank Rex
Hans-Gerd Heßling

Gefahrgut Straße

Ausbildung der Fahrzeugführer gemäß ADR 2019

Aufbaukurs Tank

14. Auflage
Bestell-Nr. 11116

VERKEHRSVERLAG FISCHER

Autoren:

Frank Rex, Hildesheim
Hans-Gerd Heßling, Bad Bentheim

ISBN 978-3-87841-867-2 · Bestell-Nr. 11116

Herstellung und Vertrieb:

VERKEHRSVERLAG FISCHER

Verkehrs-Verlag J. Fischer GmbH & Co. KG,
Corneliusstraße 49, D-40215 Düsseldorf

Telefon: +49 (0)211 9 91 93-0
Telefax: +49 (0)211 9 91 93-27
E-Mail: vvf@verkehrsverlag-fischer.de
Internet: www.verkehrsverlag-fischer.de
www.gefahrzettel24.de

Vertrieb für Österreich:

VERKEHRSVERLAG MEIXNER

A-7000 Eisenstadt,
Sandgrubweg 2

Telefon: +43 (0)2682 2 10 07
E-Mail: office@marktplatz-meixner.at
Internet: www.marktplatz-meixner.at

Bitte beachten Sie, dass trotz größter Sorgfalt bei der Erstellung dieser Broschüre k e i n e Gewähr für die Richtigkeit übernommen werden kann.

Verbesserungen nehmen wir dankend entgegen.

Vorwort

Dieser Praxisratgeber **„Ausbildung der Fahrzeugführer gemäß ADR 2019 – Aufbaukurs Tank“** wurde auf der Grundlage des neuen Rahmenlehrplanes „Aufbaukurs Tank“, nach den Vorgaben des Deutschen Industrie- und Handelskammertages (DIHK), den aktuellen Anforderungen des **ADR 2019** angepasst.

Er ergänzt den durch Sie bisher erworbenen Basiskurs zum Themensektor „Aufbaukurs Tank“, damit Sie in der Lage sind, nach bestandener Prüfung auch Tankbeförderungen von Gefahrgütern durchführen zu können.

Im Rahmen der Überarbeitung wurde dieses Werk noch mehr auf die Praxis, aber auch auf die Anforderungen des Deutschen Industrie- und Handelskammertages (DIHK) ausgerichtet.

Farbige Markierungen weisen neben **Texthervorhebungen** auf wichtige Passagen hin, die sowohl prüfungsrelevant als auch für die Praxis wissenswert sind.

Nach jedem Kapitel gibt es einen umfangreichen Testfragenkomplex, der Ihnen die Möglichkeit einer optimalen Prüfungsvorbereitung einräumt.

Dieses Lehrbuch kann auch für erfahrene Tankfahrzeugführer eine Hilfe bei der Bewältigung der täglichen Gefahrgutprobleme sein. Hierbei helfen auch die eingefügten Tabellen, Abbildungen und Wandtafelübersichten.

Wir wünschen Ihnen ein angenehmes Erarbeiten der umfangreichen aber auch interessanten Materie und einen erfolgreichen Abschluss Ihres Lehrgangs!

Für Verbesserungsvorschläge sind wir jederzeit offen.

Frank Rex und
Hans-Gerd Heßling

Hildesheim / Bad Bentheim
im Dezember 2019

Inhalt

Seite

Abkürzungsverzeichnis

A

Abs.	Absatz
ADR	Europäisches Übereinkommen über die internationale Beförderung gefährlicher Güter auf der Straße (Accord européen relatif au transport international des marchandises dangereuses par route)
AT	Fahrzeug zur Beförderung gefährlicher Güter in Tanks, soweit es nicht zu der Kategorie FL gehört; ein Batterie-Fahrzeug mit einem Gesamtfassungsraum > 1 m^3, das kein Fahrzeug FL ist

B

BAG	Bundesamt für den Güterverkehr
bzw.	beziehungsweise

C

°C	Grad Celsius
cm	Zentimeter

D

d. h.	das heißt

E

EBA	Eisenbahn-Bundesamt
EG	Europäische Gemeinschaft
EN	Europäische Norm
evtl.	eventuell

F

FL	Fahrzeug zur Beförderung flüssiger Stoffe mit einem Flammpunkt von höchstens 60 °C oder entzündbarer Gase; ein Batterie-Fahrzeug mit einem Gesamtfassungsraum > 1 m^3 zur Beförderung entzündbarer Gase.

G

GGAV	Verordnung über Ausnahmen von den Vorschriften über die Beförderung gefährlicher Güter (Gefahrgut-Ausnahmeverordnung)
GGBefG	Gesetz über die Beförderung gefährlicher Güter (Gefahrgutbeförderungsgesetz)
ggf.	gegebenenfalls
GGVSEB	Verordnung über die innerstaatliche und grenzüberschreitende Beförderung gefährlicher Güter auf der Straße, mit Eisenbahnen und auf Binnengewässern (Gefahrgutverordnung Straße, Eisenbahn und Binnenschifffahrt)
GHS	Global harmonisiertes System zur Einstufung und Kennzeichnung von Chemikalien (**G**lobally **H**armonized **S**ystem of Classification and Labelling of Chemicals)
GDWS	Generaldirektion für Wasserstraßen und Schifffahrt

I

IBC	Großpackmittel (Intermediate Bulk Container)
ICAO	Internationale Zivilluftfahrtbehörde (International Civil Aviation Organisation)
IHK	Industrie- und Handelskammer
IMDG-Code	Internationaler Code für die Beförderung gefährlicher Güter mit Seeschiffen
inkl.	inklusive
i. V. m.	in Verbindung mit

K

kg	Kilogramm

L

l	Liter
Lkw	Lastkraftwagen
LQ	begrenzte Mengen (limited quantities)

M

m	Meter
m^2	Quadratmeter
m^3	Kubikmeter
MEGC	Gascontainer mit mehreren Elementen
MEMU	Mobile Einheit zur Herstellung von explosiven Stoffen oder Gegenständen mit Explosivstoff (**M**obile **E**xplosives **M**anufacturing **U**nit)

N

n. a. g.	nicht anderweitig genannt
Nr.	Nummer

O

o. ä.	oder ähnlich
o. g.	oben genannt

R

RSEB	Richtlinien zur Durchführung der Gefahrgutverordnung Straße, Eisenbahn und Binnenschifffahrt (GGVSEB) und weiterer gefahrgutrechtlicher Verordnungen (Durchführungsrichtlinien-Gefahrgut)

S

StGB	Strafgesetzbuch
StVO	Straßenverkehrs-Ordnung
StVZO	Straßenverkehrs-Zulassungs-Ordnung

T

t	Tonne
TU	Sondervorschrift für die Verwendung von Tanks

U

u. a.	unter anderem, und andere
UN	Vereinte Nationen (United Nations)
UN-Nummer	Nummer der Vereinten Nationen (zur Identifizierung von Gefahrgut)
u. U.	unter Umständen

V

VG	Verpackungsgruppe
Vol.	Volumen

Z

z. B.	zum Beispiel

Einführung in den Aufbaukurs Tank

Der Basiskurs hat ein umfangreiches allgemeines Wissen für die Beförderung gefährlicher Güter auf der Straße vermittelt. Die Beförderung in Tanks erfordert darüber hinaus die Beachtung einiger Besonderheiten, sowohl hinsichtlich der Vorschriften als auch der Fahrzeugtechnik und des Fahrverhaltens der Fahrzeuge. Deshalb sieht das ADR für die betroffenen Fahrzeugführer eine besondere Schulung vor.

Aufbaukurs Tank

→ *8.2.1.3 ADR*

Danach müssen

- Führer von Fahrzeugen, mit denen gefährliche Güter in festverbundenen Tanks oder Aufsetztanks mit einem Fassungsraum von mehr als 1 m^3 befördert werden,
- Führer von Batterie-Fahrzeugen mit einem Gesamtfassungsraum von mehr als 1 m^3 und
- Führer von Fahrzeugen, mit denen gefährliche Güter in Tankcontainern, ortsbeweglichen Tanks oder MEGC mit einem Einzelfassungsraum von mehr als 3 m^3 auf einer Beförderungseinheit befördert werden,

an einem Aufbaukurs für die Beförderung in Tanks mit Erfolg teilgenommen haben.

Der Aufbaukurs Tank setzt dabei die Kenntnisse des Basiskurses voraus und enthält in der Regel nur die Besonderheiten und Ergänzungen für Beförderungen in Tanks.

Begriffsdefinitionen

→ *1.2.1*

Die im Buch erwähnten Bezeichnungen für die unterschiedlichen Arten von Tanks werden im Kapitel 4.1 dieses Buches näher erläutert. Sie sind auch im ADR in Abschnitt 1.2.1 und in Kapitel 6.7 zu finden.

Kursplan
„Aufbaukurs Tank“
für die Ausbildung der Gefahrgutfahrer/-innen*) nach Kapitel 8.2 ADR

(*) Zur besseren Lesbarkeit wird im gesamten Text ausschließlich die männliche Form verwendet, gemeint sind aber alle, unabhängig vom Geschlecht.)

Erläuterungen

Diese Schulung „Aufbaukurs Tank“ müssen Fahrzeugführer*) von

- Fahrzeugen, mit denen gefährliche Güter in Tankcontainern, ortsbeweglichen Tanks oder MEGC deren Einzelfassungsraum 3 m³ übersteigt, befördert werden,
- Fahrzeugen, mit denen gefährliche Güter in festverbundenen Tanks oder Aufsetztanks mit einem Fassungsraum von mehr als 1 m³, befördert werden,
- Batterie-Fahrzeugen mit gefährlichen Gütern mit einem Gesamtfassungsraum von mehr als 1 m³,

absolvieren.

Im Mittelpunkt dieses Kurses stehen die Pflichten und Verantwortlichkeiten der **Fahrzeugführer,** die diesen Kurs absolvieren müssen. Die Vermittlung von speziellen Kenntnissen für Klasse 1 oder 7 ist nicht Gegenstand dieses Kurses – soweit diese Klassen jedoch in Tanks befördert werden, ist dieser Kurs ebenfalls zu absolvieren.

Der Kursplan ist verbindlich für die Durchführung des Unterrichtes. Die Lerninhalte sowie die methodisch-didaktischen Anforderungen sind zwingend einzuhalten.

Das angesprochene **„Wissen“** verlangt vom Teilnehmer*) einen allgemeinen, aber systematischen Überblick zum Unterrichtsinhalt ohne vertiefte Fachkenntnisse.

Das angesprochene **„Kennen“** verlangt vom Teilnehmer*) die genaue Kenntnis eines Sachverhalts, die ihn zu einer zutreffenden Beschreibung befähigt. Der Teilnehmer*) soll ausführlich mit dem Unterrichtsinhalt vertraut gemacht werden.

Der **Umfang** des Kurses muss mindestens 12 Unterrichtseinheiten Theorie und mindestens eine Unterrichtseinheit Praxis betragen. Der konkrete Zeitansatz für die Praxis ist abhängig von der Anzahl der an der Schulung teilnehmenden Fahrzeugführer. Die **Praxisanteile** sind im Themensektor 4 vorzusehen. Die bei den einzelnen Themensektoren angegebenen **Unterrichtszeiten** sind Richtwerte, im Unterrichtsplan sind die beabsichtigten Zeitansätze auszuweisen. Ausbildungsfilme dürfen maximal 25 % der im jeweiligen Themensektor vorgesehenen Zeit umfassen.

Eine **Unterrichtseinheit** umfasst 45 Minuten. Pausen sind im Unterrichtsplan ausreichend zu berücksichtigen.

Auf die Angabe der Zusätze **„Teil, Kapitel, Abschnitt etc.“** sowie auf den Zusatz **„ADR“** wird verzichtet.

1. Themensektor: Allgemeine Vorschriften

Unterrichtseinheiten: –

	Groblernziel	Feinlernziel	Lerninhalt	methodisch-didaktische Anforderungen
	Der Fahrzeugführer soll ...	Der Fahrzeugführer soll ...		
	nicht belegt			

2. Themensektor: Allgemeine Gefahreneigenschaften

Unterrichtseinheiten: –

	Groblernziel	Feinlernziel	Lerninhalt	methodisch-didaktische Anforderungen
	Der Fahrzeugführer soll ...	Der Fahrzeugführer soll ...		
	nicht belegt			

3. Themensektor: Dokumentation

Unterrichtseinheiten: 1

	Groblernziel	Feinlernziel	Lerninhalt	methodisch-didaktische Anforderungen
	Der Fahrzeugführer soll ...	Der Fahrzeugführer soll ...		
3.1	– wissen, welche zusätzlichen Papiere bei Tanktransporten mitzuführen sind	– kennen, in welchen Fällen eine Zulassungsbescheinigung bzw. eine Bescheinigung über die Prüfung mitzuführen ist	– 8.1.2.2 a), 9.1.2, 9.1.3 – 6.8.2.4.5 i.V.m. 1.6.3.41 – (§ 28 GGVSEB)	– Vorlage und Erläuterung einer Zulassungsbescheinigung und einer Bescheinigung über die Prüfung für Aufsetztanks
		– mit Hilfe der ADR-Zulassungsbescheinigung bzw. der Bescheinigung über die Prüfung ermitteln können, welche Güter (Tankcodierung, Stoffe/Stoffgruppen) mit dem betreffenden Beförderungsmittel transportiert werden dürfen	– 4.3.3.1.1, 4.3.4.1.1 (Tankcodierung) – 4.3.3.2.5, 4.3.4.1.2 (Zuordnung von Stoffgruppen) – 9.1.3.3 (Eintrag 10.2 der ADR-Zulassungsbescheinigung)	
		– die Gültigkeitsdauer kennen und wissen, dass es Besonderheiten bei der Verlängerung gibt	– 9.1.3.4, Nr. 9-4 RSEB	
3.2	– wissen, welche besonderen Angaben das Beförderungspapier bei Tanktransporten zu enthalten hat	– feststellen können, ob das Beförderungspapier die vorgeschriebenen Angaben enthält	– 5.4.1.1 (allgemeine und besondere Angaben für beladene Tanks und leere, ungereinigte Tanks) – 5.4.1.2.2 a) und d) – 5.4.1.2.3, 5.4.1.2.4 – 3.3 (SV 220, 623, 640, 664)	– Vorlage und Erläuterung verschiedener Beförderungspapiere für Tanktransporte
3.3	nicht belegt			
3.4	nicht belegt			

4. Themensektor: Fahrzeug- und Beförderungsarten, Umschließungen, Ausrüstung

Unterrichtseinheiten: 4

	Groblernziel	Feinlernziel	Lerninhalt	methodisch-didaktische Anforderungen
	Der Fahrzeugführer soll ...	Der Fahrzeugführer soll ...		
4.1	– wissen, dass es unterschiedliche Tanks gibt	– die Begriffe Tank, Aufsetztank, festverbundener Tank, Tankcontainer, „Elemente eines Batterie-Fahrzeuges", ortsbeweglicher Tank, MEGC, Fassungsraum eines Tankkörpers oder eines Tankkörperabteils kennen	– 1.2.1	– Visuelle Darstellung
		– die Bauformen von Tanks und deren Verwendung für einzelne Gefahrgüter kennen	– z. B. Einkammer-, Mehrkammer- und Mehrproduktentanks, Zylindertank, Koffertank, isolierter Tank, Saug-Druck-Tank	– Verweis auf konkrete Anwendungsbereiche der einzelnen Arten
		– wissen, dass es Tankcodierungen und eine Tankhierarchie gibt	– 4.2 und 4.3	
		– wissen, dass es eine Tankakte gibt	– 4.3.2.1.7	
		– wissen, dass es unterschiedliche Prüffristen und Ausnahmen bzw. Besonderheiten gibt	– 6.7, 6.8, 6.10.4, 4.2.5.3 (TP10), 4.3.2.3.7, 4.3.5 (TU43)	
4.2	– wissen, dass es unterschiedliche Beförderungseinheiten mit Tanks gibt	– die Tankfahrzeuge (Fahrzeuge mit festverbundenen Tanks, Batterie-Fahrzeuge), Trägerfahrzeuge für Aufsetztanks, Tankcontainer, ortsbewegliche Tanks und MEGC, Saug-Druck-Tankfahrzeuge, sowie Zugfahrzeuge kennen	– 1.2.1 – 9.1.1.2	– Visuelle Darstellung der Verwendungsarten von Tankfahrzeugen
4.3	– wissen, dass es klassenspezifische Besonderheiten von Ausrüstungen unterschiedlicher Tanks und deren Träger- und Zugfahrzeugen gibt	– die Tankausrüstung kennen	– 6.7 bis 6.10 – Additivierungseinrichtungen – SV 664	– Demonstration an einer Beförderungseinheit (Tankfahrzeug oder Trägerfahrzeug mit Aufsetztank), die für die Beförderung von Gefahrgut zugelassen ist, für die eine ADR-Zulassungsbescheinigung vorgeschrieben ist und in gültiger Form vorliegt
		– die speziellen Sicherheitseinrichtungen für einzelne Gefahrklassen an Tanks, Tank-, Träger- und Zugfahrzeugen kennen	– 9.2 und 9.7 – Inertisieren; Sondervorschriften (4.3.5) – 4.3.2.3.3 (insbesondere Gaspendeln) – 4.3.2.3.4 – Absperreinrichtung – Sondervorschriften (4.2.5.3)	– Erläuterung von Tankfahrzeugen, die nicht in der Praxis gezeigt wurden, mit Hilfe von Arbeitsblättern, System- und Prinzipzeichnungen oder anderen visuellen Hilfsmitteln

5. Themensektor: Kennzeichnung, Bezettelung und orangefarbene Tafeln

Unterrichtseinheiten: 1

	Groblernziel	Feinlernziel	Lerninhalt	methodisch-didaktische Anforderungen
	Der Fahrzeugführer soll ...	Der Fahrzeugführer soll ...		
5.1	– wissen, welche Vorschriften für Kennzeichnung und Bezettelung gelten	– die Fahrzeuge und die Tanks kennen, die zu kennzeichnen sind	– 5.1.3.1 – 5.3.3 – 5.3.6	
		– die Fahrzeuge und die Tanks kennen, die zu bezetteln sind	– 5.1.3.1 – 5.3.1	– Anhand von Großzetteln (Placards), Kennzeichen und visuellen Darstellungen verschiedene Bezettelungen und Kennzeichnungen erläutern
		– die Stellen und die vorschriftengemäße Bezettelung mit Großzetteln (Placards) und Kennzeichen an Fahrzeugen und Tanks kennen	– 5.3.1 – 5.3.3 – 5.3.6	
5.2	– wissen, welche besonderen Vorschriften für die Kennzeichnung mit orangefarbenen Tafeln gelten	– die Fahrzeuge/Beförderungseinheiten kennen, die mit orangefarbenen Tafeln zu kennzeichnen sind	– 5.1.3.1 – 5.3.2.1	– Anhand von orangefarbenen Tafeln und visuellen Darstellungen verschiedene Kennzeichnungen erläutern
		– die Stellen kennen, an denen Fahrzeuge, Beförderungseinheiten und Tanks mit orangefarbenen Tafeln zu versehen sind	– 5.3.2.1	
		– Bedeutung der Nummern zur Kennzeichnung der Gefahr und der UN-Nummern kennen	– 5.3.2.3	

6. Themensektor: Durchführung der Beförderung

Unterrichtseinheiten: 5

	Groblernziel	Feinlernziel	Lerninhalt	methodisch-didaktische Anforderungen
	Der Fahrzeugführer soll ...	Der Fahrzeugführer soll ...		
6.1	– Maßnahmen zur Betriebssicherheit von Beförderungseinheiten mit Tanks kennen		– Abfahrtskontrolle für Tanks (4.2, 4.3, 4.4 und 4.5; 7.5.1; z. B. Füllungsgrad, Dichtheit der Verschlüsse, Betrieb, technischer Zustand) – 7.5.10 und 8.5 (S2) – Anlage 2 Nr. 3.2 GGVSEB	– Vorlage einer Checkliste zur Abfahrtskontrolle – Prüfliste GGKontrollV – Veranschaulichung am Original, durch Modelle oder visuelle Darstellung
6.2	– Be- und Entladesysteme kennen		– Inertisieren, Gaspendelverfahren – Klassenspezifische Umfüllsysteme – Sicherung der Be- und Entladestelle – Kontrolle der Be- und Entladestelle (Anschlüsse, Füllungsgrad, Zustand der Anlage) – 4.2, 4.3	– Veranschaulichung durch visuelle Darstellung – Erläuterung z. B. mit Hilfe von Schautafeln und Betriebsanweisungen – TRwS 791-1 Abschnitt C – Handbuch für Tankwagenfahrer des Mineralölwirtschaftsverbandes
6.3		– die Besonderheiten für Tanktransporte für die Durchfahrt von Tunneln kennen (Tunnelregelungen)	– 8.6 (Tunnelbeschränkungscode bei der Beförderung in Tanks)	– www.bmvi.de (Themen ⇒ Mobilität ⇒ Güterverkehr & Logistik ⇒ Gefahrgut ⇒ Letzte Aktualisierungen ⇒ Beschränkung der Nutzung von Straßentunneln) – www.unece.org (Our work ⇒ Transport ⇒ Areas of Work ⇒ Dangerous Goods ⇒ ADR ⇒ Country information)
6.4	– wissen, dass Beförderungseinheiten mit Tanks ein besonderes Fahrverhalten haben	– die Kräfte kennen, die beim Fahrbetrieb auf Beförderungseinheiten mit Tanks wirken	– Physikalisches Verhalten von Flüssigkeiten, insbesondere bei teilweise gefüllten Tanks und unterschiedlicher Dichte	– Veranschaulichung unter Anknüpfung an konkrete Schadensfälle durch Film, Simulator, Trickmodell oder Dias
		– die Möglichkeiten kennen, wie Schwall entsteht und wie er vermieden werden kann	– Schwallwirkung, Reihenfolge beim Entladen, Sattelzug-Eigenarten – Kippkante, Schwerpunkt, Fliehkraft, Trägheitskraft	

7. Themensektor:
Pflichten und Verantwortlichkeiten, Sanktionen
Unterrichtseinheiten: 1

	Groblernziel	Feinlernziel	Lerninhalt	methodisch-didaktische Anforderungen
	Der Fahrzeugführer soll ...	Der Fahrzeugführer soll ...		
7.1	– wissen, welche Pflichten und Verantwortlichkeiten für ihn und die sonstigen an der Beförderung gefährlicher Güter in Tanks Beteiligten gelten	– seine Pflichten und Verantwortlichkeiten kennen	– Verantwortungsbereiche des Fahrzeugführers gemäß §§ 4, 28, 29 und 35–35c GGVSEB	– Darstellung der Verantwortungsbereiche anhand von Arbeitsblättern und Beispielen aus der Praxis
		– wissen, welche Pflichten und Verantwortlichkeiten die sonstigen an der Beförderung gefährlicher Güter in Tanks Beteiligten haben	– §§ 18, 19, 20, 21, 23, 23a, 26, 27, 29 und 35–35c GGVSEB	
7.2	nicht belegt			

8. Themensektor:
Maßnahmen nach Unfällen und Zwischenfällen
Unterrichtseinheiten: 1

	Groblernziel	Feinlernziel	Lerninhalt	methodisch-didaktische Anforderungen
	Der Fahrzeugführer soll ...	Der Fahrzeugführer soll ...		
8.1	– wissen, dass es ein besonderes Gefahrenpotential bei Tankbeförderungen gibt und welche weiteren Maßnahmen nach Unfällen und Zwischenfällen zu ergreifen sind	– die Gefahren bei Tanktransporten kennen	– Berstgefahr, Explosionsgefahr, Besonderheiten im Tunnel	– Visuelle Darstellung
		– spezielle Maßnahmen nach Unfällen und Zwischenfällen bei Tanktransporten kennen	– Brandausweitung, Abdichtung von Leckagen, zusätzliche Angaben in der Unfallmeldung, erweiterte Gefahrenzone – 5.4.3	– Erörterung von Gefahrgutunfällen – Merkblatt EU „Sicheres Fahren in Straßentunneln“ – Erläuterung anhand Schriftlicher Weisungen
8.2	nicht belegt			

1.

Allgemeine Vorschriften

Allgemeine Vorschriften
→ *Basiskurs*

Laut Kursplan der Industrie- und Handelskammern wird beim **Aufbaukurs Tank** nicht auf das Thema „Allgemeine Vorschriften“ eingegangen.

2.

Allgemeine Gefahreneigenschaften

Allgemeine Gefahreneigenschaften
→ *Basiskurs*

Laut Kursplan der Industrie- und Handelskammern wird beim **Aufbaukurs Tank** nicht auf das Thema „Allgemeine Gefahreneigenschaften“ eingegangen.

3.

Dokumentation

3.1 Mitzuführende zusätzliche Begleitpapiere bei Tankbeförderungen

→ *5.4, 8.1.2 ADR;*
5-12; 8-1 RSEB

Bei jeder durch die GGVSEB und das ADR geregelten **Gefahrgutbeförderung in Tanks** sind grundsätzlich verschiedene Dokumente, so genannte **Begleitpapiere**, mitzuführen.

> **Hinweis:**
> → *Wandtafel* ***Begleitpapiere***
> *Anhang 8*

Mitzuführende Dokumente bei Tankbeförderungen

→ *8.1.2 ADR*

Folgende Dokumente – mit Angaben für bzw. zutreffend auf das jeweilige Gefahrgut – müssen bei Tankbeförderungen generell mitgeführt werden:

- **Beförderungspapier**
  → *5.4.1 ADR*
  (siehe auch Kapitel 3.2 dieses Buches),

- **Schriftliche Weisungen**
  → *5.4.3 ADR und*

> **Hinweis:**
> → *Muster* **Schriftliche Weisungen**
> *Anhang 7*

- **Schulungsbescheinigung für den Fahrzeugführer (ADR-Schulungsbescheinigung)**
  → *8.2.1 ADR*

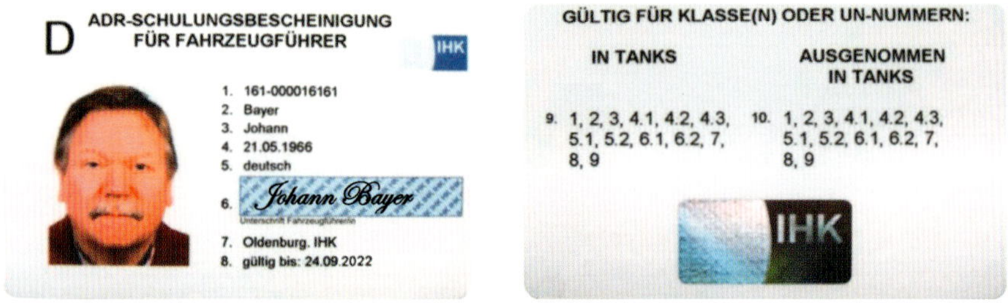

Muster der auslaufenden ADR-Schulungsbescheinigung

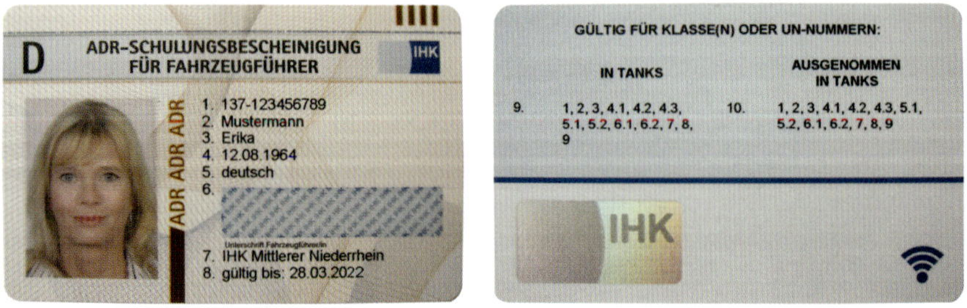

Muster der neuen ADR-Schulungsbescheinigung seit 2019

- **Aufbaukurse**
  → *8.2.1.3, 8.2.1.4 ADR Anlage 3 / 4.9 GGVSEB*

Neben dem Basiskurs muss bei Beförderungen von Fahrzeugen mit festverbundenen Tanks oder Aufsetztanks (Fassungsraum > 1 m³), Tankcontainern, ortsbeweglichen Tanks und MEGC (Einzelfassungsraum > 3 m³), Batterie-Fahrzeuge (Fassungsraum > 1 m³) der Aufbaukurs Tank absolviert werden. Für die Beförderung von Stoffen und Gegenständen der Klasse 1 muss die Teilnahme an einem Aufbaukurs Klasse 1 und bei radioaktiven Stoffen an einem Aufbaukurs Klasse 7 nachgewiesen sein. Bei der Beförderung von flüssigen Metallen in Tiegeln muss eine ADR-Schulungsbescheinigung AK Tank oder eine ergänzende Einweisung durch Fachpersonal vorliegen (inkl. Dokumentation).

- Einen **Lichtbildausweis für jedes Fahrzeugbesatzungsmitglied**
  → *1.10.1.4 ADR*
  [der Lichtbildausweis muss gem. RSEB ein amtlicher Ausweis (z. B. Personalausweis, Reisepass, bei innerstaatlichen Beförderungen auch Führerschein, Fahrerkarte für digitalen Fahrtenschreiber, ADR-Schulungsbescheinigung) sein].

Weitere Begleitpapiere
gem. 8.1.2.2 ADR

- **ggf. Zulassungsbescheinigung** für Fahrzeuge
  → *9.1.3 ADR*
  (dokumentiert bestimmte Fahrzeugeigenschaften bei Tank-Beförderungen),

- **ggf. Beförderungsgenehmigung**
  → *5.4.1.2.3.3 ADR*
  (für selbstzersetzliche Stoffe oder organische Peroxide),

gem. 8-1 RSEB

- **ggf. Bescheid über die Einzel-Ausnahme**
  → *§ 5 GGVSEB,*

- **ggf. Fahrwegbestimmung**
  → *§ 35 a Abs. 3 GGVSEB,*

- **ggf. Bescheinigung EBA/GDWS, Reservierungsbestätigung oder Eisenbahn-Frachtbrief**
  → *§ 35 Abs. 6 GGVSEB,*

gem. § 19 Abs. 2 Nr. 5a, § 28 Nr. 10a GGVSEB

- **ggf. Bescheinigung über die Prüfung des Aufsetztanks**
  → *6.8.2.4.5 ADR und GGVSEB*
  (nur bei innerstaatlichen Beförderungen) und

gem. 1.5.1 ADR

- ***Multilaterale Vereinbarungen***
  Bei in Anspruch genommenen „Multilateralen Vereinbarungen" ist, wenn verlangt, eine **Kopie des Textes** mitzuführen.

Zwei der mitzuführenden Dokumente sind bei Beförderungen in Tanks besonders hervorzuheben:

- die Zulassungsbescheinigung für Fahrzeuge und
- die Bescheinigung über die Prüfung des Aufsetztanks.

Zulassungsbescheinigung

Grundsätze

→ *9.1.1 ADR*

Das ADR enthält für bestimmte Beförderungen besondere **Bauvorschriften** für die verwendeten Fahrzeuge. Unterschieden wird nach **Fahrzeugen EX/II, EX/III, FL, AT und MEMU**. Die Abkürzungen bedeuten allgemein:

EX II / EX III → Fahrzeug zur Beförderung von explosiven Stoffen und Gegenständen mit Explosivstoff (Klasse 1),

FL →
- Fahrzeug zur Beförderung flüssiger Stoffe mit einem Flammpunkt von höchstens 60°,
- Fahrzeug zur Beförderung entzündbarer Gase
- Fahrzeug zur Beförderung von Wasserstoffperoxid, stabilisiert oder in wässriger Lösung stabilisiert mit mehr als 60% Wasserstoffperoxid (Kl. 5.1 UN 2105)

AT → Fahrzeug, das kein Fahrzeug FL ist oder

MEMU → Mobile Einheit zur Herstellung von explosiven Stoffen oder Gegenständen mit Explosivstoff

Welches Fahrzeug für welches gefährliche Gut verwendet werden muss, ergibt sich aus der Tabelle A in Kapitel 3.2 ADR, Spalte 14.

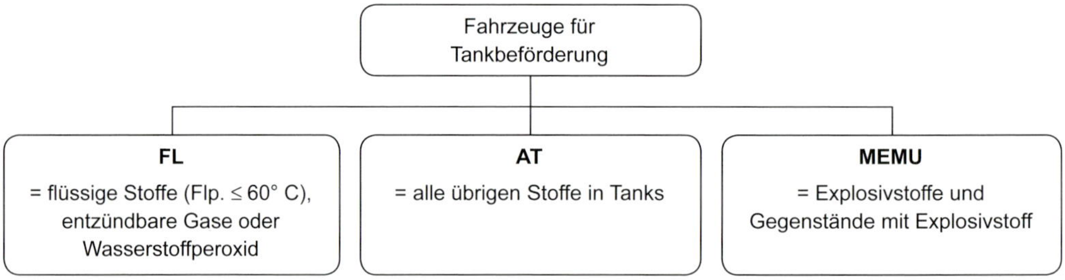

Zulassungsbescheinigung für Fahrzeuge

→ *9.1.2 ADR*

Bei **Überschreitung** der folgenden **Fassungsräume der Tanks** ist eine **Zulassungsbescheinigung** für das jeweilige Fahrzeug **erforderlich**:

- bei Tankcontainern, ortsbeweglichen Tanks oder MEGC:
  > 3 m³ (3.000 l) (Einzelfassungsraum);
- bei festverbundenen Tanks oder Aufsetztanks:
  > 1 m³ (1.000 l) (Fassungsraum) und
- bei Batterie-Fahrzeugen:
  > 1 m³ (1.000 l) (Gesamtfassungsraum).

Gültigkeit

→ *9.1.3.4 ADR*

Die **maximale Gültigkeit** der Zulassungsbescheinigung beträgt **ein Jahr** und wird von einem **amtlich anerkannten** Sachverständigen für den Kraftfahrzeugverkehr (§ 14 Abs. 4 GGVSEB) **erteilt**. Nach deren Ablauf darf kein Gefahrgut mehr geladen und befördert werden; jedoch bis zu einem Monat danach, wenn vor Fristende geladen wurde.

Eine Verlängerung der Gültigkeit um jeweils ein Jahr wird durch zuständige Sachverständige auf der Rückseite der Zulassungsbescheinigung eingetragen.

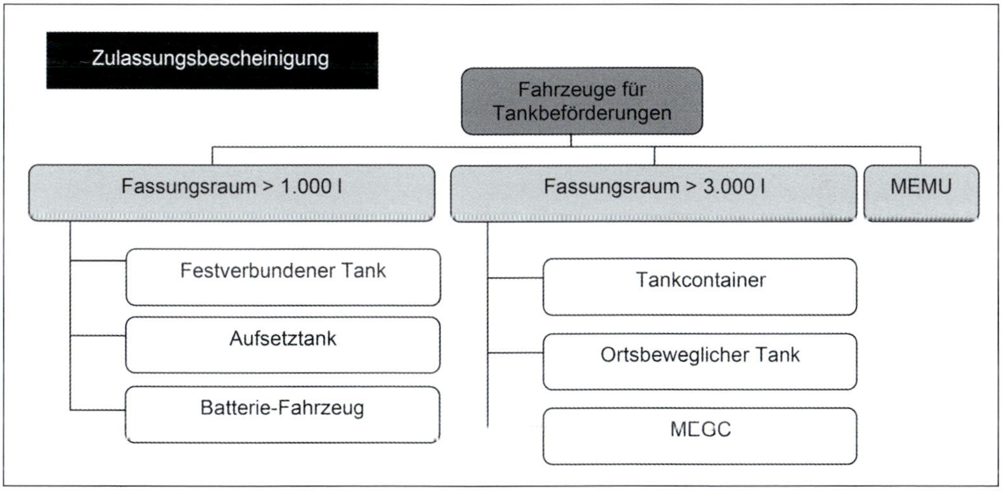

Tankarten und Mengengrenzen

ZULASSUNGSBESCHEINIGUNG FÜR FAHRZEUGE ZUR BEFÖRDERUNG BESTIMMTER GEFÄHRLICHER GÜTER

Mit dieser Bescheinigung wird bestätigt, dass das nachstehend bezeichnete Fahrzeug die Anforderungen des Europäischen Übereinkommens über die internationale Beförderung gefährlicher Güter auf der Straße (ADR) erfüllt.

1. Bescheinigung Nr.:	**2. Fahrzeughersteller:**	**3. Fahrzeug-Ident.-Nr.:**	**4. amtl. Kennz.** (wenn vorhanden):
26672002058003	MAN Nutzfahrzeuge	WMAH10ZZ75M416933	HI - KB 2007

5. Name und Betriebssitz des Beförderers, Betreibers (Halters) oder Eigentümers:
Kaiser Brennstoffe, Gudewillstr. 9, 31061 Alfeld

6. Beschreibung des Fahrzeugs: [1]
Lastwagen N3

7. Fahrzeugbezeichnung(en) gemäß 9.1.1.2 des ADR [2]
~~EX/II~~ ~~EX/III~~ FL AT ~~MEMU~~

8. Dauerbremsanlage: [3]
☐ Nicht zutreffend
☒ Die Wirkung nach 9.2.3.1.2 des ADR ist ausreichend für eine Gesamtmasse der Beförderungseinheit von 44 t [4]

9. Beschreibung des (der) festverbundenen Tanks / des (der) Batterie-Fahrzeuge(s) (wenn vorhanden)
9.1 Tankhersteller: Sommer Fahrzeugbau
9.2 Zulassungsnummer des Tanks/des Batterie-Fahrzeugs: D/HB/030(T)
9.3 Herstellungsnummer des Tanks/Identifizierung der Elemente des Batterie-Fahrzeugs: 2050006
9.4 Herstellungsjahr: 2017
9.5 Tankcodierung gemäß 4.3.3.1 oder 4.3.4.1 des ADR: LGBF
9.6 Sondervorschriften TC und TE gemäß 6.8.4 des ADR (falls zutreffend): [6]

10. Zur Beförderung zugelassene gefährliche Güter:
Das Fahrzeug erfüllt die Anforderungen zur Beförderung gefährlicher Güter entsprechend der (den) unter Nummer 7 angegebenen Fahrzeugbezeichnung(en).
10.1 Im Falle eines EX/II- bzw. EX/III-Fahrzeugs [3]
☐ Güter der Klasse 1 einschließlich Verträglichkeitsgruppe J
☐ Güter der Klasse 1 ausgenommen Verträglichkeitsgruppe J
10.2 Im Falle eines Tankfahrzeugs/Batterie-Fahrzeugs [3]
☒ Es dürfen nur Stoffe befördert werden, die gemäß der unter Nummer 9 angegebenen Tankcodierung und den unter Nummer 9 angegebenen eventuellen Sondervorschriften zugelassen sind. [5]
oder
☐ Es dürfen nur die folgenden Stoffe (Klasse, UN-Nummer, und, falls erforderlich, Verpackungsgruppe und offizielle Benennung für die Beförderung) befördert werden:

Es dürfen nur Stoffe befördert werden, die nicht dazu neigen, gefährlich mit den Werkstoffen des Tankkörpers, der Dichtungen, der Ausrüstung und der Schutzauskleidung (falls vorhanden) zu reagieren.

11. Bemerkungen: Datum der nächsten Tankprüfung: 12/2020
Das Fahrzeug ist mit einer Additivierungseinrichtung ausgerüstet.
Das Fahrzeug entspricht § 35c Abs. 7 der GGVSEB i.d.F. v. 11.03.2019

12. Gültig bis: 15.12.2020

Stempel der Ausgabestelle

Bad Bentheim, 15.12.2019 Frank Rex
TÜV Prüfung

Ort, Datum, Unterschrift

1) Entsprechend den Begriffsbestimmungen für Kraftfahrzeuge und Anhänger der Kategorien N und O gemäß Anhang 7 der Gesamtresolution über die Konstruktion von Fahrzeugen (R.E.3) oder der Richtlinie 2007/46/EG
2) Nicht Zutreffendes streichen.
3) Zutreffendes ankreuzen.
4) Zutreffenden Wert eintragen. Ein Wert von 44 t beschränkt nicht die im (in den) Zulassungsdokument(en) angegebene «zulässige Zulassungs-/Betriebsmasse».
5) Stoffe, die der unter Nummer 9 angegebenen oder einer anderen gemäß der Hierarchie in Absatz 4.3.3.1.2 oder 4.3.4.1.2 zugelassenen Tankcodierung unter Berücksichtigung der eventuellen Sondervorschrift(en) zugeordnet sind.
6) Nicht erforderlich, wenn die zugelassenen Stoffe unter Nummer 10.2 aufgeführt sind.

Muster Zulassungsbescheinigung (Vorderseite)

13. Verlängerung der Gültigkeit	
Gültigkeit verlängert bis 15.12.2021	Stempel der Ausgabestelle, Ort, Datum, Unterschrift: TÜV Prüfung Frank Rex **Bad Bentheim, 15.12.2020**

Bemerkung: Diese Bescheinigung ist der Ausgabestelle zurückzugeben, wenn das Fahrzeug aus dem Verkehr gezogen wird, bei einem Wechsel des unter Nummer 5 genannten Beförderers, Betreibers (Halters) oder Eigentümers, bei Ablauf der Gültigkeit und im Falle einer nennenswerten Änderung wesentlicher Merkmale des Fahrzeugs.

Muster Zulassungsbescheinigung (Rückseite)

Saug-Druck-Tankfahrzeuge für Abfälle

→ 9.1.3.3 ADR

Als Besonderheit gegenüber anderen Fahrzeugen muss bei Saug-Druck-Tankfahrzeugen für Abfälle der **Vermerk „Saug-Druck-Tankfahrzeug für Abfälle" in die Zulassungsbescheinigung eingetragen** sein.

Prüfung von Fahrzeugen und Tankkörpern

→ 6.8.2.4.5 ADR

Tankkörper und **ihre Ausrüstungsteile** müssen **vor der ersten Inbetriebnahme** und danach **in bestimmten Abständen** von einem Sachverständigen geprüft werden.

Fahrzeuge EX/II, EX/III, FL, AT und MEMU müssen den anwendbaren Vorschriften des Teil 9 entsprechen. Jedes vollständige oder vervollständigte Fahrzeug muss gemäß den administrativen Vorschriften dieses Kapitels einer ersten Untersuchung durch die zuständige Behörde unterzogen werden. Die zuständige Behörde kann bei einer typgenehmigten **Zugmaschine** für einen Sattelanhänger, für die der Hersteller, sein gehörig bevollmächtigter Vertreter oder eine von der zuständigen Behörde anerkannten Stelle eine Erklärung der Übereinstimmung mit den Vorschriften ausgestellt hat, auf die erste Untersuchung verzichten.

Wasserdruckprüfung eines Tankkörpers

Die erstmalige Prüfung umfasst die Prüfung der Übereinstimmung mit dem zugelassenen Baumuster, eine Bauprüfung (ordnungsgemäße Ausführung), die Prüfung des inneren und äußeren Zustands, eine Wasserdruckprüfung, eine Dichtheitsprüfung und eine Funktionsprüfung der Ausrüstungsteile.

Danach sind so genannte **wiederkehrende Prüfungen** durchzuführen, und zwar:

- alle sechs Jahre bezüglich des inneren und äußeren Zustands und im Allgemeinen eine **Wasserdruckprüfung** und
- **alle drei Jahre zusätzlich eine Dichtheitsprüfung des Tankkörpers** mit der Ausrüstung und eine **Funktionsprüfung aller Ausrüstungsteile.**

Bei möglicher Beeinträchtigung der Sicherheit des Tanks oder seiner Ausrüstungen durch Ausbesserung, Umbau oder Unfall ist eine außerordentliche Prüfung vorgeschrieben.

Alle Prüfungen dürfen nur von einem **amtlich anerkannten Sachverständigen** [§ 14 Abs. 4 und 5 GGVSEB] durchgeführt werden. Die Sachverständigen stellen über die Prüfungen **Bescheinigungen** aus, die einen Hinweis auf das Verzeichnis der im jeweiligen Tank zur Beförderung zugelassenen Stoffe oder auf die Tankcodierung enthalten.

→ § 28 Nr. 10a GGVSEB

Diese Bescheinigung muss der Fahrzeugführer bei **innerstaatlichen Beförderungen** gefährlicher Güter in Aufsetztanks (> 450 l Fassungsraum) mitführen. Das Mitführen ist erforderlich, weil bestimmte Angaben, insbesondere zu den zugelassenen gefährlichen Gütern, am Aufsetztank nicht angegeben sind.

Wichtige Hinweise zur Verwendung der Bescheinigungen

Auch wenn dies nicht ausdrücklich als Pflicht des Fahrzeugführers vorgeschrieben ist, sollte **vor Fahrtantritt die Übereinstimmung der Bescheinigungen mit** den **Fahrzeugen** (amtliches Kennzeichen) und **Aufsetztanks** und die **Gültigkeit der Bescheinigungen geprüft** werden. Dies erspart Unannehmlichkeiten bei Kontrollen unterwegs.

Wichtig ist auch ein Blick auf das Feld 8 der Zulassungsbescheinigung, wo die **Gesamtmasse der Beförderungseinheit** angegeben ist, bis zu der **die Dauerbremsanlage eine ausreichende Wirkung** zeigt und die **bei Gefahrgutbeförderungen nicht überschritten werden darf**. Im Feld 11 können schließlich noch **Nebenbestimmungen** eingetragen sein, die auch der Fahrzeugführer beachten muss.

Natürlich dürfen nur solche gefährlichen Güter befördert werden, die nach der jeweiligen Bescheinigung zulässig sind. Sie können über die **Angabe einer Tankcodierung** oder durch **Eintrag der UN-Nummern zugelassen** sein. Der Befüller ist gemäß GGVSEB für die Beachtung verantwortlich.

Zugelassene Güter ermitteln

→ *4.3.3.1.1, 4.3.4.1.1 ADR*

Die vorgenannten Dokumente liefern eine Reihe wichtiger Angaben für die Praxis.

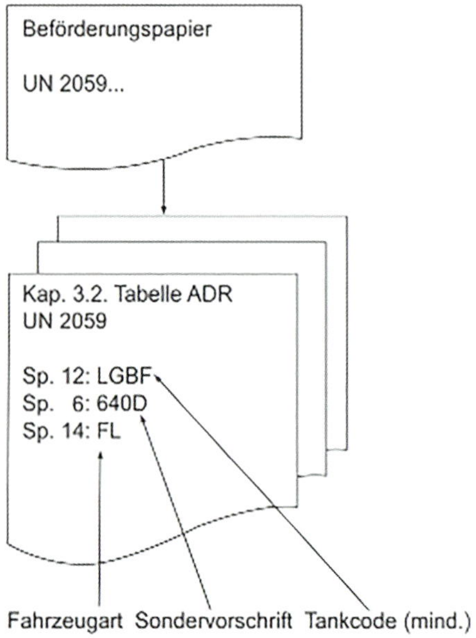

Jedem gefährlichen Gut ist über die Tabelle in Kapitel 3.2 ADR in Spalte 12 eine Tankcodierung und in Spalte 14 die Abkürzung der geforderten Fahrzeugart zugeordnet. Ist keine Tankcodierung angegeben, darf dieses gefährliche Gut nicht in ADR-Tanks befördert werden! Die Tankcodierung kann in Spalte 13 mit Sondervorschriften ergänzt sein.

Zwei Beispiele sollen zum leichteren Verständnis beitragen:

Das Beförderungspapier enthält folgende Angaben: „UN 2059 Nitrocellulose, Lösung, entzündbar, 3, VG II, Sondervorschrift **640D**". Hierfür ist die Verwendung eines Tanks mit der Tankcodierung LGBF und ein FL-Fahrzeug erforderlich.

Lauten die Angaben UN 2059 Nitrocellulose, Lösung, entzündbar, 3, VG II, Sondervorschrift **640C**, reicht ein Tank mit der Codierung L1,5BN aus. Das Fahrzeug muss weiterhin der Bauart FL entsprechen.

Bei dieser Zuordnung ist daher jedes Detail wichtig.

Tankcodierung und Tankhierarchie

Nähere Informationen zur Tankcodierung – insbesondere zum Aufbau und zu seiner Bedeutung – und zur **Tankhierarchie** enthält das **Kapitel 4.1** dieses Buches.

Feld 10.2 der Zulassungsbescheinigung

→ *9.1.2.1 ADR*

Ob die geforderte Tankcodierung vom Fahrzeug erfüllt wird, darüber gibt der Eintrag im Feld 10.2 in der Zulassungsbescheinigung Auskunft. Ist das obere Kästchen angekreuzt, gilt die in Feld 9.5 angegebene Tankcodierung. Alternativ – im Fall des angekreuzten zweiten Kästchens – enthält diese Zulassungsbescheinigung eine abschließende Liste mit Detailangaben zu den zugelassenen Stoffen.

Wichtig

Die Tankcodierung beschreibt nicht die Verträglichkeit von Werkstoffen des Tanks, der Dichtungen, der Ausrüstung und der Schutzauskleidung mit den verschiedenen, zur Tankbeförderung zugelassenen gefährlichen Gütern. Zur Vermeidung gefährlicher Reaktionen müssen hier gezielte Informationen beachtet werden. Sofern in der Zulassungsbescheinigung keine Stoffe (UN-Nummern) angegeben sind, müssen ggf. der Hersteller des Stoffs oder die zuständige Behörde konsultiert werden. Die Verantwortung hat der Befüller des Tanks.

Ortsbewegliche Tanks (UN-Tanks)

→ *4.2 ADR*

In vielen Fällen dürfen auch ortsbewegliche Tanks (in der Praxis auch als UN-Tanks bezeichnet) verwendet werden. Dies ist der Fall, wenn in der Tabelle in Kapitel 3.2 ADR, Spalte 10, eine Anweisung für ortsbewegliche Tanks in codierter Form (T xx) angegeben ist. Über diese Codierung können in Kapitel 4.2 ADR die stoffspezifischen Ausführungsvorschriften und die Tankhierarchie abgelesen werden.

Übrigens

Nicht nur für Tanks und Fahrzeuge gibt es besondere Dokumente. Auch die ADR-Bescheinigung des Fahrzeugführers muss die Tankbeförderung einschließen. Zum Erwerb dieser Erweiterung dient dieser Aufbaukurs.

3.2 Besondere Angaben im Beförderungspapier für Tankbeförderungen

Im Basiskurs wurden alle wichtigen Themen rund um das Beförderungspapier vermittelt. Für bestimmte Beförderungen, so auch für Beförderungen in Tanks, sind ergänzende oder ersetzende Einträge erforderlich. Die **nachstehende Übersicht enthält die für Beförderungen in Tanks relevanten Einträge.**

Eintrag	Wann?	Beispiel/Hinweis	ADR
► *allgemein* ◄			
„Abfall" zwischen der UN-Nummer und der offiziellen Benennung oder als Ergänzung nach der offiziellen Benennung, wenn die Vorschrift für Abfälle des Absatzes 2.1.3.5.5 angewendet wird **„ABFALL NACH ABSATZ 2.1.3.5.5"**	bei Beförderung von Abfällen	UN 1230 Abfall Methanol, 3 (6.1), II, (D/E) Eintrag entfällt, wenn bereits Bestandteil der offiziellen Benennung. Für Klasse 7: Sondervorschriften beachten.	→ *5.4.1.1.3*
Für **ungereinigte leere Umschließungsmittel**, die Rückstände gefährlicher Güter anderer Klassen als der Klasse 7 enthalten, muss vor oder nach der vorgeschriebenen offiziellen Benennung für die Beförderung der Ausdruck **„leer, ungereinigt"** oder **„Rückstände des zuletzt enthaltenen Stoffes"** angegeben werden. ***Zusätzlich* bei bestimmten großen Umschließungen** (z. B. Gasgefäße über 1000 l Fassungsvermögen, Tankfahrzeuge usw.) die **Bezeichnung des letzten Ladegutes**	für ungereinigte leere Umschließungsmittel (Tanks, Batterie-Fahrzeuge und MEGC)	*Beispiel:* *Leeres Tankfahrzeug, letztes Ladegut:* *UN 1098 ALLYLALKOHOL, 6.1 (3), I, (C/D)*	→ *5.4.1.1.6*
„Beförderung nach Absatz 4.3.2.4.3" oder **„Beförderung nach Unterabschnitt 7.5.8.1"**	bei **Zuführung ungereinigter leerer Umschließungsmittel zur Reinigung oder Reparatur**		→ *5.4.1.1.6.3*
Nach Prüffristüberschreitung dürfen festverbundene Tanks, Tankfahrzeuge, Aufsetztanks, Batterie-Fahrzeuge, Tankcontainer, Tankwechselaufbauten (Tankwechselbehälter) und MEGC nicht befüllt oder zur Beförderung aufgegeben werden.	Wenn diese Umschließung vor Fristablauf der wiederkehrenden Prüfung befüllt wurden, ist Beförderung a) innerhalb eines Monats nach Fristablauf b) sofern von zuständiger Behörde nicht anders vorgegeben, innerhalb von 3 Monaten nach Fristablauf zur Rücksendung zur ordnungsgemäßen Entsorgung/ Recycling zu ermöglichen, wenn im Beförderungspapier auf Ausnahme hingewiesen wird.		→ *4.3.2.3.7 a) + b)*
„Beförderung nach Absatz 4.3.2.4.4"	**Tanks, die nach Ablauf der Frist für die Prüfung einer Prüfung zugeführt werden**.	in Verbindung mit 4.3.2.4.4 ADR	→ *5.4.1.1.6.4*
„Beförderung nach Absatz 1.1.4.2.1"	bei Beförderung in einer **Transportkette mit See- oder Luftbeförderung**		→ *5.4.1.1.7*
„Beförderung nach Absatz 6.7.2.19.6 b)", **„Beförderung nach Absatz 6.7.3.15.6 b)"** bzw. **„Beförderung nach Absatz 6.7.4.14.6 b)"**	**bei ortsbeweglichen Tanks nach Ablauf der Frist für die wiederkehrende Prüfung oder Inspektion**		→ *5.4.1.1.11*
Einzelne Angabe der in jedem Tank oder jedem Abteil enthaltenen Stoffe	bei Beförderung in **Tankfahrzeugen mit mehreren Abteilen** oder in **Beförderungseinheiten mit einem oder mehreren Tanks** und **Kennzeichnung** gemäß Absatz 5.3.2.1.3 (**für bestimmte Stoffe: orangefarbene Tafeln nur vorn und hinten mit Angaben für den gefährlichsten Stoff**)	gilt für UN-Nummern: 1202, 1203, 1223, Flugbenzin (UN-Nr. 1268 u. 1863)	→ *5.4.1.1.13*
„heiß" unmittelbar nach der offiziellen Benennung	bei Beförderung von erwärmten Stoffen (flüssig ≥ 100° C, fest ≥ 240° C)	Angabe entfällt, wenn die offizielle Benennung „geschmolzen" oder „erwärmt" angibt.	→ *5.4.1.1.14*

Eintrag	Wann?	Beispiel/Hinweis	ADR
„Kontrolltemperatur: .....° C Notfalltemperatur: .....° C“	bei Beförderung von Stoffen mit dem Ausdruck „stabilisiert“ in der offiziellen Benennung, die durch Temperaturkontrolle stabilisiert werden		→ *2.2.41.1.17* → *5.4.1.1.15*
„Sondervorschrift 640X“	für Sondervorschrift 640X gemäß Kapitel 3.2 Tabelle A und Kapitel 3.3 **für Tankbeförderungen**	„X“ entspricht dem Großbuchstaben gemäß Kapitel 3.2 Tabelle A Spalte 6. (nur noch bei ADR-Tanks erforderlich)	→ *5.4.1.1.16*
Additivierungseinrichtung	bei Beförderung von UN 1202, 1993 III, 3082 in Additivierungseinrichtungen	UN 3082, Umweltgefährdender Stoff, flüssig, n.a.g. (....), 9, III, Additivierungseinrichtung	→ *5.4.1.1.16; SV 664 e)*
„Umweltgefährdend“ oder **bei Seebeförderung „Meeresschadstoff/ Umweltgefährdend“**	bei Beförderung umweltgefährdender Stoffe nach Abs. 2.2.9.1.10	Nicht für UN 3077, 3082 oder ausgenommen nach 5.2.1.8.1	→ *5.4.1.1.18*
Hinweis, dass eine **Einzelausnahme, eine Ausnahme der GGAV** oder eine **Multilaterale Vereinbarung** in Anspruch genommen wird	bei Ausnahmeregelungen (z. B. bei Nutzung GGAV „Ausnahme Nr. 18“)	Multilaterale Vereinbarung M ...	→ *1.5.1* → *5.4.1.1.1.i)* → *§ 18 (2) GGVSEB*
„Keine Güter der Klasse ... “	wenn Güter aus Tabelle A, Kapitel 3.2 nicht den Vorschriften des ADR unterliegen.		→ *5.4.1.5*
Hinweis, dass es sich **nicht um einen Stoff der Klasse 1** handelt	bei Stoffen, die zwar dem Sprengstoffrecht unterliegen, aber nicht der Klasse 1 zuzuordnen sind	freiwilliger Eintrag	→ *RSEB*
„als Kühlmittel“ oder „als Konditionierungsmittel“ nach der offiziellen Benennung	Fahrzeuge oder Container, die gekühlt oder konditioniert wurden	UN 1845 Kohlendioxid, fest, als Kühlmittel	→ *5.5.3.7.1*
► *Klasse 2* ◄			
Zusammensetzung in Vol.-% oder Masse-% angeben (nicht < 1 %)	bei Beförderung von Gemischen in Tanks (aller Art)		→ *5.4.1.2.2 a)*
„Gemisch P1“ oder „Gemisch P2“ **anstelle der technischen Benennung** zulässig	bei UN 1060 Methylacetylen und Propadien, Gemisch, stabilisiert		→ *3.3, SV 581*
„Gemisch F1“, „Gemisch F2“ oder „Gemisch F3“ **anstelle der technischen Benennung** zulässig	bei UN 1078 Gas als Kältemittel, n. a. g.		→ *3.3, SV 582*
„Gemisch A oder Butan“, „Gemisch A01 oder Butan“, „Gemisch A02 oder Butan“, „Gemisch A0 oder Butan“, „Gemisch A1“, „Gemisch B1“, „Gemisch B2“, „Gemisch B“, „Gemisch C oder Propan“ **anstelle der technischen Benennung** zulässig	bei UN 1965 Kohlenwasserstoffgas, Gemisch, verflüssigt, n. a. g.		→ *3.3, SV 583*
Neue Zeile: Spalte 1 „Ende der Haltezeit: .... /TT/MM/YYYY)“	„Tankcontainer mit tiefgekühlt verflüssigten Gasen“ „Pflichteintrag „Datum“ für Absender an dem die tatsächliche Haltezeit endet“	Ende der Haltezeit: 31.12.2019	→ *5.4.1.2.2 d)*
► *Klassen 4.1 und 5.2* ◄			
„Kontrolltemperatur: .....° C Notfalltemperatur: .....° C“	für selbstzersetzliche Stoffe oder polymerisierende Stoffe und organische Peroxide bei Beförderungen mit Temperaturkontrolle		→ *5.4.1.2.3.1*
„Beförderung gemäß Absatz 2.2.52.1.8“	bei Beförderung unter **Bedingungen, für die eine Genehmigung erforderlich** ist		→ *5.4.1.2.3.3*
„Kein selbstzersetzlicher Stoff der Klasse 4.1“ oder **„kein Stoff der Klasse 5.2“**	bei Beförderung von Stoffen des Typs C		→ *5.4.1.2.3.5*
► *Klasse 8* ◄			
„Beförderung bei einer Mindesttemperatur des Stoffes von 32,5° C“	bei UN 1829 Schwefeltrioxid		→ *3.3, SV 623*

Übersicht der anzutreffenden ergänzenden Einträge im Beförderungspapier (ohne Klassen 1 und 7)

⚠ Wichtiges – kurz gefasst

- **Mitführpflicht**, z. B. bei Gefahrgutbeförderungen folgende Dokumente griffbereit im Fahrerhaus haben:
  1. Beförderungspapier
  2. schriftliche Weisungen
  3. ADR-Schulungsbescheinigung für den Fahrzeugführer
  4. Lichtbildausweis, z. B.:
     - Personalausweis
     - Reisepass

     nur innerstaatlich:
     - Führerschein
     - Fahrerkarte für digitalen Fahrtenschreiber
     - Schulungsbescheinigung
  5. ggf. Zulassungsbescheinigung für Fahrzeuge
  6. ggf. Text der angewandten Sondervereinbarung (Multilateralen Vereinbarung)
  7. ggf. Beförderungsgenehmigung
  8. ggf. Bescheid über eine Einzel-Ausnahme
  9. ggf. Fahrwegbestimmung
  10. ggf. Bescheinigung des EBA/der GDWS, Reservierungsbestätigung oder Eisenbahn-Frachtbrief
  11. ggf. Bescheinigung über die Prüfung des Aufsetztanks
  12. ggf. Zulassungs-/Genehmigungszeugnis
- Fahrwegbestimmungsregelungen gelten auch für Beförderungen in Tanks. Erleichterungen für entzündbare flüssige Stoffe der Klasse 3 möglich.
- Beförderungen in Tanks nur mit bestimmten Fahrzeugen (FL, AT, MEMU).
- Zulassungsbescheinigung und Bescheinigung über Prüfung Aufsetztank, als Bescheinigungen zur Übereinstimmung mit besonderen Vorschriften/Fristeinhaltung wiederkehrender Prüfungen.
- Die Tankcodierung in Zulassungsbescheinigung gibt keine Auskunft über Verträglichkeit des Tanks und seiner Ausrüstung mit zu befördernden gefährlichen Gütern. Sind keine UN-Nummern in Zulassungsbescheinigung angegeben, muss nachgefragt werden.
- Tankbeförderungen erfordern spezifische Beförderungspapiereinträge.
- Weitere im Basiskurs beschriebene Dokumente sind auch bei Tankbeförderungen relevant.
- Gültigkeit Zulassungsbescheinigung 1 Jahr.

Testfragen zu Teil 3: Dokumentation

Hinweis:

Diese Testfragen, die am Fragenkatalog der IHKn angelehnt sind, stellen nur eine Auswahl möglicher Fragen zu Ihrer abschließenden Prüfung dar.

Bei der Prüfung werden aus Zeitgründen nur einige Fragen zu beantworten sein.

3.1 Welchem Zweck dient die Zulassungsbescheinigung für Fahrzeuge?
- a) Dass das Fahrzeug den jeweils zutreffenden Bau- und Zulassungsvorschriften des ADR entspricht
- b) Dass der Halter das Fahrzeug zum Verkehr zugelassen hat
- c) Dass der Beförderer gefährliche Güter befördern darf
- d) Als technische Beschreibung des Fahrzeugs und seiner Aufbauten

3.2 Ab welchem Fassungsraum des Tanks ist eine Zulassungsbescheinigung für Fahrzeuge erforderlich, wenn es sich um ein Trägerfahrzeug für Tankcontainer, ortsbewegliche Tanks oder MEGC handelt?
- a) mehr als 3.000 l
- b) mehr als 1.000 l
- c) mehr als 450 l
- d) immer

3.3 Ab welchem Fassungsraum des Tanks ist eine Zulassungsbescheinigung für Fahrzeuge erforderlich, wenn es sich um ein Fahrzeug mit festverbundenem Tank oder ein Trägerfahrzeug mit Aufsetztank handelt?
- a) mehr als 3.000 l
- b) mehr als 1.000 l
- c) mehr als 450 l
- d) immer

3.4 Ab welchem Fassungsraum des Tanks ist eine Zulassungsbescheinigung für Fahrzeuge erforderlich, wenn es sich um ein Batterie-Fahrzeug handelt?
- a) mehr als 3.000 l
- b) mehr als 1.000 l
- c) mehr als 450 l
- d) immer

3.5 Die Zulassungsbescheinigung enthält Angaben ...
- a) zum Füllungsgrad
- b) zur Fahrzeugbezeichnung und zur Tankcodierung
- c) zum Tankfassungsraum
- d) zur Abgassonderuntersuchung

3.6 Was kann der Anlass sein, wenn eine Zulassungsbescheinigung für Fahrzeuge für weniger als 1 Jahr verlängert wird?
- a) Die Zulassungsbescheinigung ist bis zum Datum der nächsten Tankprüfung verlängert worden
- b) Die Zulassungsbescheinigung wird immer nur bis zum Jahresende verlängert
- c) Die Zulassungsbescheinigung gilt nur bis zur nächsten Änderung des ADR
- d) Die Zulassungsbescheinigung gilt nur bis zur nächsten Änderung der GGVSEB

3.7 Ab welchem Fassungsraum eines Aufsetztanks muss der Fahrzeugführer eine Bescheinigung über die Prüfung des Aufsetztanks mitführen?
a) mehr als 3.000 l
b) mehr als 1.000 l
c) mehr als 450 l
d) immer

3.8 Aus welchem Begleitpapier können Sie erkennen, ob und bis zu welchem Datum ein gefährliches Gut in einem Tankfahrzeug befördert werden darf?
a) Aus dem Beförderungspapier und dem Produktnamen
b) Aus der ADR-Schulungsbescheinigung des Fahrzeugführers und dem dort genannten Ablaufdatum
c) Aus der Zulassungsbescheinigung des Fahrzeugs und den dort genannten Angaben
d) Aus dem Beförderungspapier und dem dort aufgeführten Haltbarkeitsdatum

3.9 Ist die Tankcodierung ausreichend, um festzustellen, ob ein gefährliches Gut in einem bestimmten Tank befördert werden darf?
a) Ja
b) Nein, weil außerdem die Verträglichkeit der Werkstoffe beachtet werden muss
c) Ja, aber nur bei festen Stoffen
d) Die Tankcodierung ist für diese Feststellung unerheblich

3.10 Welchen Zweck erfüllen die schriftlichen Weisungen und aus wie vielen Seiten bestehen sie?
a) Vorgaben für den Fahrzeugführer über die Reihenfolge der Entladestellen, bestehend aus 3 Seiten
b) Information über Gefahren und Maßnahmen bei Unfällen und Zwischenfällen und mitzuführende Ausrüstungsgegenstände, bestehend aus 4 Seiten
c) Anweisungen für das Verhalten bei Kontrollen durch die Überwachungsbehörden. Die schriftlichen Weisungen bestehen aus 2 DIN-A4 großen Seiten
d) Die schriftlichen Weisungen sind auf einer Seite gedruckt und dienen als Schnellansicht für die Fahrzeugausrüstung

3.11 Es wird ein Tankcontainer mit Gefahrgut zu einem Seehafen befördert, um diesen per Schiff weiterzubefördern. Welcher Eintrag muss sich in einem Beförderungspapier befinden?
a) Containerpackrichtlinien wurden eingehalten
b) Multilaterale Vereinbarung M 1-200/07 beachtet
c) Seebeförderung folgt
d) Beförderung nach Absatz 1.1.4.2.1

3.12 Sie bringen ein leeres ungereinigtes Tankfahrzeug, letztes Ladegut Dieselkraftstoff, zur Reparatur in eine Werkstatt. Was müssen Sie nach dem ADR beachten?
a) Orangefarbene Tafeln dürfen verdeckt werden; die Großzettel (Placards) müssen aber am Tankfahrzeug sichtbar bleiben
b) Schriftliche Weisungen, ADR-Schulungsbescheinigung mit Aufbaukurs Tank und ein Beförderungspapier für das leere ungereinigte Tankfahrzeug und die Zulassungsbescheinigung sind mitzuführen
c) Reparaturauftrag des Beförderers muss mitgeführt werden
d) Nichts, da diese Fahrt vom ADR ausgenommen ist (Werkstattfahrt)

3.13 Welchem Ziel dient die Fahrwegbestimmung nach § 35a GGVSEB und wer ist für die Einhaltung der Streckenbestimmungen verantwortlich?

a) Erhöhung der Sicherheit und Reduzierung möglicher Risiken für die Allgemeinheit. Für die Einhaltung ist der Fahrzeugführer verantwortlich
b) Routenplanung für den Fahrzeugführer. Für die Einhaltung ist der Disponent verantwortlich
c) Überwachungsmöglichkeit für den Arbeitgeber. Der Disponent muss mich überwachen
d) Vervollständigung der Dokumente. Die Einhaltung ist eine Befördererpflicht

3.14 Welchem Begleitpapier können Sie die Nummern der Gefahrzettel-Muster bei einer Beförderung gefährlicher Güter in einem Tankfahrzeug entnehmen?

a) Den schriftlichen Weisungen
b) Dem Beförderungspapier
c) Der ADR-Schulungsbescheinigung
d) Der Zulassungsbescheinigung

3.15 Aus welchem Dokument nach ADR können sie sehen, welches Produkt sich in einem Tankabteil befindet?

a) Den schriftlichen Weisungen
b) Dem Beförderungspapier
c) Der ADR-Schulungsbescheinigung
d) Der Zulassungsbescheinigung

4.

Fahrzeug- und Beförderungsarten, Umschließungen, Ausrüstung

4.1 Fahrzeug- und Beförderungsarten

Im Basiskurs und in diesem Kurs wird immer wieder der Begriff „Tank" verwendet. Es ist aber auch von festverbundenen Tanks, Aufsetztanks, Tankcontainern usw. die Rede. Wie hängen diese Begriffe zusammen? Wo sind die Unterschiede?

Das ADR enthält im Abschnitt 1.2.1, aber auch in den Kapiteln 6.7 und 6.8 eine Vielzahl von Begriffsdefinitionen. Die wichtigsten Begriffe sind nachfolgend zusammengestellt und erläutert.

Beförderung in Tanks

→ *1.2.1, 7.4 ADR*

Gefährliche Güter dürfen **nur in Tanks** befördert werden, **wenn** in den Spalten 10 oder 12 der Tabelle A in Kapitel 3.2 ADR eine **Tankcodierung angegeben** ist. Die Verwendungsvorschriften in Kapitel 4.2 und 4.3 ADR müssen beachtet werden. Außerdem dürfen bei Überschreitung bestimmter Mengen nur Fahrzeuge zum Einsatz kommen, die besondere Vorschriften erfüllen.

Begriffsbestimmung Tank

→ *1.2.1 ADR*

Unter einem **Tank** versteht das ADR einen **Tankkörper mit seiner Bedienungsausrüstung und baulichen Ausrüstung.** Wird der Begriff allein verwendet, umfasst er Tankcontainer, ortsbewegliche Tanks, Aufsetztanks und festverbundene Tanks sowie Tanks als Elemente von Batterie-Fahrzeugen oder MEGC.

→ *Bauliche Ausrüstung*

Die bauliche Ausrüstung umfasst die außen (oder – wo zulässig – innen) am Tankkörper angebrachten Versteifungselemente und die Elemente für die Befestigung, den Schutz oder die Stabilisierung.

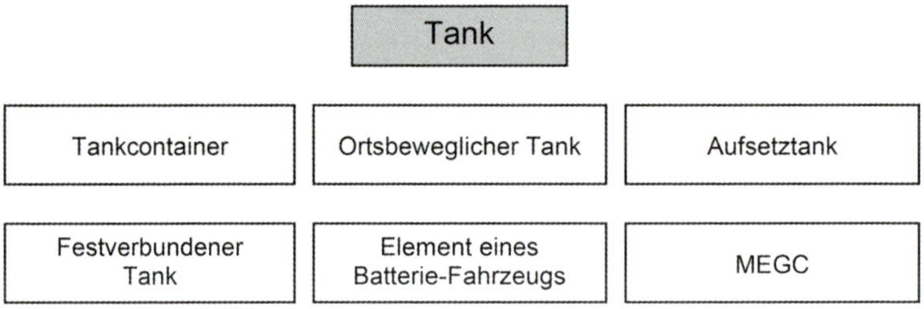

→ *Tankakte*

→ *1.2.1 ADR*

Ein Dokument, das alle technisch relevanten Informationen eines Tanks, eines Batterie-Fahrzeuges oder eines MEGC, wie die in den Bauvorschriften des Teil 6 ADR genannten Bescheinigungen, enthält. Die Tankakte muss vom Eigentümer oder Betreiber aufbewahrt werden. Dieser muss in der Lage sein, die Tankakte auf Anforderung der zuständigen Behörde vorzulegen.

→ *Tankkörper*

Der Tankkörper besteht aus Tankmantel und Tankböden, die den Stoff einschließen (einschließlich der Öffnungen und ihrer Deckel bzw. Verschlüsse, nicht jedoch der Bedienungsausrüstung und der äußeren baulichen Ausrüstung). Gefäße fallen nicht hierunter.

→ *Fassungsraum eines Tankkörpers*

Das gesamte Innenvolumen des Tankkörpers oder des Tankkörperabteils in Liter oder Kubikmeter. Wenn es nicht möglich ist, den Tankkörper oder das Tankkörperabteil wegen seiner Form oder seines Baus vollständig zu befüllen, ist dieser geringere Fassungsraum für die Bestimmung des Füllungsgrades und die Kennzeichnung des Tanks zu verwenden.

Tankcontainer

→ *1.2.1, 6.7, 6.8 ADR*

Tankcontainer stellen eine eigene Art von Umschließungen dar. Sie müssen die grundsätzlichen Eigenschaften der Container aufweisen (siehe Container). Darüber hinaus verfügen sie über einen Tankkörper und zusätzliche Ausrüstungsteile, auch zum Umsetzen des Tankcontainers ohne wesentliche Veränderung der Gleichgewichtslage. Zum Einsatz kommen **Tankcontainer für die Beförderung von gasförmigen, flüssigen, pulverförmigen oder körnigen Stoffen**. Der **Fassungsraum** muss **mindestens 450 Liter** betragen, **wenn** er für die Beförderung von **Gasen der Klasse 2 verwendet** wird.

Für einen Tankcontainer gilt zusätzlich, dass er

- aus einem Tankkörper und den Ausrüstungsteilen besteht,
- über Einrichtungen verfügt, die das Umsetzen ohne wesentliche Veränderung der Gleichgewichtslage erlauben und
- zum Teil stapelbar ist.

Wichtig:

- **Der Begriff Container – auch wenn er oben zur Beschreibung des Tankcontainers verwendet wurde – schließt keine Tankcontainer oder die Fahrzeuge ein.**
- **Großpackmittel (IBC) oder Großverpackungen gelten nicht als Container oder Tankcontainer sondern als Verpackung.**

Tankwechselaufbau (Tankwechselbehälter)

→ *1.2.1 ADR*

Unter den Begriff der Tankcontainer fallen **auch die Tankwechselaufbauten (Tankwechselbehälter)**. Sie weisen jedoch folgende Besonderheiten auf. Sie

- → sind hinsichtlich der mechanischen Festigkeit ausschließlich für die Beförderung mit Wagen oder Fahrzeugen im Land- und Fährverkehr ausgelegt,
- → sind nicht stapelbar und
- → können von Fahrzeugen mit bordeigenen Mitteln auf Stützbeinen abgesetzt und wieder aufgenommen werden.

Ortsbeweglicher Tank

→ *6.7, 6.8 ADR*

Ortsbewegliche Tanks sind eine spezielle Form von Umschließungen für den **multimodalen Einsatz**. Sie sind so gebaut, dass sie den **besonderen Anforderungen des Seeverkehrs** und der damit zusammenhängenden Handhabung gerecht werden.

In ortsbeweglichen Tanks dürfen **Stoffe der Klassen 1 und 3 bis 9** befördert werden. Der Fassungsraum beträgt, wenn sie für die Beförderung von Gasen der Klasse 2 verwendet werden, mindestens 450 Liter. Als Baumaterial dürfen nur Metallwerkstoffe verwendet werden.

Ein ortsbeweglicher Tank entspricht der bereits genannten Basisdefinition für Tanks (Tankkörper, Bedienungs- und bauliche Ausrüstung). **Zusätzliche Merkmale sind:**

→ Ausführung als **multimodaler Tank**, d. h. er ist für alle Verkehrsträger verwendbar (weshalb er in der Praxis auch als **UN-Tank** bezeichnet wird);

→ **Fassungsraum von mehr als 450 l,** wenn er für die Beförderung von Gasen der Klasse 2 verwendet wird;

→ **Befüllung und Entleerung**, ohne dass dafür die bauliche Ausrüstung entfernt werden muss;

→ äußere Elemente zur Stabilisierung;

→ **Anhebbarkeit in vollem Zustand;**

→ hauptsächliche bauliche Auslegung für die Verladung auf ein Beförderungsfahrzeug oder ein Schiff und

→ **Ausrüstung mit Kufen, Tragelementen oder Zubehörteilen zur Erleichterung der mechanischen Handhabung.**

Aufsetztank

→ *1.2.1 ADR*

Ein **Aufsetztank hat einen Fassungsraum von mehr als 450** l, ist aber durch seine Bauart nicht dazu bestimmt, Güter ohne Umschlag zu befördern. **Er darf nur in leerem Zustand abgenommen werden**.

Nicht unter den Begriff fallen festverbundene Tanks, ortsbewegliche Tanks, Tankcontainer und Elemente eines Batterie-Fahrzeugs oder eines MEGC.

Tankfahrzeug

→ *1.2.1 ADR*

Ein **Fahrzeug mit einem oder mehreren festverbundenen Tanks zur Beförderung von flüssigen, gasförmigen, pulverförmigen oder körnigen Stoffen.** Es besteht – außer dem eigentlichen Fahrzeug oder dem Fahrgestell – aus einem oder mehreren Tankkörpern, deren Ausrüstungsteilen und den Verbindungsteilen zum Fahrzeug oder zum Fahrgestell.

Als besondere Bauform – für die Beförderung in loser Schüttung in gedeckten Fahrzeugen – gibt es Silofahrzeuge; diese gelten dann als gedeckte Fahrzeuge.

Trägerfahrzeug

Trägerfahrzeuge sind mit Vorrichtungen ausgerüstet, die es gestatten, Aufsetztanks, Tankcontainer bzw. ortsbewegliche Tanks oder MEGC aufzunehmen.

Zugfahrzeug

Zugfahrzeuge sind Kraftfahrzeuge, die Anhängerkupplungen haben oder mit einer Vorrichtung für Auflieger ausgestattet sind.

Elemente eines Batterie-Fahrzeugs

→ *1.2.1 ADR*

Batterie-Fahrzeuge werden für die Beförderung von Gasen der Klasse 2 eingesetzt. Das Fahrzeug besteht aus Elementen, die durch ein Sammelrohr miteinander verbunden sind und die dauerhaft auf einer Beförderungseinheit befestigt sind.

Als Elemente eines Batterie-Fahrzeugs gelten

→ **Flaschen (Druckgefäß ≤ 150 l),**

→ **Großflaschen (Druckgefäß > 150 l, ≤ 3.000 l),**

→ **Druckfässer (Druckgefäß > 150 l, ≤ 1.000 l) und**

→ **Flaschenbündel sowie**

→ **Tanks mit einem Fassungsraum von mehr als 450 l für Gase der Klasse 2.**

MEGC / Gascontainer mit mehreren Elementen

→ 6.7, 6.8 ADR

Hinweis:
→ Wandtafel ***Gefahrgutumschließungen***
Anhang 8

Gascontainer mit mehreren Elementen (MEGC) bilden das Gegenstück zum Batterie-Fahrzeug. Bei diesem Beförderungsgerät werden die Elemente auch **durch ein Sammelrohr miteinander verbunden.** Sie sind dann allerdings in einem Rahmen montiert.

Als Elemente eines MEGC gelten Flaschen, Großflaschen, Druckfässer und Flaschenbündel sowie Tanks mit einem Fassungsraum von mehr als 450 Liter für Gase der Klasse 2.

UN-zertifizierter MEGC / Gascontainer mit mehreren Elementen

Der UN-zertifizierte Gascontainer mit mehreren Elementen (MEGC) ist für die multimodale Beförderung ausgelegt.

MEMU

(Mobile Explosives Manufacturing Unit)

Mobile Einheit zur Herstellung von explosiven Stoffen oder Gegenständen mit Explosivstoff: Eine Einheit oder ein Fahrzeug, auf dem eine **Einheit** befestigt ist, **zur Herstellung** und **zum Laden** von **explosiven Stoffen oder Gegenständen mit Explosivstoff aus gefährlichen Gütern, die selbst keine explosiven Stoffe oder Gegenstände mit Explosivstoff sind.** Die Einheit besteht aus verschiedenen Tanks, Schüttgut-Containern und Herstelleinrichtungen sowie aus Pumpen und der damit zusammenhängenden Ausrüstung. Die MEMU **kann verschiedene besondere Laderäume für verpackte explosive Stoffe oder Gegenständen mit Explosivstoff** haben. Obwohl die Begriffsbestimmung für MEMU den Ausdruck „zur Herstellung und zum Laden von explosiven Stoffen oder Gegenständen mit Explosivstoff" enthält, gelten die Vorschriften für MEMU nur für die Beförderung und nicht für die Herstellung und das Laden von explosiven Stoffen oder Gegenständen mit Explosivstoff.

Geschlossene Ladung

→ *1.2.1 ADR*

Neben der Sammelladung kennt das ADR die **geschlossene Ladung**. Sie ist dadurch charakterisiert, dass es **nur einen einzigen Absender** gibt. **Ihm ist der ausschließliche Gebrauch des Fahrzeugs oder Großcontainers vorbehalten.** Die **Ladevorgänge erfolgen nach den Weisungen des Absenders oder des oder der Empfänger(s).**

Besondere Anforderungen an Fahrzeuge zur Beförderung in Tanks

→ *9.2, 9.7 ADR*

Bei Beförderungen

- mit **Tankfahrzeugen** (festverbundene Tanks), **Batterie-Fahrzeugen**, vollständige oder vervollständigte Fahrzeuge für die Beförderung gefährlicher Güter in **Aufsetztanks**, **alle mit mehr als 1 m³ Fassungsraum**, oder
- mit **Tankcontainer** mit einem **Einzelfassungsraum von mehr als 3 m³** oder
- in **ortsbeweglichen Tanks** oder **MEGC**, jeweils mit **Fassungsraum von mehr als 3 m³**

müssen Fahrzeuge zum Einsatz kommen, die zusätzlich zu den allgemeinen Vorschriften die besonderen Bauvorschriften der Kapitel 9.2 und 9.7 ADR erfüllen. Dabei wird nach so genannten **FL- und AT-Fahrzeugen** unterschieden.

Die Abkürzungen FL und AT haben folgende Bedeutung:

- **FL** = zur Beförderung flüssiger Stoffe mit einem Flammpunkt von höchstens 60 °C (mit Ausnahme von Dieselkraftstoffen entsprechend Norm EN 590:2013 + A1:2017, Gasöl oder Heizöl (leicht) – UN-Nummer 1202 – mit einem Flammpunkt entsprechend Norm EN 590:2013 + A1:2017) oder entzündbarer Gase ein Fahrzeug zur Beförderung von Wasserstoffperoxid, stabilisiert, oder von Wasserstoffperoxid, wässerige Lösung, stabilisiert, mit mehr als 60 % Wasserstoffperoxid (Klasse 5.1 UN-Nummer 2015) in festverbundenen Tanks oder Aufsetztanks mit einem Fassungsraum von mehr als 1 m³ oder in Tankcontainern oder ortsbeweglichen Tanks mit einem Einzelfassungsraum von mehr als 3 m³.

  [FL = Flammable Liquid (engl.)/entzündbare Flüssigkeit];

- **AT** = ein nicht den Fahrzeugen EX/III, FL oder MEMU zugehöriges Fahrzeug zur Beförderung gefährlicher Güter in den verschiedenen Tankarten

  [AT = andere Tanks].

Bauformen von Tanks

Für die Ausführung der beschriebenen Tankarten gibt es verschiedene Bauformen. Die geläufigsten Bauformen sind

- **Zylindertank,**
- **elliptischer Tank und**
- **Koffertank.**

Zudem wird nach **Drucktanks** und **drucklosen Tanks** unterschieden.

Grundsätzliche Bauelemente sind – in unterschiedlicher Ausgestaltung – bei allen Tankbauformen anzutreffen:

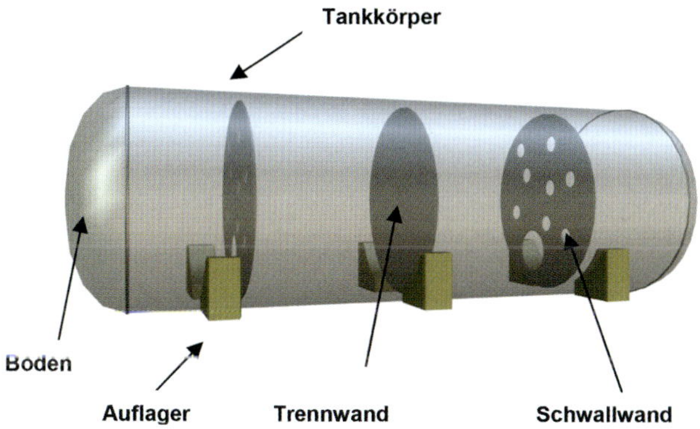

Grundsätzliche Bauelemente von Tanks

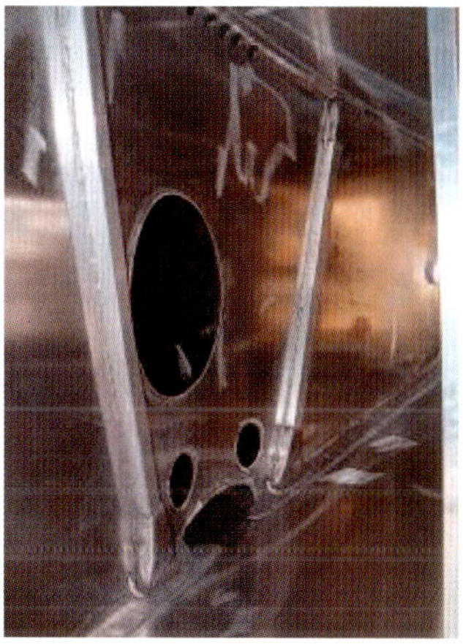

Schwallwand

Hinweis: Wie in der Skizze zu erkennen ist, wird mit Boden nicht die Unterseite des Tanks, sondern der Endabschluss des Zylinders bezeichnet.

Zylindertank

Zylindertanks sind überwiegend als **Drucktanks** anzutreffen. Ihre kreisrunde Bauform entspricht dem Bestreben des Drucks, die stabilste Kreisform einzunehmen. Allerdings werden auch drucklose Tanks in Zylinderform gebaut.

Drucktanks werden – je nach zu beförderndem gefährlichen Gut – für hohe (Innen-)Druckbelastungen ausgelegt. Die gängige Unterteilung ist:

- 4-bar-Tanks (z. B. allgemein für Stoffe der Klassen 5.1, 6.1 und 8),
- 10-bar-Tanks (z. B. Klasse 4.2, sehr giftige Stoffe der Klasse 6.1, einige Säuren und Laugen),
- 15-bar-Tanks (z. B. sehr giftige Stoffe) und
- 21-bar-Tanks (z. B. für Fluorwasserstoff, wasserfrei oder Brom).

Auch für drucklos zu befördernde gefährliche Güter können Drucktanks zum Einsatz kommen. Dies ist z. B. der Fall, wenn die **Entleerung mit Druck** erfolgt.

Koffertank

Koffertanks sind **drucklose Tanks**. Somit dürfen sie nur für gefährliche Güter verwendet werden, die drucklos befördert werden. Klassisches Einsatzgebiet der Koffertanks ist die **Beförderung von Mineralölprodukten**.

Bei Koffertanks ist in bestimmten Fällen eine Unterteilung in Kammern mit einem Fassungsvermögen bis 7.500 Litern vorgeschrieben.

Elliptischer Tank

Die elliptische Bauform kann auch **nur für drucklose Tanks** zur Anwendung kommen. Auch hier besteht gegenüber den Zylindertanks ein höheres Beschädigungsrisiko, dem durch konstruktive Maßnahmen wie Trenn- und Schwallwände entgegengewirkt wird.

Elliptischer Tank

Einkammertank

Einkammertanks bestehen aus **einer Tankkammer**, so dass dieser Tank nur mit einem Produkt befüllt werden kann.

→ ***Schwallwand*** **Schwallwände mindern ein Hin- und Herschwappen des Inhalts beim Beschleunigen und Bremsen und stabilisieren den Tank.**

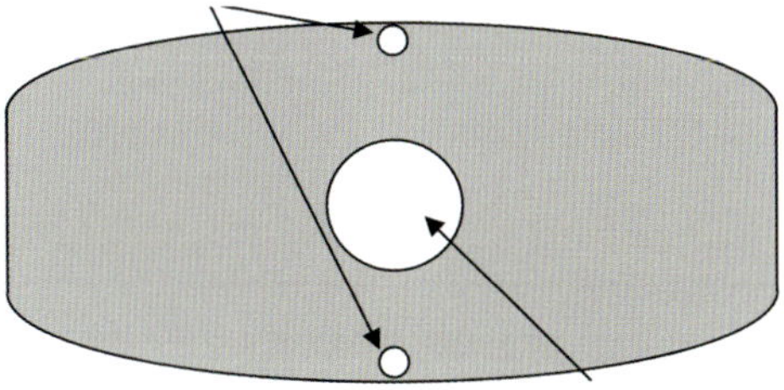

Schematische Darstellung einer Schwallwand

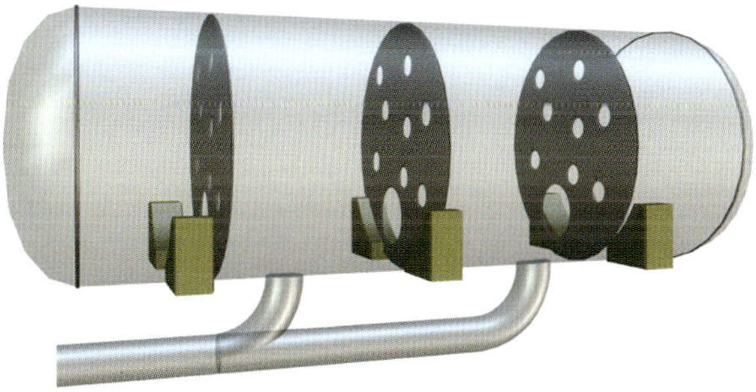

Einkammertank

Mehrkammertank

Mehrkammertanks sind in **mindestens zwei Tankkammern** (auch als Tankabteile bezeichnet) unterteilt, die **vollständig von einander getrennt** sind, aber über eine **gemeinsame Sammelleitung** entleert werden. Daher dürfen in Mehrkammertanks nur gleiche Güter gefüllt werden.

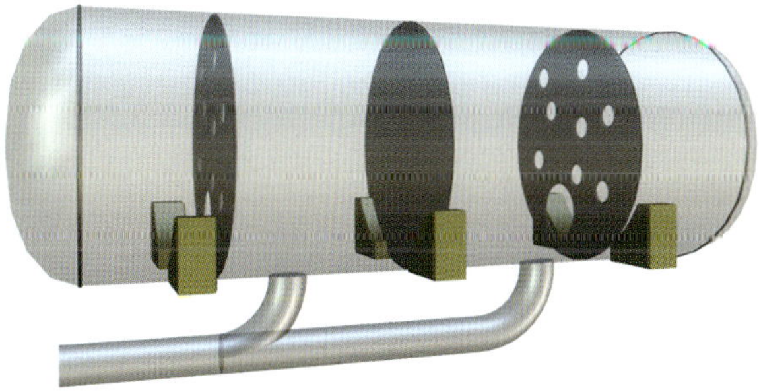

Mehrkammertank

Mehrproduktentank

Der **Mehrproduktentank** ist ein Mehrkammertank, der über ein **Abgabesystem** verfügt, dass eine **getrennte Entleerung** der Tankkammern ermöglicht. Hierdurch können verschiedene gefährliche Güter befördert werden, sofern die Verbote für bestimmte gefährliche Güter, diese in benachbarte Kammern zu füllen, beachtet werden. **Es kann zu keiner Produktvermischung kommen.**

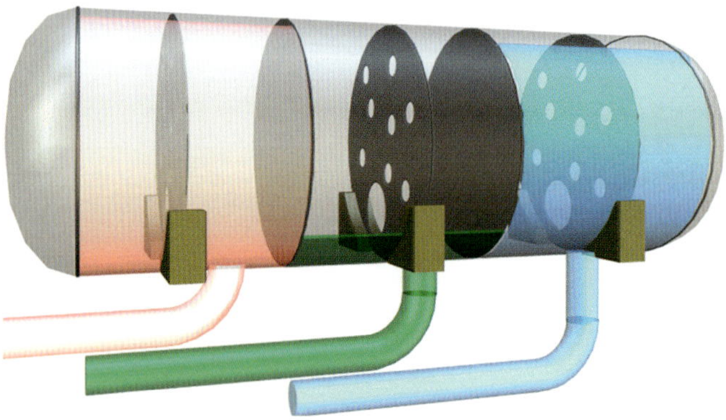

Mehrproduktentank

Spezielle Bauformen

Als spezielle Bauformen sind **isolierte Tanks, Saug-Druck-Tanks für Abfälle, luftdicht verschlossene Tanks und Silo-Tanks anzutreffen.**

Isolierter Tank

Isolierte Tanks werden zur Beförderung **tiefkalter Stoffe** oder **erwärmter Stoffe** verwendet. Die **Isolierung sorgt für die Verhinderung eines Temperaturausgleichs** zwischen dem geladenen Gut und der äußeren Umgebung.

Bei erwärmt zu befördernden Stoffen – wie z. B. Fette, schweres Heizöl oder Bitumen –, die nur in erwärmtem Zustand flüssig und damit entladbar sind, kann die erhöhte Temperatur zusätzlich durch bordeigene Heizgeräte sichergestellt werden.

Luftdicht verschlossener Tank

Luftdicht verschlossene Tanks werden für die Beförderung von Stoffen vorgeschrieben, die unter normalen Beförderungsbedingungen nicht nach außen gelangen dürfen oder bei denen keine Luft in den Tank gelangen darf. **Ein Tank gilt als luftdicht verschlossen, wenn er dicht verschlossene Öffnungen aufweist und keine Sicherheitsventile, Berstscheiben, andere ähnliche Sicherheitseinrichtungen oder Vakuumventile vorhanden sind.** Ein Tank mit Sicherheitsventilen, bei dem zwischen dem Sicherheitsventil und dem Tankinnern eine Berstscheibe vorgeschaltet, nicht jedoch mit Vakuumventilen ausgerüstet ist, gilt als luftdicht verschlossen.

Silo-Tank

Silo-Tanks kommen für die Beförderung fester Stoffe (körnig, granulatartig oder pulverförmig) zum Einsatz. Die Entladung erfolgt durch Auslaufkonen unter dem Silo-Tank oder durch eine Hinterkippeinrichtung.

Sofern für diese Güter eine Beförderung in loser Schüttung zugelassen ist, können Fahrzeuge mit diesen Tanks auch als gedeckte Fahrzeuge angesehen werden und benötigen dann auch keine Zulassungsbescheinigung. Die Bedingungen für die Beförderung in loser Schüttung müssen in diesem Fall beachtet werden.

Saug-Druck-Tankfahrzeug für Abfälle

Saug-Druck-Tankfahrzeuge werden hauptsächlich für die **Beförderung gefährlicher Abfälle** verwendet. Ihre besondere Bauweise und Ausrüstung dient der erleichterten Be- und Entladung von Abfällen. Kapitel 6.10 ADR enthält die Besonderheiten für Saug-Druck-Tanks.

Tankcodierung

→ 4.3.2.1.2 ADR

Durch die Tankcodierung wird ein bestimmter Typ eines Tanks in kodierter Form beschrieben. Die Tankcodierung setzt sich aus Buchstaben und Zahlen in festgelegter Abfolge zusammen. Die Tankcodierung wird in der Baumusterzulassung und auf dem Tankschild angegeben.

→ Bedeutung der Tankcodierungen

Die **Tankcodierungen haben folgende Bedeutung:**

(Die Hinweise auf Unterabschnitte und Absätze beziehen sich auf das ADR.)

- **für die Klasse 2**

Teil	Beschreibung	Tankcodierung
1	**Tanktyp / Typ des Batterie-Fahrzeugs / Batteriewagens oder des MEGC**	C = Tank, Batterie-Fahrzeug/Batteriewagen oder MEGC für verdichtete Gase P = Tank, Batterie-Fahrzeug/Batteriewagen oder MEGC für verflüssigte oder gelöste Gase R = Tank für tiefgekühlt verflüssigte Gase
2	**Berechnungsdruck**	x = Zahlenwert des zutreffenden Mindestprüfdrucks in bar gemäß Tabelle in Absatz 4.3.3.2.5 oder 22 = Mindestberechnungsdruck in bar
3	**Öffnungen** **(siehe Unterabschnitte 6.8.2.2 und 6.8.3.2)**	B = Tank mit Bodenöffnungen mit 3 Verschlüssen für das Befüllen oder Entleeren oder Batterie-Fahrzeug/Batteriewagen oder MEGC mit Öffnungen unterhalb des Flüssigkeitsspiegels oder für verdichtete Gase C = Tank mit obenliegenden Öffnungen mit 3 Verschlüssen für das Befüllen oder Entleeren, der unterhalb des Flüssigkeitsspiegels nur mit Reinigungsöffnungen versehen ist D = Tank mit obenliegenden Öffnungen mit 3 Verschlüssen für das Befüllen oder Entleeren oder Batterie-Fahrzeug/Batteriewagen oder MEGC ohne Öffnungen unterhalb des Flüssigkeitsspiegels
4	**Sicherheitsventil / -einrichtung**	N = Tank, Batterie-Fahrzeug/Batteriewagen oder MEGC mit Sicherheitsventil gemäß Absätzen 6.8.3.2.9 oder 6.8.3.2.10, der nicht luftdicht verschlossen ist H = luftdicht verschlossener Tank, Batterie-Fahrzeug/Batteriewagen oder MEGC (siehe Abschnitt 1.2.1)

Bem.

1. Die in Kapitel 3.2 Tabelle A Spalte 13 bei einigen Gasen angegebene Sondervorschrift TU 17 bedeutet, dass das Gas nur in Batterie-Fahrzeugen oder in MEGC befördert werden darf, deren Elemente aus Gefäßen bestehen.
2. Die in Kapitel 3.2 Tabelle A Spalte 13 bei einigen Gasen angegebene Sondervorschrift TU 40 bedeutet, dass das Gas nur in Batterie-Fahrzeugen oder in MEGC befördert werden darf, deren Elemente aus nahtlosen Gefäßen bestehen.
3. Der auf dem Tank selbst oder auf einer Tafel angegebene Druck muss mindestens so hoch sein wie der Wert für „x“ oder des angegebenen Mindestberechnungsdrucks.

- **für die Klassen 3 bis 9**

Teil	Beschreibung	Tankcodierung
1	**Tanktyp**	L = Tank für Stoffe in flüssigem Zustand (flüssige Stoffe oder feste Stoffe, die in geschmolzenem Zustand zur Beförderung aufgegeben werden) S = Tank für Stoffe in festem (pulverförmigem oder körnigem) Zustand
2	**Berechnungsdruck**	G = Mindestberechnungsdruck gemäß allgemeinen Vorschriften des Absatzes 6.8.2.1.14 1,5; 2,65; 4; 10; 15 oder 21 = Mindestberechnungsdruck in bar (siehe Absatz 6.8.2.1.14)
3	**Öffnungen** **(siehe Absatz 6.8.2.2.2)**	A = Tank mit Bodenöffnungen mit 2 Verschlüssen für das Befüllen oder Entleeren B = Tank mit Bodenöffnungen mit 3 Verschlüssen für das Befüllen oder Entleeren C = Tank mit obenliegenden Öffnungen, der unterhalb des Flüssigkeitsspiegels nur mit Reinigungsöffnungen versehen ist D = Tank mit obenliegenden Öffnungen ohne Öffnungen unterhalb des Flüssigkeitsspiegels
4	**Sicherheitsventil/ -einrichtung**	V = Tank mit Über- und Unterdruckbelüftungseinrichtung gemäß Absatz 6.8.2.2.6 ohne Einrichtung zur Verhinderung einer Flammenausbreitung oder nicht explosionsdruckstoßfester Tank F = Tank mit Über- und Unterdruckbelüftungseinrichtung gemäß Absatz 6.8.2.2.6 mit Einrichtung zur Verhinderung einer Flammenausbreitung oder explosionsdruckstoßfester Tank N = Tank ohne Über- und Unterdruckbelüftungseinrichtung gemäß Absatz 6.8.2.2.6 und nicht luftdicht verschlossen H = luftdicht verschlossener Tank (siehe Begriffsbestimmung in Abschnitt 1.2.1)

→ ***Beispiel:***

Die **Tankcodierung L4BN** hat folgende Bedeutung:

L = Tank für **Stoffe in flüssigem Zustand**
4 = die Wandstärke ist für einen **Druck von 4 bar** bemessen
B = Tank mit **Bodenöffnungen** mit 3 Verschlüssen für das Befüllen oder Entleeren
N = Tank besitzt keine **Über- und Unterdruckbelüftungseinrichtung** und ist nicht luftdicht verschlossen

Tankhierarchie → *Klasse 2*

Die Angabe in Spalte 12 der **Tabelle in** Kapitel 3.2 ADR entspricht immer den am **wenigsten strengen Bauvorschriften**, die für den betreffenden Stoff zulässig sind. Sofern in Kapitel 4.3 oder 6.8 ADR nichts Gegenteiliges vorgeschrieben ist, dürfen **auch Tanks mit Codierungen** verwendet werden, die strengeren Bauvorschriften entsprechen. Welche dies sind, ergibt sich aus der so genannten Tankhierarchie.

Die Tankhierarchie für die **Klasse 2** enthält auszugsweise die folgende Tabelle:

Tankcodierung	weitere Tankcodierung(en), die für die Stoffe unter dieser Tankcodierung zugelassen ist (sind)
C*BN	C#BN, C#CN, C#DN, C#BH, C#CH, C#DH
C*BH	C#BH, C#CH, C#DH
C*CN	C#CN, C#DN, C#CH, C#DH

Die Ziffer „#“ muss größer oder gleich der Ziffer „*“ sein.

Bem. Die für einzelne Eintragungen eventuell geltenden Sondervorschriften (siehe Abschnitte 4.3.5 und 6.8.4 ADR) sind in dieser hierarchischen Aufstellung nicht berücksichtigt.

Tankhierarchie → Klassen 3 bis 9

Für die **Klassen 3 bis 9 gilt auszugsweise die folgende Tankhierarchie:**

Flüssige Stoffe

Tank-codie-rung	**Tankhierarchie** weitere Tankcodierungen, die für die Stoffe unter dieser Tankcodierung zugelassen sind
LGAV	LGBV, LGBF, L1,5BN, L4BN, L4BH, L4DH, L10BH, L10CH, L10DH, L15CH, L21DH.
LGBV	LGBF, L1,5BN, L4BV, L4BN, L4BH, L4DH, L10BH, L10CH, L10DH, L15CH, L21DH.
LGBF	L1,5BN, L4BN, L4BH, L4DH, L10BH, L10CH, L10DH, L15CH, L21DH.
L1,5BN	L4BN, L4BH, L4DH, L10BH, L10CH, L10DH, L15CH, L21DH.

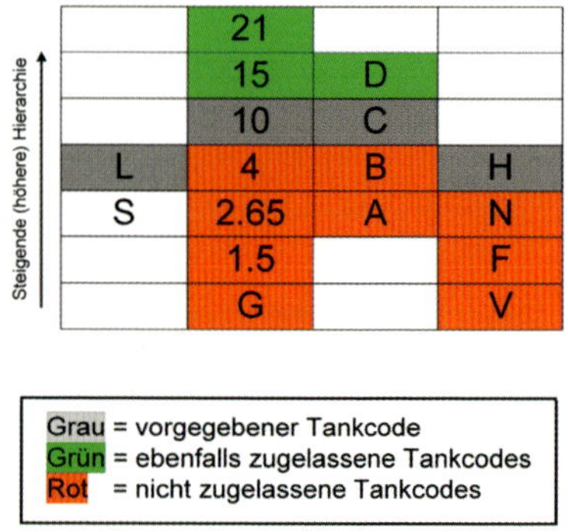

Feste Stoffe

Tank-codie-rung	**Tankhierarchie** weitere Tankcodierungen, die für die Stoffe unter dieser Tankcodierung zugelassen sind
SGAV	SGAN, SGAH, S4AH, S10AN, S10AH.
SGAH	S4AH, S10AH.
S10AN	S10AH.
S10AH	

Besonderheiten Klasse 2

→ *4.3.3.2.5 ADR*

Die in Spalte 12 der Tabelle in Kapitel 3.2 ADR angegebenen Tankcodierungen enthalten bei Stoffen der Klasse 2 an der zweiten Stelle oftmals ein **„x“. Dies ist ein Platzhalter für den vorgeschriebenen Mindestprüfdruck**, der stoffspezifisch in der Tabelle in Absatz 4.3.3.2.5 ADR angegeben ist. Für Gase und Gasgemische, die einer n.a.g.-Eintragung zugeordnet sind, wird der Wert für den Mindestprüfdruck durch einen anerkannten Sachverständigen festgesetzt.

Die Ergänzung dieser Tankcodierung mit einem „**(M)**“ bedeutet, dass dieser Stoff auch in Batterie-Fahrzeugen oder MEGC befördert werden darf.

Die Tabelle in Absatz 4.3.3.2.5 ADR enthält eine vollständige Liste aller zur Beförderung in Tanks zugelassenen Gase und Gasgemische.

Besonderheiten Klassen 3 bis 9

→ *4.3.4.1.2 ADR*
→ ***rationalisierter Ansatz***

Für die Klassen 3 bis 9 können bei einer bekannten Tankcodierung die für den jeweiligen Tanktyp grundsätzlich zugelassenen Stoffe oder Stoffgruppen über Tabellen im Absatz 4.3.4.1.2 ADR ermittelt werden (so genannter rationalisierter Ansatz). So werden z. B. alle gefährlichen Güter der Klasse 3 mit dem Klassifizierungscode F2 und der Verpackungsgruppe III sowie alle gefährlichen Güter der Klasse 9 mit dem Klassifizierungscode M9 und der Verpackungsgruppe III einem Tank mit der Codierung LGAV zugeordnet.

Allerdings ist bei Angabe eines **„+"-Zeichens hinter der Tankcodierung** – wie zuvor bereits erwähnt – die **wechselweise Verwendung für andere Stoffe** oder Stoffgruppen nur im Rahmen der Angaben in der Zulassungsbescheinigung erlaubt.

Bei gleichzeitiger Angabe eines L ... - und eines S ... -Codes ist die Tankhierarchie nicht anwendbar.

Beispiele:
- Klasse 5.2
  UN 3109 ORGANISCHES PEROXID, TYP F, FLÜSSIG und
  UN 3119 ORGANISCHES PEROXID, TYP F, FLÜSSIG, TEMPERATURKONTROLLIERT:

  Tankcodierung L4BN;
- Klasse 8
  UN 1052 FLUORWASSERSTOFF, WASSERFREI und
  UN 1790 FLUORWASSERSTOFFSÄURE mit mehr als 85 % Fluorwasserstoff:

  Tankcodierung L21DH

Wichtig: Die Tankcodierung beschreibt nicht die Verträglichkeit von Werkstoffen des Tanks, der Dichtungen, der Ausrüstung und der Schutzauskleidung mit den verschiedenen, zur Tankbeförderung zugelassenen gefährlichen Gütern. Zur Vermeidung gefährlicher Reaktionen müssen hier gezielte Informationen beachtet werden. Sofern in der Zulassungsbescheinigung keine Stoffe (UN-Nummern) angegeben sind, müssen ggf. der Hersteller des Stoffs oder die zuständige Behörde konsultiert werden. Die Verantwortung hat der Befüller des Tanks."

4.2 Beförderungseinheiten mit Tanks

Begriffsdefinitionen

→ *1.2.1 ADR*

Beförderungseinheiten, d. h. Kraftfahrzeuge ohne Anhänger oder Einheiten aus einem Kraftfahrzeug mit Anhänger, gibt es in unterschiedlicher Ausgestaltung. Zum Einsatz kommen:

- **Tankfahrzeuge**
  (Kraftfahrzeug oder Anhänger)
  - mit festverbundenem Tank oder

  - als Batterie-Fahrzeug.

- **Trägerfahrzeuge**
  (Kraftfahrzeug oder Anhänger)
  - für Aufsetztanks,

  - für Tankcontainer bzw. ortsbewegliche Tanks oder

- für MEGC.

- **Saug-Druck-Tankfahrzeuge**
  (weit überwiegend als Kraftfahrzeug).

- **Zugfahrzeuge**
  (Kraftfahrzeug mit Anhängerkupplung oder Vorrichtung für Sattelanhänger).

- **MEMU**
  (Mobile Einheit zur Herstellung von explosiven Stoffen oder Gegenständen mit Explosivstoff [Mobile Explosives Manufacturing Unit]).

4.3 Tankausrüstung und Sicherheitseinrichtungen für einzelne Gefahrklassen an Tanks, Tank-, Träger- und Zugfahrzeugen

Tankausrüstung

→ 6.7 und 6.8 ADR

Die konkrete Ausrüstung des Tanks und deren Bedienung ist sehr unterschiedlich. Eine **Einweisung in die Ausrüstung und deren Bedienung ist daher unerlässlich.**

Hinweis:
→ Wandtafel ***Tanktechnik I***
Tanktechnik II
Tanktechnik III
Anhang 8

→ Verträglichkeit

Tankkörper, Ausrüstungsteile und Rohrleitungen müssen aus **Werkstoffen** hergestellt sein, die **mit** den zu **befördernden Gefahrgütern verträglich** sind oder entsprechend geschützt sind. Gleiches gilt für Dichtungen und innere Auskleidungen. Außerdem darf keine Beeinträchtigung der zu befördernden Güter durch die Werkstoffe auftreten.

→ Bedienungsausrüstung

Zur Bedienungsausrüstung gehören die Füll- und Entleerungseinrichtungen, die Lüftungseinrichtungen, die Sicherheits-, Druckerzeugungs-, Heizungs-, Kühl- und Wärmeschutzeinrichtungen sowie die Messinstrumente. Bei Elementen eines Batterie-Fahrzeugs oder MEGC kommt noch das Sammelrohrsystem hinzu. **Bedienungsausrüstungen** werden so ausgeführt, dass sie **gegen ein Abreißen** oder eine **Beschädigung während der Handhabung oder Beförderung geschützt** sind. **Füll- und Entleerungseinrichtungen sowie Schutzkappen sind zudem gegen unbeabsichtigtes Öffnen zu sichern.** Sie müssen z. B. bei Batterie-Fahrzeugen so angeordnet oder ausgelegt sein, dass unter normalen Beförderungsbedingungen keine Schäden auftreten können, die zu einem Freisetzen des Druckgefäßinhalts führen → 6.8.3.2.18 ADR.

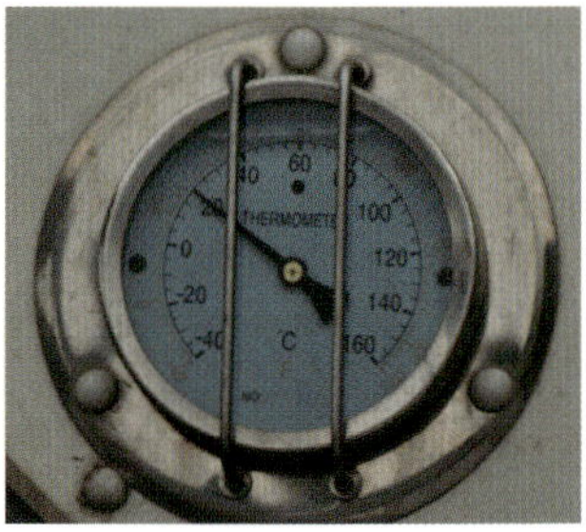

Füll- und Entleereinrichtungen

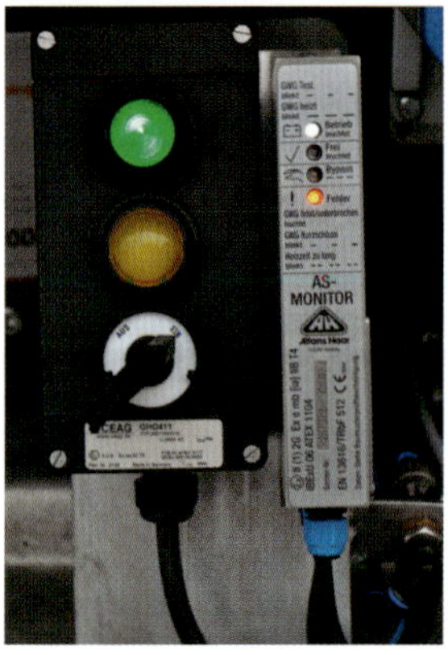

Bedienungsausrüstung

Steuerblöcke

→ Öffnungen

Öffnungen aller Art sind **mit Absperr- oder Verschlusseinrichtungen ausgestattet**. Dies gilt auch für so genannte „Mannlöcher" für Untersuchungen und Reparaturen des Tankinneren. Auf dem Deckel des „Mannlochs" können weitere Einrichtungen wie der **Domdeckel (bei Obenbefüllung), Peilstab und Kippventil (bei drucklosen Tanks**) angebracht sein.

Domarmaturen

Tanks mit Bodenöffnungen verfügen stoffabhängig über mindestens zwei bzw. drei voneinander unabhängige Verschlüsse. Bei nicht tiefgekühlt verflüssigten Gasen der Klasse 2 wird die innere Absperreinrichtung als schnellschließende Sicherheitseinrichtung ausgeführt.

→ Sicherheits-, Vakuum-, Peil- und Kippventile

Drucktanks verfügen über **Sicherheitsventile**, die eine Beschädigung durch einen Überdruck, für den sie nicht ausgelegt sind, vermeiden. Der Ansprechdruck hängt von der baulichen Auslegung des Tanks ab. **Zusätzlich können die Sicherheitsventile mit einer Flammendurchschlagsicherung und mit einer Berstscheibe oder Schmelzsicherung ausgerüstet sein**.

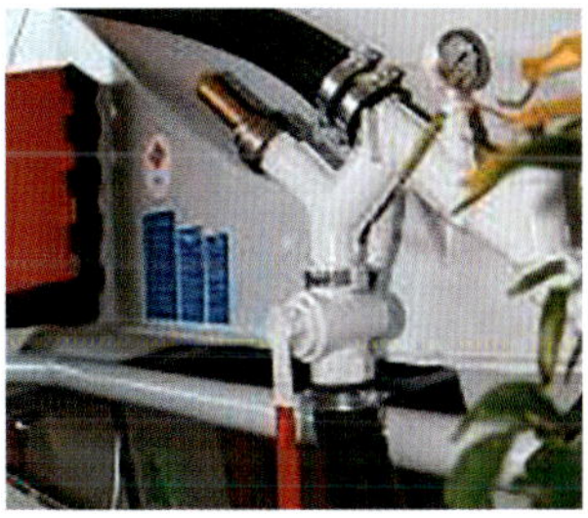

Zum **Schutz gegen Unterdruck** können **Vakuumventile** vorhanden sein. Diese sprechen an, wenn im Tank ein Unterdruck gegenüber der äußeren Umgebung entsteht, der größer ist als der Unterdruck, für den der Tank ausgelegt ist.

Peilventile dienen zur Vermeidung von Überfüllung bei flüssigen Gasen. Ein Peilventil am Normalpeilrohr öffnet sich bei ca. 70 % Füllgrad und Gas in flüssiger Form tritt aus. (Füllgrad erreicht)

Um den Füllstand eines Gastankwagens festzustellen, werden an der Rückseite des Tanks häufig Druckpeilrohre verwendet.

Das Drehpeilrohr ist drehbar und ragt an dem einen Ende in das Ziffernblatt der Füllstandanzeige, in der noch ein Ventil und ein Zeiger verbaut ist. Das andere Ende des Drehpeilrohres ragt über den Füllstand am ganzen Tankumfang.

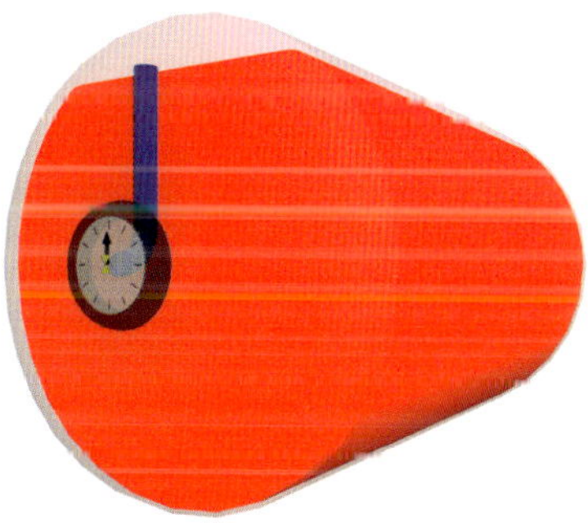

Auch **drucklose Tanks** benötigen eine **Über- und Unterdruckbelüftungseinrichtung**, um für einen Druckausgleich bei Ausdehnung des Füllguts durch Erwärmung oder bei der Entladung zu sorgen. Dieses Ventil ist als so genanntes **Kippventil** ausgeführt, **das bei einem Umkippen des Tanks schließt** und somit den Austritt des Füllguts verhindert. Auch das Kippventil öffnet kurzzeitig, falls der Druck über ein zulässiges Maß ansteigt, damit ein Bersten des Tanks vermieden wird.

Als **Schutz gegen Feuergefahren** ist es zudem mit einer **geeigneten Schutzeinrichtung, die den unmittelbaren Flammendurchschlag in den Tankkörper verhindert,** ausgerüstet.

Flammendurchschlagsicherung

→ Füllstandsanzeigevorrichtungen

Füllstandsanzeigevorrichtungen sind in verschiedenen Ausführungen anzutreffen. Wenn sie mit dem Inhalt des Tankkörpers in direkter Verbindung stehen, dürfen sie jedoch nicht aus Glas oder anderen zerbrechlichen Werkstoffen gefertigt sein.

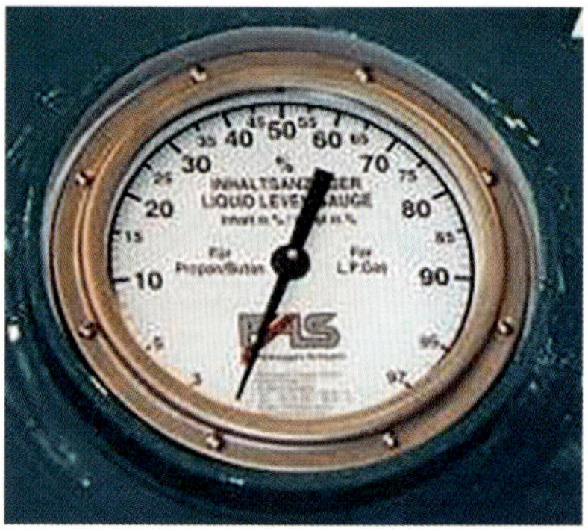

Füllstandsanzeige eines Saug-Druck-Tankfahrzeuges

→ Erdungsvorrichtung

Tanks zur Beförderung entzündbarer flüssiger Stoffe mit einem Flammpunkt bis 60 °C oder von UN 1361 KOHLE oder RUSS, VG II verfügen über Vorrichtungen zur **elektrischen Erdung, damit elektrostatische Entladungen verhindert werden.**

→ *Wärmeisolierende Schutzeinrichtung*

Tanks für tiefgekühlt verflüssigte Gase oder erwärmt zu befördernde Stoffe verfügen über eine Wärmeisolierung, um einen Wärmeausgleich zwischen der Ladung und der den Tank umgebenden Luft zu verhindern.

→ *Manometer*

Manometer sind bei Drucktanks anzutreffen und dienen dem Ablesen des Drucks im Tankinneren.

→ *Abfüllsicherung, Grenzwertgeber*

Zur Sicherung von Befüll- und Entladevorgängen sind oftmals Abfüllsicherungen und Grenzwertgeber vorhanden.

Grenzwertgeber

→ *Außeneinrichtungen bei ortsbeweglichen Tanks*

Ortsbewegliche Tanks verfügen außen über Traglager, Rahmen-, Hebe- und Befestigungseinrichtungen. Die konstruktive Ausführung kann auch in Form von Kufen, Rahmen oder Schlitten erfolgen.

→ *Geländer*

Tanks mit Obenbefüllung werden begangen. Daher verfügen sie aus Gründen der Arbeitssicherheit über ein Geländer, das aufgeklappt werden kann.

→ *Kennzeichnung, 6.8.2.5 ADR*

Alle wichtigen Informationen sind auf einem Tankschild aus Metall zu finden, das am Tank angebracht ist.

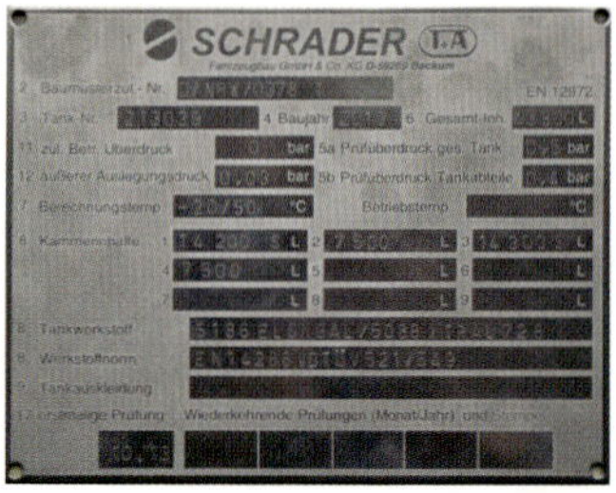

Betreiberschild am Tankfahrzeug

→ *6.8.2.5.2 ADR*

Folgende Angaben müssen auf dem Tankfahrzeug selbst oder auf einer Tafel angegeben sein:

- Name des Eigentümers oder Betreibers;
- Leermasse und
- höchstzulässige Gesamtmasse.

Bem. Nach den Zahlenwerten für die Leermasse bzw. Gesamtmasse sind jeweils die Maßeinheiten hinzuzufügen.

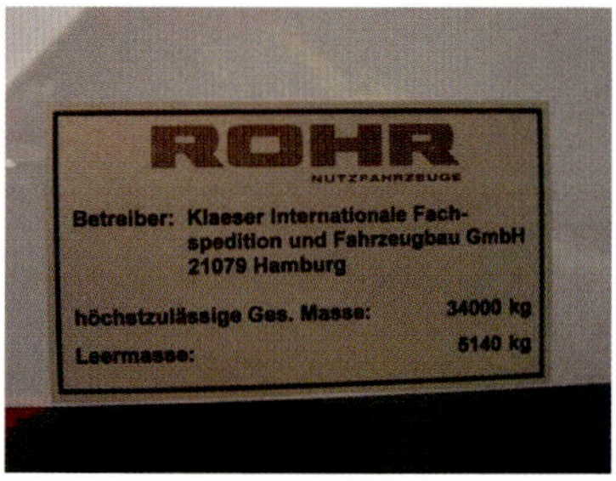

Diese Angaben sind nicht erforderlich bei einem Trägerfahrzeug für Aufsetztanks.

Die Tankcodierung gemäß Absatz 4.3.4.1.1 ADR muss auf dem Aufsetztank selbst oder auf einer Tafel angegeben sein.

Fahrzeugausrüstung

→ *9.2, 9.6 und 9.7 ADR*

Für Tankfahrzeuge und Fahrzeuge für Tankbeförderungen (auch Träger- und Zugfahrzeuge) enthält das ADR im Teil 9 besondere Bauvorschriften.

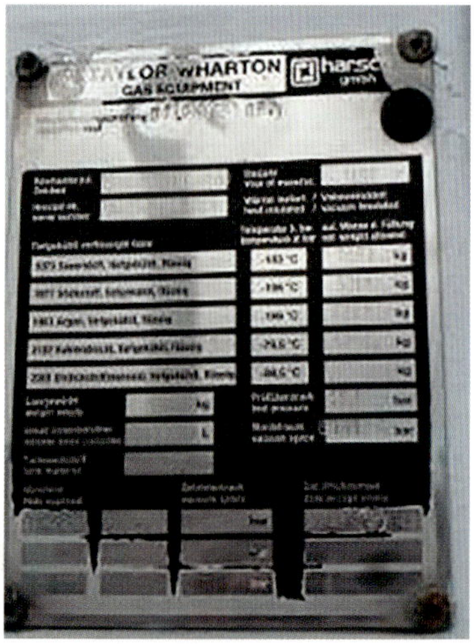

→ *Elektrische Ausrüstung*

Die **elektrischen Leitungen** müssen bei allen drei Fahrzeugarten besonderen Anforderungen hinsichtlich Beschaffenheit und Ausführung genügen. **FL-Fahrzeuge** benötigen darüber hinaus einen **Batterietrennschalter** sowie eine besondere Ausführung der Batterien, der dauernd versorgten Stromkreise und der elektrischen Anlage hinter dem Fahrerhaus.

Der Batterietrennschalter dient der Unterbrechung aller Stromkreise (mit Ausnahme des Fahrtenschreibers). Daher muss sich eine Betätigungseinrichtung im Fahrerhaus befinden, die gegen unbeabsichtigtes Bedienen geschützt ist. Der Batterietrennschalter muss auch nach Betätigung wieder einschaltbar sein.

Anschlussklemmen von Batterien müssen elektrisch isoliert oder durch einen isolierenden Deckel abgedeckt sein.

Die elektrische Anlage hinter dem Fahrerhaus muss besonders geschützt sein. Dies kann durch die Verwendung **besonderer Kabel** oder durch **Schutzrohre** erreicht werden.

→ *Bremsausrüstung*

Für alle drei Fahrzeugarten sind automatische Blockierverhinderer (ABV) und eine ausreichend dimensionierte Dauerbremsanlage vorgeschrieben.

→ *Verhütung von Feuergefahren*

Zur **Verhütung von Feuergefahren** ist die **besondere Anordnung** und **Ausführung von Kraftstoffbehältern, Motor, Auspuffanlage, Dauerbremsanlage** und einer **evtl. vorhandenen Verbrennungsheizung vorgeschrieben.**

Bei FL-Fahrzeugen müssen die Kraftstoffbehälter so ausgeführt sein, dass austretender Kraftstoff zum Boden abfließt und dabei nicht mit heißen Teilen des Fahrzeugs oder der Ladung in Berührung kommt.

Zudem müssen Motor und Auspuffanlage so angebracht oder ausgerüstet sein, dass von ihnen keine Gefahr für die Ladung durch Erhitzung oder Entzündung ausgehen kann. Gleiches gilt, mit Ausnahme der Auspuffanlage.

Verbrennungsheizgeräte können als Zusatzheizgeräte für das Fahrerhaus, zur Motorvorwärmung oder als Heizung für den Laderaum (z. B. bei kälteempfindlicher Ladung) zum Einsatz kommen. Die Geräte und ihre Abgasanlage dürfen die Ladung nicht übermäßig erwärmen oder gar entzünden. Es ist nur eine manuelle Einschaltung erlaubt.

Geschütztes Auspuffrohr

Bei **FL-Fahrzeugen** muss zudem sichergestellt sein, dass **bei Inbetriebnahme einer Förderpumpe** für die gefährlichen Güter die **Verbrennungsheizung abgeschaltet wird**. Die Nachlaufzeit darf höchstens 40 Sekunden betragen.

→ *Geschwindigkeitsbegrenzer, 9.2.5. ADR*

Ein **Geschwindigkeitsbegrenzer oder eine Geschwindigkeitsbegrenzungsfunktion (max. 90 km/h) ist für alle Fahrzeuge mit einer Gesamtmasse von mehr als 12 Tonnen** vorgeschrieben.

→ *Ergänzende Vorschriften*

Kapitel 9.7 ADR enthält ergänzende Vorschriften zu den vorgenannten Ausrüstungen. Außerdem werden eine **besondere Kippstabilität, ein hinterer Anfahrschutz und die Erdung** von **FL-Fahrzeugen** gefordert.

Erdungsklemme mit Kabeltrommel

Hinterer Anfahrschutz und Unterfahrschutz

Betriebsvorschriften

Trotz umfangreicher und spezieller technischer Ausrüstung sind besondere Umgangsvorschriften zu beachten. Auszugsweise werden nachfolgend drei genannt.

→ *Inertisieren*

Alle Stoffe, die mit der Sondervorschrift TU 1 oder TU 2 versehen sind, müssen für die Beförderung mit einem **inerten, d.h. reaktionsträgen Gas** überdeckt werden. Im Fall der Sondervorschrift TU 11 (UN 1361 Kohle oder Ruß) ist dies bei bestimmten Bedingungen während der Entladung erforderlich.

→ *Gaspendeln*

Beim Füllen eines Empfängertanks entweicht von dort ein Produkt-Luft-Gemisch. Aus Sicherheits- und Umweltschutzgründen wird dieses Gemisch über eine zweite Leitung in den Tank geleitet. Für das **Gaspendeln sind daher immer zwei Rohrleitungen erforderlich, eine Füllleitung und eine Dampfrückführleitung (Gaspendelleitung).**

Das aus dem Empfängertank entweichende Dampf-Luft-Gemisch wird aufgefangen und in den abgebenden Tank geleitet. Die Bildung gefährlicher Atmosphäre (z.B. eines entzündbaren Produkt-Luft-Gemischs) wird vermieden.

Dieses Verfahren ist **immer zwingend vorgeschrieben, wenn ein Hinweis dazu beim Empfänger vorhanden ist.**

→ *4.3.2.3.3 (Freisetzen von Gasen und Dämpfen)*

Während des Befüllens und Entleerens von Tanks dürfen keine gefährlichen Mengen von Gasen oder Dämpfen freigesetzt werden.

Beleuchtungsgerät/Arbeitsleuchte mit EX-Schutz

Beim Befüllen/Entleeren von Tankfahrzeugen kann eine explosionsgefährliche Atmosphäre entstehen. Aus diesem Grund werden die Gefahrenbereiche in Zonen 0 bis 2 eingeteilt. Bei der Verwendung von Arbeitsleuchten müssen diese für die jeweilige Zone zugelassen sein. Die Zone 0 stellt den gefährlichsten, die Zone 2 den am wenigsten gefährlichen Gefahrengrad dar.

Lampen der Zone 0 dürfen in den Zonen 0, 1, 2 eingesetzt, während dessen Lampen mit der Aufschrift Zone 2 nur in der Zone 2 genutzt werden dürfen.

⚠ Wichtiges – kurz gefasst

- Begriff Tank umfasst Tankcontainer, ortsbewegliche Tanks, Aufsetztanks, festverbundene Tanks und Tanks als Elemente von Batterie-Fahrzeugen/MEGC.
- Tankcontainer, ortsbeweglicher Tank und Aufsetztanks haben einen Fassungsraum > 450 l.
- Festverbundener Tank hat Fassungsraum > 1.000 l.
- Tankbauformen: zylindrische, elliptische und Koffertanks.
- Zylindertanks = überwiegend Drucktanks (Chemietanks). Koffertanks und elliptische Tanks = drucklose Tanks (meistens für Mineralölprodukte).
- Tankbau unterscheidet: Einkammer-, Mehrkammer- und Mehrproduktentanks.
- Spezielle Bauformen: isolierte Tanks (tiefkalte oder erwärmte Stoffe), Saug-Druck-Tanks (Abfälle), luftdicht verschlossene Tanks (besonders gefährliche Stoffe) und Silo-Tanks (für feste Stoffe).
- Tankcodierung charakterisiert bestimmten Tanktyp mit dessen Eigenschaften.
- Höherwertigere Tanks nutzbar statt Tanks nach Mindestanforderungen.
- Beförderungseinheiten mit Tanks
  (Motorfahrzeuge oder Motorfahrzeuge mit Anhänger/Auflieger):
  - Tankfahrzeuge
  - Trägerfahrzeuge
  - Saug-Druck-Tankfahrzeuge
  - Zugfahrzeuge
- Beförderungseinheiten müssen bestimmten Bauvorschriften entsprechen.
  Folge: Ausstellung Zulassungsbescheinigung.
- Unterschiedliche Ausrüstung von Tanks, notwendige Verträglichkeit bestimmt verwendete Werkstoffe für Tanks und deren Ausrüstungen.

Testfragen zu Teil 4: Fahrzeug- und Beförderungsarten, Umschließungen, Ausrüstung

Hinweis:

Diese Testfragen, die am Fragenkatalog der IHKn angelehnt sind, stellen nur eine Auswahl möglicher Fragen zu Ihrer abschließenden Prüfung dar.

Bei der Prüfung werden aus Zeitgründen nur einige Fragen zu beantworten sein.

4.1 Was gehört nicht zum Tankkörper?
- a) Tankmantel
- b) Tankboden
- c) Deckel einer Öffnung
- d) Bedienungsausrüstung

4.2 Worin besteht der wesentliche Unterschied zwischen einem Tankcontainer und einem Tankwechselaufbau?
- a) Beim Tankwechselaufbau ist die mechanische Festigkeit nur auf die Beförderung mit Fahrzeugen ausgelegt
- b) Ein Tankwechselaufbau darf nur für Mineralölprodukte verwendet werden
- c) Ein Tankwechselaufbau darf nur in der Transportkette mit dem Seeverkehr verwendet werden
- d) Ein Tankwechselaufbau ist fest mit dem Fahrzeug verbunden

4.3 Welche Abbildung zeigt ein Fahrzeug mit einem fest verbundenen Tank?

a)

b)

c)

d)

4.4 Welche Tankfahrzeuge werden für die Beförderung von tiefgekühlt verflüssigten Gasen verwendet?
- a) Koffertankfahrzeuge
- b) Tankfahrzeuge mit elliptischer Bauform
- c) Zylindertank als isolierter Drucktank
- d) Jedes Tankfahrzeug kann verwendet werden

4.5 Wie viele verschiedene Güter können zugleich in die verschiedenen Kammern eines Mehrkammertanks geladen werden?
a) 1
b) 2
c) 3
d) mehr als 3

4.6 Für welche der nachstehend genannten Stoffe müssen isolierte Tanks verwendet werden?
a) Abfälle
b) Erwärmt zu befördernde Stoffe
c) Mineralölprodukte
d) Lebensmittel

4.7 Wozu dient die Tankcodierung?
a) Zur Beschreibung eines bestimmten Tanktyps in codierter Form
b) Zur unternehmensinternen Bestandsführung
c) Zur Kennzeichnung der Wartungsintervalle
d) Zur Kennzeichnung des Eigentümers

4.8 Welche gefährlichen Güter dürfen grundsätzlich in einem Tank mit einem „L“ an erster Stelle der Tankcodierung befördert werden?
a) Gase
b) Feste Stoffe
c) Flüssige Stoffe
d) Keines von diesen

4.9 Auf einer ex-geschützten Arbeitsleuchte befindet sich ein Aufkleber „Zone 0“. Was bedeutet das?
a) Die Arbeitsleuchte ist nur für Beförderungseinheiten mit Gefahrgut der Klassen 6.1, 6.2, und 8 zugelassen
b) Die Arbeitsleuchte ist für die Zonen 0, 1, 2 geeignet
c) Die Arbeitsleuchte ist nur für die Zone 0 geeignet
d) Die Arbeitsleuchte ist für Gefahrgutfahrzeuge nicht geeignet

4.10 Wie sollte ein Aufsetztank in der Regel benutzt werden?
a) Aufsetztanks sind robust und bis zum 5-fachen ihres Maximalgewichtes stapelfähig
b) Das Aufsetzen auf das Trägerfahrzeug sollte nur im leeren Zustand erfolgen
c) Der Mindestfüllungsgrad von 98 % muss eingehalten werden
d) Der Aufsetztank muss vor jedem Befüllen von innen auf Beschädigungen überprüft werden

4.11 Wozu dient die Abfüllsicherung in Verbindung mit dem Grenzwertgeber?
a) Das Kippventil wird dadurch elektronisch gesteuert und sorgt für Druckausgleich
b) Das Überlaufen des Empfängertanks soll verhindert werden
c) Um den max. Füllungsgrad des Tankfahrzeugs nicht zu überschreiten
d) Um die Schwallwirkung einzudämmen

4.12 Ein Mehrproduktentank verfügt über ein Abgabesystem …
a) damit Tankkammern untereinander verbunden werden können
b) das eine getrennte Befüllung bzw. Entleerung der Tankkammern ermöglicht
c) das eine gleichzeitige Entleerung aller Tankkammern ermöglicht
d) um verschiedene Gefahrgüter in ein Tankabteil zu befüllen

4.13 In einem Saug-Druck-Tankfahrzeug soll Gefahrgut befördert werden. Dürfen Sie diese Beförderung durchführen?
- a) Ja
- b) Ja, wenn dieses Saug-Druck-Tankfahrzeug für dieses Gefahrgut zugelassen ist und die Angaben in der Zulassungsbescheinigung dieses zulassen
- c) Nein
- d) Ja, aber nur mit Gefahrgütern mit einem Flammpunkt über 100 °C

4.14 Für welche Stoffe ist ein Fahrzeug des Typs „FL" vorgeschrieben?
- a) Flüssige Stoffe mit einem Flammpunkt von höchstens 60 °C
- b) Explosive Stoffe
- c) Gefährliche Güter in verschiedenen Tankarten
- d) Körnige Feststoffe

4.15 Wozu dient ein Sicherheitsventil?
- a) Als Diebstahlschutz
- b) Zum Ausgleich gefährlichen Überdrucks
- c) Zur Prüfung des Füllstands
- d) Zu Kontrollzwecken

4.16 Welche Abbildung zeigt ein Saug-Druck-Tankfahrzeug, das für Abfälle aus Ölabscheidern verwendet werden kann?

a)

b)

c)

d)

4.17 Wozu dient ein Kippventil?
- a) Zur Verhinderung des Auslaufens von Ladegut beim Umkippen des Fahrzeugs sowie zum Be- und Entlüften des Tanks, damit kein Über- oder Unterdruck entstehen kann
- b) Zur leichteren Entladung, wenn das Fahrzeug in Neigungen abgestellt ist
- c) Zu Kontrollzwecken
- d) Zur Wartung des Tanks

4.18 Wann muss die Erdungsvorrichtung verwendet werden?
- a) Beim Abstellen des Fahrzeugs auf Steigungs- oder Gefällstrecken
- b) Bei feuchtem Wetter
- c) Beim Reifenwechsel
- d) Beim Be- und Entladen entzündbarer flüssiger Stoffe mit einem Flammpunkt bis 60 °C

4.19 Wo sind alle wichtigen Informationen zum Tank, wie z. B. maximaler Fassungsraum, zu finden?
- a) Auf dem amtlichen Kennzeichen
- b) Auf dem Tankschild
- c) Im Beförderungspapier
- d) In der ADR-Schulungsbescheinigung des Fahrzeugführers

4.20 Wann ist der Batterietrennschalter zu bedienen?
- a) Beim Batteriewechsel
- b) Beim Reifenwechsel
- c) Während der Nachtruhe
- d) Beim Be- und Entladen und im Gefahrfall

4.21 Wann müssen Sie das Gaspendeln verwenden?
- a) Bei der Befüllung von Drucktanks, um ausreichend Druck für die Befüllung des Empfängertanks zu haben
- b) Produktspezifisch, wenn das ADR diese Befüllungsart fordert
- c) Nur bei der Tankreinigung
- d) Wenn das Gaspendeln nach Landesrecht vorgeschrieben ist oder ein Hinweis am Empfängertank dies fordert

4.22 Was versteht man unter einem Tank im Sinne des ADR?
- a) Heizöltanks für Mobilheime
- b) Tanks für Vorräte auf Baustellen
- c) Tankkörper mit Bedienungsausrüstung und baulicher Ausrüstung für Beförderungszwecke
- d) Kraftstoffbehälter am Fahrzeug

4.23 Was bedeuteten die Abkürzungen „P“ und „L“ auf einem Tankschild?
- a) P = Prüfung; L = Leerzustand
- b) P = (Periodic) wiederkehrende Prüfung; L = Leakage (Dichtheitsprüfung)
- c) P = Prüfung; L = Leergewicht
- d) P = nächste Prüfung; L = Leermasse

4.24 Welches typische Ausrüstungsmerkmal gehört zu einem Tankfahrzeug für verdichtete Gase?
- a) Einkammerausführung
- b) Wärmeisolierter Drucktank
- c) Saug-Druck-Tankkammer /-fahrzeug
- d) Der Tankkörper ist mit Sicherheitsventilen für die Druckentlastung ausgerüstet

4.25 Was versteht man unter einer Tankakte?
- a) Ein Einzeldokument, das der Fahrzeugführer vor Fahrtantritt ausfüllt
- b) Eine Akte, die z. B. am Tankcontainer außen befestigt werden muss
- c) Ein Dokument, das alle technisch relevanten Informationen eines Tanks enthält
- d) Eine Akte, die der Fahrzeugführer mitführen muss, in die er seine Beförderungspapiere einfügt

4.26 Welcher Buchstabe befindet sich auf einem Tankschild, wenn der Tankkörper oder die -abteile durch Schwallwände in Abschnitte von höchstens 7.500 Litern Fassungsraum unterteilt sind?
  a) B
  b) L
  c) S
  d) P

4.27 Was verstehen Sie unter einem Abgabesystem an einem Tankfahrzeug?
  a) Die bei der Befüllung einzuhaltende Reihenfolge der Tankkammern
  b) Messeinrichtung zur Ermittlung des abgegebenen Kraftstoffes für das Finanzamt
  c) Die für die Entladung vorgesehene Armaturenanordnung, wie z. B. Pumpe, Absperr- und Messeinrichtung
  d) Das Gaspendelverfahren

4.28 Nennen Sie ein Bauteil einer Sicherheitseinrichtung an einem Drucktank.
  a) Domdeckel
  b) Kugelhahn
  c) Berstscheibe
  d) Zweiwegeventil

4.29 Welche Funktion muss ein Batterietrennschalter mindestens haben?
  a) Er unterbricht nur den Stromkreis für die Außenbeleuchtung
  b) Er muss nur den Pumpenbetrieb beim Gaspendelverfahren unterbrechen
  c) Er trennt nur den Stromkreis des Fahrtenschreibers
  d) Er unterbricht bei Betätigung – auch bei laufendem Motor – alle Stromkreise, außer denen des Fahrtenschreibers

5.

Kennzeichnung, Bezettelung und orangefarbene Tafeln

5.1 Kennzeichnung und Bezettelung

Anhand der Kennzeichnung und Bezettelung sind die Risiken und Gefahren, die von Gefahrgütern ausgehen, erkennbar.

Hinweis:
→ *Wandtafel* ***Gefahrklassen und Gefahrzettelmuster*** *Anhang 8*

Großzettel (Placards)

→ 5.1.3.1, 5.3.1.1 ADR

Den Gefahrzetteln in Farbe und Symbol entsprechend, allerdings größer **(25 cm x 25 cm)**, gibt es die so genannten **Großzettel (englisch: Placards)**. Sie werden **für die Bezettelung von MEGC, Tankcontainern, ortsbeweglichen Tanks; Aufsetztanks und Fahrzeugen verwendet, sofern eine Bezettelung vorgeschrieben ist, bis hin zum ungereinigten leeren Zustand.**

Großzettel (Placards) sind, wie schon von den Versandstücken bekannt, für **alle Haupt- und Nebengefahren** aller in der Beförderungseinheit enthaltenen gefährlichen Güter anzubringen. **Jedes Muster** muss **nur einmal angebracht** werden. Es ist also unerheblich, ob damit auf eine Hauptgefahr oder eine Nebengefahr oder beides hingewiesen wird. Jedoch muss bei unterschiedlichen Stoffen jedes Tankkammerabteil bezettelt werden.

Übrigens:

- Die Großzettel (Placards) müssen witterungsbeständig sein und eine dauerhafte Kennzeichnung während der gesamten Beförderung gewährleisten.
- Die Großzettel dürfen einen Text wie z. B. UN-Nummer oder Gefahrenhinweis (z. B. „entzündbar") enthalten.
- Die Großzettel (Placards) müssen **vor einem Hintergrund mit kontrastierender Farbe** angebracht werden **oder** müssen entweder **eine gestrichelte oder eine durchgehende äußere Begrenzungslinie** aufweisen.
- **Nicht zutreffende Großzettel (Placards) müssen entfernt oder abgedeckt werden. Hierfür ist bei Fahrzeugen der Fahrzeugführer verantwortlich.**

- **Großzettel (Placards)** müssen **bis zum gereinigten Leerzustand** angebracht sein

Kennzeichen für Beförderung bei erhöhter Temperatur

→ 5.3.3 ADR , → § 36 i. V. m. Anlage 3 GGVSEB

Werden Stoffe im flüssigen Zustand bei oder über 100° C oder im festen Zustand bei oder über 240° C befördert oder zur Beförderung aufgegeben, ist das **„Kennzeichen für die Beförderung bei erhöhter Temperatur“** erforderlich.

Fahrzeuge müssen an beiden Längsseiten und hinten gekennzeichnet sein.

- **Container**,
- **Tankcontainer**,
- **Spezialcontainer** und
- **ortsbewegliche Tanks**

müssen an allen vier Seiten mit dem Kennzeichen für erwärmte Stoffe versehen sein.

Die **Seitenlänge** des Kennzeichens muss **mindestens 250 mm** betragen.

Das Kennzeichen muss witterungsbeständig sein, eine dauerhafte Kennzeichnung während der Beförderung gewährleisten und eine Seitenlänge von 250 mm haben.

Kennzeichen für umweltgefährdende Stoffe

→ 5.3.6, 2.2.9.1.10, 5.3.1, 5.2.1.8.3 ADR

Bei der Beförderung von umweltgefährdenden Stoffen müssen MEGC, Tankcontainer, ortsbewegliche Tanks und Fahrzeuge mit dem Kennzeichen für umweltgefährdende Stoffe (Symbol „Fisch und Baum“) gekennzeichnet werden. Die Mindestabmessung beträgt 250 mm x 250 mm. Die Anbringung erfolgt nach den gleichen Voraussetzungen wie für Großzettel.

Großzettel auf Klapptafeln

→ 5.3.1.1.6 ADR

Wenn die **Großzettel (Placards) auf Klapptafeln angebracht** werden, müssen diese so ausgelegt und gesichert sein, dass **jegliches Umklappen** oder **Lösen aus der Halterung** während der Beförderung (insbesondere durch Stöße und unabsichtliche Handlungen) ausgeschlossen ist.

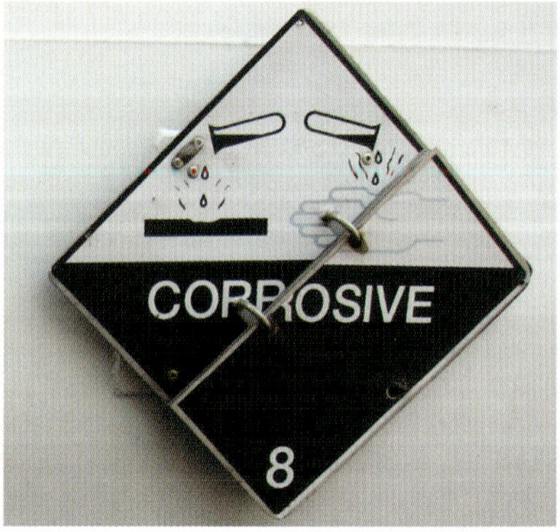

Anbringen von Großzetteln (Placards)

→ 5.3.1.2. bis 5.3.1.6 ADR

Sofern an den Fahrzeugen oder Umschließungen mehrere Großzettel (Placards) anzubringen sind, müssen sie nahe beieinander angebracht werden.

Umschließung oder Fahrzeug		anzubringende Großzettel (Placards)	Verantwortlicher
MEGC; ohne Wechselaufbauten (Wechselbehälter) mit Versandstücken im reinen Straßenverkehr		an beiden Längsseiten und an jedem Ende	MEGC: Befüller
Tankcontainer, ortsbewegliche Tanks, einschließlich Tankwechselaufbauten (Tankwechselbehälter)	mit einem Tankabteil oder mehreren Tankabteilen mit einem gefährlichen Gut	an beiden Längsseiten und an jedem Ende	Befüller
	mit mehreren Tankabteilen und zwei oder mehreren gefährlichen Gütern	an beiden Längsseiten in Höhe des jeweiligen Tankabteils und je ein Muster der längs angebrachten Großzettel an beiden Enden	Befüller
Trägerfahrzeug mit MEGC, Tankcontainer oder ortsbeweglichem Tank einschließlich Tankwechselaufbauten (Tankwechselbehälter)	wenn Großzettel der Umschließungen sichtbar	keine Großzettel am Trägerfahrzeug	Fahrzeugführer
	wenn Großzettel der Umschließungen nicht sichtbar	dieselben Großzettel an den Fahrzeuglängsseiten und hinten am Fahrzeug	Fahrzeugführer
	wenn Tankcontainer, Aufsetztanks, MEGC oder ortsbewegliche Tanks in einem Wechselaufbau (Wechselbehälter) befördert werden	dieselben Großzettel an den Fahrzeuglängsseiten und hinten am Fahrzeug oder am Wechselbehälter selbst	Fahrzeugführer
Fahrzeug für die Beförderung in loser Schüttung, **Batterie-Fahrzeug**		an beiden Längsseiten und hinten am Fahrzeug	Fahrzeugführer
Tankfahrzeug, Fahrzeug mit Aufsetztank (auch im leeren ungereingten Zustand)	mit einem Tankabteil oder mehreren Tankabteilen mit einem gefährlichen Gut (incl. Aufsetztank)	an beiden Längsseiten und hinten am Fahrzeug/ Aufsetztank	Fahrzeugführer
	mit mehreren Tankabteilen und zwei oder mehreren gefährlichen Gütern und unterschiedlichen anzubringenden Großzetteln	an beiden Längsseiten in Höhe des jeweiligen Tankabteils und je ein Muster der längs angebrachten Großzettel hinten	Fahrzeugführer
	mit mehreren Tankabteilen und zwei oder mehreren gefährlichen Gütern und gleichen anzubringenden Großzetteln	an beiden Längsseiten nur einmal und hinten	Fahrzeugführer
	wenn Tanksattelauflieger von der Zugmaschine für Schiffs- oder Binnenschiffsbeförderung getrennt wird	an beiden Längsseiten und an jedem Ende des Aufliegers	Fahrzeugführer

Umschließung oder Fahrzeug		anzubringende Großzettel (Placards)	Verantwortlicher
Tanksattelauflieger, die während/am Ende einer ADR-Beförderung von Zugmaschine getrennt werden, um auf Schiff oder Binnenschiff verladen zu werden		an beiden Längsseiten und an jedem Ende	Fahrzeugführer
EX II-/EX III-Fahrzeug, MEMU	Für Klasse 1 sind Verträglichkeitsgruppen auf Großzetteln nicht erforderlich, wenn verschiedene geladen sind Bei Stoffen mit verschiedenen Unterklassen sind die Fahrzeuge nur mit Großzetteln der gefährlichsten Unterklasse zu versehen	an beiden Längsseiten und hinten am Fahrzeug oder Container (außer bei Klassifizierungscode 1.4 S)	Fahrzeugführer
Klasse 7-Fahrzeug	Großzettel 7D (Verkleinerung auf eine Seitenlänge von 100 mm bei Platzmangel erlaubt)	an beiden Längsseiten und hinten am Fahrzeug	Fahrzeugführer
Ungereinigtes, nicht entgastes leeres (Träger-) Fahrzeug, MEGC, Tankcontainer, ortsbeweglicher Tank		wie für die vorherige Ladung vorgeschrieben	Fahrzeugführer

Übersicht der anzubringenden Großzettel (Placards)

Beispiele: Kennzeichen mit Großzetteln (Placards) für ein gefährliches Gut

Tankfahrzeug
(3 x Großzettel)

Vorderansicht

Rückansicht

Tankcontainer
(4 x Großzettel)

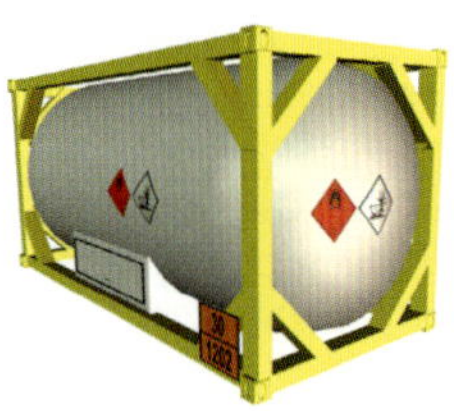

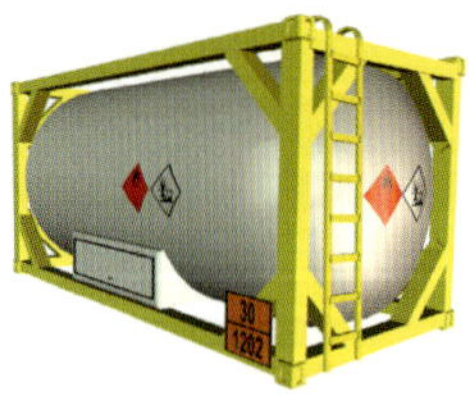

5.2 Kennzeichnung mit orangefarbenen Tafeln

Hinweis:
→ *Wandtafel* ***Kennzeichnung und Bezettelung von Beförderungseinheiten***
Anhang 8

Grundsätze

→ *5.1.3.1, 5.3.2.1.1 ADR*

Alle **Beförderungseinheiten,** in denen **gefährliche Güter** befördert werden, müssen vorn und hinten mit mindestens **zwei orangefarbenen Tafeln** gekennzeichnet sein. Dies gilt **unabhängig von** einer etwaigen Bezettelung mit Großzetteln (Placards).

Die orangefarbenen Tafeln müssen

- **rechteckig,**
- **rückstrahlend** und
- **witterungsbeständig**

sein,

- **eine dauerhafte Kennzeichnung gewährleisten,**
- **senkrecht angebracht sein, und zwar**
  - **vorn und hinten,**
  - **deutlich sichtbar** und
  - **senkrecht zur Längsachse.**

Die Tafel darf sich bei einer 15-minütigen Feuereinwirkung nicht von der Befestigung lösen.

Ungereinigte leere Tanks sowie **Fahrzeuge** und **Container in loser Schüttung mit Rückständen gefährlicher Güter** müssen die **gleichen Kennzeichnungen** aufweisen **wie im gefüllten Zustand.**

Beschreibung der orangefarbenen Tafeln

→ *5.3.2.2 ADR*

Es dürfen **nur orangefarbene Tafeln** verwendet werden, die den Vorschriften in Unterabschnitt 5.3.2.2 ADR entsprechen:

- **Grundlinie 40 cm (30 cm),**
- **Höhe 30 cm (12 cm),**
- **schwarzer Rand von 1,5 cm (1 cm) Breite** und
- **bestimmte Werte für Farbe und Rückstrahlung.**

Die orangefarbene Tafel darf in der Mitte durch eine waagerechte schwarze Linie mit einer Strichbreite von 1,5 cm unterteilt werden.

Als **Aufschriften auf den orangefarbenen Tafeln** können die **Nummer zur Kennzeichnung der Gefahr** (Kapitel 3.2 ADR, Spalte 20 der Tabelle A) **und die UN-Nummer** vorgeschrieben sein. Die **Ziffern** müssen

- 10 cm hoch sein,
- eine Strichbreite von 1,5 cm aufweisen,
- unauslöschbar und
- nach 15-minütiger Feuereinwirkung noch lesbar sein.

Im **oberen Teil der Tafel** wird die **Nummer zur Kennzeichnung der Gefahr** angegeben. Im **unteren Teil** steht, vom oberen Teil durch eine 1,5 cm breite Linie getrennt, die **UN-Nummer**.

Auswechselbare Ziffern und Buchstaben auf Tafeln (für Gefahr- und UN-Nummer) **müssen während der Beförderung und unabhängig von der Ausrichtung des Fahrzeugs an der vorgesehenen Stelle verbleiben.**

Die Abmessungen einer orangefarbenen Tafel dürfen eine Toleranz von ± 10 % aufweisen.

Andere als die vorstehend beschriebenen Varianten sind nicht zulässig!

Besonderheiten bei der Kennzeichnung

→ 5.3.2.1.2 bis 5.3.2.1.7 ADR

Beförderungseinheiten für Tankbeförderungen und Beförderungen in loser Schüttung werden **vorn und hinten** jeweils mit einer orangefarbenen Tafel gekennzeichnet. Bei Beförderungseinheiten mit Anhänger oder Auflieger wird die **hintere Tafel am Anhänger oder Auflieger** angebracht.

Erlaubte vordere Kennzeichnung an abgestelltem Tankanhänger

Tankauflieger mit hinterer Kennzeichnung und Bezettelung

Die Kennzeichnung muss am abgestellten Auflieger/Anhänger weiter angebracht werden

Bei **Tankcontainern, MEGC und ortsbeweglichen Tanks** dürfen die vorgeschriebenen **orangefarbenen Tafeln durch Selbstklebefolie, einen Farbanstrich oder jedes andere gleichwertige Verfahren ersetzt werden**, sofern der verwendete **Werkstoff wetterfest** ist und eine dauerhafte Kennzeichnung gewährleistet. Die Anforderungen an die Feuerfestigkeit entfallen.

Wenn orangefarbene Tafeln, die außerhalb eines Trägerfahrzeugs nicht deutlich sichtbar sind, an Tankcontainern, MEGC oder ortsbeweglichen Tanks angebracht sind**, müssen diese auch an den beiden Längsseiten des Fahrzeugs angebracht werden** (Ausnahme: Fassungsraum von ≤ 3000 Liter).

30
1223

Umschließung oder Beförderungseinheit	anzubringende orangefarbene Tafel	Verantwortlicher
Tankfahrzeug, Beförderungseinheit mit einem oder mehreren Tanks	• **vorn und hinten** • zusätzlich an den **Seiten** jedes **Tanks oder Tankabteils** parallel zur **Längsachse** mit Nummer zur **Kennzeichnung der Gefahr und UN-Nummer** für jeden Stoff	**Fahrzeugführer**
bei Stoffen der UN-Nummer 1202, 1203 oder 1223 oder Flugbenzin (UN-Nr. 1268 oder 1863) und kein anderer gefährlicher Stoff	• nur **vorn und hinten**, beschriftet mit **Nummer zur Kennzeichnung der Gefahr und UN-Nummer des gefährlichsten Stoffs** (niedrigster Flammpunkt) • **seitliche Tafeln nicht erforderlich**	**Fahrzeugführer**
bei nur einem Stoff	• nur **vorn und hinten**, beschriftet mit Nummer zur Kennzeichnung der Gefahr und UN-Nummer • **seitliche Tafeln nicht erforderlich**	**Fahrzeugführer**
Tankcontainer, MEGC, ortsbeweglicher Tank	• **Kennzeichnungen** wie **vorherige** • Ausführung als Selbstklebefolie, Farbanstrich o. ä. zulässig • wetterfest und dauerhaft!	**Befüller und Fahrzeugführer**
Ungereinigte, nicht entgaste oder nicht entgiftete leere festverbundene Tanks, Aufsetztanks, Batterie-Fahrzeuge, Tankcontainer, ortsbewegliche Tanks und MEGC, auch im leeren ungereingten Zustand	• wie für die vorherige Ladung vorgeschrieben	**Absender und Fahrzeugführer**
Tankcontainer, MEGC, ortsbewegliche Tanks (Ausnahme Tanks mit Fassungsraum ≤ 3000 Litern)	• **wenn orangefarbene Tafeln nicht deutlich sichtbar sind,** dann **an beiden Längsseiten des Fahrzeugs**	**Fahrzeugführer**

Übersicht der anzubringenden orangefarbenen Tafeln

Beispiele für die Kennzeichnung mit orangefarbenen Tafeln

Rückansicht

Vorderansicht

oder

Rückansicht

Vorderansicht

Abdeckungs- und Entfernungspflicht orangefarbener Tafeln

→ *5.3.2.1.8, 5.3.2.2.1 ADR*

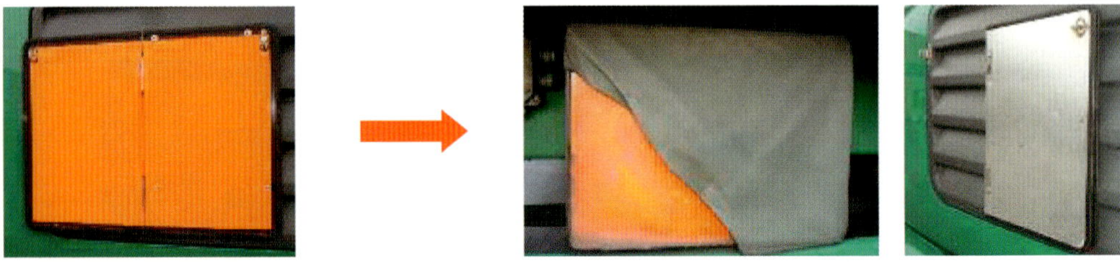

Orangefarbene Tafeln müssen entfernt oder verdeckt werden, **wenn kein Gefahrgut mehr geladen ist und keine ungereinigten Leerzustände vorliegen (verantwortlich: Empfänger und Fahrzeugführer)**. Der dafür verwendete **Werkstoff** muss **witterungsbeständig** sein und eine **dauerhafte Kennzeichnung gewährleisten**. Die **Tafel darf sich bei 15-minütiger Feuereinwirkung nicht von der Befestigung lösen. Ihre Abdeckung muss mindestens über 15 Minuten einer Feuereinwirkung standhalten und unabhängig von der Ausrichtung des Fahrzeugs befestigt bleiben.**

Zusätzliche Kennzeichnung bei Beförderungen in Tanks

→ *5.3.2.1.2 ADR*

Bei Beförderungen in **Tanks** müssen **orangefarbene Tafeln** auch seitlich **parallel zur Längsachse** angebracht werden. Dies ist der Fall, **wenn eine Nummer zur Kennzeichnung der Gefahr vorgesehen ist.**

Besonderheiten bei der Kennzeichnung

→ 5.3.2.1.3 bis 5.3.2.1.7 ADR

In **bestimmten Fällen (nur UN-Nummern 1202, 1203, 1223, 1268 und 1863 oder sofern nur ein Stoff in der gesamten Beförderungseinheit befördert wird) gelten Erleichterungen**. Diese sind aus der vorstehenden „Übersicht der anzubringenden orangefarbenen Tafeln" ersichtlich.

Bedeutung der Angaben auf den orangefarbenen Tafeln

→ 5.3.2.3 ADR

Die Kennzeichnung mit **orangefarbenen Tafeln** und deren Angaben erfüllen einen wichtigen **Zweck: Gefahrguttransporte** sind **als solche erkennbar** und **im Gefahrfall** sind **wichtige Hinweise** sofort verfügbar. Hieraus sind auch die besondere Sorgfalt und die Verantwortung abzuleiten, die vom Fahrzeugführer erwartet werden.

Die **Nummer zur Kennzeichnung der Gefahr (obere Hälfte), auch „Kemlerzahl" genannt, beschreibt die Gefahr(en).** Die Grundbedeutung der Nummer und die Regeln für weitere Kombinationen muss daher jeder, der an der Gefahrgutbeförderung beteiligt ist, gut kennen.

Über die **UN-Nummer (untere Hälfte der Tafel)** sind viele wichtige Daten zugänglich, die sich aus der Tabelle A in Kapitel 3.2 ADR und anderen Informationsquellen ablesen lassen.

Gefahren

→ *5.3.2.3.1 ADR*

Die verwendeten Ziffern weisen allgemein auf folgende Gefahren hin:

2 Entweichen von Gas durch Druck oder durch chemische Reaktion

3 Entzündbarkeit von flüssigen Stoffen (Dämpfen) und Gasen oder selbsterhitzungsfähiger flüssiger Stoff

4 Entzündbarkeit von festen Stoffen oder selbsterhitzungsfähiger fester Stoff

5 Oxidierende (brandfördernde) Wirkung

6 Giftigkeit oder Ansteckungsgefahr

7 Radioaktivität

8 Ätzwirkung

9 Gefahr einer spontanen heftigen Reaktion

Regeln

Die **Verdoppelung einer Ziffer** verweist grundsätzlich auf die **Zunahme der Gefahr**.

Sofern eine Ziffer für die Beschreibung der Gefahr ausreicht, d. h. es besteht **keine Nebengefahr**, wird eine **„0“ angefügt**.

Ein **„X“** vor der Nummer zur Kennzeichnung der Gefahr bedeutet, dass der Stoff **in gefährlicher Weise mit Wasser reagiert (Sachverständige ansprechen!).**

Besonderheiten für Gefahrgüter der Klasse 1

→ *5.3.2.3.1 ADR*

Für **Stoffe der Klasse 1** wird **als Nummer zur Kennzeichnung der Gefahr der Klassifizierungscode** gemäß Kapitel 3.2 Tabelle A Spalte 3b verwendet. Der **Klassifizierungscode** besteht aus:

- der **Nummer der Unterklasse** und
- dem **Buchstaben der Verträglichkeitsgruppe**.

Besonderheiten für Gefahrgüter der Klasse 7

→ *5.3.2.1.4*

Bei der Beförderung von radioaktiven Stoffen in Versandstücken „unter ausschließlicher Verwendung“ sind an den Seiten parallel zur Längsachse des Containers oder der Beförderungseinheit orangefarbene Tafeln mit den entsprechenden Gefahr- und Stoffnummern anzubringen.

Liste aller möglichen Kombinationen

→ *5.3.2.3.2 ADR*

Alle möglichen Kombinationen, wie sie in Kapitel 3.2 ADR in Spalte 20 der Tabelle A aufgeführt sind, sind nachstehend aufgelistet.

20	erstickendes Gas oder Gas, das keine Nebengefahr aufweist
22	tiefgekühlt verflüssigtes Gas, erstickend
223	tiefgekühlt verflüssigtes Gas, entzündbar
225	tiefgekühlt verflüssigtes Gas, oxidierend (brandfördernd)
23	entzündbares Gas
238	entzündbares Gas, ätzend
239	entzündbares Gas, das spontan zu einer heftigen Reaktion führen kann
25	oxidierendes (brandförderndes) Gas
26	giftiges Gas
28	ätzendes Gas
263	giftiges Gas, entzündbar
265	giftiges Gas, oxidierend (brandfördernd)
268	giftiges Gas, ätzend
30	– entzündbarer flüssiger Stoff (Flammpunkt von 23 °C bis einschließlich 60 °C) oder – entzündbarer flüssiger Stoff oder fester Stoff in geschmolzenem Zustand mit einem Flammpunkt über 60 °C, auf oder über seinen Flammpunkt erwärmt, oder – selbsterhitzungsfähiger flüssiger Stoff
323	entzündbarer flüssiger Stoff, der mit Wasser reagiert und entzündbare Gase bildet
X323	entzündbarer flüssiger Stoff, der mit Wasser gefährlich reagiert [1] und entzündbare Gase bildet [1] Wasser darf nur im Einverständnis mit Sachverständigen verwendet werden.
33	leicht entzündbarer flüssiger Stoff (Flammpunkt unter 23 °C)
333	pyrophorer flüssiger Stoff
X333	pyrophorer flüssiger Stoff, der mit Wasser gefährlich reagiert [1] [1] Wasser darf nur im Einverständnis mit Sachverständigen verwendet werden.
336	leicht entzündbarer flüssiger Stoff, giftig
338	leicht entzündbarer flüssiger Stoff, ätzend
X338	leicht entzündbarer flüssiger Stoff, ätzend, der mit Wasser gefährlich reagiert [1] [1] Wasser darf nur im Einverständnis mit Sachverständigen verwendet werden.
339	leicht entzündbarer flüssiger Stoff, der spontan zu einer heftigen Reaktion führen kann

Liste aller möglichen Kombinationen an Nummern zur Kennzeichnung der Gefahr

36	entzündbarer flüssiger Stoff (Flammpunkt von 23 °C bis einschließlich 60 °C), schwach giftig, oder selbsterhitzungsfähiger flüssiger Stoff, giftig
362	entzündbarer flüssiger Stoff, giftig, der mit Wasser reagiert und entzündbare Gase bildet
X362	entzündbarer flüssiger Stoff, giftig, der mit Wasser gefährlich reagiert [1] und entzündbare Gase bildet [1] Wasser darf nur im Einverständnis mit Sachverständigen verwendet werden.
368	entzündbarer flüssiger Stoff, giftig, ätzend
38	entzündbarer flüssiger Stoff (Flammpunkt von 23 °C bis einschließlich 60 °C), schwach ätzend, oder selbsterhitzungsfähiger flüssiger Stoff, ätzend
382	entzündbarer flüssiger Stoff, ätzend, der mit Wasser reagiert und entzündbare Gase bildet
X382	entzündbarer flüssiger Stoff, ätzend, der mit Wasser gefährlich reagiert [1] und entzündbare Gase bildet [1] Wasser darf nur im Einverständnis mit Sachverständigen verwendet werden.
39	entzündbarer flüssiger Stoff, der spontan zu einer heftigen Reaktion führen kann
40	entzündbarer fester Stoff oder selbsterhitzungsfähiger Stoff oder selbstzersetzlicher Stoff oder polymerisierender Stoff
423	fester Stoff, der mit Wasser reagiert und entzündbare Gase bildet, oder entzündbarer fester Stoff, der mit Wasser reagiert und entzündbare Gase bildet, oder selbsterhitzungsfähiger fester Stoff, der mit Wasser reagiert und entzündbare Gase bildet
X423	fester Stoff, der mit Wasser gefährlich reagiert [1] und entzündbare Gase bildet, oder entzündbarer fester Stoff, der mit Wasser gefährlich reagiert [1] und entzündbare Gase bildet, oder selbsterhitzungsfähiger fester Stoff, der mit Wasser gefährlich reagiert [1] und entzündbare Gase bildet [1] Wasser darf nur im Einverständnis mit Sachverständigen verwendet werden.
43	selbstentzündlicher (pyrophorer) fester Stoff
X432	selbstentzündlicher (pyrophorer) fester Stoff, der mit Wasser gefährlich reagiert [1] und entzündbare Gase bildet [1] Wasser darf nur im Einverständnis mit Sachverständigen verwendet werden.
44	entzündbarer fester Stoff, der sich bei erhöhter Temperatur in geschmolzenem Zustand befindet
446	entzündbarer fester Stoff, giftig, der sich bei erhöhter Temperatur in geschmolzenem Zustand befindet
46	entzündbarer oder selbsterhitzungsfähiger fester Stoff, giftig
462	fester Stoff, giftig, der mit Wasser reagiert und entzündbare Gase bildet
X462	fester Stoff, der mit Wasser gefährlich reagiert [1] und giftige Gase bildet [1] Wasser darf nur im Einverständnis mit Sachverständigen verwendet werden.
48	entzündbarer oder selbsterhitzungsfähiger fester Stoff, ätzend
482	fester Stoff, ätzend, der mit Wasser reagiert und entzündbare Gase bildet
X482	fester Stoff, der mit Wasser gefährlich reagiert [1] und ätzende Gase bildet [1] Wasser darf nur im Einverständnis mit Sachverständigen verwendet werden.
50	oxidierender (brandfördernder) Stoff

Liste aller möglichen Kombinationen an Nummern zur Kennzeichnung der Gefahr (Fortsetzung)

539	entzündbares organisches Peroxid
55	stark oxidierender (brandfördernder) Stoff
556	stark oxidierender (brandfördernder) Stoff, giftig
558	stark oxidierender (brandfördernder) Stoff, ätzend
559	stark oxidierender (brandfördernder) Stoff, der spontan zu einer heftigen Reaktion führen kann
56	oxidierender (brandfördernder) Stoff, giftig
568	oxidierender (brandfördernder) Stoff, giftig, ätzend
58	oxidierender (brandfördernder) Stoff, ätzend
59	oxidierender (brandfördernder) Stoff, der spontan zu einer heftigen Reaktion führen kann
60	giftiger oder schwach giftiger Stoff
606	ansteckungsgefährlicher Stoff
623	giftiger flüssiger Stoff, der mit Wasser reagiert und entzündbare Gase bildet
63	giftiger Stoff, entzündbar (Flammpunkt von 23 °C bis einschließlich 60 °C)
638	giftiger Stoff, entzündbar (Flammpunkt von 23 °C bis einschließlich 60 °C), ätzend
639	giftiger Stoff, entzündbar (Flammpunkt nicht über 60 °C), der spontan zu einer heftigen Reaktion führen kann
64	giftiger fester Stoff, entzündbar oder selbsterhitzungsfähig
642	giftiger fester Stoff, der mit Wasser reagiert und entzündbare Gase bildet
65	giftiger Stoff, oxidierend (brandfördernd)
66	sehr giftiger Stoff
663	sehr giftiger Stoff, entzündbar (Flammpunkt nicht über 60 °C)
664	sehr giftiger fester Stoff, entzündbar oder selbsterhitzungsfähig
665	sehr giftiger Stoff, oxidierend (brandfördernd)
668	sehr giftiger Stoff, ätzend
X668	sehr giftiger Stoff, ätzend, der mit Wasser gefährlich reagiert [1] [1] Wasser darf nur im Einverständnis mit Sachverständigen verwendet werden.
669	sehr giftiger Stoff, der spontan zu einer heftigen Reaktion führen kann
68	giftiger Stoff, ätzend
69	giftiger oder schwach giftiger Stoff, der spontan zu einer heftigen Reaktion führen kann
70	radioaktiver Stoff
768	radioaktiver Stoff, giftig, ätzend

Liste aller möglichen Kombinationen an Nummern zur Kennzeichnung der Gefahr (Fortsetzung)

78	radioaktiver Stoff, ätzend
80	ätzender oder schwach ätzender Stoff
X80	ätzender oder schwach ätzender Stoff, der mit Wasser gefährlich reagiert [1]
	[1] Wasser darf nur im Einverständnis mit Sachverständigen verwendet werden.
823	ätzender flüssiger Stoff, der mit Wasser reagiert und entzündbare Gase bildet
83	ätzender oder schwach ätzender Stoff, entzündbar (Flammpunkt von 23 °C bis einschließlich 60 °C)
X83	ätzender oder schwach ätzender Stoff, entzündbar (Flammpunkt von 23 °C bis einschließlich 60° C), der mit Wasser gefährlich reagiert [1]
	[1] Wasser darf nur im Einverständnis mit Sachverständigen verwendet werden.
839	ätzender oder schwach ätzender Stoff, entzündbar (Flammpunkt von 23 °C bis einschließlich 60° C), der spontan zu einer heftigen Reaktion führen kann
X839	ätzender oder schwach ätzender Stoff, entzündbar (Flammpunkt von 23 °C bis einschließlich 60° C), der spontan zu einer heftigen Reaktion führen kann und der mit Wasser gefährlich reagiert [1]
	[1] Wasser darf nur im Einverständnis mit Sachverständigen verwendet werden.
84	ätzender fester Stoff, entzündbar oder selbsterhitzungsfähig
842	ätzender fester Stoff, der mit Wasser reagiert und entzündbare Gase bildet
85	ätzender oder schwach ätzender Stoff, oxidierend (brandfördernd)
856	ätzender oder schwach ätzender Stoff, oxidierend (brandfördernd) und giftig
86	ätzender oder schwach ätzender Stoff, giftig
88	stark ätzender Stoff
X88	stark ätzender Stoff, der mit Wasser gefährlich reagiert [1]
	[1] Wasser darf nur im Einverständnis mit Sachverständigen verwendet werden.
883	stark ätzender Stoff, entzündbar (Flammpunkt von 23 °C bis einschließlich 60 °C)
884	stark ätzender fester Stoff, entzündbar oder selbsterhitzungsfähig
885	stark ätzender Stoff, oxidierend (brandfördernd)
886	stark ätzender Stoff, giftig
X886	stark ätzender Stoff, giftig, der mit Wasser gefährlich reagiert [1]
	[1] Wasser darf nur im Einverständnis mit Sachverständigen verwendet werden.
89	ätzender oder schwach ätzender Stoff, der spontan zu einer heftigen Reaktion führen kann
90	umweltgefährdender Stoff verschiedene gefährliche Stoffe
99	verschiedene gefährliche erwärmte Stoffe

Liste aller möglichen Kombinationen an Nummern zur Kennzeichnung der Gefahr (Ende)

⚠ Wichtiges – kurz gefasst

- Bezettelung von Fahrzeugen und Tanks mit Großzetteln (Placards), Größe: 25 x 25 cm, identisch in Form, Farbe und Gestaltung mit Gefahrzetteln
- Großzettelanbringung grundsätzlich an:
  - Tankfahrzeugen seitlich und hinten
  - an Tankcontainern, ortsbeweglichen Tanks und Tankwechselaufbauten vorne, hinten und seitlich. Besonderheiten beachten!
- Kennzeichnung durch den Fahrzeugführer für:
  - Beförderung bei erhöhter Temperatur
  - begrenzte Mengen
  - begaste Einheiten
  - Beförderungen in einer Transportkette mit Luft- oder Seeverkehr.
- Großzettelanbringung für Haupt- und alle Nebengefahren.
- Beförderung umweltgefährdender Stoffe:
  MEGC, Tankcontainer, ortsbewegliche Tanks und Fahrzeuge benötigen Kennzeichen „umweltgefährdend" (Symbol „Fisch und Baum") analog Großzettelanbringung.
- Kennzeichen für „Beförderung bei erhöhter Temperatur" für bestimmte Umschließungen.
- Äußere Wiederholungspflicht für orangefarbene Tafeln, wenn nicht sichtbar.
- Entfernung/Abdeckungspflicht nicht zutreffender Großzettel (Placards).
- Kennzeichnung von Beförderungseinheiten ab kennzeichnungspflichtiger Menge zusätzlich mit orangefarbenen Tafeln; Größe: grundsätzlich 40 x 30 cm und schwarz umrandet.
- Anbringung orangefarbener Tafeln:
  - grundsätzlich vorne und hinten
  - Kennzeichnung von Beförderungseinheiten bei Gefahrgut in loser Schüttung: Fahrzeuge auch seitlich, Container vorne, hinten und seitlich.
- Kennzeichen, Gefahrzettel und Großzettel (Placards) müssen an leeren Tanks gleichermaßen vorhanden sein wie an gefüllten.
- Abweichungen möglich, bei denen auf seitliche Kennzeichnung mit orangefarbenen Tafeln oder Angaben auf orangefarbenen Tafeln verzichtet werden darf.
- Für Großzettel (Placards) und orangefarbene Tafeln gilt gleichermaßen:
  nicht zutreffende Kennzeichen müssen entfernt/abgedeckt sein.
- Beschriftung orangefarbener Tafeln in bestimmten Fällen:
  - in oberer Hälfte mit Nummer zur Kennzeichnung der Gefahr
  - in unterer Hälfte mit UN-Nummer
  - Trennstrich zwischen oberer und unterer Hälfte.

- Gefahrnummer (Kemlerzahl) beschreibt Gefahrguteigenschaften.
- Beförderungseinheiten sind als Mehrkammerfahrzeuge generell seitlich an jedem Kammerabteil mit orangefarbener Tafel mit Gefahr- und UN-Nummer zu kennzeichnen. Ausnahme für fünf spezielle Mineralölprodukte. Wenn mindestens zwei dieser Produkte geladen, muss nur gefährlichster Stoff vorne und hinten an Beförderungseinheit gekennzeichnet sein; Beförderungspapiereintrag mit Kammerinhalten erforderlich.
- Wenn orangefarbene Tafeln an MEGC, ortsbeweglichen Tanks auf einem Trägerfahrzeug nicht sichtbar, sind die gleichen Tafeln außen an Längsseiten zu wiederholen.

Testfragen zu Teil 5: Kennzeichnung, Bezettelung und orangefarbene Tafeln

Hinweis:
Diese Testfragen, die am Fragenkatalog der IHKn angelehnt sind, stellen nur eine Auswahl möglicher Fragen zu Ihrer abschließenden Prüfung dar.
Bei der Prüfung werden aus Zeitgründen nur einige Fragen zu beantworten sein.

5.1 Wo sind bei einem Tankfahrzeug mit einem Tankabteil Großzettel (Placards) anzubringen?
a) Nur vorne und hinten
b) An beiden Längsseiten und hinten
c) Nur an beiden Längsseiten
d) An allen vier Seiten

5.2 Ein Großzettel (Placards) hat mindestens eine Seitenlänge von ...
a) … 250 mm
b) … 100 mm
c) … 500 mm
d) … 250 x 300 mm

5.3 Wo sind bei einem Tankcontainer Großzettel (Placards) anzubringen?
a) Nur vorne und hinten
b) An beiden Längsseiten und hinten
c) Nur an beiden Längsseiten
d) An allen vier Seiten

5.4 Welche Erleichterung gilt für Beförderungseinheiten, in denen nur ein Stoff befördert wird, bei der Kennzeichnung mit orangefarbenen Tafeln?
a) Es ist nur je eine orangefarbene Tafel mit der Nummer zur Kennzeichnung der Gefahr und der UN-Nummer vorne und hinten erforderlich
b) Es ist nur je eine orangefarbene Tafel mit der Nummer zur Kennzeichnung der Gefahr und der UN-Nummer an jeder Längsseite erforderlich
c) Es ist keine Kennzeichnung mit orangefarbenen Tafeln erforderlich, wenn der Fahrzeugführer das Beförderungspapier griffbereit hat
d) Keine Erleichterung

5.5 Welche Bedeutung hat die Zahl in der unteren Hälfte der orangefarbenen Tafel?
a) Nummer zu Kennzeichnung der Gefahr
b) UN-Nummer
c) Nummer des Beförderungspapiers für die Zuordnung im Gefahrfall
d) Registriernummer des Beförderungsunternehmens

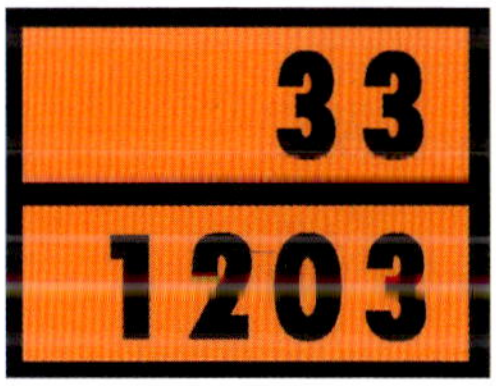

5.6 Welche Anforderungen muss eine orangefarbene Tafel mit Nummern erfüllen?
a) Erhöhung der Sicherheit und Reduzierung möglicher Risiken für die Allgemeinheit
b) Sie muss nach einem 15-minütigen Brand noch lesbar und unauslöschbar sein
c) Keine
d) Sie braucht nicht zur Fahrzeuglängsachse angebracht sein

5.7 Welcher Zweck wird mit der Bezettelung von Fahrzeugen mit Großzetteln (Placards) verfolgt?
a) Hinweis auf die anzufahrende Füllstation
b) Werbeträger für das Beförderungsunternehmen
c) Hinweis auf die Gefahreigenschaften der Ladung
d) Kennzeichnung der Reihenfolge, in der die Tankkammern entladen werden

5.8 Sie befördern einen Aufsetztank auf einem Trägerfahrzeug. Die Placards werden durch die LKW-Plane verdeckt. An welchen Stellen müssen welche Großzettel am Trägerfahrzeug angebracht werden?
a) Nur vorne und hinten am Fahrzeug müssen die Gefahrzettel mit der Hauptgefahr angebracht werden
b) An allen vier Außenseiten des Fahrzeugs die gleichen Großzettel wie am Aufsetztank
c) An beiden Längsseiten die gleichen Großzettel wie am Aufsetztank
d) An beiden Längsseiten und hinten die gleichen Großzettel wie am Aufsetztank

5.9 Welche Bedeutung hat die Gefahrnummer „33"?
a) Normal entzündbar
b) Entzündbar fest, sehr gefährlich
c) Leicht entzündbares Gas (Flammpunkt < 23 °C)
d) Leicht entzündbarer flüssiger Stoff (Flammpunkt < 23 °C)

5.10 Wo sind bei einem Tankfahrzeug, in dem zwei verschiedene gefährliche Güter befördert werden, Großzettel (Placards) anzubringen?
a) Nur vorne und hinten
b) An beiden Längsseiten jedes Tankabteils und hinten
c) An beiden Längsseiten
d) An allen vier Seiten

5.11 Was bedeutet das nachstehende Zeichen und an welchen Stellen muss der Fahrzeugführer es an einem Tankfahrzeug anbringen?

a) Beförderung eines Stoffes in erwärmten Zustand, Anbringung an beiden Seiten und an der Rückseite des Fahrzeugs
b) Regelmäßige Messung der Außentemperatur erforderlich, Anbringung hinten am Tankfahrzeug
c) Lufttemperatur darf 20 °C nicht überschreiten, Anbringung an allen vier Außenseiten
d) Keine besondere Bedeutung, darum auch keine Anbringungspflicht am Fahrzeug

5.12 Was bedeutet dieses Kennzeichen?

a) Wassergefährdender Stoff
b) Fische füttern verboten
c) Umweltgefährdender Stoff
d) Risiko einer Umweltverschmutzung

5.13 Welche Bedeutung hat die Gefahrnummer „X423“?

a) Explosiver Stoff, der mit Wasser gefährlich reagiert
b) Kein Wasser bei flüssigem Stoff nehmen, der gefährliche Gase bildet
c) Fester Stoff, der mit Wasser gefährlich reagiert und entzündbare Gase bildet
d) Selbstentzündlicher (pyrophorer) fester Stoff, der mit Wasser gefährlich reagiert und entzündbare Gase bildet.

5.14 Wann muss ein Fahrzeugführer die Großzettel und die orangefarbenen Tafeln vom Mehrkammertankfahrzeug entfernen?

a) Vor dem Durchfahren eines Tunnels
b) Wenn eine von mehreren Tankkammern ungereinigt leer ist
c) Wenn durch eine Tankreinigung alle Tankkammern gereinigt und leer sind
d) Wenn er die orangefarbenen Tafeln vorn und hinten an der Beförderungseinheit aufdeckt

5.15 Darf ein Fahrzeugführer an einem ungereinigten leeren Tankfahrzeug die orangefarbenen Tafeln und die Großzettel entfernen oder verdecken?

a) Nein, orangefarbene Tafeln und Großzettel müssen wie im gefüllten Zustand verbleiben
b) Ja, da die Berechnung nach 1.1.3.6 unter 1000 Punkte ergibt
c) Nein, jedoch muss ein schwarzer Schrägstrich über die orangefarbene Tafel aufgetragen werden und die Großzettel entfernt werden
d) Ja, bei leeren ungereinigten Fahrzeugen darf grundsätzlich ohne Kennzeichnung gefahren werden

5.16 Sie befördern in einem Tankfahrzeug, das die gleiche Farbe hat wie der Großzettel nach Muster 3, Benzin. Was müssen Sie beachten?

a) Ich muss anstatt der 25 x 25 cm großen Placards Großzettel mit einem Maß von 30 x 30 cm verwenden
b) Die Großzettel müssen eine gestrichelte oder durchgehende äußere Begrenzungslinie aufweisen, damit sie sich vom Hintergrund abheben
c) Ich verwende andersfarbige Großzettel und schreibe die Zahl 3 in die untere Ecke
d) Der Beförderer muss für die ordnungsgemäße Ausrüstung sorgen, also muss ich auch nichts weiter beachten

5.17 Sie befördern in einem Mehrkammertankfahrzeug Benzin, Dieselkraftstoff und Kerosin. Welche orangefarbene Tafeln können nach ADR vorne und hinten am Tankfahrzeug angebracht werden?

a) Orangefarbene Tafeln mit Nummern zur Kennzeichnung der Gefahr (33) und UN-Nummern (1203) für Benzin, da Benzin den niedrigsten Flammpunkt hat
b) Orangefarbene Tafeln mit Nummern zur Kennzeichnung der Gefahr und UN-Nummern für Dieselkraftstoff, da Dieselkraftstoff den höchsten Flammpunkt hat
c) Orangefarbene Tafeln mit Nummern zur Kennzeichnung der Gefahr (30) und UN-Nummern (1223) für Kerosin, da Kerosin die höhere UN-Nummer hat
d) Orangefarbene Tafel mit der Nummer zur Kennzeichnung der Gefahr und der UN-Nummer für Dieselkraftstoff vorne (höchster Flammpunkt), und orangefarbene Tafel mit der Nummer zur Kennzeichnung der Gefahr und der UN-Nummer für Benzin hinten (niedrigster Flammpunkt)

5.18 Ihr Tankfahrzeug ist mit orangefarbenen Tafeln mit der Kennzeichnungsnummer 65 gekennzeichnet. Welche Gefahreigenschaften hat dieses Ladegut?
- a) Giftig und explosiv
- b) Giftig und ätzend
- c) Giftig und selbstentzündlich
- d) Giftig und oxidierend (brandfördernd)

5.19 Nach dem Entladen fahren Sie zu einer Reinigungsstation und reinigen und entgasen den Aufsetztank. Was machen Sie mit den orangefarbenen Tafeln?
- a) Wie im gefüllten Zustand belassen
- b) Verdecken oder entfernen
- c) Die Worte „Leer, gereinigt und entgast“ auf die orangefarbenen Tafeln schreiben
- d) Die orangefarbenen Tafeln sind mit einem schwarzen Schrägstrich zu versehen

5.20 Welche Hauptgefahr geht von dem Ladegut mit folgender orangefarbener Tafel aus?

- a) Entzündbarkeit
- b) Giftigkeit
- c) Radioaktivität
- d) Ätzwirkung

5.21 Sie befördern einen Tankcontainer mit einem Fassungsraum von 7.000 l auf einem Trägerfahrzeug. Die orangefarbenen Tafeln sind von außen nicht sichtbar. Welche orangefarbenen Tafeln müssen wo am Trägerfahrzeug angebracht werden?
- a) Keine, die neutralen orangefarbenen Tafeln vorne und hinten reichen aus
- b) Zusätzlich neutrale orangefarbene Tafeln an beiden Längsseiten
- c) An den Längsseiten muss nur die UN-Nummer auf einer Tafel angebracht werden
- d) Die gleichen orangefarbenen Tafeln wie auf dem Tankcontainer müssen an beiden Längsseiten angebracht werden

5.22 Sie befüllen Ihr Tankfahrzeug mit Gefahrgut. Bei welcher Gefahrnummer müssen Sie das Tankfahrzeug erden?
- a) 883
- b) 268
- c) X462
- d) 55

6.

Durchführung der Beförderung

6.1 Maßnahmen zur Verkehrs- und Betriebssicherheit von Beförderungseinheiten mit Tanks

Abfahrtkontrolle für Tanks

→ *4.2 – 4.5 ADR*
→ *7.5.1 ADR*

Die Sicherheit bei der Gefahrgutbeförderung wird erzielt durch

→ eine **geeignete Umschließung**,
→ **korrekte Kennzeichnung**,
→ **ordnungsgemäßes Beförderungsmittel** und
→ **eine geeignete Abfahrtkontrolle vor Fahrtbeginn**.

Prüfliste GGKontrollV

→ *Anlage 1 GGKontrollV*

Vorabcheck mittels Prüfliste der GGKontrollV zu

→ **Dokumenten**,
→ **beförderungsrelevanten Vorgaben** und
→ **Ausrüstungsgegenständen an Bord**

durchführen.

Hinweis:
→ ***Prüfliste*** ***GGKontrollV***
Anhang 2 und Anhang 3

Anhand der nachfolgenden **Prüfpunkte** kann eine Unterweisung bzw. **Abfahrtkontrolle** in der Praxis erfolgen.

Fahrzeugpapiere, z. B.

- **Führerschein** und
- **Fahrzeugschein**.

Hinweis:
→ ***Checkliste*** *befindet sich im*
Anhang 5

Begleitpapiere, z. B.

- **gültige ADR-Bescheinigung**,
- **Lichtbildausweis**,
- **gültige Zulassungsbescheinigung**,
- **schriftliche Weisungen**,
- **Beförderungspapier** und
- **spezielle Genehmigungen**.

Fahrzeugzustand, z. B.

- ordnungsgemäße Reifen,
- funktionsfähige Beleuchtung,
- einwandfreie Scheibenwischer,
- einwandfreie und saubere Spiegel und Scheiben,
- **geeignete Ladungssicherungsvorrichtungen**,
- ausreichende Brennstoffmenge im Fahrzeugtank und
- saubere Putzlappen.

Geeignete Ausrüstung, z. B.

- **Bindemittel für Leckagen**,
- **Schaufel**,
- **funktionstüchtige Handlampe**,
- **Augenspülflüssigkeit**,
- **Erste-Hilfe-Ausrüstung**,
- **Verbandkasten**,
- **zwei Feuerlöscher**,
- **Unterlegkeil(e)**,
- **zwei selbststehende Warnzeichen**,
- **Schutzhandschuhe vorhanden, sauber**,
- **Warnkleidung (je Mitglied der Fahrzeugbesatzung)**,
- **Arbeitskleidung**,
- **Sicherheitsschuhe**,
- **Atemschutz** und
- **dichtschließende Schutzbrille**.

Kennzeichnung / Bezettelung, z. B.

- **zutreffende Fahrzeug-Kennzeichnung (orangefarbene Tafeln, Großzettel (Placards))**.

Beachtung von Handhabungsvorschriften, z. B.

- **Mengenbegrenzungen je Beförderungseinheit**,
- **Rauchverbot bei Ladearbeiten** und
- **keine Mitnahme von Fahrgästen**.

Verkehrssicherheit

→ *StVZO*

Die Straßenverkehrs-Zulassungs-Ordnung (StVZO) enthält die entsprechenden allgemeinen Vorschriften. Die besonderen Anforderungen für Tankbeförderungen wurden bereits im Teil 4 beschrieben.

Betriebssicherheit

→ *7.5.1 ADR*

Entsprechende Prüf- und Zulassungsverfahren gewährleisten diese Anforderung.

Vor Antritt der Fahrt sollte das Fahrzeug zusätzlich mittels einer **Checkliste** überprüft werden, um auch während des täglichen Betriebs die entsprechende Sicherheit zu gewährleisten.

Hinweis:
→ ***Checkliste*** *befindet sich im* ***Anhang 5***

Fahrtvorbereitungen

→ 4.2, 4.3, 4.4, 4.5 ADR

Insbesondere sollten vor jeder Fahrt folgende Punkte geprüft werden:

→ Fahrerhaus

- Scheiben unbeschädigt und sauber,
- Scheibenwischer und -waschanlage funktionstüchtig,
- Beleuchtung und Blinklichter funktionstüchtig und sauber,
- **elektrische Anlage betriebsbereit**,
- Kontrollleuchten im Fahrerhaus in Ordnung,
- technische Geräte betriebsbereit,
- Gegenstände weder im Fußraum noch im Sichtfeld des Fahrzeugführers und
- **Batterietrennschalter funktionsbereit**.

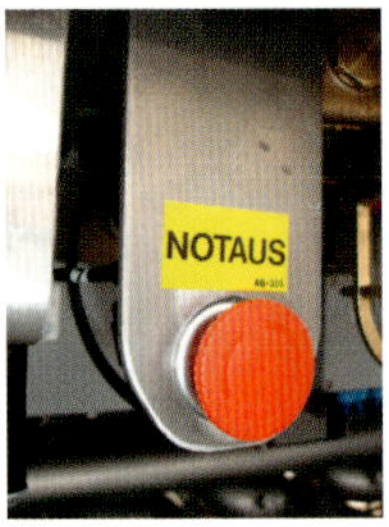

→ Motor

- Füllstände ausreichend,
- (Öl, Kühlwasser, Scheibenwaschanlage ...) und
- allgemeine Auffälligkeiten, z. B. Flüssigkeitsverlust
- **(auf Tropfstellen am Boden achten)**.

→ Sicherheitsausrüstung

Hinweis:
→ *Wandtafel* ***Gefahrgutausrüstung*** *Anhang 8*

- **Feuerlöscher vollzählig** und **betriebsbereit**, **(Nächste Prüfung? Plombe vorhanden?)**,
- **Ausrüstungsgegenstände vollständig** und **funktionstüchtig gemäß der schriftlichen Weisungen** und
- mit Bedienung und Maßnahmen laut **schriftlichen Weisungen** vertraut.

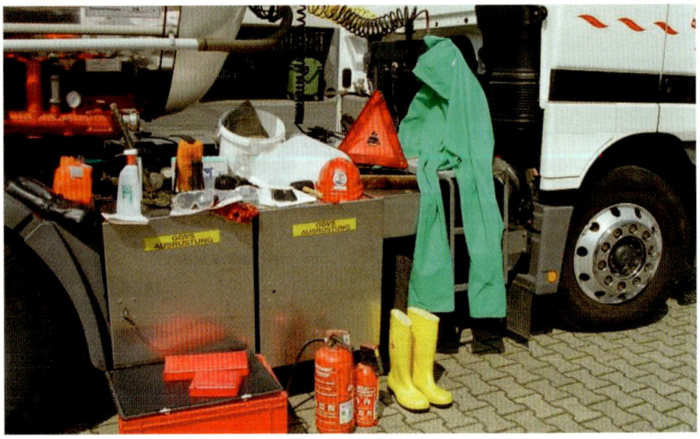

→ **Tragbare Beleuchtungsgeräte**

- Bei der Beförderung und bei Ladearbeiten **entzündbarer flüssiger oder gasförmiger Stoffe,** dürfen die **Beleuchtungsgeräte keine metallische Oberfläche haben, durch die Funken erzeugt werden** können.
- Das **Betreten von Fahrzeugen mit tragbaren Beleuchtungsgeräten mit metallischer funkenreißender Oberfläche oder mit offener Flamme ist verboten.**

→ **Räder**

- Reifenprofil ausreichend,
- Reifen unbeschädigt und ohne Fremdkörper,
- Reifenluftdruck in Ordnung,
- Radmuttern vollzählig und fest angezogen und
- Bremsen funktionstüchtig.

→ **Brennstoff**

- Behälter unbeschädigt und
- Menge ausreichend.

→ **Verbrennungsheizgeräte**

- **ordnungsgemäß angeschlossen** und
- **bei FL-Fahrzeugen Beachtung des Verbots bei**
  - **Beladung**,
  - **Entladung** und
  - **den Entladestellen.**

→ **Tank(s)**

> **Hinweis:**
> → *Wandtafeln* ***Tanktechnik***
> *Anhang 8*

- **Tankbefestigung in Ordnung**,
- **technischer Zustand in Ordnung**,
- **Geländer eingeklappt**,
- **keine Füllgutreste am Tank**,
- **alle Öffnungen (insbesondere Domdeckel, Peilstutzen, Füllanschlüsse, Abgabeleitungen) verschlossen** und
- **Verbindungsleitungen untereinander unabhängiger Tanks leer**.

> **Hinweis:**
> → ***Checkliste*** *befindet sich im* ***Anhang 5***

→ **Bedienungseinrichtungen**

- **Armaturen in ordnungsgemäßer Stellung** und dicht,
- **Schläuche unbeschädigt** und **ordnungsgemäß verstaut, ebenso evtl. vorhandene Zapfpistolen** und
- **Armaturenschrank ordnungsgemäß geschlossen**.

→ **Gefahrgutspezifisches**

- **Füllungsgrade beachtet**,
- **orangefarbene Tafeln aufgeklappt und ggf. Gefahrnummern angebracht und gesichert**,
- **Großzettel (Placards) und Kennzeichen angebracht** und
- Dokumente an Bord (im Fahrerhaus)
- **(Beförderungspapiere, schriftliche Weisungen, Zulassungsbescheinigung ...)**.

→ **Anhänger/Sattelauflieger**

- Prüfungen wie für Motorfahrzeug (soweit zutreffend),
- Kupplungseinrichtungen verbunden und gesichert und
- **Leitungsverbindungen zum Motorfahrzeug** in Ordnung.

→ **Allgemeiner Zustand der Beförderungseinheit**

- Auffälligkeiten irgendwelcher Art.

→ **Bremsprobe**

- bei langsamer Fahrt!

Be- und Entladen der Tanks

Die **Fahrtvorbereitung der Beförderungseinheit dient** der **Sicherheit bei der Ortsveränderung**. Aber auch beim Be- und Entladen der Tanks sind einige Dinge zu beachten, damit sich kein Schadensfall ereignet. Die häufigsten Schadensfälle geschehen erfahrungsgemäß beim Be- oder Entladen, und zwar durch mangelnde Sorgfalt und Unachtsamkeit.

Vermeidung elektrostatischer Aufladung

→ 7.5.10, 8.1.5 (S2) ADR

Werden **Tanks (FL-Fahrzeuge) mit entzündbaren Gasen oder flüssigen Stoffen mit einem Flammpunkt bis höchstens 60 °C befüllt oder entleert**, muss eine **gut leitende elektrische Verbindung zur Erde** hergestellt werden, **um eine elektrostatische Aufladung und** – als Folge davon – **Funkenbildung zu vermeiden**. Außerdem muss die **Füllgeschwindigkeit begrenzt werden**. Der **Betrieb von Verbrennungsheizgeräten ist dann verboten.**

Unterrichtung des Fahrpersonals durch Befüller und Empfänger

→ Anlage 2, Nr. 3.2 GGVSEB

Sofern der **Fahrzeugführer die Befüllung des Tanks selbst** übernimmt, **muss ihn** der **Befüller in** die **Handhabung der Fülleinrichtung,** die **nicht Bestandteil des Fahrzeugs** ist, **einweisen**. Für die Entleerung in gewerbliche Anlagen gilt Vergleichbares für den Empfänger.

Gleiches gilt für das Beförderungsunternehmen, das als **Entlader** tätig ist, **bezüglich** der **Entleerungseinrichtung**. Diese **Einweisung** ist schriftlich zu **dokumentieren.**

Fahrbetrieb

Nicht nur das Fahrzeug und sein Zustand beeinflussen die Sicherheit während der Fahrt. Es gibt auch eine Reihe äußerer **Einflussfaktoren**, die der Fahrzeugführer **erkennen und** deren **Auswirkungen** er **berücksichtigen** muss. Hierzu gehören z. B.:

- Verlängerter Bremsweg
  - bei Beladung,
  - bei geringer Haftung auf der Fahrbahn (durch Nässe, Schnee, Frost, Verunreinigungen) und
  - bei Gefälle.
- **Vorhandener kurzer Bremsweg**
  - **bei schlechter Sicht (Nebel, starker Regen, Schneefall)**.
- Schlechte Fahrbahnhaftung und Fliehkräfte
  - bei hoher Geschwindigkeit in Kurven,
  - bei Fahrbahnneigung in Kurven nach außen,
  - bei falscher Bremseinstellung (Last-/Leerfahrt) und
  - bei Seitenwind (besonders bei leerem Fahrzeug).

- Kipprisiko
  - bei hoher Geschwindigkeit in Kurven,
  - bei Fahrbahnneigung in Kurven nach außen und
  - bei schlechter Lastverteilung (einseitig oder Schwerpunkt zu hoch).

Menschliche Einflüsse

Der Fahrzeugführer muss verantwortungsvoll handeln, dazu gehört, dass er

- ausgeruht,
- **ohne Restalkohol** und
- **ohne beeinträchtigende Wirkung von Medikamenten oder anderen berauschenden Mitteln**

die **Fahrt antritt.**

Während der Fahrt tragen die richtige Fahrzeugbedienung, vorausschauendes und defensives Fahrverhalten, aber auch regelmäßige Pausen zu einem sicheren Beförderungsverlauf bei.

Fahrverbote und Fahrbeschränkungen

→ *§ 2 Abs. 3a StVO*
→ *§ 35 GGVSEB*

Neben den verordneten allgemeinen Fahrverboten, z. B.

- an Sonn- und Feiertagen oder
- bestimmten Ferienreisetagen,

und **beschilderten Beschränkungen**, z. B.

- für **Tunneldurchfahrten** oder
- für Gefällstrecken,

gibt es besondere Vorschriften für Beförderungseinheiten mit Gefahrgut. Hierzu gehören

- **Verhaltensvorschriften bis zur Fahrtunterbrechung bei außergewöhnlichen Witterungsbedingungen** und
- **Nutzung einer Fahrwegbestimmung**.

6.2 Be- und Entladung der Fahrzeuge

Bei der **Ankunft am Be- und Entladeort**, einschließlich Container-Terminals, müssen u. a.

- **Fahrzeug**,
- **Fahrzeugführer**,
- **Tankcontainer** und
- **ortsbewegliche Tanks**

den Rechtsvorschriften genügen.

Dies gilt insbesondere hinsichtlich

- **Sicherheit**,
- **Sicherung**,
- **Sauberkeit** und
- **ordnungsgemäßer Funktion**

der bei der Be- und Entladung verwendeten Fahrzeugausrüstung sowie der in den schriftlichen Weisungen genannten Ausrüstungsgegenstände nebst Feuerlöscher.

Beladung

→ *7.2, 7.3, 7.5.1 ADR*

Eine **Beladung darf nicht erfolgen, wenn**

- eine **Kontrolle der Dokumente** und
- u. a. eine äußere **Sichtprüfung des Fahrzeugs**

Verstöße ergibt.

Entladung

→ *7.5.1, 7.5.8, 7.5.10, 7.5.11 ADR*

Eine **Entladung darf nicht erfolgen, wenn** oben genannte Kontrollen ein **Risiko für die Sicherheit oder Sicherung** ergeben.

Vor dem Beladen muss das **Fahrzeug von innen und außen untersucht** werden, um sicherzustellen, dass **keine Beschädigungen** vorliegen, die deren Unversehrtheit beeinträchtigen.

Umgang allgemein

→ *8.3.3, 8.3.6, 7.5.11 ADR*

Bei jeder Art von **Handhabung** gilt:

- Grundsätzlich ***Motor abstellen*** (ggf. Motorbetrieb für Pumpen oder Ähnliches erlaubt).
- Es besteht ein **Öffnungsverbot für Versandstücke durch** die **Fahrzeugbesatzung.**
- Besondere Handhabungsvorschriften für die einzelnen Klassen beachten.

Be- und Entladesysteme von Tanks

Grundsätze für das Beladen von Tanks (Befüllen)

→ *4.2, 4.3 ADR*

Beim **Beladen** lassen sich Schadensfälle durch nachfolgende Verhaltensweisen vermeiden:

- Anfahrt zur Füllstation nur mit **technisch einwandfreiem Fahrzeug**,
- **auf herabhängende Gegenstände, Bodenöffnungen und seitlich oder von unten herausragende Füllstutzen achten**,
- **Warnzeichen** zur Absicherung der Befüllstelle **aufstellen**,
- an der Füllposition Motor abstellen und Fahrzeug sichern (kleiner Gang, Feststellbremse),
- **elektrische Geräte** und **Verbrennungsheizgeräte abschalten**,
- **Rauchverbot** beachten,
- **nur** den **Domdeckel der zu befüllenden Kammer geöffnet** halten,
- der **stoffspezifische Füllungsgrad** ist **einzuhalten**,
- die Füllanlage muss sich in technisch einwandfreiem Zustand befinden,
- **Erdung herstellen** und **Füllgeschwindigkeit begrenzen**,

- keine eigenmächtige Befüllung vornehmen,
- **Befüllung des Tanks nur mit zugelassenen Produkten**, bei fremden Verbindungsstücken und Schläuchen auf Eignung achten, bei Produktenwechsel, mit dem Befüller den Reinheitsgrad des Tanks absprechen,
- **bei ungereinigten Tanks** auf **Verträglichkeit mit dem Restinhalt** achten,
- auf **Zulässigkeit der Befüllung nebeneinander liegender Tankabteile mit unterschiedlichen Stoffen achten (Risiko gefährlicher Reaktion),**
- **Befüllung überwachen** (kein Austritt, keine Überfüllung, evtl. Füllungsgrade berücksichtigen),

- nach Befüllung **alle Absperreinrichtungen schließen, bei hintereinander liegenden Absperreinrichtungen muss die dem Füllgut nächstliegende Einrichtung zuerst geschlossen werden,**
- **Schutzhandschuhe aus kälteisolierendem Material bei Arbeiten an vereisten Rohrleitungen benutzen,**
- **Restmengen aus den Schlauchleitungen auffangen** und
- weitere Nacharbeiten: Domdeckel, Bodenventile, Ablassstutzen, Schraubkappen etc. (ver)schließen (→ *4.3.2.3.4 ADR*).

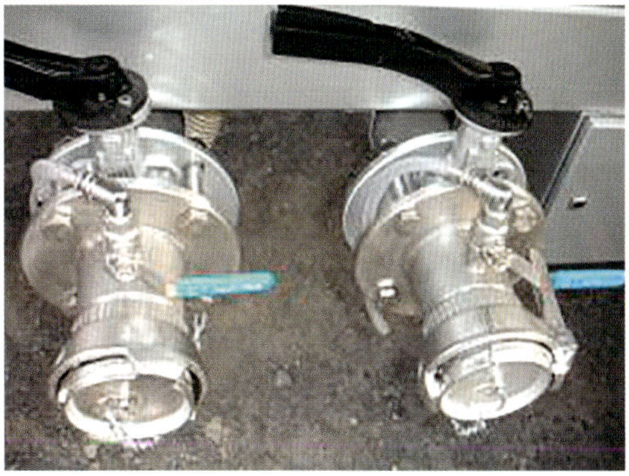

Kontrolle der Anschlüsse nach der Befüllung

Grundsätze für das Entladen von Tanks (Entleeren)

→ *4.3 ADR*

Für die Entladestelle gilt:

- Besonderheiten der Zufahrtswege, Durchfahrtshöhen und -breiten sowie die allgemeinen Platzverhältnisse beachten,
- **Fahrzeug** so abstellen, dass Schlauchverbindung möglichst kurz und knickfrei ist, außerdem ggf. **durch Warnzeichen sichern**,
- **Fahrzeug** bei geneigter Fahrbahn oder laufendem Motor **mit Unterlegkeilen sichern**,
- über zu entladendes Produkt, Menge, Tankkammer, Abgabeeinrichtung, Kapazität des Empfängertanks genau im Klaren sein,
- **Grenzwertgeber und Füllstandsanzeige nutzen** und
- **Befüllvorschriften für den Empfängertank beachten**, insbesondere hinsichtlich des Fülldrucks.

Tipps zur Betriebssicherheit

Zwei wichtige Punkte sind zu beachten, damit es während der Fahrt nicht zu unliebsamen Überraschungen kommt.

→ *Füllungsgrad (höchstzulässige Füllmenge)*

Ein **Tank** darf **niemals vollständig gefüllt** werden. Bei **Ausdehnung des Ladeguts durch Erwärmung** kann es sonst zu zwei Ereignissen kommen:

- der **Tank kann bersten**, weil er den Ausdehnungskräften nicht mehr Stand hält und
- es kann **gefährliches Gut austreten**, z. B. **über das Kippventil**.

Der **zulässige Füllungsgrad** ist vom zu befördernden gefährlichen Gut abhängig und wird dem Fahrzeugführer vom Befüller bekannt gegeben. Er darf **bei den meisten flüssigen Stoffen höchstens 95 %** betragen. Hiervon unberührt bleibt die Vorschrift, dass **Tanks oder Tankkammern mit flüssigen Stoffen** und **mehr als 7.500 l Fassungsraum mindestens zu 80 % oder höchstens zu 20 % gefüllt sein müssen**.

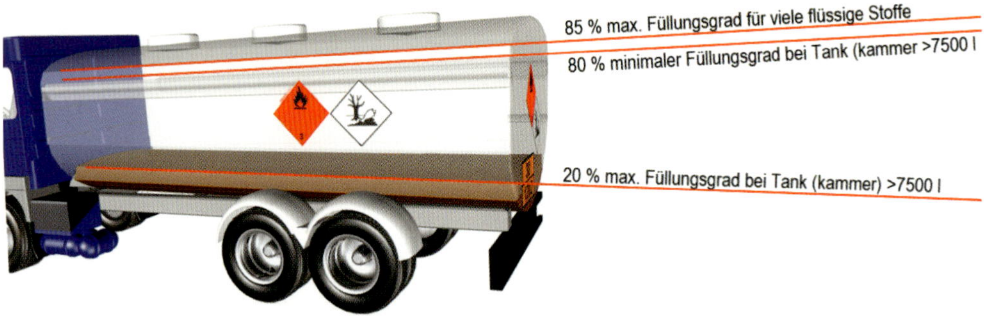

Macht der Befüller gegenüber dem Fahrzeugführer keine Angaben über den Füllungsgrad und sind keine Sondervorschriften angegeben, ist der maximale Füllungsgrad von 85 % zu beachten (§ 28 Nr. 3 GGVSEB).

Übrigens kann ein **zu hoher Füllungsgrad** auch dazu führen, dass **gefährliches Gut auf steilen Strecken über die Domarmaturen austritt!**

→ *geöffnete Bodenventile*

Auch **geöffnete Bodenventile** können zum **Gefahrgutaustritt in Neigungssituationen** führen. Flüssigkeiten streben stets ein ausgeglichenes Niveau an. Das gefährliche Gut strebt in Neigungen über die Bodenventile immer in die am tiefsten gelegene Tankkammer. Dort kann es dann über die Domarmatur zum Austritt von Gefahrgut kommen.

Um dies zu vermeiden, müssen die **Bodenventile nach der Be- oder Entladung zuverlässig geschlossen werden.**

→ *Rauchverbot*

→ 7.5.9, 8.3.5 ADR

Während der Ladearbeiten darf in den Fahrzeugen und **in deren Nähe nicht geraucht werden! Dieses gilt auch für die Verwendung von elektronischen Zigaretten oder ähnlichen Geräten.**

Verbot von Feuer und offenem Licht

→ Anlage 2 (Nr. 3.1) GGVSEB
→ 8.5 (S 1) ADR

Ergänzend dazu ist **bei innerstaatlichen Beförderungen mit Fahrzeugen**, die in Deutschland zugelassen sind, der **Umgang mit Feuer** oder **offenem Licht bei Ladearbeiten**, in der **Nähe von Versandstücken** und **haltenden Fahrzeugen** sowie **in den Fahrzeugen untersagt**.

Be- und Entladung von Tankfahrzeugen

Klassenspezifische Umfüllsysteme

Die **Umfüllsysteme und -vorgänge** sind **je nach Klasse des Gefahrguts** unterschiedlich. Sie können **drucklos** (z. B. durch Gefälle), unter **Druck** oder unter **Vakuum** betrieben werden.

Befüllung

Unabhängig davon werden grundsätzlich **zwei Arten zur Befüllung** von Tanks unterschieden.

→ *Obenbefüllung*

Bei der **Obenbefüllung** wird das Füllgut von oben, z. B. **durch einen geöffneten Domdeckel**, in den Tank gefüllt.

Bei der **Obenbefüllung** darf stets **nur der Domdeckel der Kammer geöffnet sein, die gerade befüllt wird**.

Die Befüllung von oben wird insbesondere bei besonders gefährlichen Stoffen mit giftigen oder ätzenden Eigenschaften vorgenommen.

→ *Untenbefüllung*

Bei der **Untenbefüllung (bottom loading)** wird das **Füllgut durch Bodenventile eingeleitet** und die **Dämpfe** werden durch eine so genannte **Gaspendelleitung abgeführt**. Weitere **Vorteile** sind die **schnellere Befüllbarkeit mehrerer Tankkammern über mehrere Leitungen,** das **geringere Risiko einer Überfüllung** durch die **Nutzung von Grenzwertgebern** und die Risikoreduzierung für den Fahrzeugführer, für den bei diesem Verfahren der Aufstieg auf den Tank entfällt.

Die Befüllung von unten findet überwiegend bei entzündbaren Stoffen Verwendung.

Entleerung

Wie bei der Befüllung gibt es auch bei der Entleerung zwei grundsätzlich unterschiedliche Arten.

→ *Obenentleerung*

Die **Obenentleerung – für besonders gefährliche Stoffe** – findet entweder über eine **Saugpumpe oder** durch **Druckbeaufschlagung** statt. In letzterem Fall wird der Stoff durch den Druck in ein **Steigrohr** gedrückt und darüber entleert. Hierfür ist ein **Drucktank** erforderlich.

→ *Untenentleerung*

Stoffe, bei denen Ventile unterhalb des Flüssigkeitsspiegels kein besonderes Risiko darstellen, werden **über untenliegende Ventile** entleert. **Die Sicherung erfolgt über mindestens zwei hintereinander liegende Absperreinrichtungen.**

Inertisieren

Aus Gründen der Beförderungssicherheit kann bei der Beförderung von Gasen die **Einleitung eines inerten, d.h. reaktionsträgen Gases (z.B. Stickstoff)** vorgeschrieben sein. Hierdurch wird eine Reaktion mit der im Tank verbliebenen Luft vermieden.

Auch vor der Wartung eines Tanks wird das Inertisierungsverfahren genutzt.

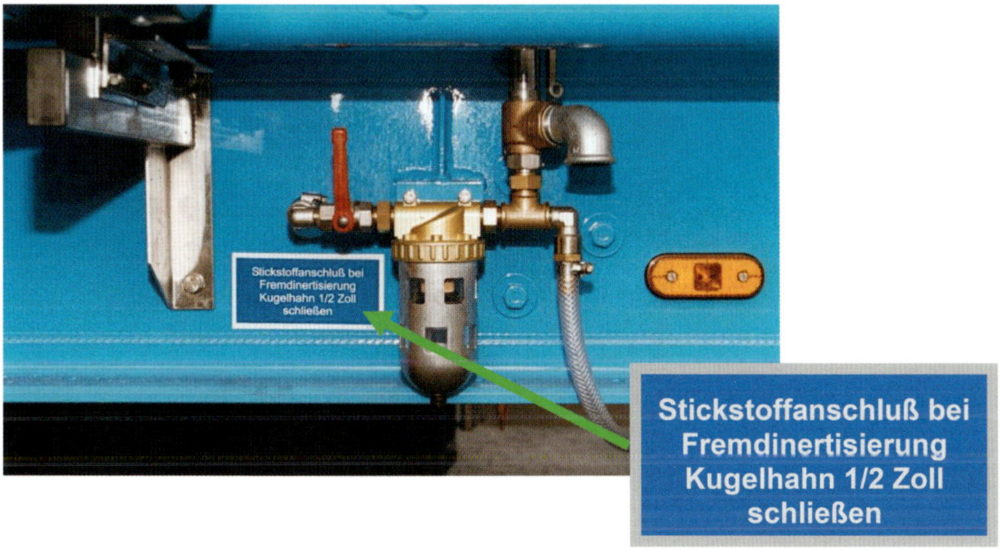

Gaspendelverfahren

Beim **Gaspendelverfahren** findet das **Umfüllen des Füllguts von einem Tank** (z.B. des Tankfahrzeugs) **in einen anderen Tank** (z.B. Lagertank) in einem **geschlossenen System** statt.

Dieses **Verfahren** ist **immer dann anzuwenden, wenn** ein **Hinweis dazu beim Empfänger vorhanden** ist.

(Siehe auch Kapitel 4.3 in diesem Buch)

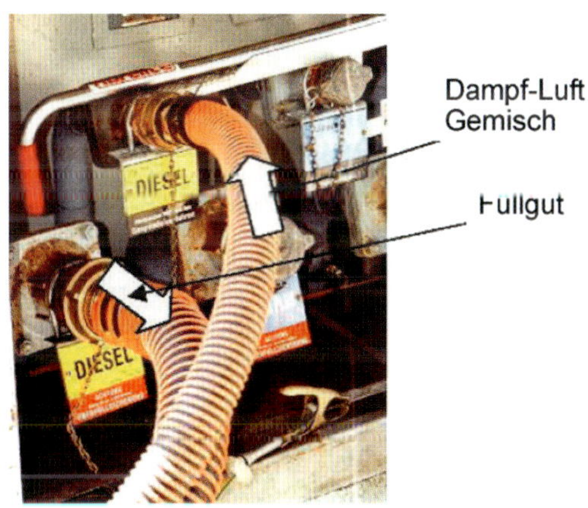

Betriebsanweisung, Einweisung

Die technischen Einrichtungen am Fahrzeug, insbesondere die Abgabearmaturen, und die Einrichtungen der Lade- und Empfangsstellen, aber auch die anzuwendenden sicherheitsrelevanten Verfahren sind – je nach Klasse und gefährlichem Gut – sehr unterschiedlich. Vorstehend konnte nur auf einige Grundlagen eingegangen werden. Es ist **für den verantwortungsbewussten Fahrzeugführer** daher **unerlässlich, sich mit allen Details der Einrichtungen eingehend vertraut zu machen.** Außerdem ist eine **genaue Einweisung seitens der übrigen Beteiligten (Beförderer, Befüller, Empfänger) unerlässlich**.

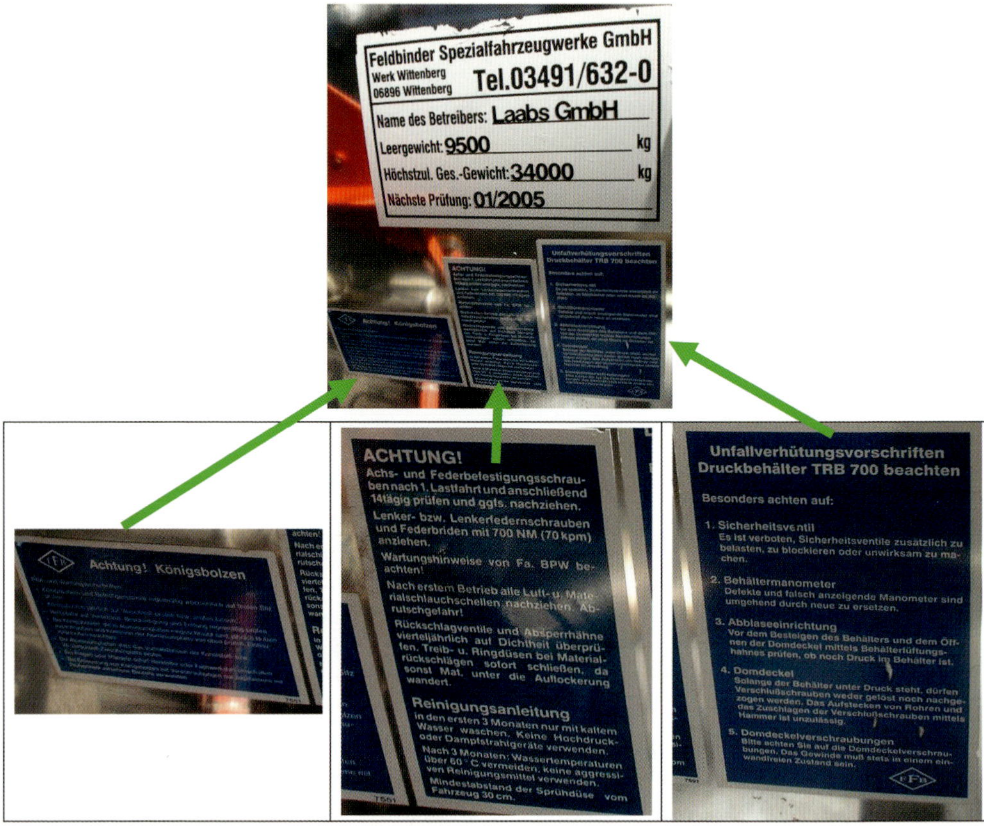

Verbot bei der Beförderung von Mineralölprodukten

Aus dem Umgangsrecht kommt eine Spezialvorschrift für die Beförderung von Mineralölprodukten. Danach dürfen **Ottokraftstoffe und Heizöl, leicht, nicht gleichzeitig in einem Mehrkammer-Tankfahrzeug befördert werden.** Außerdem dürfen **Otto- und Dieselkraftstoffe nur in Kammern befördert werden, die nicht mit einer gemeinsamen Gaspendelleitung verbunden sind und über ein getrenntes Abgabesystem verfügen.**

Sicherung der Be- und Entladestelle

Absicherung einer Entladestelle mittels Warnkegeln

Wichtig ist auch die **Sicherung des Fahrzeugs.** Sofern es während des Be- oder Entladevorgangs in öffentlichem Verkehrsbereich steht, ist eine entsprechende **Absicherung erforderlich**. Hierzu werden **selbststehende Warnzeichen wie Warndreieck, Leitkegel** oder – insbesondere bei Dunkelheit – **fahrzeugunabhängige Warnleuchten** verwendet.

Explosionsgefährdete Gefahrenbereiche an Füll- und Entleerungsstellen

Zone 0 umfasst die Bereiche, in denen eine gefährliche explosionsfähige Atmosphäre ständig oder langzeitig vorhanden ist.

Zone 1 umfasst Bereiche, in denen damit zu rechnen ist, dass eine gefährliche explosionsfähige Atmosphäre gelegentlich auftritt.

Zone 2 umfasst Bereiche, in denen damit zu rechnen ist, dass eine gefährliche explosionsfähige Atmosphäre nur selten und dann auch nur kurzzeitig auftritt.

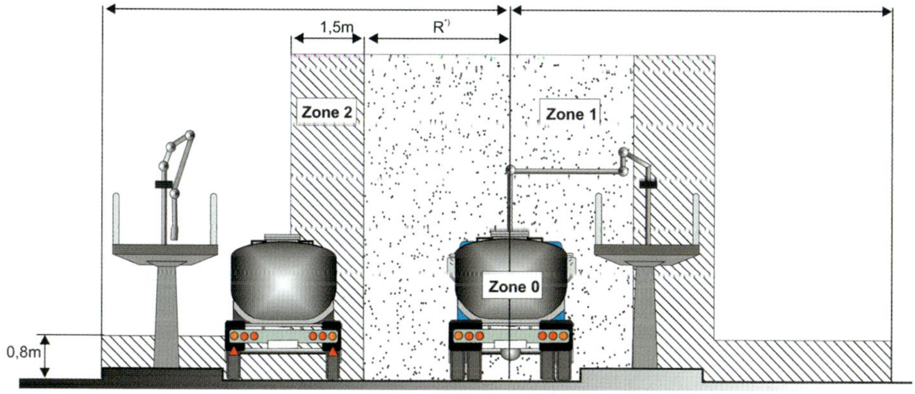

Kontrolle der Be- und Entladestelle

→ 4.2 , 4.3 ADR

Um Schäden der Umwelt oder an Personen zu verhindern, muss der **Fahrzeugführer** sich sowohl **an** der **Be- als auch an der Entladestelle** vom **ordnungsgemäßen Zustand der jeweiligen Anlage überzeugen. Sind bisher bekannte Anschlüsse noch funktionstüchtig** oder **erfolgte inzwischen eine örtliche Verlagerung des aktuellen Anschlusses?** Schnell kann es durch nicht fachgemäße Befüllung zur Überschwemmung eines Kundenkellers kommen. Daher ist eine **direkte Abstimmung mit dem Kunden** immer ratsam und auch rechtlich gefordert.

→ Betriebsbereich des Tankfahrzeugs

Der **Betriebsbereich eines Tankfahrzeugs** sollte auch **kontrolliert** werden:

- Wurde der **höchstzulässige Füllungsgrad eingehalten**?
- Ist das **Geländer als Absturzsicherung in Ordnung**?
- Wurde alles zur **Vermeidung elektrostatischer Aufladung** getan (z. B. keine Metallgegenstände in der Brusttasche, die in einen geöffneten Tank fallen könnten; ist der Anschluss des Erdungskabels gesichert)?
- Werden die **Durchflussgeschwindigkeiten eingehalten**?
- Sind **Überfüll- oder Überlaufsicherungen intakt**?
- Sind alle **Anschlüsse dicht**?
- Wurde der **Grenzwertgeber angeschlossen** (sofern vorhanden)?
- Sind die **verwendeten Schlauchleitungen unbeschädigt**?

- Sind die **ausgelegten Schläuche mit Schlauchbrücken versehen** oder **mit Warnkegeln markiert,** sodass Personen nicht darüber stürzen können?
- Werden bei unterschiedlich geladenen Gütern **Produktvermischungen vermieden**?
- Erfolgt eine **Einweisung beim Rangieren**?
- Werden **Putzlappen oder Bindemittel für mögliche Produktreste** bereitgehalten?

→ Entladestelle

- Ist ein vorhandener **Grenzwertgeber funktionstüchtig**?
- Hat die bestellte Menge Platz im zu befüllenden Tank?
- **Abfüllvorgang ständig beobachten**!

Hinweise auf **Gaspendelverfahren beachten**!

6.3 Besonderheiten für Tanktransporte für die Durchfahrt von Tunneln (Tunnelregelungen)

→ 1.9.5, 3.2 (Sp. 15), 8.6 ADR

Zur **Vorbeugung von Schadensfällen in Tunneln** wurden in verschiedenen Staaten **Tunnelregelungen** zur **Erhöhung der Tunnelsicherheit** eingeführt. Diese Verhaltensempfehlungen beinhalten u. a.

- Vorstellung üblicher Sicherheitseinrichtungen in Straßentunneln
  - bevor man zu einem Tunnel kommt,
  - bevor man in einen Tunnel einfährt und
  - Verhalten im Tunnel (bei Verkehrsstau, bei Panne oder Unfall, bei Brand).

Tunnelkategorien

Um die für Tunnel eingestuften **drei Hauptgefahren**, wie:

- **Explosionen**,
- **Freiwerden giftiger Gase oder flüchtiger giftiger flüssiger Stoffe**

und

- **Brände**

einzudämmen, die zu zahlreichen Opfern oder ernsthaften Schäden am Tunnelbauwerk führen können, wurden **5 Tunnelkategorien** geschaffen. Ergänzt werden diese durch Tunnelbeschränkungscodes, die im Beförderungspapier dann einzutragen sind, wenn vor Beförderungsbeginn feststeht, dass ein Tunnel befahren wird.

Hinweis:
→ Wandtafeln ***Tunnelregelungen***
Anhang 8

Zeichen 327

Zeichen 261
und Zusatzzeichen
Tunnelkategorie

Tunnelkategorie ...				
A	B	C	D	E
	B	C	D	E
Keine Beschränkungen für die Beförderung gefährlicher Güter	Beschränkungen für gefährliche Güter, die zu einer sehr großen Explosion führen können	Beschränkungen für gefährliche Güter, die zu einer sehr großen Explosion, einer großen Explosion oder einem umfangreichen Freiwerden giftiger Stoffe führen können	Beschränkungen für gefährliche Güter, die zu einer sehr großen Explosion, einer großen Explosion, einem umfangreichen Freiwerden giftiger Stoffe oder einem großen Brand führen können	**Beschränkungen für alle gefährlichen Güter** Ausnahme derer, bei denen in Kapitel 3.2 Tabelle A Spalte (15) „(–)" angegeben ist und Beförderung von LQ, wenn die Bruttomasse von 8 t/Beförderungseinheit nicht überschritten wird

Innerhalb der Tunnelkategorien gibt es weitere Differenzierungen nach Klasse und Art der Beförderung (Versandstücke, Tanks).

Tunnelverbote müssen durch Straßenverkehrszeichen angegeben werden. Die Verkehrszeichen sind so angebracht, dass der Fahrzeugführer die Möglichkeit hat, rechtzeitig eine Umleitung zu nutzen.

Die **Tunnelregelungen gelten nicht für die Beförderungen nach den Freistellungen gem. 1.1.3 ADR. Sobald die Beförderungseinheit kennzeichnungspflichtig ist, also mit orangefarbenen Tafeln oder mit dem Zeichen für begrenzte Mengen bei > 8 t Bruttomasse gekennzeichnet ist, muss die Tunnelregelung beachtet werden.**

Nationale Besonderheiten anderer Staaten sind hier **möglich**.

Im Rahmen einer **Unterweisung nach Kapitel 1.3 ADR** sollte der **Fahrzeugführer auf die Auswirkungen von Tunnelbeschränkungscodes (Beförderungspapier) bzw. Tunnelkategorien (Verkehrszeichen) hingewiesen werden**.

Tunnelbeschränkungscode

Die **Beschränkungen für die Beförderung** bestimmter gefährlicher Güter **durch** Tunnel basieren auf dem in **Kapitel 3.2 Tabelle A Spalte 15 ADR** **angegebenen Tunnelbeschränkungscode**.

Für die Durchfahrt durch Tunnel gelten folgende Beschränkungen:

<table>
<tr><th>Tunnelbeschränkungscode der gesamten Ladung</th><th colspan="2">Beschränkung</th></tr>
<tr><td>B</td><td colspan="2">Durchfahrt verboten durch Tunnel der Kategorien B, C, D und E.</td></tr>
<tr><td rowspan="3">B1000C</td><td colspan="2">Beförderungen, bei denen die Nettoexplosivstoffmasse je Beförderungseinheit</td></tr>
<tr><td>– 1000 kg überschreitet:</td><td>Durchfahrt verboten durch Tunnel der Kategorien B, C, D und E;</td></tr>
<tr><td>– 1000 kg nicht überschreitet:</td><td>Durchfahrt verboten durch Tunnel der Kategorien C, D und E.</td></tr>
<tr><td rowspan="2">B/D</td><td>Beförderungen in Tanks:</td><td>Durchfahrt verboten durch Tunnel der Kategorien B, C, D und E.</td></tr>
<tr><td>Sonstige Beförderungen:</td><td>Durchfahrt verboten durch Tunnel der Kategorien D und E.</td></tr>
<tr><td rowspan="2">B/E</td><td>Beförderungen in Tanks:</td><td>Durchfahrt verboten durch Tunnel der Kategorien B, C, D und E.</td></tr>
<tr><td colspan="2">Sonstige Beförderungen: Durchfahrt verboten durch Tunnel der Kategorie E.</td></tr>
<tr><td>C</td><td colspan="2">Durchfahrt verboten durch Tunnel der Kategorien C, D und E.</td></tr>
<tr><td rowspan="3">C5000D</td><td colspan="2">Beförderungen, bei denen die Nettoexplosivstoffmasse je Beförderungseinheit</td></tr>
<tr><td>– 5000 kg überschreitet:</td><td>Durchfahrt verboten durch Tunnel der Kategorien C, D und E;</td></tr>
<tr><td>– 5000 kg nicht überschreitet:</td><td>Durchfahrt verboten durch Tunnel der Kategorien D und E.</td></tr>
<tr><td rowspan="2">C/D</td><td>Beförderungen in Tanks:</td><td>Durchfahrt verboten durch Tunnel der Kategorien C, D und E.</td></tr>
<tr><td>Sonstige Beförderungen:</td><td>Durchfahrt verboten durch Tunnel der Kategorien D und E.</td></tr>
<tr><td rowspan="2">C/E</td><td>Beförderungen in Tanks:</td><td>Durchfahrt verboten durch Tunnel der Kategorien C, D und E.</td></tr>
<tr><td>Sonstige Beförderungen:</td><td>Durchfahrt verboten durch Tunnel der Kategorie E.</td></tr>
<tr><td>D</td><td colspan="2">Durchfahrt verboten durch Tunnel der Kategorien D und E.</td></tr>
<tr><td rowspan="2">D/E</td><td colspan="2">Beförderungen in loser Schüttung oder in Tanks: Durchfahrt verboten durch Tunnel der Kategorien D und E.</td></tr>
<tr><td>Sonstige Beförderungen:</td><td>Durchfahrt verboten durch Tunnel der Kategorie E.</td></tr>
<tr><td>E</td><td colspan="2">Durchfahrt verboten durch Tunnel der Kategorie E.
Ausnahme wenn in Kapitel 3.2 Tabelle A Spalte (15) «(–)» angegeben ist.</td></tr>
<tr><td>–</td><td colspan="2">Durchfahrt durch alle Tunnel gestattet (für die UN-Nummern 2919 und 3331 siehe auch Unterabschnitt 8.6.3.1).</td></tr>
</table>

Tabelle Tunnelbeschränkungscodes

Tunnelkategorie / Gefahrgut mit Tunnelbeschränkungscode	(A)	B	C	D	E
B	Erlaubt	Verboten	Verboten	Verboten	Verboten
B1000C (Klasse 1)	Erlaubt	**Erlaubt** falls NEM < 1000 kg **Verboten** falls NEM > 1000 kg	Verboten	Verboten	Verboten
B/D	Erlaubt	**Erlaubt** falls Versandstück/ **Verboten** falls **Tank**		Verboten	Verboten
B/E	Erlaubt	**Erlaubt** falls Versandstück/ **Verboten** falls **Tank**			Verboten
C	Erlaubt	Erlaubt	Verboten	Verboten	Verboten
C5000D (Klasse 1)	Erlaubt	Erlaubt	**Erlaubt** NEM < 5000 kg **Verboten** NEM > 5000 kg	Verboten	Verboten
C/D	Erlaubt	Erlaubt	**Erlaubt** falls Versandstück **Verboten** falls **Tank**	Verboten	Verboten
C/E	Erlaubt	Erlaubt	**Erlaubt** falls Versandstück/**Verboten** falls **Tank**		Verboten
D	Erlaubt	Erlaubt	Erlaubt	Verboten	Verboten
D/E	Erlaubt	Erlaubt	Erlaubt	**Erlaubt** falls Versandstück **Verboten** falls **Tank / lose Schüttung**	Verboten
E	Erlaubt	Erlaubt	Erlaubt	Erlaubt	Verboten
Ausnahme wenn in Kapitel 3.2 Tabelle A Spalte (15) «(–)» angegeben ist	Erlaubt	Erlaubt	Erlaubt	Erlaubt	Erlaubt
falls > 8t je Beförderungseinheit wenn zul. Gesamtmasse > 12 t	Erlaubt	Erlaubt	Erlaubt	Erlaubt	Verboten

6.4 Besonderes Fahrverhalten von Beförderungseinheiten mit Tanks

Da im Gegensatz zu festen Stoffen und Gegenständen (z. B. Verpackungen) Flüssigkeiten nicht über die Ladungssicherung fixiert werden können, sind darüber hinaus einige Besonderheiten zu beachten, die mit den **physikalischen Eigenschaften von Flüssigkeiten** zusammenhängen.

Kräfte im Fahrbetrieb

Flüssigkeiten können durch die **seitlich wirkenden Fliehkräfte** (bei Kurvenfahrten) und die längs wirkenden **Trägheitskräfte (beim Bremsen oder Beschleunigen**) in Bewegung geraten und das Fahrverhalten des Fahrzeugs erheblich beeinträchtigen.

Schwall

Die **Bewegung der Flüssigkeit** wird **Schwall genannt**. Je nach auslösendem Ereignis entwickelt sich ein **Querschwall (bei Kurvenfahrt)** oder ein **Längsschwall (beim Bremsen oder Beschleunigen)**. Je nach Verkehrssituation (Bremsen in einer Kurve) kann es zudem zu einer Kombination aus beidem kommen.

Kurvenfahrt

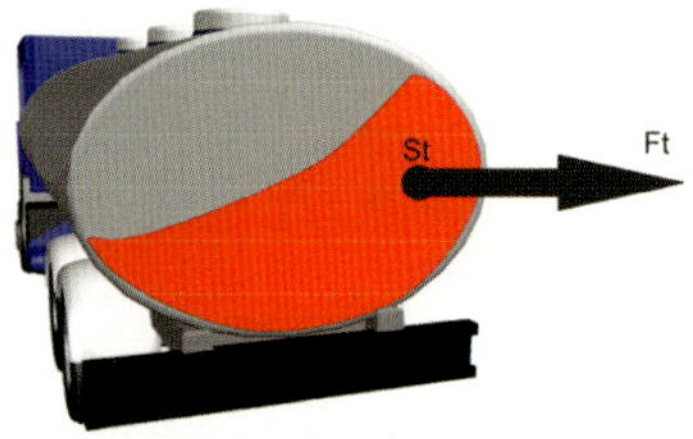

Flüssigkeitsverlagerung, Schwerpunkt wandert auf Kurvenaußenseite

Der **Längsschwall** wirkt sich **besonders beim Anhalten** aus. Wird die Bremse sofort nach dem Anhalten gelöst, setzt sich das Fahrzeug durch den Schwall ruckartig wieder in Bewegung.

Mit dem **Querschwall** geht eine Verlagerung des Fahrzeugschwerpunkts einher. **Überschreitet** die **Lage des Schwerpunkts** eine **gewisse Grenze, stürzt das Fahrzeug** um.

Besonders gefährliche Situationen können bei und nach dem Durchfahren von Doppelkurven, auch S-Kurven genannt, entstehen. Der **Schwall** entwickelt sich zunächst **zu einer Seite**, dann zur anderen. Durch entsprechendes Federn des Fahrgestells kann es zu einem gefährlichen **Aufschaukeln** kommen, das selbst in anschließenden geraden Streckenabschnitten noch zum **Umstürzen des Fahrzeugs** führen kann.

Die physikalischen Kräfte und damit die **Schwallwirkung nehmen zu, je enger die Kurve** ist und **je schneller das Tankfahrzeug** fährt.

Gleiches gilt für nur teilweise gefüllte Tanks. **Die Schwallwirkung ist hier wesentlich ausgeprägter als bei bis zum höchstzulässigen Füllungsgrad gefüllten oder leeren Tanks. Das größte Risiko ergibt sich bei halbvoll gefülltem Tank.**

Maßnahmen zur Verminderung der Schwallwirkung

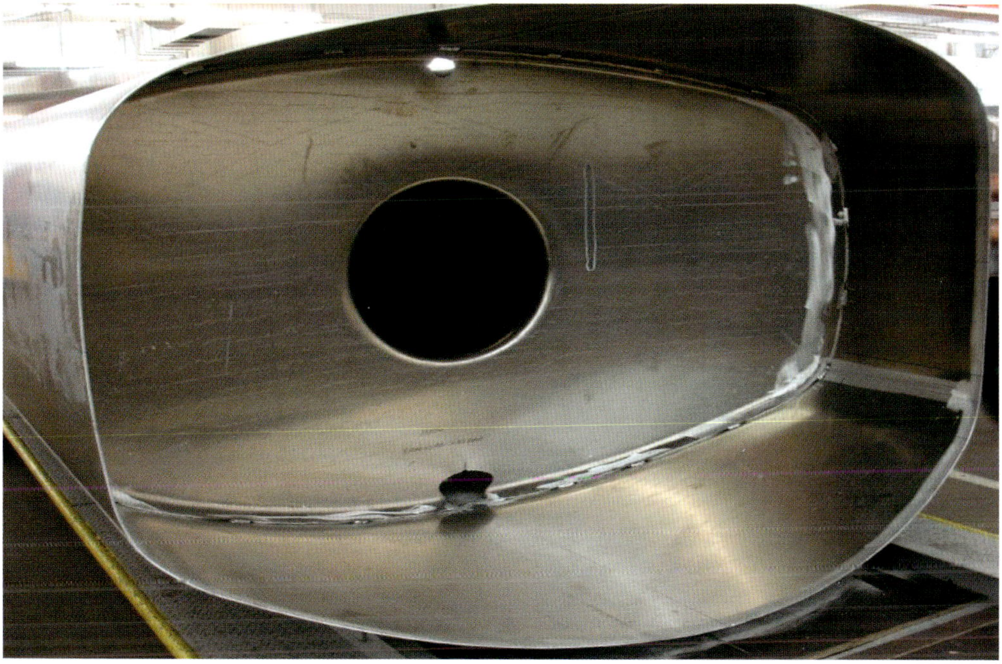

Neben einem **angepassten Fahrstil** gibt es eine Reihe konstruktiver Maßnahmen zur Verminderung der Schwallwirkung.

Ein großer Tank kann durch **Trennwände** in einzelne Tankkammern, oft auch **Tankabteile** genannt, unterteilt werden. Hierdurch wird der Raum, der einer Flüssigkeit für ihre Schwallbewegung zur Verfügung steht, eingegrenzt.

Alternativ oder ergänzend hierzu werden so genannte **Schwallwände** in den Tank eingebaut. Sie haben kleine Öffnungen, so dass ein Ausgleich der Flüssigkeit im Tank stattfinden kann. Die Öffnungen sind jedoch so klein, dass eine **plötzliche Bewegung der Flüssigkeit deutlich vermindert** wird.

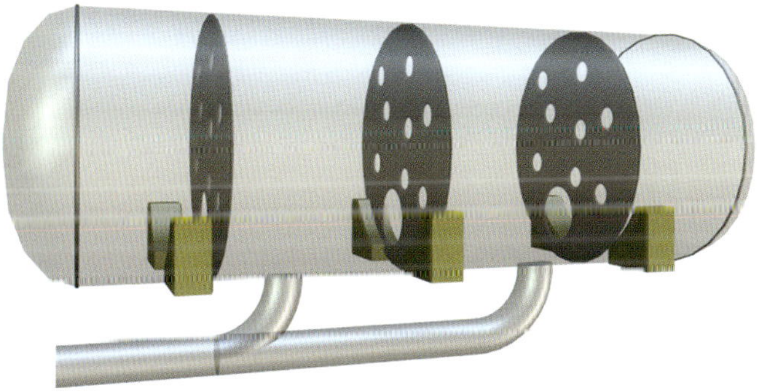

Schwallwandanordnung in einem Tank

Reihenfolge der Entladung von Fahrzeugen mit Tankkammern

Bei Fahrzeugen mit mehreren Tankkammern ist es möglich, bei verschiedenen Kunden jeweils nur einen Teil der Ladung zu entleeren. Es kann je nach **Kammergröße notwendig sein, die ggf. vorgeschriebenen Füllungsgrade (mindestens 80 % oder höchstens 20 %)** einhalten zu müssen.

Bei der **Entleerung** ist Folgendes zu **beachten:**

- **Antriebs- und Lenkachsen** müssen **ausreichend belastet** bleiben,
- **Fliehkräfte** wirken am stärksten auf den schweren Fahrzeugteil; liegt dieser hinten (= gefüllte Tankkammer), neigt das Fahrzeug dazu, an dieser Stelle zu übersteuern; es bricht aus und schleudert aus der Kurve,
- die **Fahrzeugart** (Motorfahrzeug, Motorfahrzeug mit Anhänger, Sattelzug) ist **wegen** der **unterschiedlichen Kippkanten** (siehe unten) zu berücksichtigen und
- die **Zahl** und Größe der Tankkammern.

Daraus folgt, dass es keine richtige Reihenfolge gibt. Im Allgemeinen können **folgende Reihenfolgen als zweckmäßig angesehen** werden:

- **Tankfahrzeug ohne Anhänger oder Sattelauflieger**:

1. mittlere Kammer(n) (Achsen bleiben belastet)
2. hintere Kammer(n) (Übersteuerung wird vermieden)
3. vordere Kammer(n)

- Tanksattelfahrzeug:

1. mittlere Kammer(n) (Achsen bleiben gleichmäßig belastet)
2. Kammer vor dem Sattelpunkt
3. hintere Kammer(n) (Übersteuerung wird vermieden)
4. Kammer über der Antriebsachse

Kippkante, Kippgrenze

Zur Kenntnis des Fahrverhaltens gilt es auch, sich mit den Themen Kippkante und Kippgrenze zu befassen.

Die **Kippkante ist die gedachte Linie, über die ein Fahrzeug umkippen kann**. Bei **Motorfahrzeugen** ist dies die **Linie entlang der kurvenäußeren Räder**. Bei **Anhängern und Sattelaufliegern** verläuft diese Linie **bei Geradeausfahrt entlang der Seitenräder**. **Je enger** jedoch ein **Lenkeinschlag** erfolgt, **umso mehr wandert diese Linie zum Lenkpunkt in der vorderen Mitte des Anhängers bzw. Aufliegers**.

Dabei steigt auch die Gefahr des Umkippens. **Wandert nämlich der Schwerpunkt über die Kippkante, stürzt das Fahrzeug um.**

Die nachfolgenden Skizzen verdeutlichen diesen Sachverhalt noch einmal anschaulich.

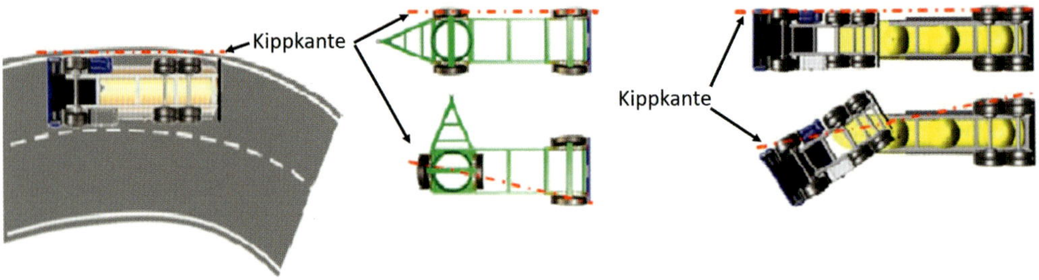

Bei einem Tankmotorwagen bilden die kurvenäußeren Räder die Kippkante.

Beim Anhänger ändert sich die Kippkante mit dem Lenkeinschlag.

Beim Sattelfahrzeug richtet sich der Verlauf der Kippkante nach dem Lenkeinschlag oder nach dem Winkel zwischen Sattelzugmaschine und Sattelanhänger. Ab einem bestimmten Winkel verläuft die Kippkante über den Sattelpunkt (Königszapfen).

Fahrverhalten des Fahrzeugführers

Die vorstehenden Erläuterungen zeigen, dass trotz aller technischen Maßnahmen das **richtige Fahrverhalten des Fahrzeugführers** eine wesentliche Rolle bei der Gefahrgutbeförderung spielt.

⚠ Wichtiges – kurz gefasst

- Nur betriebs- und verkehrssichere Fahrzeuge dürfen verwendet werden.
- Vor Fahrtantritt Abfahrtkontrolle mittels Checkliste nebst Prüfliste nach GGKontrollV durch Fahrzeugführer zur Verkehrs- und Transportsicherheit und Bußgeldvermeidung auch im Unternehmen.
  Prüfbereiche:
  - Fahrzeugpapiere
  - Begleitpapiere
  - Fahrzeugzustand
  - Ausrüstung
  - Kennzeichnung/Bezettelung
  - Leitungen und Handhabungsvorschriften
- Richtige Einschätzung von:
  - Bremsweg
  - Fahrbahnhaftung
  - Fliehkräften
  - Kipprisiko
- Fahrverhalten hinsichtlich Verkehrszeichen und Verhaltensempfehlungen (z. B. für Tunneldurchfahrt, Fahrt bei Nebel, Eis, Schnee und Fahrverbot) anpassen.
- Vorschriftsmäßige Tankbe- oder -entladung, inkl. Vermeidung elektrostatischer Aufladung und richtiger Handhabung der Fülleinrichtungen. Gegebenenfalls Einweisung!
- Rauchverbot, Verbot von Feuer/offenem Licht bei Ladearbeiten beachten.
- Verbote für Laden bestimmter gefährlicher Güter in benachbarte Tankkammern beachten.
- Höchstzulässigen Füllungsgrad beachten.
- Alle Bodenventile nach Arbeitsende stets schließen. Auslaufgefahr während Fahrt (z. B. auf Steigungs- oder Gefällstrecken) beachten.
- Unterscheidung Oben- und Untenbefüllung bzw. -entleerung hinsichtlich Be- und Entladesystemen. Verwendung oberer Öffnungen überwiegend bei giftigen/ätzenden Stoffen – unterer Öffnungen bei Mineralölprodukten.
- Verwendung inerten Gases aus Sicherheitsgründen zur Vermeidung chemischer Reaktionen während Beförderung/Entladen.
- Gaspendelverfahren (Umfüllen im geschlossenen System) aus Sicherheitsgründen/Umweltschutzgründen.
- Einweisungspflicht des Fahrzeugführers in Bedienung, Fahrzeugausrüstung und stationäre Fülleinrichtungen.
- Absicherung Be- und Entladestellen im öffentlichen Verkehrsraum mit zwei selbststehenden Warnzeichen (z. B. Warndreieck, Leitkegeln, Warnleuchten).

- Beförderungsverbote:
  - Mehrkammer-Tankfahrzeug: gemeinsam Ottokraftstoff und Heizöl, leicht
  - Otto- und Dieselkraftstoffe nicht in Kammern mit gleicher Gaspendelleitung. **Gefahr!**
- Beachte Schwallwirkung (Längs- oder Querschwall) bei Fahrt!
  - Querschwallrisiko: Umstürzen des Fahrzeugs besonders nach S-Kurven.
  - Längsschwall aufgrund Bremsen / Beschleunigen. Trägheitskräfte führen zu verzögerter Wirkung des Längsschwalls beim Stillstand.
- Risikominderung durch Fahrzeugkonstruktion und Fahrstil des Fahrzeugführers nebst Entladungsreihenfolge von Tankkammern.
- Risiko Umkippen über „Kippkante" berücksichtigen.
- Verkehrssicherheit in Tunneln durch spezielle Tunnelregelungen / Verhaltensempfehlungen.

Testfragen zu Teil 6: Durchführung der Beförderung

Hinweis:
Diese Testfragen, die am Fragenkatalog der IHKn angelehnt sind, stellen nur eine Auswahl möglicher Fragen zu Ihrer abschließenden Prüfung dar.
Bei der Prüfung werden aus Zeitgründen nur einige Fragen zu beantworten sein.

6.1 Worauf ist beim Be- und Entladen von Tanks mit Stoffen, deren Flammpunkt höchstens 60 °C beträgt, im Vergleich zu anderen Tankbeförderungen, besonders zu achten?
a) Vermeidung elektrostatischer Aufladung durch eine elektrisch leitende Verbindung (Erdungskabel) zwischen Tankfahrzeug und Empfängertank
b) Richtiger Reifendruck
c) Nutzung der Feststellbremse
d) Abstellen des Motors

6.2 Wer weist den Fahrzeugführer eines Tankfahrzeugs beim Befüllen in die Fülleinrichtung ein?
a) Absender
b) Beförderer
c) Befüller
d) Empfänger

6.3 Wie hoch ist in der Regel der maximal zulässige Füllungsgrad bei flüssigen Stoffen?
a) 70 %
b) 80 %
c) 85 %
d) 100 %

6.4 Darf der Fahrzeugführer bei der Befüllung einer Tankkammer die Füllgeschwindigkeit erhöhen?
a) Aus Zeitersparnis sofort nach Einführen des Füllrohrs, wenn das Kippventil zum Druckausgleich geöffnet wurde
b) Ja, nachdem das Füllrohr auf dem Tankboden aufsitzt und mit langsamer Füllgeschwindigkeit begonnen wurde, darf nachdem der Auslauf des Füllrohres von Flüssigkeit bedeckt ist, die Füllgeschwindigkeit erhöht werden. Ein sofortiges Befüllen mit voller Füllgeschwindigkeit führt zur elektrostatischen Aufladung
c) Nachdem ein Füllstand von 60 % erreicht ist
d) Nach 50 Litern

6.5 Welche Gefahr besteht, wenn Bodenventile während der Fahrt nicht geschlossen sind?
a) Austritt von Gefahrgut auf Neigungsstrecken über das Kippventil
b) Vermischung des Gefahrguts
c) Überhöhter Druck auf das Abgabesystem
d) Verlagerung des Schwerpunkts

6.6 Was wird als Gaspendelverfahren bezeichnet?
a) Das Umfüllen im geschlossenen System, bei dem eine Befüll- und eine Gasrückführleitung sowohl am Empfängertank als auch beim Tankfahrzeug angeschlossen werden
b) Das Messen von Gasen, die beim Umfüllen entstehen
c) Die Füllstandsmessung bei Gasbeförderungen
d) Das Messen der Fahrzeugabgase

6.7 Worauf ist zu achten, wenn am Empfängertank ein Schild „Gaspendelverfahren“ angebracht ist?
- a) Vor der Befüllung dieses Empfängertanks muss neben dem Abgabeschlauch noch eine zusätzliche Schlauchverbindung zwischen Empfängertank und Tankfahrzeug angeschlossen werden
- b) Das ist ein Hinweis auf automatische Abschaltung des Befüllvorgangs
- c) Der Füllstand bei Gasbefüllungen wird mit der Höhe des Tankfahrzeuges ausgependelt
- d) Auf nichts, da beim Befüllen das entstandene Gas automatisch in den Empfängertank umgeleitet wird

6.8 Wie viele Schlauchleitungen müssen mindestens beim Gaspendelverfahren zwischen Tankfahrzeug und Empfängertank eingesetzt werden?
- a) Eine
- b) Zwei
- c) Drei
- d) Vier

6.9 Worauf ist beim Be- und Entladen im öffentlichen Verkehrsraum zu achten?
- a) Dass Fußgänger die Schläuche nicht beschädigen
- b) Dass die Straße von der Polizei gesperrt wird
- c) Dass die Ladestelle mit Warnzeichen gesichert wird
- d) Dass das Fahrzeug des Kunden nicht zugeparkt wird

6.10 Warum dürfen in einem Mehrkammer-Tankfahrzeug Heizöl – leicht – und Benzin nicht zusammen befördert werden?
- a) Heizöl verdünnt das Benzin
- b) Bei der Entleerung in einen Empfängertank können gefährliche Vermischungen entstehen
- c) Weil eine Vermischung zur Säurebildung führen kann
- d) Heizöl – leicht – und Benzin dürfen zusammen befördert werden, wenn sichergestellt wird, dass das Benzin zuerst entladen wird

6.11 Sie befahren mit Ihrem Tankwagen eine Linkskurve. In welche Richtung kann der Schwall wirken?
- a) Nach rechts
- b) Nach oben und unten
- c) In alle Richtungen
- d) Gar nicht

6.12 Wann ist die Schwallwirkung am stärksten?
- a) Bei vollem Tank
- b) Bei halb entleertem Tank
- c) Bei leerem Tank
- d) Immer gleich

6.13 Was kann der Tankwagenfahrer tun, um die Schwallwirkung klein zu halten?
- a) Das Tankfahrzeug bis zu höchstens 65 % beladen
- b) Geschwindigkeiten den Straßen- und Verkehrsverhältnissen anpassen und abruptes Bremsen oder Beschleunigen vermeiden
- c) Ruckartig das Fahrzeug immer wieder abbremsen und beschleunigen
- d) Die Geschwindigkeit konstant bei mindestens 80 km/h halten

6.14 Kann der Füllungsgrad in einem Tank Einwirkung auf das Fahrverhalten haben?
- a) Nein, der Füllungsgrad hat keinen Einfluss auf das Fahrverhalten
- b) Das Fahrverhalten kann sich bei teilweise gefülltem Tank verschlechtern
- c) Der Bremsweg verlängert sich, um so geringer der Füllungsgrad ist
- d) Da der Schwerpunkt mit Verringerung der Füllstandshöhe tiefer liegt, verbessert sich das Fahrverhalten

6.15 Wie kann der Gefahr problematischen Fahrverhaltens von Mehrkammer-Tankfahrzeugen entgegen gewirkt werden, wenn unterwegs Teilentladungen erfolgen?
a) Durch eine geeignete Reihenfolge beim Entladen der Tankkammern
b) Durch Reduzierung der Geschwindigkeit nach jedem Entladevorgang
c) Durch Füllstandsausgleich zwischen den Tankkammern
d) Gar nicht, Zustand muss hingenommen werden

6.16 In welcher Reihenfolge müssen hintereinander liegende Absperreinrichtungen geschlossen werden?
a) Gar nicht
b) Zuerst ist die dem Füllgut Nächstliegende zu schließen
c) Zuerst ist der Blindflansch anzubringen
d) Zuerst ist die Drosselklappe zu schließen

6.17 Wie müssen die äußeren Ausgänge von Ventilen und Pumpen gesichert werden?
a) Gar nicht
b) Putzlappen in die Ausgänge stopfen
c) Gar nicht, da das Absperren der Ventile ausreichend ist
d) Ausgänge von Rohrleitungen, Ventilen, Pumpen etc. sind mit Blindflanschen oder Blindkappen dicht zu verschließen

6.18 Welche wesentliche Gefahr besteht, wenn der stoffspezifische zulässige Füllungsgrad überschritten wird?
a) Berstgefahr durch Ausdehnung des Ladeguts
b) Verringerung der Produktqualität
c) Überschreitung des zulässigen Gesamtgewichts der Beförderungseinheit
d) Starke Belastung der Reifen

6.19 Welche Gefahr besteht, wenn bei der Entladung keine Luft in den Tank nachströmen kann?
a) Berstgefahr durch Ausdehnung des Ladeguts
b) Verringerung der Produktqualität
c) Durch den Unterdruck können Schäden am Tank entstehen
d) Überbelastung der Reifen

6.20 Aus welchem Grund wird bei bestimmten Stoffen der verbleibende Raum im Tank mit inerten Gasen gefüllt?
a) Zur Verbesserung der Produktqualität
b) Um den Innendruck zu erhöhen
c) Um gefährliche Reaktionen, z. B. Staubexplosionen, mit der Luft zu verhindern
d) Um flüssige Stoffe nicht erstarren zu lassen

6.21 Wie verändert sich die Kippgefahr eines Anhängers/Aufliegers über die Kippkante bei zunehmendem Lenkeinschlag?
a) Der Lenkeinschlag ist unerheblich
b) Die Kippgefahr nimmt zu
c) Die Kippgefahr nimmt ab
d) Keine Änderung der Kippgefahr

6.22 Wie kann man ein Überfüllen des Kundentanks und damit auch eine Boden-/Grundwasserverunreinigung beim Entleeren eines Tankfahrzeugs verhindern?
a) Durch eine Abfüllsicherung in Verbindung mit einem Grenzwertgeber, der durch einen Impuls automatisch den Entladevorgang stoppt
b) Nur durch ein Grenzwertgeberkontrollgerät
c) Durch eine Stellschraube am Bodenventil
d) Durch Betätigen des Batterietrennschalters vor dem Entleeren

6.23 Wodurch kann die Entzündung der Ladung verursacht werden?
- a) Durch das Schlagen mit einem Gummihammer
- b) Durch zu starkes Bremsen
- c) Durch Schwallwirkung
- d) Durch das Aneinanderreiben schlecht leitender Teile

6.24 Durch welche Maßnahme kann der Entwicklung explosibler Atmosphäre entgegengewirkt werden?
- a) Mitführen aller Begleitpapiere, die der Fahrzeugführer benötigt
- b) Verwendung von Blindflanschen
- c) Kontrolle auf Leckagen, Dichtheit der Verschlüsse, Sauberkeit am Fahrzeug
- d) Funktionsprüfung des Batterietrennschalters

6.25 Welche Maßnahme vor Antritt der Fahrt erhöht die Sicherheit eines Tanktransportes?
- a) Schwerpunkt- und Kippverhalten des Fahrzeugs prüfen
- b) Prüfen aller Befüll- und Entleereinrichtungen auf Leckstellen
- c) Schwallwirkung bei einer Kurvenfahrt mit anschließender Bremsprobe im Betrieb testen
- d) Rettungskräfte vorsorglich alarmieren

6.26 Welche Maßnahme vor Antritt der Fahrt erhöht die Sicherheit eines Tanktransportes, wenn der Fahrzeugführer auf einem ihm unbekannten Tankfahrzeug eingesetzt werden soll?
- a) Da die technischen Einrichtungen an jedem Tankfahrzeug gleich sind, muss lediglich eine Einweisung in die im Fahrzeug befindlichen Papiere erfolgen
- b) Aus Sicherheitsgründen sollte eine Einweisung des Fahrzeugführers in alle Besonderheiten des Tankfahrzeugs vorgenommen werden
- c) Einlesen in das Bordhandbuch mit abschließender Befragung durch den Disponenten
- d) Keine weiteren Maßnahmen erforderlich, wenn die Fahrerlaubnis der Klasse CE mit Schlüsselnummer 95 vorhanden ist

6.27 Wo können beim Tankfahrzeug während des Be- und Entladens explosive Dampf-Luft-Gemische auftreten?
- a) In belüfteten Abstellhallen von Tankfahrzeugen
- b) Im unmittelbaren Bereich der Bodenventile durch Temperaturveränderungen
- c) Im Gefahrenbereich an Füllanlagen innerhalb der Zone 1
- d) Während der Kontrolle durch die Polizei

6.28 Wie lautet die Bezeichnung eines Tunnelbeschränkungscodes?
- a) X1234
- b) CODE A
- c) (B/C)
- d) H100X

6.29 Was ist zu berücksichtigen, wenn gefährliche Güter mit verschiedenen Tunnelcodes in einer Beförderungseinheit befördert werden?
- a) Für die Tunneldurchfahrt gelten keine besonderen Regelungen
- b) Es gilt nur der Code, der die schärfsten (restriktivsten) Beschränkungen für das gefährlichste Gut festlegt
- c) Es gilt nur der Code, der die geringsten Beschränkungen für das gefährlichste Gut festlegt
- d) Es gilt nur ein besonderer separater Code, den der Beförderer festlegt und der für solche Fälle geschaffen wurde

6.30 Wo ist die Tunnelkategorie angebracht?
- a) Am Fahrzeug
- b) Im Tunnel nach 300 m
- c) Unmittelbar an der Einfahrt des Tunnels
- d) Frühzeitig, damit der Fahrzeugführer die Möglichkeit hat, eine Umleitung zu nutzen

6.31 Wie groß muss der Freiraum in einem Tank bleiben und wann ist das zu prüfen?
a) Bei allen Flüssigkeiten 3 %, direkt nach der Entladung
b) Bei allen Flüssigkeiten 25 % und vor der Befüllung muss der Freiraum geprüft werden
c) Das ist produktabhängig und muss unmittelbar nach der Befüllung geprüft werden
d) Bei allen Flüssigkeiten 30 %, der Freiraum muss nur im Sommer geprüft werden.

6.32 Wie werden die Gefahrbereiche bezeichnet, die um ein Tankfahrzeug eingeteilt sind?
a) Ex-geschützter Bereich
b) Arbeitszone A, B, C
c) Zonen 0, 1, 2
d) Explosionsbereich

6.33 Bei der Oben-Befüllung werden Sie durch ein Gewitter überrascht. Regenwasser ist in die Domwanne gelangt. Wie verhalten Sie sich?
a) Durch die Erdung des Tankfahrzeugs kann nichts passieren. Die Befüllung kann weiter durchgeführt werden
b) Plane über dem Domdeckel spannen, um eine Vermischung mit Regenwasser zu verhindern
c) Die Befüllung wird unterbrochen, die Domdeckel werden geschlossen. Vor Abfahrt wird das Regenwasser in der Domwanne vorschriftsmäßig abgelassen.
d) Anhand der Betriebsanweisung des Befüllers das weitere Vorgehen durchführen

6.34 Wodurch unterscheidet sich ein Mehrproduktentankfahrzeug von einem Einprodukttankfahrzeug?
a) Durch die Bauart der Kraftstoffförderpumpe
b) Durch einzeln schaltbare Kippventile
c) Durch die Funktion des Gasmessverhüters
d) Durch getrennte Befüll- und Entleerungsarmaturen der einzelnen Tankkammern

6.35 Welcher minimale Füllungsgrad ist bei flüssigen Stoffen in Tanks oder Tankkammern und mehr als 7.500 l Fassungsraum ohne Schwallwände einzuhalten?
a) 20 %
b) 80 %
c) 95 %
d) 100 %

6.36 Der Tank eines Einkammer-Tankfahrzeugs fasst 30.000 Liter. Er ist nicht mit Schwall- oder Trennwänden ausgerüstet. Mit welcher Menge ist der Tank mindestens zu befüllen, um eine sichere Transportdurchführung zu ermöglichen?
a) 6.000 l
b) 10.000 l
c) 24.000 l
d) 27.000 l

6.37 Welche Pflicht hat der Fahrzeugführer eines Tankfahrzeuges u. a. bei der Be- und Entladung von Flüssiggas?
a) Orangefarbene Tafeln vor der Entladung entfernen
b) Abwesenheitspflicht beim Be- oder Entladen im Arbeitsbereich
c) Schutzhandschuhe aus kälteisolierendem Material beim Umgang mit vereisten Rohrleitungen verwenden
d) Be- und Entladevorgänge dürfen nur unter Aufsicht der Feuerwehr durchgeführt werden

6.38 Woran erkennt der Tankwagenfahrer, dass der Befüllvorgang von Flüssiggas beendet werden muss?
a) Am Grenzwertgeber
b) An der Abfüllsicherung
c) Am Zähler, der keinen Durchgang mehr anzeigt
d) Am Peilventil des Normalpeilrohres tritt verflüssigtes Gas aus

6.39 Welches Beleuchtungsgerät muss der Fahrzeugführer beim Ausleuchten eines Armaturenschranks benutzen, wenn sich im Tankwagen Flüssigkeiten mit einem Flammpunkt unter 60 °C oder brennbare Gase befinden?
a) Taschenlampe mit metallischer Oberfläche
b) Winddichte Karbidlampe
c) Handlampe mit einem Gehäuse, durch das keine Funken erzeugt werden können
d) Wasserdichte Taschenlampe

6.40 Dürfen Sie einen Empfängertank mit Mineralölprodukten ohne Grenzwertgeber befüllen?
a) Nein
b) Ja, dazu muss ich den Grenzwertgeber überbrücken
c) Ja, aber nur nach Rücksprache mit dem Empfänger
d) Der Empfängertank hat nie einen Grenzwertgeber, darum kann die Befüllung auch sicher durchgeführt werden

6.41 Was soll der Gasmessverhüter oder auch Gasblasenabscheider bewirken?
a) Er verhindert, dass Luftblasen in den Zähler gelangen
b) Er verhindert, dass durch den Gaspendelschlauch strömendes Gas gemessen wird
c) Der Gasmessverhüter verbessert durch Produktzusatz das Gasen des Gefahrgutes
d) Der Gasmessverhüter entzieht die Luftblasen aus dem Empfängertank, sodass Diesel nicht mehr schäumen kann

6.42 Wie kann man die Funktion des „Grenzwertgeber-Abfüllsicherung-Systems" prüfen?
a) Durch Trennen der Steckverbindung am Grenzwertgeber
b) Durch Ein- und Ausschalten der Zündung
c) Durch Herausziehen des Befüllschlauches aus dem Empfängertank
d) Diese Funktion ist nicht überprüfbar

6.43 Dürfen Sie als Fahrzeugführer in einen leeren ungereinigten Tank, in dem sich vorher ein Gefahrgut der Klasse 6.1 befunden hat, einsteigen?
a) In keinem Fall
b) Nur nach Sicherung mittels Halteleine und einer beaufsichtigenden Person
c) Ja
d) Ja, wenn eine Handlampe mit einer nicht metallenen Oberfläche zur Ausleuchtung verwendet wird

6.44 Kann sich die Außentemperatur auf den Füllungsgrad eines geschlossenen Tanks auswirken?
- a) Ja, da sich bei hohen Temperaturen der Füllungsgrad erhöhen und bei niedrigen Temperaturen verringern kann
- b) Nein, da durch die Isolation der Fahrzeuge die Außentemperatur niemals an die Flüssigkeit weiter gegeben werden kann
- c) Nein, da es sich um ein luftdicht verschlossenes System handelt
- d) Ja, wenn die Domdeckel nicht richtig verschlossen wurden

6.45 Worauf ist bei Kurvenfahrten, z. B. in Kreiseln oder engen Autobahnausfahrten, zu achten und das Fahrverhalten auszurichten, wenn Sie z. B. feste Stoffe in einem Silofahrzeug befördern?
- a) Erhöhte Reibung der Reifen
- b) Fliehkräfte oder Zentrifugalkräfte
- c) Servolenkung nicht überfordern
- d) Fahrzeugführer muss sich gut festhalten

6.46 Was geschieht mit Flüssigkeiten im Tank, wenn Sie in einem Kreisel bremsen?
- a) Nichts
- b) Die Flüssigkeiten bewegen sich aufgrund des entstehenden Längs- und Querschwalls
- c) Die Flüssigkeiten bewegen sich aufgrund des entstehenden Querschwalls
- d) Die Flüssigkeiten bewegen sich aufgrund des entstehenden Längsschwalls

6.47 Wie verhalten Sie sich, wenn der maximale Füllungsgrad in ihrem Tankfahrzeug überschritten wurde?
- a) Ich pumpe das Füllgut bis zum zulässigen Füllungsgrad um
- b) Ich verhalte mich während der Beförderung besonders umsichtig um einen Unfall und damit auch das Freiwerden des zuviel geladenen Gefahrgutes auszuschließen
- c) Ich informiere Absender und Empfänger über die zusätzlich Ladung
- d) Ich verschließe die Domdeckel richtig fest und fahre dann unter Polizeibegleitung zum Empfänger

6.48 Dürfen Sie nacheinander transportierte verschiedene Produkte der Klassen 5.1, 6.1, 8 laden, ohne dass zwischenzeitlich der Tank gereinigt wurde?
- a) Ja, da geringfügige Restmengen unbedenklich sind, wenn der Tank nach dem vorherigen Transport sorgfältig entleert wurde
- b) Nein, da nach der Beförderung von giftigen Stoffen der Klasse 6.1 der Tank immer gereinigt werden muss
- c) Vor der Beladung muss mit dem Befüller jeweils der Reinheitsgrad des Tanks unter Nennung des zuletzt beförderten Gutes abgestimmt werden
- d) Nein, nur in umgekehrter Reihenfolge wäre es möglich

6.49 Wie viele Warnzeichen müssen beim kennzeichnungspflichtigen Tanktransport mitgeführt werden?
- a) 1
- b) 2
- c) 3
- d) 4

7.

Pflichten und Verantwortlichkeiten, Sanktionen

7.1 Pflichten und Verantwortlichkeiten

Neben dem Fahrzeugführer sind auch noch weitere Verantwortliche gemäß §§ 17–29 GGVSEB mit der Beförderung gefährlicher Güter auf der Straße betraut. Beim Transport von Gefahrgut kann es durchaus zu „Mehrfachverantwortlichkeiten" kommen, wodurch unterschiedliche Personen die gleichen Verpflichtungen haben können.

Beteiligte

→ 1.4 ADR, § 2 GGVSEB

ADR und GGVSEB kennen folgende Beteiligte und damit auch Verantwortliche:

- Auftraggeber des Absenders,
- Absender,
- Beförderer,
- Empfänger,
- Verlader,
- Hersteller und Rekonditionierer von Verpackungen und Stellen für Inspektionen und Prüfungen von IBC; Wiederaufarbeiter von IBC
- Verpacker,
- Befüller,
- Entlader,
- Betreiber eines Tankcontainers, ortsbeweglichen Tanks, MEGC, Schüttgut-Containers oder MEMU,
- Betroffener,

und natürlich den Fahrzeugführer.

Allgemeine Sicherheitspflichten

→ § 4 GGVSEB

Für alle Beteiligten gilt der Grundsatz gemäß § 4 Absatz 1 GGVSEB: „Die an der Beförderung Beteiligten haben nach Unterabschnitt 1.4.1.1 ADR die nach Art und Ausmaß der vorhersehbaren Gefahren erforderlichen Vorkehrungen zu treffen, um Schadensfälle zu verhindern und bei Eintritt eines Schadens dessen Umfang so gering wie möglich zu halten. Sie haben jedenfalls die für Sie jeweils geltenden Bestimmungen dieser Verordnung einzuhalten."

Der **Fahrzeugführer** hat darüber hinaus die **Pflicht, bei Unfällen und Unregelmäßigkeiten, bei denen Gefahrgut austritt oder austreten kann**, die **zuständigen Behörden unverzüglich zu benachrichtigen** und ihnen die **notwendigen Informationen zu übermitteln**. Hierfür kann er sich auch anderer Personen bedienen.

Einzelne Pflichten der Beteiligten im Straßenverkehr

→ §§ 17–34 und 35 GGVSEB

Die einzelnen Pflichten aller Beteiligten enthalten die §§ 17–29 und 35 GGVSEB. Hierbei handelt es sich u. a. um eine Konkretisierung der in Kapitel 1.4 ADR aufgeführten Sicherheitspflichten für den deutschen Rechtsbereich.

Einige Beteiligte sind darüber hinaus auch noch an der Umsetzung der Vorschriften zur nationalen Fahrwegbestimmung beteiligt.

Pflichten des Fahrzeugführers → *§§ 27, 28 und 29 GGVSEB*	Vor der Abfahrt 	Unter-wegs 	Am Ziel 
Beim **Halten und Parken die Feststellbremse anziehen**	✓	✓	✓
Bei Unfällen oder **Unregelmäßigkeiten mit Gefahrgutaustritt** oder der Gefahr des Austritts die **zuständigen Behörden verständigen** (lassen)	✓	✓	✓
Die **Sendung rasch anhalten**, wenn unterwegs ein **Verstoß** festgestellt wird, der die **Sicherheit der Beförderung beeinträchtigt** (Belange der Verkehrs- und öffentlichen Sicherheit beachten!); Weiterfahrt nur vorschriftsmäßig oder mit Genehmigung		✓	
Vorschriften über **Tunnelregelungen** gem. Abschnitt 1.9.5 ADR beachten		✓	
Bei der Befüllung von Tankfahrzeugen und Tanks den **höchstzulässigen Füllungsgrad oder die höchstzulässige Masse der Füllung** (max. 85 %, wenn der Befüller den höchstzulässigen Füllungsgrad nicht angeben kann [bei Flüssigkeiten]) und die **zulässige Befülltemperatur einhalten** (sofern der Fahrzeugführer dies vornimmt)	✓		
In diesem Fall auch die **Dichtheit der Verschlusseinrichtungen** prüfen und dafür sorgen, dass außen keine Reste gefährlicher Güter anhaften	✓		✓
Bei Überschreitung von Füllungsgrad oder -masse bei Tanks nicht befördern (gemeinsame Pflicht mit dem Befüller)	✓		
Die Vorschriften über die Verwendung von Tanks einhalten	✓		
Die **vorgeschriebenen Großzettel (Placards) und Kennzeichen anbringen, entfernen** oder **abdecken**	✓		✓
Die **orangefarbenen Tafeln anbringen** oder **sichtbar machen** und **entfernen** oder **verdecken**	✓		✓
Bei Gefahr die **vorgeschriebenen Maßnahmen treffen**, die in den **schriftlichen Weisungen** angegeben sind	✓	✓	✓
Die **erforderlichen Begleitpapiere** mitführen und den **zuständigen Personen** auf Verlangen zur Prüfung **aushändigen** (z. B. Lichtbildausweis, ADR-Schulungsbescheinigung, Beförderungspapiere, schriftliche Weisungen, evtl. Fahrwegbestimmung mit zusätzlichen Bescheinigungen)	✓	✓	✓
Feuerlöschgeräte mitführen	✓	✓	✓
Ausrüstungsgegenstände für alle Gefahrzettel-Nummern (Grundausstattung), Atemschutz (wenn erforderlich) und zusätzliche Ausrüstungsgegenstände für bestimmte Klassen mitführen	✓	✓	✓
Ggf. **Einzelausnahme** nach § 5 Abs. 1 GGVSEB **mitführen**	✓	✓	✓
Keine Fahrgäste mitnehmen	✓	✓	
Nur die vorgeschriebenen **tragbaren Beleuchtungsgeräte** benutzen (lassen)		✓	✓
Die Vorschriften über die **Überwachung der Fahrzeuge** beachten		✓	✓
Während der Teilnahme am Straßenverkehr mit kennzeichnungspflichtigen Beförderungseinheiten den **Genuss von alkoholischen Getränken** unterlassen; kein Fahrtantritt unter Einfluss solcher Getränke (spez. Bußgeldregelung!)	✓	✓	✓
Bei der Befüllung und Entleerung von Tanks die **Maßnahmen zur Vermeidung elektrostatischer Aufladung** einhalten	✓		✓
Die **Beladungs- und Handhabungsvorschriften** beachten, insbesondere hinsichtlich **Zusammenladung, Verstauung** und **Sondervorschriften** (gemeinsame Pflicht mit dem Verlader)	✓	✓	✓

Pflichten des Fahrzeugführers → *§§ 27, 28 und 29 GGVSEB*	Vor der Abfahrt 	Unter-wegs 	Am Ziel 
Das **Rauchverbot bei Ladearbeiten** und Verbot der Verwendung elektronischer Zigaretten und ähnlicher Geräte beachten (gemeinsame Pflicht von Verlader, Beförderer, Fahrzeugführer und Empfänger)	✓		✓
Das **Verbot von Feuer** und **offenem Licht** beachten (gemeinsame Pflicht von Verlader, Beförderer, Fahrzeugführer und Empfänger)	✓	✓	✓
Den **Motor beim Be- bzw. Entladen abstellen** (bestimmte Ausnahmen sind zulässig)	✓		✓
Die **Entladungs- und Handhabungsvorschriften** beachten, insbesondere hinsichtlich **sicherer Entladung** und **Reinigung nach dem Entladen** (gemeinsame Pflicht mit dem Empfänger)			✓

Pflichten weiterer Beteiligter

Während der Fahrzeugführer die ihm zugewiesenen Pflichten selbst wahrnehmen muss, können die weiteren Beteiligten die mit den Pflichten verbundenen Aufgaben auch von anderen wahrnehmen lassen. Dabei bleiben sie jedoch in der Verantwortung für die Einhaltung der Pflichten.

Nachfolgend sind die Pflichten der weiteren Beteiligten – getrennt nach Einzel- und Gruppenpflichten – beispielhaft aufgeführt.

Pflichten des Absenders

→ *§ 18, 27, 29 und 35 GGVSEB*

Der Absender hat einige seiner Pflichten selbst zu erfüllen. Er muss

- den Beförderer auf das Gefahrgut hinweisen (ggf. Besonderheiten zum Fahrweg (Verlagerung, Bestimmung) in schriftlicher Form!),
- sich vergewissern, ob das Gut zur Beförderung zugelassen, klassifiziert und geeignet ist,
- sich vergewissern, dass u. a. nur zugelassene und geeignete Tanks und Fahrzeuge verwendet werden,
- die Fahrwegbestimmung beantragen,
- stoff- und mengenabhängig einen Sicherungsplan mit bestimmten Inhalten einführen und anwenden und
- vollständige Beförderungspapiere (mit allen erforderlichen Eintragungen sowie erforderliche Zulassungen und Genehmigungen) dem Fahrzeugführer vor Fahrtantritt mitgeben.

Pflichten des Beförderers

→ *§§ 19, 27, 29 und 35 GGVSEB*

Der Beförderer hat

- eine Kopie
  - des Beförderungspapiers für gefährliche Güter,
  - der im ADR festgelegten zusätzlichen Informationen und
  - der Dokumentation

  für einen Mindestzeitraum von drei Monaten ab Ende der Beförderung aufzubewahren,
- das Fahrzeug mit Großzetteln, orangefarbenen Tafeln und evtl. erforderlichen Kennzeichnungen auszustatten,
- die Beförderungseinheit mit Feuerlöschgeräten auszurüsten,

- der Fahrzeugbesatzung vor Antritt der Fahrt die schriftlichen Weisungen zu übergeben, die jedes Mitglied der Fahrzeugbesatzung lesen und verstehen kann, und dafür zu sorgen, dass jedes Mitglied der Fahrzeugbesatzung diese verstehen und richtig anwenden kann und
- für die Übergabe der Begleitpapiere inkl. Fahrwegbestimmung, der besonderen Ausrüstungsgegenstände und der Ausnahmegenehmigung an den Fahrzeugführer zu sorgen.

Weitere Pflichten betreffen u. a.:

- die Beachtung der Vorschriften über das Verbot der anderweitigen Verwendung von Tankfahrzeugen,
- die Durchführung einer Unterweisung aller an der Beförderung gefährlicher Güter Beteiligten und
- den Einsatz geschulter Fahrzeugführer.

Pflichten des Empfängers

→ *§§ 20, 27, 29 und 35 GGVSEB*

Der Empfänger

- muss nach Entladung die Einhaltung der ihn betreffenden Vorschriften prüfen,
- hat evtl. die Fahrwegbestimmung zu beantragen und
- hat für die Durchführung einer Unterweisung aller an der Beförderung gefährlicher Güter Beteiligten zu sorgen.

Übernimmt der Fahrzeugführer das Entleeren eines Tanks, so hat der geschäftsmäßig oder gewerbsmäßig tätige Empfänger ihn in die Entleerungseinrichtung einzuweisen, soweit sie nicht Bestandteil des Fahrzeugs ist.

Pflichten des Verladers

→ *§§ 21, 27, 29 und 35 GGVSEB*

Der Verlader

- hat die Verpackung (auch ungereinigte leere Verpackungen) auf Beschädigung zu prüfen,
- darf bei Beschädigung oder Undichtigkeit ein Versandstück erst nach Beseitigung der Mängel an den Beförderer übergeben,
- muss sich vergewissern, dass die Vorschriften über die Trägerfahrzeuge von Tankcontainern, ortsbeweglichen Tanks und MEGC eingehalten werden und
- hat die Vorschriften über Verladung in offene/belüftete Fahrzeuge oder über das Anbringen der Kennzeichnung zur fehlenden ausreichenden Belüftung zu beachten

Er muss dafür sorgen, dass

- die Gefahrzettel und Kennzeichen vorschriftsmäßig angebracht werden.

Schließlich muss er den Fahrzeugführer

- auf die Beachtung des § 35 GGVSEB (Fahrwegbestimmung) hinweisen *(sofern erforderlich)*.

Pflichten des Befüllers

→ *§§ 23, 27 und 35 GGVSEB*

Der Befüller

- darf Gefahrgüter dem Beförderer nur übergeben, wenn eine Beförderung zulässig ist,
- muss sich vom technisch einwandfreien Zustand des zu befüllenden Tanks oder der Elemente des Batteriefahrzeugs überzeugen,
- muss das Rauchverbot beachten und

muss den Fahrzeugführer

- wenn er befüllt oder entleert in die Bedienung der Füll- oder Entleereinrichtung einweisen
- auf das gefährliche Gut sowie die Beachtung der Fahrwegbestimmung (wenn erforderlich), schriftlich oder elektronisch hinweisen
- die Nummern zur Kennzeichnung der Gefahr für die orangefarbene Tafel mitteilen.

Weiterhin hat er die Sorgepflichten, dass

- nur zugelassene gefährliche Güter in Tanks eingefüllt werden,
- das Datum der Prüffrist der Tanks nicht überschritten ist,
- der höchstzulässige Füllungsgrad oder die höchstzulässige Masse nicht überschritten ist,
- die Verschlusseinrichtungen nach dem Befüllen auf Dichtheit geprüft werden und in geschlossener Stellung sind,
- außen an Tanks keine Reste gefährlicher Güter anhaften (außer bei Befüllung durch den Fahrzeugführer),
- miteinander gefährlich reagierende Stoffe nicht in nebeneinander liegende Tankabteile gefüllt werden,
- bei wechselweiser Verwendung von Tanks die Entleerungs-, Reinigungs- und Entgasungsmaßnahmen durchgeführt werden,
- die offizielle Benennung des Tankinhalts an Tankcontainern, ortsbeweglichen Tanks, MEGC und Batteriefahrzeugen angegeben wird,
- die Beladevorschriften beachtet werden (Vorschriftsmäßigkeit der Dokumente, des Fahrzeugs, der Ausrüstung und des Fahrers),
- an Tanks, an den Fahrzeugen und an den Groß- und den Kleincontainern für die Beförderung in loser Schüttung, vorgeschriebene Gefahrzettel oder Großzettel (Placards), die orangefarbenen Tafeln, das Kennzeichen für Beförderung bei erhöhter Temperatur und Kennzeichen für umweltgefährdende Stoffe angebracht werden.

Pflichten des Entladers

→ §§ 23a, 27 und 29 GGVSEB

Der Entlader muss

- sich durch einen Vergleich der entsprechenden Informationen im Beförderungspapier mit den Informationen auf dem Versandstück, Container, Tank, MEMU, MEGC, Fahrzeug oder Beförderungsmittel vergewissern, dass die richtigen Güter ausgeladen werden,
- vor und während der Entladung prüfen, ob die Verpackungen, der Tank, das Fahrzeug, das Beförderungsmittel oder der Container so stark beschädigt worden sind, dass eine Gefahr für den Entladevorgang entsteht; eine Entladung darf dann erst durchgeführt werden, wenn geeignete Maßnahmen zur Abwehr einer Gefahr ergriffen wurden und
- das Warnkennzeichen nach der Belüftung und Entladung vom Fahrzeug, Beförderungsmittel, Container, Tank oder MEGC entfernen.

Sonstige Pflichten

→ § 26 GGVSEB

Der **Betroffene** muss

- dafür sorgen, dass
  - **an ungereinigten leeren Tanks** bei der Beförderung **keine gefährlichen Füllgutreste** anhaften und
  - **ungereinigte leere und nicht entgaste Tanks** ebenso **verschlossen** und **dicht** sind wie im gefüllten Zustand.

Gruppenpflichten

→ § 29 GGVSEB

Einige weitere Pflichten sind als so genannte Gruppenpflichten ausgestaltet, d. h. verschiedene Beteiligte haben diese gemeinsam zu erfüllen. Die für Fahrzeugführer relevanten Gruppenpflichten wurden oben bereits aufgeführt.

Derjenige, der die Gruppenpflichten tatsächlich ausführt, ist auch für seine Tätigkeit verantwortlich.

Die Fahrwegbestimmung ist vom Beförderer, Absender, Verlader, Befüller oder Empfänger bei den zuständigen Straßenverkehrsbehörden zu beantragen.

⚠ Wichtiges – kurz gefasst

- Beteiligte der Gefahrgutbeförderung in Tanks:
  - Absender
  - Beförderer
  - Empfänger
  - Befüller
  - Entlader
  - Betreiber eines Tankcontainers, ortsbeweglichen Tanks, MEGC, MEMU
  - Auftraggeber des Absenders
  - Betroffener
  - Fahrzeugführer
- Beachtung!
  - Allgemeine Sicherheitspflichten
  - Besondere Pflichten der Beteiligten
- Wesentliche Pflichten Gefahrgutfahrzeugführer:
  - Verhaltensvorschriften
  - Beladung und Handhabung von Gefahrgut
  - Mitführung Dokumente
  - Beschaffenheit, Kennzeichnung, Bezettelung und Betrieb der Beförderungseinheit
  - Abstellen und Überwachen einer Beförderungseinheit
- Ahndung von Gefahrgutverstößen als Ordnungswidrigkeit mit Bußgeldandrohung bis zu 2.000 Euro oder höher.
- Schwerwiegende Verstöße fallen unter das Strafrecht (Strafgesetzbuch) bei Strafandrohung von bis zu 10 Jahren Freiheitsstrafe.
- Zivilrechtliche Haftung mit Schadensersatz in unbegrenzter Höhe ist möglich.

Testfragen zu Teil 7: Pflichten und Verantwortlichkeiten, Sanktionen

Hinweis:

Diese Testfragen, die am Fragenkatalog der IHKn angelehnt sind, stellen nur eine Auswahl möglicher Fragen zu Ihrer abschließenden Prüfung dar.

Bei der Prüfung werden aus Zeitgründen nur einige Fragen zu beantworten sein.

7.1 Wo sind die Pflichten des Fahrzeugführers bei der Gefahrgutbeförderung genau beschrieben?
a) §§ 28–29 Gefahrgutverordnung Straße, Eisenbahn und Binnenschifffahrt (GGVSEB)
b) § 23 Straßenverkehrs-Ordnung
c) § 823 Bürgerliches Gesetzbuch
d) §§ 326, 328, 330 und 330a Strafgesetzbuch

7.2 ADR und GGVSEB benennen die Beteiligten bei der Gefahrgutbeförderung. Wer muss dem Fahrzeugführer vor Beförderungsbeginn die Begleitpapiere übergeben bzw. dafür sorgen, dass er sie vor Beförderungsbeginn erhält?
a) Der Absender
b) Der Beförderer
c) Der Verlader
d) Der Entlader

7.3 Wer ist dafür verantwortlich, dass die Beförderungspapiere erstellt werden?
a) Der Befüller
b) Der Absender
c) Der Beförderer
d) Der Fahrzeugführer

7.4 Wer ist dafür verantwortlich, dass die vollständigen Beförderungspapiere mitgeführt werden?
a) Der Befüller
b) Der Absender
c) Der Beförderer
d) Der Fahrzeugführer

7.5 Wer ist dafür verantwortlich, dass die vorgeschriebenen Ausrüstungsgegenstände und die erforderlichen Begleitpapiere mitgeführt werden?
a) Der Absender
b) Der Halter
c) Der Beförderer
d) Der Fahrzeugführer

7.6 Wer ist dafür verantwortlich, dass die vorgeschriebenen Großzettel (Placards) oder das Kennzeichen für Stoffe im erwärmtem Zustand am Fahrzeug und orangefarbenen Tafeln an Beförderungseinheiten angebracht oder sichtbar gemacht werden?
a) Der Absender
b) Der Halter
c) Der Beförderer
d) Der Fahrzeugführer

7.7 Wer hat dafür zu sorgen, dass die vorgeschriebenen Großzettel (Placards) und orangefarbenen Tafeln am Tankcontainer angebracht oder sichtbar gemacht werden?
a) Der Befüller
b) Der Absender
c) Der Beförderer
d) Der Fahrzeugführer

7.8 Muss jedes Mitglied der Fahrzeugbesatzung einen Lichtbildausweis beim Gefahrguttransport mitführen?
a) Nein
b) Generell, wenn Gefahrgut in Versandstücken oberhalb der Mengen der Tabelle 1.1.3.6.3 ADR, in Tanks oder in loser Schüttung befördert wird
c) Ja, wenn es der Verlader fordert
d) Ja, wenn die ADR-Bescheinigung verloren gegangen ist

7.9 Wer muss dem Fahrer dessen persönliche Ausrüstungsgegenstände mitgeben?
a) Der Beförderer
b) Der Absender
c) Der Halter
d) Der Fahrzeugführer

7.10 Von wem erhält der Fahrzeugführer die schriftlichen Weisungen?
a) Vom Befüller
b) Vom Beförderer
c) Vom Verlader
d) Vom Halter

7.11 Wer ist für die Einhaltung der Streckenbestimmungen im Zusammenhang mit der Fahrwegbestimmung nach § 35a GGVSEB verantwortlich?
a) Der Lagermeister
b) Der Unternehmer
c) Der Gefahrgutbeauftragte
d) Der Fahrzeugführer

7.12 Wer hat dafür zu sorgen, dass die vorgeschriebenen Großzettel (Placards) an einem Fahrzeug mit einem Aufsetztank angebracht oder sichtbar gemacht werden?
a) Der Befüller
b) Der Absender
c) Der Beförderer
d) Der Fahrzeugführer

7.13 Wer muss dem Fahrer die Fahrwegbestimmung übergeben bzw. dafür sorgen, dass er sie erhält?
a) Der Beförderer
b) Der Absender
c) Der Halter
d) Der Landrat

7.14 Wer teilt dem Fahrzeugführer die Nummer zur Kennzeichnung der Gefahr auf der orangefarbenen Tafel mit?
a) Der Befüller
b) Der Absender
c) Der Beförderer
d) Der Empfänger

7.15 Wer muss dafür sorgen, dass die Verbindungsleitungen und die Füll- und Entleerrohre an einem Tankfahrzeug während der Gefahrgutbeförderung entleert sind?
- a) Der Fahrzeugführer
- b) Der Befüller
- c) Der Verpacker
- d) Der Beförderer

7.16 Der Fahrzeugführer fährt mit einem leeren, ungereinigten Tankfahrzeug zur Werkstatt. Darf er mit geöffneten Domdeckeln fahren?
- a) Ja, da die Tanks vor Einfahrt in die Werkstatt gut belüftet und entgast sein müssen
- b) Nein, die Domdeckel müssen in jedem Fall verschlossen sein
- c) Ja, jedoch dürfen maximal zwei Domdeckel auf einmal geöffnet werden, da sonst die Ausgasung zu hoch ist und es für andere Verkehrsteilnehmer gefährlich werden kann
- d) Domdeckel kann man nicht öffnen

7.17 Der Fahrzeugführer hat sein Tankfahrzeug selbst befüllt. Wer ist für die Einhaltung des höchstzulässigen Füllungsgrades verantwortlich?
- a) Der Befüller
- b) Der Beförderer
- c) Der Fahrzeugführer
- d) Der Absender

7.18 In der Auffangwanne eines Lagertanks erkennen Sie vor dem Befüllen eine größere Öllache. Wie verhalten Sie sich?
- a) Ich befülle den Tank wie angeordnet
- b) Der Lagertank wird nicht befüllt und der Betreiber wird auf den Defekt des Lagertanks hingewiesen
- c) Aufgrund der Auffangwanne darf ich den Lagertank nur bis zur Hälfte befüllen
- d) Nach schriftlicher Bescheinigung des Lagertankbetreibers über die Kostenübernahme beim eventuellen Überlaufen der Auffangwanne kann ich den Lagertank befüllen

7.19 Wer muss den Entladevorgang überwachen und Maßnahmen zur Vermeidung elektrostatischer Aufladung ergreifen?
- a) Der Befüller
- b) Der Empfänger
- c) Der Beförderer
- d) Der Fahrzeugführer

7.20 Was muss der Fahrzeugführer vor der Entladung eines Tankfahrzeugs beachten?
- a) Zum besseren Druckausgleich und für die höhere Füllgeschwindigkeit sind die Domdeckel zu öffnen
- b) Atemumluftunabhängige Ausrüstung verwenden
- c) Die schriftlichen Weisungen durchlesen
- d) Mit dem Empfänger des Ladegutes den Entladevorgang abstimmen

7.21 Was muss der Fahrzeugführer vor der Beförderung eines ihm unbekannten Tankfahrzeugs beachten?
- a) Kippkante des Tankfahrzeugs austesten
- b) Erst beim Fahrzeughersteller einen Lehrgang besuchen
- c) Um die Sicherheit zu erhöhen, sollte der Fahrzeugführer vor Transportbeginn in die Besonderheiten des Tankfahrzeuges eingewiesen werden
- d) Mit dem ADR-Aufbaukurs Tank brauche ich nichts mehr zu beachten

8.

Maßnahmen nach Unfällen und Zwischenfällen

8.1 Besonderes Gefahrenpotential bei Tankbeförderungen und besondere Maßnahmen nach Unfällen und Zwischenfällen

Die Vorschriften für die Gefahrgutbeförderung dienen der Vorbeugung, Unfälle und Zwischenfälle zu vermeiden. Sollte dennoch ein Ereignis eintreten, ist richtiges Handeln wichtig.

Absicherung der Unfallstelle, Retten von Personen

Nach einem Unfall gilt es, **Ruhe** zu **bewahren**. Zunächst ist sofort die **Unfallstelle abzusichern**. Dabei sind schnellstmöglich **Warnzeichen (Warndreieck, Warnkegel, Warnleuchten) aufzustellen**. Hierbei kann zusätzlich auf Warnzeichen anderer Verkehrsteilnehmer zurückgegriffen werden. **Personen** im Umfeld der Unfallstelle müssen **gewarnt** und **Verletzte möglichst geborgen** werden.

Bei allen Maßnahmen geht jedoch die eigene Sicherheit vor. Dazu gehört auch, möglichst **auf der dem Wind zugewandten Seite** zu bleiben.

Hinweis:
→ Wandtafeln ***Schriftliche Weisungen***
Anhang 7

Bei der praktischen **Durchführung von Sofortmaßnahmen** nach Zwischenfällen oder Unfällen muss der Fahrzeugführer in der Lage sein, eine **geeignete Unfallmeldung am Schadensort** selbst abzugeben oder aber eine andere Person damit beauftragen. Hilfreich ist hierfür, sofern überhaupt eine Mitführpflicht besteht, die **Verwendung schriftlicher Weisungen.**

Zusätzliche Hinweise für die Mitglieder der Fahrzeugbesatzung über die Gefahreneigenschaften von gefährlichen Gütern nach Klassen und über die in Abhängigkeit von den vorherrschenden Umständen zu ergreifenden Maßnahmen

Gefahrzettel und Großzettel (Placards)	Gefahreneigenschaften	Zusätzliche Hinweise
(1)	(2)	(3)
Explosive Stoffe und Gegenstände mit Explosivstoff 1 1.5 1.6	Kann eine Reihe von Eigenschaften und Auswirkungen wie Massendetonation, Splitterwirkung, starker Brand/Wärmefluss, Bildung von hellem Licht, Lärm oder Rauch haben. Schlagempfindlich und/oder stoßempfindlich und/oder wärmeempfindlich.	Schutz abseits von Fenstern suchen.
Explosive Stoffe und Gegenstände mit Explosivstoff 1.4	Leichte Explosions- und Brandgefahr.	Schutz suchen.
Entzündbare Gase 2.1	Brandgefahr. Explosionsgefahr. Kann unter Druck stehen. Erstickungsgefahr. Kann Verbrennungen und/oder Erfrierungen hervorrufen. Umschließungen können unter Hitzeeinwirkung bersten.	Schutz suchen. Nicht in tief liegenden Bereichen aufhalten.
Nicht entzündbare, nicht giftige Gase 2.2	Erstickungsgefahr. Kann unter Druck stehen. Kann Erfrierungen hervorrufen. Umschließungen können unter Hitzeeinwirkung bersten.	Schutz suchen. Nicht in tief liegenden Bereichen aufhalten.
Giftige Gase 2.3	Vergiftungsgefahr. Kann unter Druck stehen. Kann Verbrennungen und/oder Erfrierungen hervorrufen. Umschließungen können unter Hitzeeinwirkung bersten.	Notfallfluchtmaske verwenden. Schutz suchen. Nicht in tief liegenden Bereichen aufhalten.
Entzündbare flüssige Stoffe 3	Brandgefahr. Explosionsgefahr. Umschließungen können unter Hitzeeinwirkung bersten.	Schutz suchen. Nicht in tief liegenden Bereichen aufhalten.
Entzündbare feste Stoffe, selbstzersetzliche Stoffe, polymerisierende Stoffe und desensibilisierte explosive feste Stoffe 4.1	Brandgefahr. Entzündbar oder brennbar, kann sich bei Hitze, Funken oder Flammen entzünden. Kann selbstzersetzliche Stoffe enthalten, die unter Einwirkung von Hitze, bei Kontakt mit anderen Stoffen (wie Säuren, Schwermetallverbindungen oder Aminen), bei Reibung oder Stößen zu exothermer Zersetzung neigen. Dies kann zur Bildung gesundheitsgefährdender und entzündbarer Gase oder Dämpfe oder zur Selbstentzündung führen. Umschließungen können unter Hitzeeinwirkung bersten. Explosionsgefahr desensibilisierter explosiver Stoffe bei Verlust des Desensibilisierungsmittels.	
Selbstentzündliche Stoffe 4.2	Brandgefahr durch Selbstentzündung bei Beschädigung von Versandstücken oder Austritt von Füllgut. Kann heftig mit Wasser reagieren.	
Stoffe, die in Berührung mit Wasser entzündbare Gase entwickeln 4.3	Bei Kontakt mit Wasser Brand- und Explosionsgefahr.	Ausgetretene Stoffe sollten durch Abdecken trocken gehalten werden.

Zusätzliche Hinweise für die Mitglieder der Fahrzeugbesatzung über die Gefahreneigenschaften von gefährlichen Gütern nach Klassen und über die in Abhängigkeit von den vorherrschenden Umständen zu ergreifenden Maßnahmen

Gefahrzettel und Großzettel (Placards)	Gefahreneigenschaften	Zusätzliche Hinweise
(1)	(2)	(3)
Entzündend (oxidierend) wirkende Stoffe 5.1	Gefahr heftiger Reaktion, Entzündung und Explosion bei Berührung mit brennbaren oder entzündbaren Stoffen.	Vermischen mit entzündbaren oder brennbaren Stoffen (z.B. Sägespäne) vermeiden.
Organische Peroxide 5.2	Gefahr exothermer Zersetzung bei erhöhten Temperaturen, bei Kontakt mit anderen Stoffen (wie Säuren, Schwermetallverbindungen oder Aminen), Reibung oder Stößen. Dies kann zur Bildung gesundheitsgefährdender und entzündbarer Gase oder Dämpfe oder zur Selbstentzündung führen.	Vermischen mit entzündbaren oder brennbaren Stoffen (z.B. Sägespäne) vermeiden.
Giftige Stoffe 6.1	Gefahr der Vergiftung beim Einatmen, bei Berührung mit der Haut oder bei Einnahme. Gefahr für Gewässer oder Kanalisation.	Notfallfluchtmaske verwenden.
Ansteckungsgefährliche Stoffe 6.2	Ansteckungsgefahr. Kann bei Menschen oder Tieren schwere Krankheiten hervorrufen. Gefahr für Gewässer oder Kanalisation.	
Radioaktive Stoffe 7A 7B 7C 7D	Gefahr der Aufnahme und der äußeren Bestrahlung.	Expositionszeit beschränken.
Spaltbare Stoffe 7E	Gefahr nuklearer Kettenreaktion.	
Ätzende Stoffe 8	Verätzungsgefahr. Kann untereinander, mit Wasser und mit anderen Stoffen heftig reagieren. Ausgetretener Stoff kann ätzende Dämpfe entwickeln. Gefahr für Gewässer oder Kanalisation.	
Verschiedene gefährliche Stoffe und Gegenstände 9 9A	Verbrennungsgefahr. Brandgefahr. Explosionsgefahr. Gefahr für Gewässer oder Kanalisation.	

***Bem.* 1.** *Bei gefährlichen Gütern mit mehrfachen Gefahren und bei Zusammenladungen muss jede anwendbare Eintragung beachtet werden.*

2. *Die in der Spalte 3 der Tabelle angegebenen zusätzlichen Hinweise können angepasst werden, um die Klassen der zu befördernden gefährlichen Güter und die Beförderungsmittel wiederzugeben.*

Gefahrenpotential bei Tankbeförderungen; Berst- und Explosionsgefahr

Durch Ausdehnung des Ladegutes entsteht **Berstgefahr**, z. B. dehnen sich flüssige Stoffe bei Temperaturerhöhung aus. Ist der zulässige Füllungsgrad überschritten, besteht nicht genügend Freiraum im Tank für die Ausdehnung des Gutes. Der **Druck steigt kontinuierlich** an.

Bis zu einem gewissen Maß kann der Tank diesen **Überdruck** aushalten. Wenn aber ein bestimmter Punkt überschritten ist, reißt der Tank plötzlich auf. Dieser Vorgang wird auch als **Bersten** bezeichnet.

Das plötzliche Auftreten des Berstens macht es besonders gefährlich. Schlagartig wird **das gefährliche Gut freigesetzt** und kann seine **schädliche Wirkung auf Mensch und Umwelt** voll entfalten.

Tückisch ist dabei die Entwicklung des Ereignisses. Von außen ist die Entwicklung im Tank in der Regel nicht erkennbar, so dass auch keine Gegenmaßnahmen eingeleitet werden können.

Explosionen werden durch **chemische Reaktionen** hervorgerufen. Dabei entwickeln sich Gase solcher Temperatur, solchen Drucks und solcher Geschwindigkeit, dass hierdurch in der Umgebung **Zerstörungen** auftreten können.

Die vorstehend erwähnten Kräfte können derart groß werden, dass der Tank diesen Belastungen nicht standhalten kann. **Durch die Zerstörung des Tanks kommt es zur Freisetzung des gefährlichen Stoffes.** Neben den Auswirkungen des (ersten) Ereignisses selbst – nicht nur der Tank, sondern auch Menschen und Umwelt im Umkreis werden geschädigt – erhöht sich die **Explosionsgefahr** durch die Freisetzung weiterer Mengen

Besonders **groß ist** die **Explosionsgefahr** bei der Beförderung **entzündbarer flüssiger Stoffe** oder **brennbarer Gase**. Eine Steigerung der Gefahr tritt bei ungereinigten leeren Tanks mit diesen gefährlichen Gütern ein, weil sich der **gesamte Tankraum mit einem explosionsfähigen Gas-Luft-Gemisch** füllen kann. Ein **Funke** oder eine **kleine Zündquelle reicht** dann schon aus, um die **Explosion** auszulösen.

Besonderheiten in Tunneln

→ *Anwendung eines EU-Merkblattes*

Für das **richtige und schnelle Verhalten in Tunneln** bei besonderen Umständen sind folgende Informationen zu berücksichtigen:

- **Hinweise zu Sicherheitseinrichtungen**,
- **Verhalten vor und während der Tunneldurchfahrt** und
- **Verhalten bei Stau, Panne, Unfall oder Brand.**

Hierzu hat die EU das folgende Merkblatt entwickelt (siehe Abb. auf folgenden Seiten):

Zusammengestellt von der Europäischen Kommission
Generaldirektion Energie und Verkehr
auf der Grundlage eines Textes des Weltstraßenverbandes (PIARC)

Sicheres Fahren von Berufskraftfahrern in Straßentunneln

Hinweise für Lkw- und Busfahrer

KO-52-03-942-DE-D

Übliche Sicherheitseinrichtungen in Straßentunneln

Tunnelbeleuchtung
Beleuchtungssysteme ermöglichen dem menschlichen Auge eine schnelle Anpassung an die reduzierten Sichtverhältnisse in Tunneln. Notausgänge und -einrichtungen sind mit ständigen Notbeleuchtungen ausgerüstet.

Verkehrsradio
Hinweistafeln geben die Frequenz für Verkehrsinformationen an. Der Tunnelbetreiber kann diese Frequenz für dringende Mitteilungen nutzen.

Belüftungssysteme
Im Brandfall können die Belüftungssysteme entweder Rauch aus dem Tunnel absaugen oder einseitig abtreiben.

Verkehrsüberwachungskameras
Wenn aus dem Tunnel ein Notruf abgegeben wird, erscheinen die von der Kamera in dem entsprechenden Tunnelabschnitt aufgenommenen Bilder automatisch auf dem Monitor im Kontrollraum der Tunnelwarte.

Notausgänge
Diese sind durch entsprechende Zeichen und Leuchten eindeutig gekennzeichnet und verfügen über brandsichere und rauchdichte Türen.

Notrufeinrichtungen sind in Tunneln in regelmäßigen Abständen vorhanden. In der Regel sind sie ausgerüstet mit:
- Notruftelefonen, die mit dem Kontrollraum verbunden sind,
- Feuerlöschern
- Alarmknöpfen

Standstreifen oder Pannenbuchten
Wenn es entweder Standstreifen oder in regelmäßigen Abständen Pannenbuchten gibt, sollten sie genutzt werden, wenn Ihr Fahrzeug eine Panne hat. Pannenbuchten sind meist mit Notrufeinrichtungen ausgerüstet.

Europäische Kommission – Generaldirektion Energie und Verkehr • B-1049 Brüssel
http://europa.eu.int/comm/dgs/energy_transport/index_de.html

1 Bevor Sie zu einem Tunnel kommen

Überprüfen Sie Kraftstoff-, Öl- und Kühlmittelmenge und die Motortemperatur. Bei Überhitzung anhalten und Motor abkühlen lassen.

Überprüfen Sie Ihre Bremsen und Beleuchtung.

Vergewissern Sie sich, ob Feuerlöscher einsatzbereit sind und ob Sie wissen, wie diese zu verwenden sind.

LKW-FAHRER: Vergewissern Sie sich, ob Ihr Fahrzeug und seine Ladung den Tunnelvorschriften entsprechen. Wenn nicht, sind Ausweichstrecken zu benutzen.

BUSFAHRER: Vergewissern Sie sich, ob Sie mit allen Sicherheitsvorschriften einschließlich der Evakuierung von Fahrgästen vertraut sind.

2 Bevor Sie in einen Tunnel einfahren

Schalten Sie Ihr Abblendlicht ein.

Nehmen Sie Ihre Sonnenbrille ab.

Hören Sie Verkehrsnachrichten im Radio.

Beachten Sie Verkehrszeichen und -signale sowie Geschwindigkeitsbegrenzungen.

Benutzen Sie nicht Ihr Mobiltelefon. Rauchen Sie nicht.

3 Im Tunnel

Sicherheitsabstand zu dem vorausfahrenden Fahrzeug einhalten, auch wenn Sie langsam fahren oder angehalten haben.

In Gegenverkehrstunneln nicht überholen.

Nicht wenden oder rückwärts fahren, wenn es nicht angeordnet wird.

Nicht anhalten, außer in einem Notfall.

4 Bei Verkehrsstau

Schalten Sie Ihre Warnblinkanlage ein.

Sicherheitsabstand zu dem vorausfahrenden Fahrzeug einhalten, auch wenn Sie langsam fahren oder angehalten haben.

Schalten Sie Ihren Motor ab, wenn der Verkehr zum Stillstand gekommen ist.

Hören Sie Verkehrsnachrichten im Radio.

Folgen Sie den Anweisungen des Tunnelpersonals oder denen der Wechselverkehrszeichen.

5 Bei Panne oder Unfall

Schalten Sie Ihre Warnblinkanlage ein.

Wenn möglich, fahren Sie Ihr Fahrzeug aus dem Tunnel. Wenn nicht möglich, stellen Sie es auf einem Standstreifen, in einer Pannenbucht oder am Fahrbahnrand ab.

Motor abschalten, Schlüssel stecken lassen und Fahrzeug verlassen.

Hilfe NUR über eine Notrufeinrichtung herbeirufen (Mobiltelefone übermitteln nicht den Ort, von dem aus Sie anrufen).
Geben Sie an, ob Sie Gefahrgut (welche Art) transportieren oder ob Sie Personen befördern (und ob welche verletzt sind).

Folgen Sie den Anweisungen des Tunnelpersonals.

Wenn möglich, erste Hilfe für Verletzte leisten.

6 Bei Brand

Schalten Sie Ihre Warnblinkanlage ein.

IHR FAHRZEUG BRENNT:

Wenn möglich, aus dem Tunnel herausfahren. Wenn nicht möglich, am Fahrbahnrand anhalten.

Motor abschalten, Schüssel stecken lassen und Fahrzeug sofort verlassen.

BUSFAHRER: **Bringen Sie alle Fahrgäste an einen sicheren Ort** (z. B. Fluchtwege, Notausgänge, Schutzräume).

EIN ANDERES FAHRZEUG BRENNT:

Sicherheitsabstand zu dem Fahrzeug vor Ihnen einhalten.

Stellen Sie Ihr Fahrzeug so weit wie möglich am Fahrbahnrand ab, so dass die Rettungsdienste nicht behindert werden.

Motor abschalten, Schüssel stecken lassen und Fahrzeug sofort verlassen.

BUSFAHRER: **Bringen Sie alle Fahrgäste an einen sicheren Ort.**

Hilfe NUR über eine Notrufeinrichtung herbeirufen (Mobiltelefone übermitteln nicht den Ort, von dem aus Sie anrufen).
Geben Sie an, ob Sie Gefahrgut (welche Art) transportieren oder ob Sie Personen befördern (und ob welche verletzt sind).

Helfen Sie anderen, an einen sicheren Ort zu gelangen.

Wenn möglich, den Brand mit Hilfe Ihres eigenen oder eines im Tunnel verfügbaren Feuerlöschers löschen und wenn möglich erste Hilfe für Verletzte leisten.

Wenn nicht möglich, sofort zu einem Notausgang gehen und den Anweisungen des Tunnelpersonals Folge leisten.

DENKEN SIE DARAN

Als Berufskraftfahrer sollten Sie im Notfall anderen Fahrern und Fahrgästen helfen!
Feuer und Rauch können tödlich sein – retten Sie Ihr Leben, nicht Ihr Fahrzeug!

Freiwerden von Gefahrgut (Leckagen)

Beim Freiwerden von Gefahrgut müssen zügig und wirksam **zusätzliche Maßnahmen** ergriffen werden:

- **Motor abstellen**,
- ggf. **Batterietrennschalter betätigen**,
- **Zündquellen fernhalten** (auch glimmende Zigaretten und elektronische Zigaretten oder ähnliche Geräte),
- ggf. aus Gefahrenbereich **fliehen, möglichst gegen den Wind** und
- ggf. **Ausbreitung verhindern** (z. B. bei kleineren Leckagen durch **Abdichtung** oder durch **Umdrehen einer beschädigten Verpackung** in Verbindung mit **Aufsaugmitteln/Bindemitteln**).

Besondere Maßnahmen

Die Windrichtung ist – **insbesondere bei Gasen – zu berücksichtigen**. Nach Möglichkeit sollen sich alle **Personen auf der dem Wind zugewandten Seite aufhalten.**

Erweiterte Gefahrenzone

Um das ausgetretene gefährliche Gut herum ist eine **Gefahrenzone freizuhalten**, die mindestens 30 m um den Rand der Lache (bei Flüssigkeiten) betragen soll. Dieser Bereich ist unbedingt freizuhalten.

Brandausweitung

Hinweis:
→ *Wandtafeln* ***Verwendung der Feuerlöschausrüstung***
Anhang 8

Sind Brände entstanden, allenfalls kleine Brände (**Entstehungsbrände) mit dem Feuerlöscher bekämpfen**. Ladungsbrände können nur von der Feuerwehr bekämpft werden.

Der Fahrzeugführer sollte bei relativ ungefährlichen Stoffen versuchen, ein eventuelles **kleines Leck selbst abzudichten**, um weiteren Gefahrgutaustritt zu unterbinden. Das Abfließen ausgetretener **Flüssigkeiten auf** dem **Boden** kann durch **kleine Sand- bzw. Erdreichdämme oder geeignete Bindemittel eingedämmt** werden. Für Kanaldeckel und Gullys sind auf den Fahrzeugen Abdeckplanen (sog. Kanalisationsabdeckungen) vorhanden, sofern dies gemäß den schriftlichen Weisungen vorgeschrieben ist.

Bei allen Maßnahmen gilt:
- **die schriftlichen Weisungen beachten** und
- **keinesfalls sich selbst in Gefahr bringen**.

Regeln der Brandbekämpfung

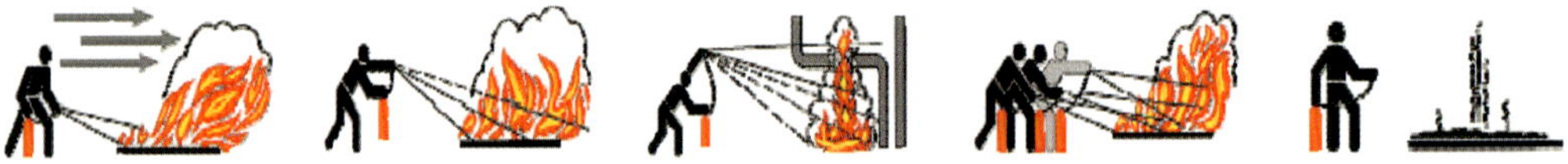

Sollte es zum Ausbruch eines Feuers gekommen sein, ist es wichtig, neben der **Kenntnis der Brandklassen** auch die wesentlichen Regeln beim Einsatz von Feuerlöschern zu beherrschen. Ansonsten besteht das Risiko, dass man mit einem falschen Löschmittel Brandbekämpfung betreibt, welches mit dem ausgetretenen brennenden Gefahrgut erst richtig reagiert. **Der Fahrzeugführer sollte allenfalls nach persönlicher Einschätzung Entstehungsbrände löschen. Ladungsbrände dürfen aufgrund der zu hohen Eigengefährdung nicht gelöscht werden**. Mit einem **6-kg-Feuerlöscher** kann man bei **Dauerbetrieb maximal 8 bis 12 Sekunden löschen.**

Besonders **kritisch** können sich **Reifenbrände** auswirken, da sich Reifen durch **Glutnester** und **Wärmestau** immer wieder **erneut entzünden**, selbst wenn man meint, sie schon gelöscht zu haben.

Die **wichtigsten Regeln** sind:

- **kurzer Funktionstest des Feuerlöschers,**
- **Feuerlöscher erst in Brandnähe betätigen,**
- **mit dem Wind löschen,**
- **von unten nach oben löschen,**
- **von vorne nach hinten löschen,**
- **durch kurze Pulverstöße löschen, Löschmittelreserve zurückbehalten,**
- **möglichst mit mehreren Feuerlöschern zugleich angreifen** und
- **bei kleinen Flammen: Pulverwolke sanft über das gesamte brennende Objekt legen**.

Wichtig: **Reifen entzünden sich durch Hitze oder Glutnester wieder**! Möglichst nach dem Löschen kühlen.

Es werden **verschiedene Brandklassen** unterschieden:

A	**brennbare feste Stoffe, die flammen- und glutbildend sind,**
B	**brennbare flüssige Stoffe,**
C	**brennbare Gase,**
D	**brennbare Metalle und**
F	**Brände von Speiseölen und Speisefetten.**

Auch wenn moderne Feuerlöscher für viele Einsatzfälle geeignet sind, muss **vor deren Einsatz geprüft** werden, **ob** sie **für den akuten Einsatz geeignet** sind. Ein nicht geeignetes Löschmittel kann das Feuer anfachen oder durch heftige Reaktionen den oder die Helfer gefährden.

Auf dem Feuerlöscher ist – oft auch durch **Piktogramme** – angegeben, für welche Fälle sie geeignet sind.

Wichtig: Auch **Wasser kann gefährlich sein („X" vor der Nummer zur Kennzeichnung der Gefahr beachten).**

Beispiele für die Zuordnung von Stoffen zu den Brandklassen:

Brandklasse A: Papier, Stroh, Holz, Kohle
Brandklasse B: Benzin, Teer, Lacke, Fette, Öl
Brandklasse C: Erdgas, Methan, Propan
Brandklasse D: Kalium, Natrium, Magnesium
Brandklasse F: Speiseöle und Speisefette.

Abdichtung von Leckagen

Der Fahrzeugführer sollte bei relativ ungefährlichen Stoffen versuchen, ein eventuelles **kleines Leck** selbst abzudichten, um weiteren Gefahrgutaustritt zu unterbinden. Das Abfließen ausgetretener Flüssigkeiten auf dem Boden kann durch kleine Sand- bzw. Erdreichdämme oder geeignete Bindemittel eingedämmt werden. Für Kanaldeckel und Gullys sind auf den Fahrzeugen Abdeckplanen (sog. Kanalisationsabdeckungen) vorhanden, sofern dies in den schriftlichen Weisungen angegeben ist.

Bei allen Maßnahmen gilt:

- die **schriftlichen Weisungen beachten** und
- **keinesfalls sich selbst in Gefahr bringen**.

Zusätzliche Angaben in der Unfallmeldung

→ 1.4.1 ADR und § 4 Abs. 2 GGVSEB

Nach **Absicherung der Unfallstelle**, z. B. mit Warndreiecken oder Warnleuchten, oder von Personen, ist unverzüglich eine Unfallmeldung abzugeben und es sind **nötigenfalls Rettungskräfte anzufordern.** Hierzu dienen die **Notrufnummern** von Polizei und Feuerwehr (in Deutschland: 110 und 112). Die Meldung muss den Hinweis auf das Gefahrgut enthalten, möglichst mit UN-Nummer und der Nummer zur Kennzeichnung der Gefahr.

Die **Meldung** soll **folgende Angaben** enthalten:

- **Name des Meldenden** (ggf. eigenes Fahrzeugkennzeichen),
- **Unfallort** (möglichst Straßennamen, Straßennummern, Straßenkilometer),
- **Art des Ereignisses** (Zusammenstoß, Abkommen von der Fahrbahn, Umkippen),
- **Personenschäden** (Zahl der Verletzten, Schwere der Verletzungen),
- **Sachschäden** (Austritt von Gefahrgut, unmittelbare Gefahr des Austritts),
- **Gefahrgutspezifische Angaben** (UN-Nummer(n), Mengen der Ladung und des Austritts, Ausbreitung, Umweltschäden) und
- **Angabe, ob es brennt oder akute Feuergefahr besteht.**

Die **Unfallmeldung** und **der Name des Aufnehmenden der Notrufzentrale** sollte schriftlich festgehalten werden.

Für die vorstehenden **Angaben** können die **Begleitpapiere** wichtig sein. Daher sollten diese bei der Unfallmeldung verfügbar sein (ggf. mitnehmen).

⚠ Wichtiges – kurz gefasst

- Bei Unfällen oder Zwischenfällen zügig, aber bedacht gezielte Maßnahmen ergreifen.
- Unfallstelle absichern.
- Personen retten.
- Gefahrenzone beachten.
- Beim Freiwerden von Gefahrgut: Zündgefahren vermeiden und sich aus dem Gefahrenbereich entfernen.
- Beachte Eigensicherung. Verwendung persönlicher Schutzausrüstung.
- Bei Entstehungsbränden Brandbekämpfung vornehmen. Beachte richtige Bedienung der Feuerlöscher und zweckmäßiges Löschen.
- Maßnahmen gemäß schriftlichen Weisungen. Umweltweltschutz berücksichtigen.
- Unfallmeldung abgeben (in Deutschland Rufnummer 110 oder 112). Ort, Gefahrnummer, UN-Nummer und Unfallfolgen angeben.
- Höheres Gefahrenpotential bei Tankbeförderungen als bei Versandstückbeförderungen aufgrund größerer Gefahrguttransportmengen.
- Charakteristische Gefahren für Tankbeförderungen:
  - Berstgefahr, d. h. plötzliches Zerreißen der Tankhülle durch Ladegutausdehnung bei gleichzeitiger Überschreitung des zulässigen Füllungsgrades
  - Explosionsgefahr, d. h. durch chemische Reaktion hervorgerufene zerstörerische Entwicklung von Gasen extremer Temperatur, hohen Drucks und hoher Geschwindigkeit
- Berichtsmeldepflicht bei bestimmten Unfällen oder Zwischenfällen im Zusammenhang mit Gefahrgutbeförderung auf der Straße innerhalb von vier Wochen an BAG.

Testfragen zu Teil 8: Maßnahmen nach Unfällen und Zwischenfällen

Hinweis:
Diese Testfragen, die am Fragenkatalog der IHKn angelehnt sind, stellen nur eine Auswahl möglicher Fragen zu Ihrer abschließenden Prüfung dar.

Bei der Prüfung werden aus Zeitgründen nur einige Fragen zu beantworten sein.

8.1 Warum ist das Gefahrenpotential bei Tankbeförderungen größer als bei der Beförderung von Versandstücken?
- a) Wegen der großen Menge gefährlicher Güter
- b) Weil Tanks schlechteren Schutz bieten als Versandstücke
- c) Weil in Tanks ausschließlich besonders gefährliche Güter befördert werden
- d) Das Gefahrenpotential ist bei beiden Beförderungsarten gleich

8.2 Was versteht man unter Berstgefahr?
- a) Die Reduzierung der Produktqualität
- b) Das Überschreiten des zulässigen Gesamtgewichts der Beförderungseinheit
- c) Die übermäßige Belastung der Reifen
- d) Die Gefahr des Aufreißens des Tanks durch zu hohen Innendruck

8.3 Wie bezeichnet man die Gefahr der Entwicklung von Gasen solcher Temperatur, solchen Drucks und solcher Geschwindigkeit, dass in der Umgebung Zerstörungen auftreten können?
- a) Berstgefahr
- b) Explosionsgefahr
- c) Gefahr des Reifenplatzens
- d) Gefahr der Undichtigkeit

8.4 Wann ist die Explosionsgefahr am größten?
- a) Bei leeren, gereinigten Tanks
- b) Bei leeren, ungereinigten Tanks
- c) Bei halb gefüllten Tanks
- d) Bei bis zum höchsten zulässigen Füllungsgrad gefüllten Tanks

8.5 Was wird als Gefahrenzone bezeichnet?
- a) Mindestens 30 m Abstand um den Rand einer Lache flüssigen Gefahrguts
- b) Mindestens 30 m Abstand um die Stelle, an der das gefährliche Gut aus dem Fahrzeug austritt
- c) Mindestens 30 m Abstand vom nächstgelegenen Wohnhaus
- d) Mindestens 30 m Abstand vom nächstgelegenen Gully

8.6 Welches ist eine geeignete Maßnahme bei einem Unfall in einem Tunnel?
- a) Hinweise zum richtigen Verhalten in Tunneln kennen und anwenden
- b) Erstmal gucken um später mitreden zu können
- c) In Ruhe eine detailgetreue Unfallskizze für die Polizei fertigen
- d) Nach Schadenseintritt die schriftlichen Weisungen lesen und anwenden

8.7 Welches ist eine geeignete Maßnahme bei einem Unfall in einem Tunnel?
- a) Als erstes die „Ich war dabei-Fotos" schießen
- b) Schnellstmögliche Benachrichtigung von zuständigen Behörden
- c) Die störenden Pkws mit meinem LKW zur Seite schieben, damit die Rettungskräfte besser an die Unfallstelle kommen können
- d) Falls ich selbst beim Unfall betroffen bin, die Papiere verschwinden lassen

8.8 Worauf ist beim Befahren eines Tunnels zu achten?
a) Auf die Hinweisschilder zu den Haltebuchten
b) Wenn ich Gefahrgut geladen habe, darf ich niemals durch einen Tunnel fahren
c) Jedes Fahrzeug muss grundsätzlich mit geöffneter orangefarbener Tafel versehen sein
d) Nichts, Hauptsache man kommt so schnell wie irgendwie möglich durch

8.9 Sie haben mit Ihrem Tankzug in einem Tunnel eine Panne. Vom geladenen Gefahrgut ist nichts frei geworden. Wie haben Sie sich zu verhalten?
a) Warnblinklicht einschalten, Notdienste über die Notrufstation informieren
b) Umgehend über einen Fluchtweg den Tunnel verlassen
c) Im Fahrzeug warten bis Hilfe kommt
d) Über Handy die Disposition über die Panne informieren und sich schlafen legen

8.10 Aus den Armaturen tritt über eine Leckstelle verflüssigtes Gas aus. Welche Maßnahme unter Beachtung des Selbstschutzes führen Sie zuerst durch?
a) Die Leckstelle mit Sand zuschütten
b) In Ruhe die schriftlichen Weisungen durchlesen
c) Den Arbeitsvorgang unterbrechen und alle geöffneten Ventile schließen
d) Mehr Druck geben, damit der Füllvorgang schnell zu Ende geführt werden kann

8.11 Sie sind mit Ihrem Tankfahrzeug, dessen Ladung aus einer entzündbaren Flüssigkeit besteht, in einen Unfall verwickelt worden. Das Tankfahrzeug brennt. Womit müssen Sie rechnen?
a) Es besteht keine Gefahr, da es sich bei einem Tankfahrzeug um einen unfallsicheren Tank handelt
b) Bersten des Tanks und Entzündung der Ladung
c) Verstrahlung durch das austretende Gefahrgut
d) Verätzung der Auspuffanlage

8.12 Sie sind in einen Unfall verwickelt worden und Ihr Tankfahrzeug brennt. Die Ladung besteht aus einer giftigen nicht entzündbaren Flüssigkeit. Welche Gefahr besteht?
a) Es besteht keine Gefahr, da es sich bei einem Tankfahrzeug immer um einen unfallsicheren Tank handelt
b) Bersten des Tanks und Vergiftungsgefahr beim Auslaufen der Ladung
c) Infektionsgefahr
d) Gefahr der Erfrierung durch schnell auslaufende Stoffe beim Freiwerden der Flüssigkeit

8.13 Welche Maßnahme sollten Sie bei einem Unfall mit frei gewordenem Gefahrgut als erste durchführen?
a) Schriftliche Weisungen lesen
b) Absperren und Chef informieren
c) In Ruhe eine detailgetreue Unfallskizze für die Polizei fertigen
d) Unfallstelle absichern

8.14 Beim Füllvorgang ist Lauge frei geworden. Welche Maßnahme sollten Sie durchführen, um das Eindringen in die Kanalisation zu verhindern?
a) Keine. Da die Sonne scheint, wird die Lauge schnell verdunsten
b) Eindämmung der Lauge mit den mitgeführten Sägespänen
c) Die Lauge mit Sand oder einem absorbierendem Material eindämmen
d) Putzlappen und andere Kleidungsstücke zum Aufwischen der Lauge verwenden

8.15 Entzündbare Flüssigkeiten sind über ein defektes Bodenventil ausgetreten. Wie verhalten Sie sich?
a) Absperren und abwarten bis alles verdunstet ist
b) Motor abstellen, Batterietrennschalter betätigen, Zündquellen fernhalten
c) Auf dem kürzesten Weg so schnell wie möglich zum Empfänger weiterfahren
d) Vorsorglich die Haftpflichtversicherung des Beförderers anrufen und weiterfahren

Anhang 1

Musterlösungen zur Selbstkontrolle

Musterlösungen zur Selbstkontrolle

Teil 3:	3.1 = a)	– 3.2 = a)	– 3.3 = b)	– 3.4 = b)	– 3.5 = b)
	3.6 = a)	– 3.7 = c)	– 3.8 = c)	– 3.9 = b)	– 3.10 = b)
	3.11 = d)	– 3.12 = b)	– 3.13 = a)	– 3.14 = b)	– 3.15 = b)
Teil 4:	4.1 = d)	– 4.2 = a)	– 4.3 = d)	– 4.4 = c)	– 4.5 = a)
	4.6 = b)	– 4.7 = a)	– 4.8 = c)	– 4.9 = b)	– 4.10 = b)
	4.11 = b)	– 4.12 = b)	– 4.13 = b)	– 4.14 = a)	– 4.15 = b)
	4.16 = b)	– 4.17 = a)	– 4.18 = d)	– 4.19 = b)	– 4.20 = d)
	4.21 = d)	– 4.22 = c)	– 4.23 = b)	– 4.24 = d)	– 4.25 = c)
	4.26 = c)	– 4.27 = c)	– 4.28 = c)	– 4.29 = d)	
Teil 5:	5.1 = b)	– 5.2 = a)	– 5.3 = d)	– 5.4 = a)	– 5.5 = b)
	5.6 = b)	– 5.7 = c)	– 5.8 = d)	– 5.9 = d)	– 5.10 = b)
	5.11 = a)	– 5.12 = c)	– 5.13 = c)	– 5.14 = c)	– 5.15 = a)
	5.16 = b)	– 5.17 = a)	– 5.18 = d)	– 5.19 = b)	– 5.20 = a)
	5.21 = d)	– 5.22 = a)			
Teil 6:	6.1 = a)	– 6.2 = c)	– 6.3 = c)	– 6.4 = b)	– 6.5 = a)
	6.6 = a)	– 6.7 = a)	– 6.8 = b)	– 6.9 = c)	– 6.10 = b)
	6.11 = a)	– 6.12 = b)	– 6.13 = b)	– 6.14 = b)	– 6.15 = a)
	6.16 = b)	– 6.17 = d)	– 6.18 = a)	– 6.19 = c)	– 6.20 = c)
	6.21 = b)	– 6.22 = a)	– 6.23 = d)	– 6.24 = c)	– 6.25 = b)
	6.26 = b)	– 6.27 = c)	– 6.28 = c)	– 6.29 = b)	– 6.30 = d)
	6.31 = c)	– 6.32 = c)	– 6.33 = c)	– 6.34 = d)	– 6.35 = b)
	6.36 = c)	– 6.37 = c)	– 6.38 = d)	– 6.39 = c)	– 6.40 = a)
	6.41 = a)	– 6.42 = a)	– 6.43 = a)	– 6.44 = a)	– 6.45 = b)
	6.46 = b)	– 6.47 = a)	– 6.48 = c)	– 6.49 = b)	
Teil 7:	7.1 = a)	– 7.2 = b)	– 7.3 = b)	– 7.4 = d)	– 7.5 = d)
	7.6 = d)	– 7.7 = a)	– 7.8 = b)	– 7.9 = a)	– 7.10 = b)
	7.11 = d)	– 7.12 = d)	– 7.13 = a)	– 7.14 = a)	– 7.15 = a)
	7.16 = b)	– 7.17 = c)	– 7.18 = b)	– 7.19 = d)	– 7.20 = d)
	7.21 = c)				
Teil 8:	8.1 = a)	– 8.2 = d)	– 8.3 = b)	– 8.4 = b)	– 8.5 = a)
	8.6 = a)	– 8.7 = b)	– 8.8 = a)	– 8.9 = a)	– 8.10 = c)
	8.11 = b)	– 8.12 = b)	– 8.13 = d)	– 8.14 = c)	– 8.15 = b)

Anhang 2

Prüfliste gem. Verordnung über die Kontrollen von Gefahrguttransporten auf der Straße und in den Unternehmen (Anlage 1 zur GGKontrollV)

Anlage 1
(zu § 3 Abs. 3 Satz 1 GGKontrollV)

Prüfliste

1. Ort der Kontrolle	**2. Datum**	**3. Zeit**	
4. Nationalitätskennzeichen und Zulassungsnummer des Fahrzeugs	....		
5. Nationalitätskennzeichen und Zulassungsnummer des Anhängers/Sattelanhängers	....		
6. Transportunternehmen / Anschrift	....		
7. Fahrer / Beifahrer	....		
8. Absender, Anschrift, Verladeort [1), 2)]	....		
9. Empfänger, Anschrift, Entladeort [1), 2)]	....		
10. Gesamtmenge der Gefahrgüter je Beförderungseinheit	....		
11. Höchstmenge gemäß ADR 1.1.3.6 überschritten	☐ Ja	☐ Nein	
12. Beförderungsart	☐ in loser Schüttung	☐ Versandstück	☐ Tank
Dokumente an Bord			
13. Beförderungspapier	☐ kontrolliert	☐ Verstoß festgestellt	☐ nicht anwendbar
14. Schriftliche Weisungen	☐ kontrolliert	☐ Verstoß festgestellt	☐ nicht anwendbar
15. Bilaterale / multilaterale Vereinbarung oder nationale Genehmigung	☐ kontrolliert	☐ Verstoß festgestellt	☐ nicht anwendbar
16. Zulassungsbescheinigung für Fahrzeuge	☐ kontrolliert	☐ Verstoß festgestellt	☐ nicht anwendbar
17. Schulungsbescheinigung des Fahrers	☐ kontrolliert	☐ Verstoß festgestellt	☐ nicht anwendbar
Beförderung			
18. Zur Beförderung zugelassene Güter	☐ kontrolliert	☐ Verstoß festgestellt	☐ nicht anwendbar
19. Zur Beförderung der Güter zugelassene Fahrzeuge	☐ kontrolliert	☐ Verstoß festgestellt	☐ nicht anwendbar
20. Vorschriften in Bezug auf das Beförderungsmittel (lose Schüttung, Versandstück, Tank)	☐ kontrolliert	☐ Verstoß festgestellt	☐ nicht anwendbar
21. Verbot der Zusammenladung	☐ kontrolliert	☐ Verstoß festgestellt	☐ nicht anwendbar
22. Beladen, Sicherung der Ladung und Handhabung [3)]	☐ kontrolliert	☐ Verstoß festgestellt	☐ nicht anwendbar
23. Austreten von Gütern oder Beschädigung des Versandstücks [3)]	☐ kontrolliert	☐ Verstoß festgestellt	☐ nicht anwendbar
24. Kennzeichnung des Versandstücks nach UN und des Tanks nach UN/ADR/RID/IMO	☐ kontrolliert	☐ Verstoß festgestellt	☐ nicht anwendbar
25. Kennzeichnung des Versandstücks (z.B. UN-Nummer) und Bezettelung [2)] (ADR 3.3 / 3.4 / 4.1 / 5.2)	☐ kontrolliert	☐ Verstoß festgestellt	☐ nicht anwendbar
26. Anbringen von Großzetteln (Placards) auf Tank / Fahrzeug (ADR 5.3.1)	☐ kontrolliert	☐ Verstoß festgestellt	☐ nicht anwendbar
27. Kennzeichnung von Fahrzeug/Beförderungseinheit (orangefarbene Kennzeichnung, erwärmter Zustand) (ADR 5.3.2 / 5.3.3)	☐ kontrolliert	☐ Verstoß festgestellt	☐ nicht anwendbar
Ausrüstung an Bord			
28. Allgemeine Sicherheitsausrüstung gemäß ADR	☐ kontrolliert	☐ Verstoß festgestellt	☐ nicht anwendbar
29. Ausrüstung nach Maßgabe der beförderten Güter	☐ kontrolliert	☐ Verstoß festgestellt	☐ nicht anwendbar
30. Andere in den schriftlichen Anweisungen genannte Ausrüstung	☐ kontrolliert	☐ Verstoß festgestellt	☐ nicht anwendbar
31. Feuerlöscher	☐ kontrolliert	☐ Verstoß festgestellt	☐ nicht anwendbar
32. Gegebenenfalls schwerwiegendste Gefahrenkategorie der festgestellten Verstöße	☐ Kategorie I	☐ Kategorie II	☐ Kategorie III

33. Bemerkungen (z.B. getroffene Maßnahmen) ....

34. Behörde / Beamter
die / der die Kontrolle durchgeführt hat ....

---

1) Nur ausfüllen, wenn für einen Verstoß von Bedeutung.

2) Bei Sammelbeförderungen unter „Bemerkungen“ angeben.

3) Prüfung auf sichtbare Verstöße.

Anhang 3

Anlage 3 zur GGKontrollV
– Verstöße –

Anlage 3
(zu § 3 Abs. 7 GGKontrollV)

Verstöße

Für die Zwecke dieser Verordnung stellt die folgende, nicht erschöpfende Liste mit drei Gefahrenkategorien (wobei Kategorie I die schwerwiegendste ist) eine Leitlinie dafür dar, was als Verstoß einzustufen ist.

Die Bestimmung der angemessenen Gefahrenkategorie erfolgt unter Berücksichtigung der besonderen Umstände und liegt im Ermessen der vollziehenden Behörde bzw. des vollziehenden Beamten auf der Straße.

Nicht unter den Gefahrenkategorien aufgeführte Mängel werden entsprechend den Beschreibungen der Kategorien eingestuft.

Bei mehreren Verstößen je Beförderungseinheit wird bei der Berichterstattung (Anlage 5 der GGKontrollV) nur die schwerwiegendste Gefahrenkategorie (wie unter Nummer 32 der Anlage 1 der GGKontrollV [siehe Anhang 2] angegeben) angewandt.

A. Gefahrenkategorie I

Wenn der Verstoß gegen die einschlägigen ADR-Bestimmungen mit einer hohen Lebensgefahr bzw. der Gefahr schwerer gesundheitlicher Schäden oder einer erheblichen Schädigung der Umwelt verbunden ist, so dass in der Regel unverzüglich geeignete Maßnahmen zur Beseitigung der Gefahr ergriffen werden, z.B. Untersagung der Weiterfahrt, Stilllegung des Fahrzeugs.

Mängel sind:

1. die Beförderung der beförderten Gefahrgüter ist verboten,
2. Austreten von gefährlichen Stoffen,
3. Beförderung in einer verbotenen Beförderungsart oder einem ungeeigneten Beförderungsmittel,
4. Beförderung in loser Schüttung in einem in bautechnischer Hinsicht ungeeigneten Behälter,
5. Beförderung in einem Fahrzeug ohne entsprechende Zulassungsbescheinigung,
6. das Fahrzeug entspricht nicht mehr den Zulassungsbestimmungen und stellt eine unmittelbare Gefahr dar (sonst Gefahrenkategorie II),
7. nicht zulässige Verpackung,
8. Verpackung ist nicht mit den gültigen Verpackungsanweisungen konform,
9. die besonderen Bestimmungen für die Zusammenpackung wurden nicht eingehalten,
10. die Regeln für die Sicherung der Ladung wurden nicht eingehalten,
11. die Vorschriften für die Zusammenladung von Versandstücken wurden nicht eingehalten,
12. der zulässige Füllungsgrad von Tanks oder Versandstücken wurde nicht eingehalten,
13. die Vorschriften zur Begrenzung der in einer Beförderungseinheit beförderten Mengen wurden nicht eingehalten,
14. Beförderung von Gefahrgütern ohne Hinweis auf ihr Vorhandensein (z.B. Dokumente, Kennzeichnung und Bezettelung der Versandstücke, Anbringen von Großzetteln (Placards) und Kennzeichnung am Fahrzeug),
15. Beförderung ohne Anbringen von Großzetteln (Placards) und Kennzeichnung von Containern, MEGC, Tankcontainern, ortsbeweglichen Tanks und Fahrzeugen,
16. relevante Angaben zu dem beförderten Stoff, die die Feststellung eines Verstoßes der Gefahrenkategorie I ermöglichen, fehlen (z.B. UN-Nummer, offizielle Benennung, Verpackungsgruppe),
17. der Fahrer ist nicht Inhaber einer gültigen Schulungsbescheinigung,
18. Verwendung von Feuer oder offenem Licht oder
19. das Rauchverbot bei Ladearbeiten wird nicht beachtet.

B. Gefahrenkategorie II

Wenn der Verstoß gegen die einschlägigen ADR-Bestimmungen mit der Gefahr schwerer Verletzungen oder einer erheblichen Schädigung der Umwelt verbunden ist, so dass in der Regel geeignete Maßnahmen zur Beseitigung der Gefahr ergriffen werden, z.B. wenn möglich und angemessen die Behebung am Kontrollort, spätestens jedoch nach Abschluss der laufenden Beförderung.

Mängel sind:

1. die Beförderungseinheit besteht aus mehr als einem Anhänger/Sattelanhänger,
2. das Fahrzeug entspricht nicht mehr den Zulassungsbestimmungen, stellt jedoch keine unmittelbare Gefahr dar,
3. im Fahrzeug befinden sich nicht die geforderten funktionsfähigen Feuerlöscher; ein Feuerlöscher gilt noch als funktionsfähig, wenn nur das vorgeschriebene Siegel und/oder das Verfallsdatum fehlen; dies gilt jedoch nicht, wenn der Feuerlöscher offensichtlich nicht länger funktionstüchtig ist, z.B. Manometer auf 0,
4. im Fahrzeug befindet sich nicht die im ADR oder den schriftlichen Weisungen vorgeschriebene Ausrüstung,
5. Prüffristen und Verwendungszeiträume von Verpackungen, Großpackmitteln (IBC) oder Großverpackungen wurden nicht eingehalten,
6. Versandstücke mit beschädigter Verpackung, beschädigtem Großpackmittel (IBC), beschädigter Großverpackung oder beschädigte, ungereinigte leere Verpackungen werden befördert,
7. Beförderung verpackter Güter in einem in bautechnischer Hinsicht ungeeigneten Container,
8. Tanks/Tankcontainer (einschließlich leerer und ungereinigter) wurden nicht ordnungsgemäß verschlossen,
9. Beförderung einer zusammengesetzten Verpackung, bei der die Außenverpackung nicht ordnungsgemäß verschlossen ist,
10. Falsche Kennzeichnung, Bezettelung oder falsches Anbringen von Großzetteln (Placards),
11. keine schriftlichen Weisungen gemäß ADR vorhanden oder die schriftlichen Weisungen betreffen nicht die beförderten Güter oder
12. das Fahrzeug ist nicht ordnungsgemäß überwacht oder geparkt.

C. Gefahrenkategorie III

Wenn der Verstoß gegen die einschlägigen ADR-Bestimmungen mit einer geringen Gefahr von Verletzungen oder einer Schädigung der Umwelt verbunden ist und geeignete Maßnahmen zur Beseitigung der Gefahr nicht an der Straße ergriffen werden müssen, sondern zu einem späteren Zeitpunkt auf dem Betriebsgelände getroffen werden können.

Mängel sind:

1. die Größe der Großzettel (Placards) oder Zettel oder der Buchstaben, Zahlen oder Symbole auf den Großzetteln oder Zetteln entspricht nicht den Vorschriften,
2. weitere Angaben als die in Gefahrenkategorie I Nr. 16 sind in den Beförderungsunterlagen nicht verfügbar oder
3. die Schulungsbescheinigung befindet sich nicht an Bord des Fahrzeugs, es gibt jedoch Belege dafür, dass der Fahrer sie besitzt.

Anhang 4

Auszug aus der Tabelle A in Kapitel 3.2 ADR:

Anhang 4a
Auszug aus der Tabelle A
Spalten 1–20

Anhang 4b
nützliche Angaben
für den Fahrzeugführer

• gemäß Tabelle 1.10.3.1.2	G.. § 35b GGVSEB	UN-Nummer	Benennung und Beschreibung 3.1.2	Klasse 2.2	Klassifizierungscode 2.2	Verpackungsgruppe 2.1.1.3	Gefahrzettel 5.2.2	Sondervorschriften 3.3	Begrenzte und freigestellte Mengen 3.4 / 3.5.1.2	
		(1)	(2)	(3a)	(3b)	(4)	(5)	(6)	(7a)	(7b)
		0014	PATRONEN FÜR WAFFEN, MANÖVER oder PATRONEN FÜR HANDFEUERWAFFEN, MANÖVER oder PATRONEN FÜR WERKZEUGE, OHNE GESCHOSS	1	1.4S		1.4	364	5 kg	E0
•	**G4**	1170	ETHANOL (ETHYLALKOHOL) oder ETHANOL, LÖSUNG (ETHYLALKOHOL, LÖSUNG)	3	F1	II	3	144 601	1 l	E2
		1170	ETHANOL, LÖSUNG (ETHYLALKOHOL, LÖSUNG)	3	F1	III	3	144 601	5 l	E1
		1202	DIESELKRAFTSTOFF oder GASÖL oder HEIZÖL, LEICHT (Flammpunkt höchstens 60 °C)	3	F1	III	3	640K 664	5 l	E1
		1202	DIESELKRAFTSTOFF, der Norm EN 590:2013 + A1:2017 entsprechend, oder GASÖL oder HEIZÖL, LEICHT mit einem Flammpunkt gemäß EN 590:2013 + A1:2017	3	F1	III	3	640L 664	5 l	E1
		1202	DIESELKRAFTSTOFF oder GASÖL oder HEIZÖL, LEICHT (Flammpunkt über 60 °C bis einschließlich 100 °C)	3	F1	III	3	640M 664	5 l	E1
•	**G4**	1203	BENZIN oder OTTOKRAFTSTOFF	3	F1	II	3	243 534 664	1 l	E2
•	**G4**	1263	FARBE (einschließlich Farbe, Lack, Emaille, Beize, Schellack, Firnis, Politur, flüssiger Füllstoff und flüssige Lackgrundlage) oder FARBZUBEHÖRSTOFFE (einschließlich Farbverdünnung und -lösemittel)	3	F1	I	3	163 367 650	500 ml	E3
•	**G4**	1263	FARBE (einschließlich Farbe, Lack, Emaille, Beize, Schellack, Firnis, Politur, flüssiger Füllstoff und flüssige Lackgrundlage) oder FARBZUBEHÖRSTOFFE (einschließlich Farbverdünnung und -lösemittel) (Dampfdruck bei 50 °C größer als 110 kPa)	3	F1	II	3	163 367 640C 650	5 l	E2
•	G4	1263	FARBE (einschließlich Farbe, Lack, Emaille, Beize, Schellack, Firnis, Politur, flüssiger Füllstoff und flüssige Lackgrundlage) oder FARBZUBEHÖRSTOFFE (einschließlich Farbverdünnung und -lösemittel) (Dampfdruck bei 50 °C höchstens 110 kPa)	3	F1	II	3	163 367 640D 650	5 l	E2
		1263	FARBE (einschließlich Farbe, Lack, Emaille, Beize, Schellack, Firnis, Politur, flüssiger Füllstoff und flüssige Lackgrundlage) oder FARBZUBEHÖRSTOFFE (einschließlich Farbverdünnung und -lösemittel)	3	F1	III	3	163 367 650	5 l	E1
		1263	FARBE (einschließlich Farbe, Lack, Emaille, Beize, Schellack, Firnis, Politur, flüssiger Füllstoff und flüssige Lackgrundlage) oder FARBZUBEHÖRSTOFFE (einschließlich Farbverdünnung und -lösemittel) (mit einem Flammpunkt unter 23 °C und viskos gemäß 2.2.3.1.4) (Dampfdruck bei 50 °C größer als 110 kPa)	3	F1	III	3	163 367 650	5 l	E1

Verpackung			ortsbewegliche Tanks und Schüttgut-Container		ADR-Tanks		Fahrzeug für die Beförderung in Tanks	Beförderungskategorie (Tunnelbeschränkungscode)	Sondervorschriften für die Beförderung				Nummer zur Kennzeichnung der Gefahr	UN-Nummer
Anweisungen	Sondervorschriften	Zusammenpackung	Anweisungen	Sondervorschriften	Tankcodierung	Sondervorschriften			Versandstücke	lose Schüttung	Be- und Entladung, Handhabung	Betrieb		
4.1.4	4.1.4	4.1.10	4.2.5.2 7.3.2	4.2.5.3	4.3	4.3.5 6.8.4	9	1.1.3.6 (8.6)	7.2.4	7.3.3	7.5.11	8.5	5.3.2.3	
(8)	(9a)	(9b)	(10)	(11)	(12)	(13)	(14)	(15)	(16)	(17)	(18)	(19)	(20)	(1)
P130		MP23 MP24						4 (E)			CV1 CV2 CV3	S1		0014
P001 IBC02 R001		MP19	T4	TP1	LGBF		FL	2 (D/E)				S2 S20	33	1170
P001 IBC03 LP01 R001		MP19	T2	TP1	LGBF		FL	3 (D/E)	V12			S2	30	1170
P001 IBC03 LP01 R001		MP19	T2	TP1	LGBF		FL	3 (D/E)	V12			S2	30	1202
P001 IBC03 LP01 R001		MP19	T2	TP1	LGBF		AT	3 (D/E)	V12			S2	30	1202
P001 IBC03 LP01 R001		MP19	T2	TP1	LGBV		AT	3 (D/E)	V12				30	1202
P001 IBC02 R001	BB2	MP19	T4	TP1	LGBF	TU9	FL	2 (D/E)				S2 S20	33	1203
P001		MP7 MP17	T11	TP1 TP8 TP27	L4BN		FL	1 (D/E)				S2 S20	33	1263
P001	PP1	MP19	T4	TP1 TP8 TP28	L1,5BN		FL	2 (D/E)				S2 S20	33	1263
P001 IBC02 R001	PP1	MP19	T4	TP1 TP8 TP28	LGBF		FL	2 (D/E)				S2 S20	33	1263
P001 IBC03 LP01 R001	PP1	MP19	T2	TP1 TP29	LGBF		FL	3 (D/E)	V12			S2	30	1263
P001 R001	PP1	MP19						3 (E)				S2		1263

• gemäß Tabelle 1.10.3.1.2	G.. § 35b GGVSEB	UN-Nummer	Benennung und Beschreibung 3.1.2	Klasse 2.2	Klassifizierungscode 2.2	Verpackungsgruppe 2.1.1.3	Gefahrzettel 5.2.2	Sondervorschriften 3.3	Begrenzte und freigestellte Mengen 3.4 / 3.5.1.2	
		(1)	(2)	(3a)	(3b)	(4)	(5)	(6)	(7a)	(7b)
		1263	FARBE (einschließlich Farbe, Lack, Emaille, Beize, Schellack, Firnis, Politur, flüssiger Füllstoff und flüssige Lackgrundlage) oder FARBZUBEHÖRSTOFFE (einschließlich Farbverdünnung und -lösemittel) (mit einem Flammpunkt unter 23 °C und viskos gemäß 2.2.3.1.4) (Dampfdruck bei 50 °C höchstens 110 kPa)	3	F1	III	3	163 367 650	5 l	E1
		1950	DRUCKGASPACKUNGEN, erstickend	2	5A		2.2	190 327 344 625	1 l	E0
		1950	DRUCKGASPACKUNGEN, ätzend	2	5C		2.2 + 8	190 327 344 625	1 l	E0
		1950	DRUCKGASPACKUNGEN, ätzend, oxidierend	2	5CO		2.2 + 5.1 + 8	190 327 344 625	1 l	E0
		1950	DRUCKGASPACKUNGEN, entzündbar	2	5F		2.1	190 327 344 625	1 l	E0
		1950	DRUCKGASPACKUNGEN, entzündbar, ätzend	2	5FC		2.1 + 8	190 327 344 625	1 l	E0
		1950	DRUCKGASPACKUNGEN, oxidierend	2	5O		2.2 + 5.1	190 327 344 625	1 l	E0
		1950	DRUCKGASPACKUNGEN, giftig	2	5T		2.2 + 6.1	190 327 344 625	120 ml	E0
		1950	DRUCKGASPACKUNGEN, giftig, ätzend	2	5TC		2.2 + 6.1 + 8	190 327 344 625	120 ml	E0
		1950	DRUCKGASPACKUNGEN, giftig, entzündbar	2	5TF		2.1 + 6.1	190 327 344 625	120 ml	E0
		1950	DRUCKGASPACKUNGEN, giftig, entzündbar, ätzend	2	5TFC		2.1 + 6.1 + 8	190 327 344 625	120 ml	E0
		1950	DRUCKGASPACKUNGEN, giftig, oxidierend	2	5TO		2.2 + 5.1 + 6.1	190 327 344 625	120 ml	E0
		1950	DRUCKGASPACKUNGEN, giftig, oxidierend, ätzend	2	5TOC		2.2 + 5.1 + 6.1 + 8	190 327 344 625	120 ml	E0
•	G4	1993	ENTZÜNDBARER FLÜSSIGER STOFF, N.A.G.	3	F1	I	3	274	0	E3

Verpackung			ortsbewegliche Tanks und Schüttgut-Container		ADR-Tanks		Fahrzeug für die Beförderung in Tanks	Beförderungskategorie (Tunnelbeschränkungscode)	Sondervorschriften für die Beförderung				Nummer zur Kennzeichnung der Gefahr	UN-Nummer
Anweisungen	Sondervorschriften	Zusammenpackung	Anweisungen	Sondervorschriften	Tankcodierung	Sondervorschriften			Versandstücke	lose Schüttung	Be- und Entladung, Handhabung	Betrieb		
4.1.4	4.1.4	4.1.10	4.2.5.2 7.3.2	4.2.5.3	4.3	4.3.5 6.8.4	9	1.1.3.6 (8.6)	7.2.4	7.3.3	7.5.11	8.5	5.3.2.3	
(8)	(9a)	(9b)	(10)	(11)	(12)	(13)	(14)	(15)	(16)	(17)	(18)	(19)	(20)	(1)
P001 IBC02 R001	PP1 BB4	MP19						3 (E)				S2		1263
P207 LP200	PP87 RR6 L2	MP9						3 (E)	V14		CV9 CV12			1950
P207 LP200	PP87 RR6 L2	MP9						1 (E)	V14		CV9 CV12			1950
P207 LP200	PP87 RR6 L2	MP9						1 (E)	V14		CV9 CV12			1950
P207 LP200	PP87 RR6 L2	MP9						2 (D)	V14		CV9 CV12	S2		1950
P207 LP200	PP87 RR6 L2	MP9						1 (D)	V14		CV9 CV12	S2		1950
P207 LP200	PP87 RR6 L2	MP9						3 (E)	V14		CV9 CV12			1950
P207 LP200	PP87 RR6 L2	MP9						1 (D)	V14		CV9 CV12 CV28			1950
P207 LP200	PP87 RR6 L2	MP9						1 (D)	V14		CV9 CV12 CV28			1950
P207 LP200	PP87 RR6 L2	MP9						1 (D)	V14		CV9 CV12 CV28	S2		1950
P207 LP200	PP87 RR6 L2	MP9						1 (D)	V14		CV9 CV12 CV28	S2		1950
P207 LP200	PP87 RR6 L2	MP9						1 (D)	V14		CV9 CV12 CV28			1950
P207 LP200	PP87 RR6 L2	MP9						1 (D)	V14		CV9 CV12 CV28			1950
P001		MP7 MP17	T11	TP1 TP27	L4BN		FL	1 (D/E)				S2 S20	33	1993

• gemäß Tabelle 1.10.3.1.2	G.. § 35b GGVSEB	UN-Nummer	Benennung und Beschreibung 3.1.2	Klasse 2.2	Klassifizierungscode 2.2	Verpackungsgruppe 2.1.1.3	Gefahrzettel 5.2.2	Sondervorschriften 3.3	Begrenzte und freigestellte Mengen 3.4 / 3.5.1.2	
		(1)	(2)	(3a)	(3b)	(4)	(5)	(6)	(7a)	(7b)
•	G4	1993	ENTZÜNDBARER FLÜSSIGER STOFF, N.A.G. (Dampfdruck bei 50 °C größer als 110 kPa)	3	F1	II	3	274 601 640C	1 l	E2
•	G4	1993	ENTZÜNDBARER FLÜSSIGER STOFF, N.A.G. (Dampfdruck bei 50 °C höchstens 110 kPa)	3	F1	II	3	274 601 640D	1 l	E2
		1993	ENTZÜNDBARER FLÜSSIGER STOFF, N.A.G.	3	F1	III	3	274 601	5 l	E1
		1993	ENTZÜNDBARER FLÜSSIGER STOFF, N.A.G. (mit einem Flammpunkt unter 23 °C und viskos gemäß 2.2.3.1.4) (Dampfdruck bei 50 °C größer als 110 kPa)	3	F1	III	3	274 601	5 l	E1
		1993	ENTZÜNDBARER FLÜSSIGER STOFF, N.A.G. (mit einem Flammpunkt unter 23 °C und viskos gemäß 2.2.3.1.4) (Dampfdruck bei 50 °C höchstens 110 kPa)	3	F1	III	3	274 601	5 l	E1

Verpackung			ortsbewegliche Tanks und Schüttgut-Container		ADR-Tanks		Fahrzeug für die Beförderung in Tanks	Beförderungskategorie (Tunnelbeschränkungscode)	Sondervorschriften für die Beförderung				Nummer zur Kennzeichnung der Gefahr	UN-Nummer
Anweisungen	Sondervorschriften	Zusammenpackung	Anweisungen	Sondervorschriften	Tankcodierung	Sondervorschriften			Versandstücke	lose Schüttung	Be- und Entladung, Handhabung	Betrieb		
4.1.4	4.1.4	4.1.10	4.2.5.2 7.3.2	4.2.5.3	4.3	4.3.5 6.8.4	9	1.1.3.6 (8.6)	7.2.4	7.3.3	7.5.11	8.5	5.3.2.3	
(8)	(9a)	(9b)	(10)	(11)	(12)	(13)	(14)	(15)	(16)	(17)	(18)	(19)	(20)	(1)
P001		MP19	T7	TP1 TP8 TP28	L1,5BN		FL	2 (D/E)				S2 S20	33	1993
P001 IBC02 R001		MP19	T7	TP1 TP8 TP28	LGBF		FL	2 (D/E)				S2 S20	33	1993
P001 IBC03 LP01 R001		MP19	T4	TP1 TP29	LGBF		FL	3 (D/E)	V12			S2	30	1993
P001 R001		MP19						3 (E)				S2		1993
P001 IBC02 R001	BB4	MP19						3 (E)				S2		1993

UN-Nummer	Benennung und Beschreibung	Verpackungs-gruppe	Gefahrzettel	Tankcodierung ADR-Tanks	Nummer zur Kenn-zeichnung der Gefahr	Gefährliche Güter, für die § 35 nd 35a GGVSEB gilt (Fahrwegbestimmung)
(1)	(2)	(4)	(5)	(12)	(20)	gem. § 35b GGVSEB lfd. Nr.
1001	ACETYLEN, GELÖST		2.1	PxBN(M)	239	2
1002	LUFT, VERDICHTET (DRUCKLUFT)		2.2	CxBN(M)	20	
1003	LUFT, TIEFGEKÜHLT, FLÜSSIG		2.2 + 5.1	RxBN	225	
1005	AMMONIAK, WASSERFREI		2.3 + 8	PxBH(M)	268	3
1006	ARGON, VERDICHTET		2.2	CxBN(M)	20	
1008	BORTRIFLUORID		2.3 + 8	PxBH(M)	268	3
1009	BROMTRIFLUORMETHAN (GAS ALS KÄLTEMITTEL R 13B1)		2.2	PxBN(M)	20	
1010	BUTADIENE, STABILISIERT oder BUTADIENE UND KOHLENWASSER-STOFF, GEMISCH, STABILISIERT, das bei 70 °C einen Dampfdruck von nicht mehr als 1,1 MPa (11 bar) hat und dessen Dichte bei 50 °C den Wert von 0,525 kg/l nicht unterschreitet		2.1	PxBN(M)	239	2
1011	BUTAN		2.1	PxBN(M)	23	2
1012	BUT-1-EN oder cis-BUT 2 EN oder trans-BUT-2-EN oder BUTENE, GEMISCH		2.1	PxBN(M)	23	2
1013	KOHLENDIOXID		2.2	PxBN(M)	20	
1016	KOHLENMONOXID, VERDICHTET		2.3 + 2.1	CxBH(M)	263	3
1017	CHLOR		2.3 + 5.1 + 8	P22DH(M)	265	3
1018	CHLORDIFLUORMETHAN (GAS ALS KÄLTEMITTEL R 22)		2.2	PxBN(M)	20	
1020	CHLORPENTAFLUORETHAN (GAS ALS KÄLTEMITTEL R 115)		2.2	PxBN(M)	20	
1021	1-CHLOR-1,2,2,2-TETRAFLUORETHAN (GAS ALS KÄLTEMITTEL R 124)		2.2	PxBN(M)	20	
1022	CHLORTRIFLUORMETHAN (GAS ALS KÄLTEMITTEL R 13)		2.2	PxBN(M)	20	
1023	STADTGAS, VERDICHTET		2.3 + 2.1	CxBH(M)	263	3
1026	DICYAN		2.3 + 2.1	PxBH(M)	263	3
1027	CYCLOPROPAN		2.1	PxBN(M)	23	2
1028	DICHLORDIFLUORMETHAN (GAS ALS KÄLTEMITTEL R 12)		2.2	PxBN(M)	20	
1029	DICHLORMONOFLUORMETHAN (GAS ALS KÄLTEMITTEL R 21)		2.2	PxBN(M)	20	
1030	1,1-DIFLUORETHAN (GAS ALS KÄLTEMITTEL R 152a)		2.1	PxBN(M)	23	2
1032	DIMETHYLAMIN, WASSERFREI		2.1	PxBN(M)	23	2
1033	DIMETHYLETHER		2.1	PxBN(M)	23	2
1035	ETHAN		2.1	PxBN(M)	23	2
1036	ETHYLAMIN		2.1	PxBN(M)	23	2
1037	ETHYLCHLORID		2.1	PxBN(M)	23	2
1038	ETHYLEN, TIEFGEKÜHLT, FLÜSSIG		2.1	RxBN	223	2
1039	ETHYLMETHYLETHER		2.1	PxBN(M)	23	2
1040	ETHYLENOXID MIT STICKSTOFF bis zu einem Gesamtdruck von 1 MPa (10 bar) bei 50 °C		2.3 + 2.1	PxBH(M)	263	3
1041	ETHYLENOXID UND KOHLENDIOXID, GEMISCH mit mehr als 9 %, aber höchstens 87 % Ethylenoxid		2.1	PxBN(M)	239	2
1046	HELIUM, VERDICHTET		2.2	CxBN(M)	20	
1048	BROMWASSERSTOFF, WASSERFREI		2.3 + 8	PxBH(M)	268	3
1049	WASSERSTOFF, VERDICHTET		2.1	CxBN(M)	23	2
1050	CHLORWASSERSTOFF, WASSERFREI		2.3 + 8	PxBH(M)	268	3
1052	FLUORWASSERSTOFF, WASSERFREI	I	8 + 6.1	L21DH(+)	886	11
1053	SCHWEFELWASSERSTOFF		2.3 + 2.1	PxDH(M)	263	3

UN-Nummer	Benennung und Beschreibung	Verpackungs-gruppe	Gefahrzettel	Tankcodierung ADR-Tanks	Nummer zur Kenn-zeichnung der Gefahr	Gefährliche Güter, für die § 35 nd 35a GGVSEB gilt (Fahrwegbestimmung)
(1)	(2)	(4)	(5)	(12)	(20)	gem. § 35b GGVSEB lfd. Nr.
1055	ISOBUTEN		2.1	PxBN(M)	23	2
1056	KRYPTON, VERDICHTET		2.2	CxBN(M)	20	
1058	VERFLÜSSIGTE GASE, nicht entzündbar, überlagert mit Stickstoff, Kohlendioxid oder Luft		2.2	PxBN(M)	20	
1060	METHYLACETYLEN UND PROPADIEN, GEMISCH, STABILISIERT (Gemisch P 1) (Gemisch P 2)		2.1	PxBN(M)	239	2
1061	METHYLAMIN, WASSERFREI		2.1	PxBN(M)	23	2
1062	METHYLBROMID mit höchstens 2 % Chlorpikrin		2.3	PxBH(M)	26	3
1063	METHYLCHLORID (GAS ALS KÄLTEMITTEL R 40)		2.1	PxBN(M)	23	2
1064	METHYLMERCAPTAN		2.3 + 2.1	PxDH(M)	263	3
1065	NEON, VERDICHTET		2.2	CxBN(M)	20	
1066	STICKSTOFF, VERDICHTET		2.2	CxBN(M)	20	
1067	DISTICKSTOFFTETROXID (STICKSTOFFDIOXID)		2.3 + 5.1 + 8	PxBH(M)	265	3
1070	DISTICKSTOFFMONOXID		2.2 + 5.1	PxBN(M)	25	
1071	ÖLGAS, VERDICHTET		2.3 + 2.1	CxBH(M)	263	3
1072	SAUERSTOFF, VERDICHTET		2.2 + 5.1	CxBN(M)	25	
1073	SAUERSTOFF, TIEFGEKÜHLT, FLÜSSIG		2.2 + 5.1	RxBN	225	
1075	PETROLEUMGASE, VERFLÜSSIGT		2.1	PxBN(M)	23	2
1076	PHOSGEN		2.3 + 8	P22DH(M)	268	3
1077	PROPEN		2.1	PxBN(M)	23	2
1078	GAS ALS KÄLTEMITTEL, N.A.G. (Gemisch F 1) (Gemisch F 2) (Gemisch F 3)		2.2	PxBN(M)	20	
1079	SCHWEFELDIOXID		2.3 + 8	PxDH(M)	268	3
1080	SCHWEFELHEXAFLUORID		2.2	PxBN(M)	20	
1081	TETRAFLUORETHYLEN, STABILISIERT		2.1	PxBN(M)	239	2
1082	CHLORTRIFLUORETHYLEN, STABILISIERT (GAS ALS KÄLTEMITTEL R 1113)		2.3 + 2.1	PxBH(M)	263	3
1083	TRIMETHYLAMIN, WASSERFREI		2.1	PxBN(M)	23	2
1085	VINYLBROMID, STABILISIERT		2.1	PxBN(M)	239	2
1086	VINYLCHLORID, STABILISIERT		2.1	PxBN(M)	239	2
1087	VINYLMETHYLETHER, STABILISIERT		2.1	PxBN(M)	239	2
1088	ACETAL	II	3	LGBF	33	4
1089	ACETALDEHYD	I	3	L4BN	33	4
1090	ACETON	II	3	LGBF	33	4
1091	ACETONÖLE	II	3	LGBF	33	4
1092	ACROLEIN, STABILISIERT	I	6.1 + 3	L15CH	663	10
1093	ACRYLNITRIL, STABILISIERT	I	3 + 6.1	L10CH	336	5
1098	ALLYLALKOHOL	I	6.1 + 3	L10CH	663	10
1099	ALLYLBROMID	I	3 + 6.1	L10CH	336	5
1100	ALLYLCHLORID	I	3 + 6.1	L10CH	336	5
1104	AMYLACETATE	III	3	LGBF	30	
1105	PENTANOLE	II	3	LGBF	33	4

UN-Nummer	Benennung und Beschreibung	Verpackungs-gruppe	Gefahrzettel	Tankcodierung ADR-Tanks	Nummer zur Kenn-zeichnung der Gefahr	Gefährliche Güter, für die § 35 nd 35a GGVSEB gilt (Fahrwegbestimmung)
(1)	(2)	(4)	(5)	(12)	(20)	gem. § 35b GGVSEB lfd. Nr.
1105	PENTANOLE	III	3	LGBF	30	
1106	AMYLAMINE	II	3 + 8	L4BH	338	4
1106	AMYLAMINE	III	3 + 8	L4BN	38	
1107	AMYLCHLORIDE	II	3	LGBF	33	4
1108	PENT-1-EN (n-AMYLEN)	I	3	L4BN	33	4
1109	AMYLFORMIATE	III	3	LGBF	30	
1110	n-AMYLMETHYLKETON	III	3	LGBF	30	
1111	AMYLMERCAPTAN	II	3	LGBF	33	4
1112	AMYLNITRATE	III	3	LGBF	30	
1113	AMYLNITRITE	II	3	LGBF	33	4
1114	BENZEN	II	3	LGBF	33	4
1120	BUTANOLE	II	3	LGBF	33	4
1120	BUTANOLE	III	3	LGBF	30	
1123	BUTYLACETATE	II	3	LGBF	33	4
1123	BUTYLACETATE	III	3	LGBF	30	
1125	n-BUTYLAMIN	II	3 + 8	L4BH	338	4
1126	1-BROMBUTAN	II	3	LGBF	33	4
1127	CHLORBUTANE	II	3	LGBF	33	4
1128	n-BUTYLFORMIAT	II	3	LGBF	33	4
1129	BUTYRALDEHYD	II	3	LGBF	33	4
1130	KAMPFERÖL	III	3	LGBF	30	
1131	KOHLENSTOFFDISULFID	I	3 + 6.1	L10CH	336	5
1133	KLEBSTOFFE, mit entzündbarem flüssigem Stoff	I	3	L4BN	33	4
1133	KLEBSTOFFE, mit entzündbarem flüssigem Stoff (Dampfdruck bei 50 °C größer als 110 kPa)	II	3	L1,5BN	33	4
1133	KLEBSTOFFE, mit entzündbarem flüssigem Stoff (Dampfdruck bei 50 °C höchstens 110 kPa)	II	3	LGBF	33	4
1133	KLEBSTOFFE, mit entzündbarem flüssigem Stoff	III	3	LGBF	30	
1134	CHLORBENZEN	III	3	LGBF	30	
1135	ETHYLENCHLORHYDRIN	I	6.1 + 3	L10CH	663	10
1136	STEINKOHLENTEERDESTILLATE, ENTZÜNDBAR	II	3	LGBF	33	4
1136	STEINKOHLENTEERDESTILLATE, ENTZÜNDBAR	III	3	LGBF	30	
1139	SCHUTZANSTRICHLÖSUNG (einschließlich zu Industrie- oder anderen Zwecken verwendete Oberflächenbehandlungen oder Beschichtungen, wie Zwischenbeschichtung für Fahrzeugkarosserien, Auskleidung für Fässer)	I	3	L4BN	33	4
1139	SCHUTZANSTRICHLÖSUNG (einschließlich zu Industrie- oder anderen Zwecken verwendete Oberflächenbehandlungen oder Beschichtungen, wie Zwischenbeschichtung für Fahrzeugkarosserien, Auskleidung für Fässer) (Dampfdruck bei 50 °C größer als 110 kPa)	II	3	L1,5BN	33	4
1139	SCHUTZANSTRICHLÖSUNG (einschließlich zu Industrie- oder anderen Zwecken verwendete Oberflächenbehandlungen oder Beschichtungen, wie Zwischenbeschichtung für Fahrzeugkarosserien, Auskleidung für Fässer) (Dampfdruck bei 50 °C höchstens 110 kPa)	II	3	LGBF	33	4
1139	SCHUTZANSTRICHLÖSUNG (einschließlich zu Industrie- oder anderen Zwecken verwendete Oberflächenbehandlungen oder Beschichtungen, wie Zwischenbeschichtung für Fahrzeugkarosserien, Auskleidung für Fässer)	III	3	LGBF	30	
1143	CROTONALDEHYD oder CROTONALDEHYD, STABILISIERT	I	6.1 + 3	L10CH	663	10
1144	CROTONYLEN	I	3	L4BN	339	4
1145	CYCLOHEXAN	II	3	LGBF	33	4

UN-Nummer	Benennung und Beschreibung	Verpackungs-gruppe	Gefahrzettel	Tankcodierung ADR-Tanks	Nummer zur Kenn-zeichnung der Gefahr	Gefährliche Güter, für die § 35 nd 35a GGVSEB gilt (Fahrwegbestimmung)
(1)	(2)	(4)	(5)	(12)	(20)	gem. § 35b GGVSEB lfd. Nr.
1146	CYCLOPENTAN	II	3	LGBF	33	4
1147	DECAHYDRONAPHTHALEN	III	3	LGBF	30	
1148	DIACETONALKOHOL	II	3	LGBF	33	4
1148	DIACETONALKOHOL	III	3	LGBF	30	
1149	DIBUTYLETHER	III	3	LGBF	30	
1150	1,2-DICHLORETHYLEN	II	3	LGBF	33	4
1152	DICHLORPENTANE	III	3	LGBF	30	
1153	ETHYLENGLYCOLDIETHYLETHER	II	3	LGBF	33	4
1153	ETHYLENGLYCOLDIETHYLETHER	III	3	LGBF	30	
1154	DIETHYLAMIN	II	3 + 8	L4BH	338	4
1155	DIETHYLETHER (ETHYLETHER)	I	3	L4BN	33	4
1156	DIETHYLKETON	II	3	LGBF	33	4
1157	DIISOBUTYLKETON	III	3	LGBF	30	
1158	DIISOPROPYLAMIN	II	3 + 8	L4BH	338	4
1159	DIISOPROPYLETHER	II	3	LGBF	33	4
1160	DIMETHYLAMIN, WÄSSERIGE LÖSUNG	II	3 + 8	L4BH	338	4
1161	DIMETHYLCARBONAT	II	3	LGBF	33	4
1162	DIMETHYLDICHLORSILAN	II	3 + 8	L4BH	X338	4
1163	DIMETHYLHYDRAZIN, ASYMMETRISCH	I	6.1 + 3 + 8	L10CH	663	10
1164	DIMETHYLSULFID	II	3	L1,5BN	33	4
1165	DIOXAN	II	3	LGBF	33	4
1166	DIOXOLAN	II	3	LGBF	33	4
1167	DIVINYLETHER, STABILISIERT	I	3	L4BN	339	4
1169	EXTRAKTE, AROMATISCH, FLÜSSIG (Dampfdruck bei 50 °C größer als 110 kPa)	II	3	L1,5BN	33	4
1169	EXTRAKTE, AROMATISCH, FLÜSSIG (Dampfdruck bei 50 °C höchstens 110 kPa)	II	3	LGBF	33	4
1169	EXTRAKTE, AROMATISCH, FLÜSSIG	III	3	LGBF	30	
1170	ETHANOL (ETHYLALKOHOL) oder ETHANOL, LÖSUNG (ETHYLALKOHOL, LÖSUNG)	II	3	LGBF	33	4
1170	ETHANOL, LÖSUNG (ETHYLALKOHOL, LÖSUNG)	III	3	LGBF	30	
1171	ETHYLENGLYCOLMONOETHYLETHER	III	3	LGBF	30	
1172	ETHYLENGLYCOLMONOETHYLETHERACETAT	III	3	LGBF	30	
1173	ETHYLACETAT	II	3	LGBF	33	4
1175	ETHYLBENZEN	II	3	LGBF	33	4
1176	TRIETHYLBORAT	II	3	LGBF	33	4
1177	2-ETHYLBUTYLACETAT	III	3	LGBF	30	
1178	2-ETHYLBUTYRALDEHYD	II	3	LGBF	33	4
1179	ETHYLBUTYLETHER	II	3	LGBF	33	4
1180	ETHYLBUTYRAT	III	3	LGBF	30	
1181	ETHYLCHLORACETAT	II	6.1 + 3	L4BH	63	
1182	ETHYLCHLORFORMIAT	I	6.1 + 3 + 8	L10CH	663	10
1183	ETHYLDICHLORSILAN	I	4.3 + 3 + 8	L10DH	X338	
1184	ETHYLENDICHLORID	II	3 + 6.1	L4BH	336	4

UN-Nummer	Benennung und Beschreibung	Verpackungs-gruppe	Gefahrzettel	Tankcodierung ADR-Tanks	Nummer zur Kenn-zeichnung der Gefahr	Gefährliche Güter, für die § 35 nd 35a GGVSEB gilt (Fahrwegbestimmung)
(1)	(2)	(4)	(5)	(12)	(20)	gem. § 35b GGVSEB lfd. Nr.
1185	ETHYLENIMIN, STABILISIERT	I	6.1 + 3	L15CH	663	10
1188	ETHYLENGLYCOLMONOMETHYLETHER	III	3	LGBF	30	
1189	ETHYLENGLYCOLMONOMETHYLETHERACETAT	III	3	LGBF	30	
1190	ETHYLFORMIAT	II	3	LGBF	33	4
1191	OCTYLALDEHYDE	III	3	LGBF	30	
1192	ETHYLLACTAT	III	3	LGBF	30	
1193	ETHYLMETHYLKETON (METHYLETHYLKETON)	II	3	LGBF	33	4
1194	ETHYLNITRIT, LÖSUNG	I	3 + 6.1	L10CH	336	4
1195	ETHYLPROPIONAT	II	3	LGBF	33	4
1196	ETHYLTRICHLORSILAN	II	3 + 8	L4BH	X338	4
1197	EXTRAKTE, GESCHMACKSTOFFE, FLÜSSIG (Dampfdruck bei 50 °C größer als 110 kPa)	II	3	L1,5BN	33	4
1197	EXTRAKTE, GESCHMACKSTOFFE, FLÜSSIG (Dampfdruck bei 50 °C höchstens 110 kPa)	II	3	LGBF	33	4
1197	EXTRAKTE, GESCHMACKSTOFFE, FLÜSSIG	III	3	LGBF	30	
1198	FORMALDEHYDLÖSUNG, ENTZÜNDBAR	III	3 + 8	L4BN	38	
1199	FURALDEHYDE	II	6.1 + 3	L4BH	63	
1201	FUSELÖL	II	3	LGBF	33	4
1201	FUSELÖL	III	3	LGBF	30	
1202	DIESELKRAFTSTOFF oder GASÖL oder HEIZÖL, LEICHT (Flammpunkt höchstens 60 °C)	III	3	LGBF	30	
1202	DIESELKRAFTSTOFF, der Norm EN 590:2013 + A1:2017 entsprechend, oder GASÖL oder HEIZÖL, LEICHT mit einem Flammpunkt gemäß EN 590:2013 + A1:2017	III	3	LGBF	30	
1202	DIESELKRAFTSTOFF oder GASÖL oder HEIZÖL, LEICHT (Flammpunkt über 60 °C bis einschließlich 100 °C)	III	3	LGBV	30	
1203	BENZIN oder OTTOKRAFTSTOFF	II	3	LGBF	33	4
1206	HEPTANE	II	3	LGBF	33	4
1207	HEXALDEHYD	III	3	LGBF	30	
1208	HEXANE	II	3	LGBF	33	4
1210	DRUCKFARBE, entzündbar oder DRUCKFARBZUBEHÖRSTOFFE (einschließlich Druckfarbverdünnung und -lösemittel), entzündbar	I	3	L4BN	33	4
1210	DRUCKFARBE, entzündbar oder DRUCKFARBZUBEHÖRSTOFFE (einschließlich Druckfarbverdünnung und -lösemittel), entzündbar (Dampfdruck bei 50 °C größer als 110 kPa)	II	3	L1,5BN	33	4
1210	DRUCKFARBE, entzündbar oder DRUCKFARBZUBEHÖRSTOFFE (einschließlich Druckfarbverdünnung und -lösemittel), entzündbar (Dampfdruck bei 50 °C höchstens 110 kPa)	II	3	LGBF	33	4
1210	DRUCKFARBE, entzündbar oder DRUCKFARBZUBEHÖRSTOFFE (einschließlich Druckfarbverdünnung und -lösemittel), entzündbar	III	3	LGBF	30	
1212	ISOBUTANOL (ISOBUTYLALKOHOL)	III	3	LGBF	30	
1213	ISOBUTYLACETAT	II	3	LGBF	33	4
1214	ISOBUTYLAMIN	II	3 + 8	L4BH	338	4
1216	ISOOCTENE	II	3	LGBF	33	4
1218	ISOPREN, STABILISIERT	I	3	L4BN	339	4
1219	ISOPROPANOL (ISOPROPYLALKOHOL)	II	3	LGBF	33	4
1220	ISOPROPYLACETAT	II	3	LGBF	33	4
1221	ISOPROPYLAMIN	I	3 + 8	L10CH	338	4
1223	KEROSIN	III	3	LGBF	30	

UN-Nummer	Benennung und Beschreibung	Verpackungs-gruppe	Gefahrzettel	Tankcodierung ADR-Tanks	Nummer zur Kenn-zeichnung der Gefahr	Gefährliche Güter, für die § 35 nd 35a GGVSEB gilt (Fahrwegbestimmung)
(1)	(2)	(4)	(5)	(12)	(20)	gem. § 35b GGVSEB lfd. Nr.
1224	KETONE, FLÜSSIG, N.A.G. (Dampfdruck bei 50 °C größer als 110 kPa)	II	3	L1,5BN	33	4
1224	KETONE, FLÜSSIG, N.A.G. (Dampfdruck bei 50 °C höchstens 110 kPa)	II	3	LGBF	33	4
1224	KETONE, FLÜSSIG, N.A.G.	III	3	LGBF	30	
1228	MERCAPTANE, FLÜSSIG, ENTZÜNDBAR, GIFTIG, N.A.G. oder MERCAPTANE, MISCHUNG, FLÜSSIG, ENTZÜNDBAR, GIFTIG, N.A.G.	II	3 + 6.1	L4BH	336	4
1228	MERCAPTANE, FLÜSSIG, ENTZÜNDBAR, GIFTIG, N.A.G. oder MERCAPTANE, MISCHUNG, FLÜSSIG, ENTZÜNDBAR, GIFTIG, N.A.G.	III	3 + 6.1	L4BH	36	
1229	MESITYLOXID	III	3	LGBF	30	
1230	METHANOL	II	3 + 6.1	L4BH	336	4
1231	METHYLACETAT	II	3	LGBF	33	4
1233	METHYLAMYLACETAT	III	3	LGBF	30	
1234	METHYLAL	II	3	L1,5BN	33	4
1235	METHYLAMIN, WÄSSERIGE LÖSUNG	II	3 + 8	L4BH	338	4
1237	METHYLBUTYRAT	II	3	LGBF	33	4
1238	METHYLCHLORFORMIAT	I	6.1 + 3 + 8	L15CH	663	10
1239	METHYLCHLORMETHYLETHER	I	6.1 + 3	L15CH	663	10
1242	METHYLDICHLORSILAN	I	4.3 + 3 + 8	L10DH	X338	
1243	METHYLFORMIAT	I	3	L4BN	33	4
1244	METHYLHYDRAZIN	I	6.1 + 3 + 8	L15CH	663	10
1245	METHYLISOBUTYLKETON	II	3	LGBF	33	4
1246	METHYLISOPROPENYLKETON, STABILISIERT	II	3	LGBF	339	4
1247	METHYLMETHACRYLAT, MONOMER, STABILISIERT	II	3	LGBF	339	4
1248	METHYLPROPIONAT	II	3	LGBF	33	4
1249	METHYLPROPYLKETON	II	3	LGBF	33	4
1250	METHYLTRICHLORSILAN	II	3 + 8	L4BH	X338	4
1251	METHYLVINYLKETON, STABILISIERT	I	6.1 + 3 + 8	L15CH	639	10
1259	NICKELTETRACARBONYL	I	6.1 + 3	L15CH	663	10
1262	OCTANE	II	3	LGBF	33	4
1263	FARBE (einschließlich Farbe, Lack, Emaille, Beize, Schellack, Firnis, Politur, flüssiger Füllstoff und flüssige Lackgrundlage) oder FARBZUBEHÖRSTOFFE (einschließlich Farbverdünnung und -lösemittel)	I	3	L4BN	33	4
1263	FARBE (einschließlich Farbe, Lack, Emaille, Beize, Schellack, Firnis, Politur, flüssiger Füllstoff und flüssige Lackgrundlage) oder FARBZUBEHÖRSTOFFE (einschließlich Farbverdünnung und -lösemittel) (Dampfdruck bei 50 °C größer als 110 kPa)	II	3	L1,5BN	33	4
1263	FARBE (einschließlich Farbe, Lack, Emaille, Beize, Schellack, Firnis, Politur, flüssiger Füllstoff und flüssige Lackgrundlage) oder FARBZUBEHÖRSTOFFE (einschließlich Farbverdünnung und -lösemittel) (Dampfdruck bei 50 °C höchstens 110 kPa)	II	3	LGBF	33	4
1263	FARBE (einschließlich Farbe, Lack, Emaille, Beize, Schellack, Firnis, Politur, flüssiger Füllstoff und flüssige Lackgrundlage) oder FARBZUBEHÖRSTOFFE (einschließlich Farbverdünnung und -lösemittel)	III	3	LGBF	30	
1264	PARALDEHYD	III	3	LGBF	30	
1265	PENTANE, flüssig	I	3	L4BN	33	4

UN-Nummer	Benennung und Beschreibung	Verpackungsgruppe	Gefahrzettel	Tankcodierung ADR-Tanks	Nummer zur Kennzeichnung der Gefahr	Gefährliche Güter, für die § 35 nd 35a GGVSEB gilt (Fahrwegbestimmung)
(1)	(2)	(4)	(5)	(12)	(20)	gem. § 35b GGVSEB lfd. Nr.
1265	PENTANE, flüssig	II	3	L1,5BN	33	4
1266	PARFÜMERIEERZEUGNISSE mit entzündbaren Lösungsmitteln (Dampfdruck bei 50 °C größer als 110 kPa)	II	3	L1,5BN	33	4
1266	PARFÜMERIEERZEUGNISSE mit entzündbaren Lösungsmitteln (Dampfdruck bei 50 °C höchstens 110 kPa)	II	3	LGBF	33	4
1266	PARFÜMERIEERZEUGNISSE mit entzündbaren Lösungsmitteln	III	3	LGBF	30	
1267	ROHERDÖL	I	3	L4BN	33	4
1267	ROHERDÖL (Dampfdruck bei 50 °C größer als 110 kPa)	II	3	L1,5BN	33	4
1267	ROHERDÖL (Dampfdruck bei 50 °C höchstens 110 kPa)	II	3	LGBF	33	4
1267	ROHERDÖL	III	3	LGBF	30	
1268	ERDÖLDESTILLATE, N.A.G. oder ERDÖLPRODUKTE, N.A.G.	I	3	L4BN	33	4
1268	ERDÖLDESTILLATE, N.A.G. oder ERDÖLPRODUKTE, N.A.G. (Dampfdruck bei 50 °C größer als 110 kPa)	II	3	L1,5BN	33	4
1268	ERDÖLDESTILLATE, N.A.G. oder ERDÖLPRODUKTE, N.A.G. (Dampfdruck bei 50 °C höchstens 110 kPa)	II	3	LGBF	33	4
1268	ERDÖLDESTILLATE, N.A.G. oder ERDÖLPRODUKTE, N.A.G.	III	3	LGBF	30	
1272	KIEFERNÖL	III	3	LGBF	30	
1274	n-PROPANOL (n-PROPYLALKOHOL)	II	3	LGBF	33	4
1274	n-PROPANOL (n-PROPYLALKOHOL)	III	3	LGBF	30	
1275	PROPIONALDEHYD	II	3	LGBF	33	4
1276	n-PROPYLACETAT	II	3	LGBF	33	4
1277	PROPYLAMIN	II	3 + 8	L4BH	338	4
1278	1-CHLORPROPAN	II	3	L1,5BN	33	4
1279	1,2-DICHLORPROPAN	II	3	LGBF	33	4
1280	PROPYLENOXID	I	3	L4BN	33	4
1281	PROPYLFORMIATE	II	3	LGBF	33	4
1282	PYRIDIN	II	3	LGBF	33	4
1286	HARZÖL (Dampfdruck bei 50 °C größer als 110 kPa)	II	3	L1,5BN	33	4
1286	HARZÖL (Dampfdruck bei 50 °C höchstens 110 kPa)	II	3	LGBF	33	4
1286	HARZÖL	III	3	LGBF	30	
1287	GUMMILÖSUNG (Dampfdruck bei 50 °C größer als 110 kPa)	II	3	L1,5BN	33	4
1287	GUMMILÖSUNG (Dampfdruck bei 50 °C höchstens 110 kPa)	II	3	LGBF	33	4
1287	GUMMILÖSUNG	III	3	LGBF	30	
1288	SCHIEFERÖL	II	3	LGBF	33	4
1288	SCHIEFERÖL	III	3	LGBF	30	
1289	NATRIUMMETHYLAT, LÖSUNG in Alkohol	II	3 + 8	L4BH	338	4
1289	NATRIUMMETHYLAT, LÖSUNG in Alkohol	III	3 + 8	L4BN	38	
1292	TETRAETHYLSILICAT	III	3	LGBF	30	
1293	TINKTUREN, MEDIZINISCHE	II	3	LGBF	33	4
1293	TINKTUREN, MEDIZINISCHE	III	3	LGBF	30	
1294	TOLUEN	II	3	LGBF	33	4
1295	TRICHLORSILAN	I	4.3 + 3 + 8	L10DH	X338	
1296	TRIETHYLAMIN	II	3 + 8	L4BH	338	4
1297	TRIMETHYLAMIN, WÄSSERIGE LÖSUNG mit höchstens 50 Masse-% Trimethylamin	I	3 + 8	L10CH	338	4
1297	TRIMETHYLAMIN, WÄSSERIGE LÖSUNG mit höchstens 50 Masse-% Trimethylamin	II	3 + 8	L4BH	338	4

UN-Nummer	Benennung und Beschreibung	Verpackungsgruppe	Gefahrzettel	Tankcodierung ADR-Tanks	Nummer zur Kennzeichnung der Gefahr	Gefährliche Güter, für die § 35 nd 35a GGVSEB gilt (Fahrwegbestimmung)
(1)	(2)	(4)	(5)	(12)	(20)	gem. § 35b GGVSEB lfd. Nr.
1297	TRIMETHYLAMIN, WÄSSERIGE LÖSUNG mit höchstens 50 Masse-% Trimethylamin	III	3 + 8	L4BN	38	
1298	TRIMETHYLCHLORSILAN	II	3 + 8	L4BH	X338	4
1299	TERPENTIN	III	3	LGBF	30	
1300	TERPENTINÖLERSATZ	II	3	LGBF	33	4
1300	TERPENTINÖLERSATZ	III	3	LGBF	30	
1301	VINYLACETAT, STABILISIERT	II	3	LGBF	339	4
1302	VINYLETHYLETHER, STABILISIERT	I	3	L4BN	339	4
1303	VINYLIDENCHLORID, STABILISIERT	I	3	L4BN	339	4
1304	VINYLISOBUTYLETHER, STABILISIERT	II	3	LGBF	339	4
1305	VINYLTRICHLORSILAN	II	3 + 8	L4BH	X338	4
1306	HOLZSCHUTZMITTEL, FLÜSSIG (Dampfdruck bei 50 °C größer als 110 kPa)	II	3	L1,5BN	33	4
1306	HOLZSCHUTZMITTEL, FLÜSSIG (Dampfdruck bei 50 °C höchstens 110 kPa)	II	3	LGBF	33	4
1306	HOLZSCHUTZMITTEL, FLÜSSIG	III	3	LGBF	30	
1307	XYLENE	II	3	LGBF	33	4
1307	XYLENE	III	3	LGBF	30	
1308	ZIRKONIUM, SUSPENDIERT IN EINEM ENTZÜNDBAREN FLÜSSIGEN STOFF	I	3	L4BN	33	4
1308	ZIRKONIUM, SUSPENDIERT IN EINEM ENTZÜNDBAREN FLÜSSIGEN STOFF (Dampfdruck bei 50 °C größer als 110 kPa)	II	3	L1,5BN	33	4
1308	ZIRKONIUM, SUSPENDIERT IN EINEM ENTZÜNDBAREN FLÜSSIGEN STOFF (Dampfdruck bei 50 °C höchstens 110 kPa)	II	3	LGBF	33	4
1308	ZIRKONIUM, SUSPENDIERT IN EINEM ENTZÜNDBAREN FLÜSSIGEN STOFF	III	3	LGBF	30	
1309	ALUMINIUM-PULVER, ÜBERZOGEN	II	4.1	SGAN	40	
1309	ALUMINIUM-PULVER, ÜBERZOGEN	III	4.1	SGAV	40	
1312	BORNEOL	III	4.1	SGAV	40	
1313	CALCIUMRESINAT	III	4.1	SGAV	40	
1314	CALCIUMRESINAT, GESCHMOLZEN und erstarrt	III	4.1	SGAV	40	
1318	COBALTRESINAT, GEFÄLLT	III	4.1	SGAV	40	
1323	EISENCER	II	4.1	SGAN	40	
1325	ENTZÜNDBARER ORGANISCHER FESTER STOFF, N.A.G.	II	4.1	SGAN	40	
1325	ENTZÜNDBARER ORGANISCHER FESTER STOFF, N.A.G.	III	4.1	SGAV	40	
1326	HAFNIUM-PULVER, ANGEFEUCHTET mit mindestens 25 % Wasser	II	4.1	SGAN	40	
1328	HEXAMETHYLENTETRAMIN	III	4.1	SGAV	40	
1330	MANGANRESINAT	III	4.1	SGAV	40	
1332	METALDEHYD	III	4.1	SGAV	40	
1334	NAPHTHALEN, ROH oder NAPHTHALEN, RAFFINIERT	III	4.1	SGAV	40	
1338	PHOSPHOR, AMORPH	III	4.1	SGAV	40	
1339	PHOSPHORHEPTASULFID (chemische Formel P_4S_7), frei von gelbem oder weißem Phosphor	II	4.1	SGAN	40	
1340	PHOSPHORPENTASULFID (chemische Formel P_2S_5), frei von gelbem oder weißem Phosphor	II	4.3 + 4.1	SGAN	423	
1341	PHOSPHORSESQUISULFID (chemische Formel P_4S_3), frei von gelbem oder weißem Phosphor	II	4.1	SGAN	40	
1343	PHOSPHORTRISULFID (chemische Formel P_4S_6), frei von gelbem oder weißem Phosphor	II	4.1	SGAN	40	
1345	KAUTSCHUK- (Gummi-) ABFÄLLE, gemahlen oder KAUTSCHUK- (Gummi-) RESTE, pulverförmig oder granuliert	II	4.1	SGAN	40	
1346	SILICIUM-PULVER, AMORPH	III	4.1	SGAV	40	
1350	SCHWEFEL	III	4.1	SGAV	40	
1352	TITAN-PULVER, ANGEFEUCHTET mit mindestens 25 % Wasser	II	4.1	SGAN	40	
1358	ZIRKONIUM-PULVER, ANGEFEUCHTET mit mindestens 25 % Wasser	II	4.1	SGAN	40	

UN-Nummer	Benennung und Beschreibung	Verpackungs-gruppe	Gefahrzettel	Tankcodierung ADR-Tanks	Nummer zur Kenn-zeichnung der Gefahr	Gefährliche Güter, für die § 35 nd 35a GGVSEB gilt (Fahrwegbestimmung)
(1)	(2)	(4)	(5)	(12)	(20)	gem. § 35b GGVSEB lfd. Nr.
1361	KOHLE oder RUSS, tierischen oder pflanzlichen Ursprungs	II	4.2	SGAN	40	
1361	KOHLE oder RUSS, tierischen oder pflanzlichen Ursprungs	III	4.2	SGAV	40	
1362	KOHLE, AKTIVIERT	III	4.2	SGAV	40	
1369	p-NITROSODIMETHYLANILIN	II	4.2	SGAN	40	
1376	EISENOXID, GEBRAUCHT oder EISEN-SCHWAMM, GEBRAUCHT, aus der Kokereigasreinigung	III	4.2	SGAV	40	
1378	METALLKATALYSATOR, ANGEFEUCHTET mit einem sichtbaren Überschuss an Flüssigkeit	II	4.2	SGAN	40	
1380	PENTABORAN	I	4.2 + 6.1	L21DH	333	
1381	PHOSPHOR, WEISS oder GELB, UNTER WASSER oder IN LÖSUNG	I	4.2 + 6.1	L10DH(+)	46	
1381	PHOSPHOR, WEISS oder GELB, TROCKEN	I	4.2 + 6.1	L10DH(+)	46	
1382	KALIUMSULFID, WASSERFREI oder KALIUMSULFID mit weniger als 30 % Kristallwasser	II	4.2	SGAN	40	
1384	NATRIUMDITHIONIT (NATRIUMHYDROSULFIT)	II	4.2	SGAN	40	
1385	NATRIUMSULFID, WASSERFREI oder NATRIUMSULFID mit weniger als 30 % Kristallwasser	II	4.2	SGAN	40	
1389	ALKALIMETALLAMALGAM, FLÜSSIG	I	4.3	L10BN(+)	X323	
1390	ALKALIMETALLAMIDE	II	4.3	SGAN	423	
1391	ALKALIMETALLDISPERSION oder ERDALKALIMETALLDISPERSION	I	4.3	L10BN(+)	X323	
1392	ERDALKALIMETALLAMALGAM, FLÜSSIG	I	4.3	L10BN(+)	X323	
1393	ERDALKALIMETALLLEGIERUNG, N.A.G.	II	4.3	SGAN	423	
1394	ALUMINIUMCARBID	II	4.3	SGAN	423	
1395	ALUMINIUMFERROSILICIUM-PULVER	II	4.3 + 6.1	SGAN	462	
1396	ALUMINIUM-PULVER, NICHT ÜBERZOGEN	II	4.3	SGAN	423	
1396	ALUMINIUM-PULVER, NICHT ÜBERZOGEN	III	4.3	SGAN	423	
1398	ALUMINIUMSILICIUM-PULVER, NICHT ÜBERZOGEN	III	4.3	SGAN	423	
1400	BARIUM	II	4.3	SGAN	423	
1401	CALCIUM	II	4.3	SGAN	423	
1402	CALCIUMCARBID	I	4.3	S2,65AN(+)	X423	
1402	CALCIUMCARBID	II	4.3	SGAN	423	
1403	CALCIUMCYANAMID mit mehr als 0,1 Masse-% Calciumcarbid	III	4.3	SGAN	423	
1405	CALCIUMSILICID	II	4.3	SGAN	423	
1405	CALCIUMSILICID	III	4.3	SGAN	423	
1407	CAESIUM	I	4.3	L10CH(+)	X423	
1408	FERROSILICIUM mit mindestens 30 Masse-%, aber weniger als 90 Masse-% Silicium	III	4.3 + 6.1	SGAN	462	
1409	METALLHYDRIDE, MIT WASSER REAGIEREND, N.A.G.	II	4.3	SGAN	423	
1415	LITHIUM	I	4.3	L10BN(+)	X423	
1417	LITHIUMSILICIUM	II	4.3	SGAN	423	
1418	MAGNESIUM-PULVER oder MAGNESIUMLEGIERUNGSPULVER	II	4.3 + 4.2	SGAN	423	
1418	MAGNESIUM-PULVER oder MAGNESIUMLEGIERUNGSPULVER	III	4.3 + 4.2	SGAN	423	
1420	KALIUMMETALLLEGIERUNGEN, FLÜSSIG	I	4.3	L10BN(+)	X323	
1421	ALKALIMETALLLEGIERUNG, FLÜSSIG, N.A.G.	I	4.3	L10BN(+)	X323	
1422	KALIUM-NATRIUM-LEGIERUNGEN, FLÜSSIG	I	4.3	L10BN(+)	X323	
1423	RUBIDIUM	I	4.3	L10CH(+)	X423	
1428	NATRIUM	I	4.3	L10BN(+)	X423	

UN-Nummer	Benennung und Beschreibung	Verpackungs-gruppe	Gefahrzettel	Tankcodierung ADR-Tanks	Nummer zur Kenn-zeichnung der Gefahr	Gefährliche Güter, für die § 35 nd 35a GGVSEB gilt (Fahrwegbestimmung)
(1)	(2)	(4)	(5)	(12)	(20)	gem. § 35b GGVSEB lfd. Nr.
1431	NATRIUMMETHYLAT	II	4.2 + 8	SGAN	48	
1435	ZINK-ASCHEN	III	4.3	SGAN	423	
1436	ZINK-PULVER oder ZINK-STAUB	II	4.3 + 4.2	SGAN	423	
1436	ZINK-PULVER oder ZINK-STAUB	III	4.3 + 4.2	SGAN	423	
1437	ZIRKONIUMHYDRID	II	4.1	SGAN	40	
1438	ALUMINIUMNITRAT	III	5.1	SGAV	50	
1439	AMMONIUMDICHROMAT	II	5.1	SGAN	50	
1444	AMMONIUMPERSULFAT	III	5.1	SGAV	50	
1445	BARIUMCHLORAT, FEST	II	5.1 + 6.1	SGAN	56	
1446	BARIUMNITRAT	II	5.1 + 6.1	SGAN	56	
1447	BARIUMPERCHLORAT, FEST	II	5.1 + 6.1	SGAN	56	
1448	BARIUMPERMANGANAT	II	5.1 + 6.1	SGAN	56	
1449	BARIUMPEROXID	II	5.1 + 6.1	SGAN	56	
1450	BROMATE, ANORGANISCHE, N.A.G.	II	5.1	SGAV	50	
1451	CAESIUMNITRAT	III	5.1	SGAV	50	
1452	CALCIUMCHLORAT	II	5.1	SGAV	50	
1453	CALCIUMCHLORIT	II	5.1	SGAN	50	
1454	CALCIUMNITRAT	III	5.1	SGAV	50	
1455	CALCIUMPERCHLORAT	II	5.1	SGAV	50	
1456	CALCIUMPERMANGANAT	II	5.1	SGAN	50	
1457	CALCIUMPEROXID	II	5.1	SGAN	50	
1458	BORAT UND CHLORAT, MISCHUNG	II	5.1	SGAV	50	
1458	BORAT UND CHLORAT, MISCHUNG	III	5.1	SGAV	50	
1459	CHLORAT UND MAGNESIUMCHLORID, MISCHUNG, FEST	II	5.1	SGAV	50	
1459	CHLORAT UND MAGNESIUMCHLORID, MISCHUNG, FEST	III	5.1	SGAV	50	
1461	CHLORATE, ANORGANISCHE, N.A.G.	II	5.1	SGAV	50	
1462	CHLORITE, ANORGANISCHE, N.A.G.	II	5.1	SGAN	50	
1463	CHROMTRIOXID, WASSERFREI	II	5.1 + 6.1 + 8	SGAN	568	
1465	DIDYMIUMNITRAT	III	5.1	SGAV	50	
1466	EISEN(III)NITRAT	III	5.1	SGAV	50	
1467	GUANIDINNITRAT	III	5.1	SGAV	50	
1469	BLEINITRAT	II	5.1 + 6.1	SGAN	56	
1470	BLEIPERCHLORAT, FEST	II	5.1 + 6.1	SGAN	56	
1471	LITHIUMHYPOCHLORIT, TROCKEN oder LITHIUMHYPOCHLORIT, MISCHUNG	II	5.1	SGAN	50	
1471	LITHIUMHYPOCHLORIT, TROCKEN oder LITHIUMHYPOCHLORIT, GEMISCH	III	5.1	SGVA	50	
1472	LITHIUMPEROXID	II	5.1	SGAN	50	
1473	MAGNESIUMBROMAT	II	5.1	SGAV	50	
1474	MAGNESIUMNITRAT	III	5.1	SGAV	50	
1475	MAGNESIUMPERCHLORAT	II	5.1	SGAV	50	
1476	MAGNESIUMPEROXID	II	5.1	SGAN	50	
1477	NITRATE, ANORGANISCHE, N.A.G.	II	5.1	SGAN	50	

UN-Nummer	Benennung und Beschreibung	Verpackungs-gruppe	Gefahrzettel	Tankcodierung ADR-Tanks	Nummer zur Kenn-zeichnung der Gefahr	Gefährliche Güter, für die § 35 nd 35a GGVSEB gilt (Fahrwegbestimmung)
(1)	(2)	(4)	(5)	(12)	(20)	gem. § 35b GGVSEB lfd. Nr.
1477	NITRATE, ANORGANISCHE, N.A.G.	III	5.1	SGAV	50	
1479	ENTZÜNDEND (OXIDIEREND) WIRKENDER FESTER STOFF, N.A.G.	II	5.1	SGAN	50	
1479	ENTZÜNDEND (OXIDIEREND) WIRKENDER FESTER STOFF, N.A.G.	III	5.1	SGAN	50	
1481	PERCHLORATE, ANORGANISCHE, N.A.G.	II	5.1	SGAV	50	
1481	PERCHLORATE, ANORGANISCHE, N.A.G.	III	5.1	SGAV	50	
1482	PERMANGANATE, ANORGANISCHE, N.A.G.	II	5.1	SGAN	50	
1482	PERMANGANATE, ANORGANISCHE, N.A.G.	III	5.1	SGAN	50	
1483	PEROXIDE, ANORGANISCHE, N.A.G.	II	5.1	SGAN	50	
1483	PEROXIDE, ANORGANISCHE, N.A.G.	III	5.1	SGAN	50	
1484	KALIUMBROMAT	II	5.1	SGAV	50	
1485	KALIUMCHLORAT	II	5.1	SGAV	50	
1486	KALIUMNITRAT	III	5.1	SGAV	50	
1487	KALIUMNITRAT UND NATRIUMNITRIT, MISCHUNG	II	5.1	SGAV	50	
1488	KALIUMNITRIT	II	5.1	SGAV	50	
1489	KALIUMPERCHLORAT	II	5.1	SGAV	50	
1490	KALIUMPERMANGANAT	II	5.1	SGAN	50	
1492	KALIUMPERSULFAT	III	5.1	SGAV	50	
1493	SILBERNITRAT	II	5.1	SGAV	50	
1494	NATRIUMBROMAT	II	5.1	SGAV	50	
1495	NATRIUMCHLORAT	II	5.1	SGAV	50	
1496	NATRIUMCHLORIT	II	5.1	SGAN	50	
1498	NATRIUMNITRAT	III	5.1	SGAV	50	
1499	NATRIUMNITRAT UND KALIUMNITRAT, MISCHUNG	III	5.1	SGAV	50	
1500	NATRIUMNITRIT	III	5.1 + 6.1	SGAN	56	
1502	NATRIUMPERCHLORAT	II	5.1	SGAV	50	
1503	NATRIUMPERMANGANAT	II	5.1	SGAN	50	
1505	NATRIUMPERSULFAT	III	5.1	SGAV	50	
1506	STRONTIUMCHLORAT	II	5.1	SGAV	50	
1507	STRONTIUMNITRAT	III	5.1	SGAV	50	
1508	STRONTIUMPERCHLORAT	II	5.1	SGAV	50	
1509	STRONTIUMPEROXID	II	5.1	SGAN	50	
1510	TETRANITROMETHAN	I	6.1 + 5.1	L10CH	665	10
1511	HARNSTOFFWASSERSTOFFPEROXID	III	5.1 + 8	SGAN	58	
1512	ZINKAMMONIUMNITRIT	II	5.1	SGAN	50	
1513	ZINKCHLORAT	II	5.1	SGAV	50	
1514	ZINKNITRAT	II	5.1	SGAN	50	
1515	ZINKPERMANGANAT	II	5.1	SGAN	50	
1516	ZINKPEROXID	II	5.1	SGAN	50	
1541	ACETONCYANHYDRIN, STABILISIERT	I	6.1	L10CH	669	10
1544	ALKALOIDE, FEST, N.A.G. oder ALKALOIDSALZE, FEST, N.A.G.	I	6.1	S10AH	66	
1544	ALKALOIDE, FEST, N.A.G. oder ALKALOIDSALZE, FEST, N.A.G.	II	6.1	SGAH L4BH	60	
1544	ALKALOIDE, FEST, N.A.G. oder ALKALOIDSALZE, FEST, N.A.G.	III	6.1	SGAH L4BH	60	
1545	ALLYLISOTHIOCYANAT, STABILISIERT	II	6.1 + 3	L4BH	639	
1546	AMMONIUMARSENAT	II	6.1	SGAH	60	
1547	ANILIN	II	6.1	L4BH	60	
1548	ANILINHYDROCHLORID	III	6.1	SGAH	60	

UN-Nummer	Benennung und Beschreibung	Verpackungsgruppe	Gefahrzettel	Tankcodierung ADR-Tanks	Nummer zur Kennzeichnung der Gefahr	Gefährliche Güter, für die § 35 nd 35a GGVSEB gilt (Fahrwegbestimmung)
(1)	(2)	(4)	(5)	(12)	(20)	gem. § 35b GGVSEB lfd. Nr.
1549	ANORGANISCHE ANTIMONVERBINDUNG, FEST, N.A.G.	III	6.1	SGAH L4BH	60	
1550	ANTIMONLAKTAT	III	6.1	SGAH L4BH	60	
1551	ANTIMONYLKALIUMTARTRAT	III	6.1	SGAH L4BH	60	
1553	ARSENSÄURE, FLÜSSIG	I	6.1	L10CH	66	10
1554	ARSENSÄURE, FEST	II	6.1	SGAH L4BH	60	
1555	ARSENBROMID	II	6.1	SGAH L4BH	60	
1556	ARSENVERBINDUNG, FLÜSSIG, N.A.G., anorganisch, einschließlich Arsenate, n.a.g., Arsenite, n.a.g. und Arsensulfide, n.a.g.	I	6.1	L10CH	66	10
1556	ARSENVERBINDUNG, FLÜSSIG, N.A.G., anorganisch, einschließlich Arsenate, n.a.g., Arsenite, n.a.g. und Arsensulfide, n.a.g.	II	6.1	L4BH	60	
1556	ARSENVERBINDUNG, FLÜSSIG, N.A.G., anorganisch, einschließlich Arsenate, n.a.g., Arsenite, n.a.g. und Arsensulfide, n.a.g.	III	6.1	L4BH	60	
1557	ARSENVERBINDUNG, FEST, N.A.G., anorganisch, einschließlich Arsenate, n.a.g., Arsenite, n.a.g. und Arsensulfide, n.a.g.	I	6.1	S10AH L10CH	66	
1557	ARSENVERBINDUNG, FEST, N.A.G., anorganisch, einschließlich Arsenate, n.a.g., Arsenite, n.a.g. und Arsensulfide, n.a.g.	II	6.1	SGAH L4BH	60	
1557	ARSENVERBINDUNG, FEST, N.A.G., anorganisch, einschließlich Arsenate, n.a.g., Arsenite, n.a.g. und Arsensulfide, n.a.g.	III	6.1	SGAH L4BH	60	
1558	ARSEN	II	6.1	SGAH	60	
1559	ARSENPENTOXID	II	6.1	SGAH	60	
1560	ARSENTRICHLORID	I	6.1	L10CH	66	10
1561	ARSENTRIOXID	II	6.1	SGAH	60	
1562	ARSEN-STAUB	II	6.1	SGAH	60	
1564	BARIUMVERBINDUNG, N.A.G.	II	6.1	SGAH L4BH	60	
1564	BARIUMVERBINDUNG, N.A.G.	III	6.1	SGAH L4BH	60	
1565	BARIUMCYANID	I	6.1	S10AH	66	
1566	BERYLLIUMVERBINDUNG, N.A.G.	II	6.1	SGAH L4BH	60	
1566	BERYLLIUMVERBINDUNG, N.A.G.	III	6.1	SGAH L4BH	60	
1567	BERYLLIUM-PULVER	II	6.1 + 4.1	SGAH	64	
1569	BROMACETON	II	6.1 + 3	L4BH	63	
1570	BRUCIN	I	6.1	S10AH L10CH	66	
1572	KAKODYLSÄURE	II	6.1	SGAH	60	
1573	CALCIUMARSENAT	II	6.1	SGAH	60	
1574	CALCIUMARSENAT UND CALCIUMARSENIT, MISCHUNG, FEST	II	6.1	SGAH	60	
1575	CALCIUMCYANID	I	6.1	S10AH	66	
1577	CHLORDINITROBENZENE, FLÜSSIG	II	6.1	L4BH	60	
1578	CHLORNITROBENZENE, FEST	II	6.1	SGAH	60	
1579	4-CHLOR-o-TOLUIDIN-HYDROCHLORID, FEST	III	6.1	SGAH L4BH	60	
1580	CHLORPIKRIN	I	6.1	L15CH	66	10
1581	CHLORPIKRIN UND METHYLBROMID, GEMISCH mit mehr als 2 % Chlorpikrin		2.3	PxBH(M)	26	3
1582	CHLORPIKRIN UND METHYLCHLORID, GEMISCH		2.3	PxBH(M)	26	3
1583	CHLORPIKRIN, MISCHUNG, N.A.G.	I	6.1	L10CH	66	10
1583	CHLORPIKRIN, MISCHUNG, N.A.G.	II	6.1	L4BH	60	

UN-Nummer	Benennung und Beschreibung	Verpackungs-gruppe	Gefahrzettel	Tankcodierung ADR-Tanks	Nummer zur Kenn-zeichnung der Gefahr	Gefährliche Güter, für die § 35 nd 35a GGVSEB gilt (Fahrwegbestimmung)
(1)	(2)	(4)	(5)	(12)	(20)	gem. § 35b GGVSEB lfd. Nr.
1583	CHLORPIKRIN, MISCHUNG, N.A.G.	III	6.1	L4BH	60	
1585	KUPFERACETOARSENIT	II	6.1	SGAH	60	
1586	KUPFERARSENIT	II	6.1	SGAH	60	
1587	KUPFERCYANID	II	6.1	SGAH	60	
1588	CYANIDE, ANORGANISCH, FEST, N.A.G.	I	6.1	S10AH	66	
1588	CYANIDE, ANORGANISCH, FEST, N.A.G.	II	6.1	SGAH	60	
1588	CYANIDE, ANORGANISCH, FEST, N.A.G.	III	6.1	SGAH	60	
1590	DICHLORANILINE, FLÜSSIG	II	6.1	L4BH	60	
1591	o-DICHLORBENZEN	III	6.1	L4BH	60	
1593	DICHLORMETHAN	III	6.1	L4BH	60	
1594	DIETHYLSULFAT	II	6.1	L4BH	60	
1595	DIMETHYLSULFAT	I	6.1 + 8	L10CH	668	10
1596	DINITROANILINE	II	6.1	SGAH L4BH	60	
1597	DINITROBENZENE, FLÜSSIG	II	6.1	L4BH	60	
1597	DINITROBENZENE, FLÜSSIG	III	6.1	L4BH	60	
1598	DINITRO-o-CRESOL	II	6.1	SGAH L4BH	60	
1599	DINITROPHENOL, LÖSUNG	II	6.1	L4BH	60	
1599	DINITROPHENOL, LÖSUNG	III	6.1	L4BH	60	
1600	DINITROTOLUENE, GESCHMOLZEN	II	6.1	L4BH	60	
1601	DESINFEKTIONSMITTEL, FEST, GIFTIG, N.A.G.	I	6.1	S10AH L10CH	66	
1601	DESINFEKTIONSMITTEL, FEST, GIFTIG, N.A.G.	II	6.1	SGAH L4BH	60	
1601	DESINFEKTIONSMITTEL, FEST, GIFTIG, N.A.G.	III	6.1	SGAH L4BH	60	
1602	FARBSTOFF, FLÜSSIG, GIFTIG, N.A.G. oder FARBSTOFFZWISCHENPRODUKT, FLÜSSIG, GIFTIG, N.A.G.	I	6.1	L10CH	66	10
1602	FARBSTOFF, FLÜSSIG, GIFTIG, N.A.G. oder FARBSTOFFZWISCHENPRODUKT, FLÜSSIG, GIFTIG, N.A.G.	II	6.1	L4BH	60	
1602	FARBSTOFF, FLÜSSIG, GIFTIG, N.A.G. oder FARBSTOFFZWISCHENPRODUKT, FLÜSSIG, GIFTIG, N.A.G.	III	6.1	L4BH	60	
1603	ETHYLBROMACETAT	II	6.1 + 3	L4BH	63	
1604	ETHYLENDIAMIN	II	8 + 3	L4BN	83	
1605	ETHYLENDIBROMID	I	6.1	L10CH	66	10
1606	EISEN(III)ARSENAT	II	6.1	SGAH	60	
1607	EISEN(III)ARSENIT	II	6.1	SGAH	60	
1608	EISEN(II)ARSENAT	II	6.1	SGAH	60	
1611	HEXAETHYLTETRAPHOSPHAT	II	6.1	L4BH	60	
1612	HEXAETHYLTETRAPHOSPHAT UND VERDICHTETES GAS, GEMISCH		2.3	CxBH(M)	26	3
1613	CYANWASSERSTOFF, WÄSSERIGE LÖSUNG (CYANWASSERSTOFFSÄURE, WÄSSERIGE LÖSUNG) mit höchstens 20 % Cyanwasserstoff	I	6.1 + 3	L15DH(+)	663	10
1616	BLEIACETAT	III	6.1	SGAH L4BH	60	
1617	BLEIARSENATE	II	6.1	SGAH	60	
1618	BLEIARSENITE	II	6.1	SGAH	60	
1620	BLEICYANID	II	6.1	SGAH	60	
1621	LONDON PURPLE	II	6.1	SGAH	60	
1622	MAGNESIUMARSENAT	II	6.1	SGAH	60	
1623	QUECKSILBER(II)ARSENAT	II	6.1	SGAH	60	

UN-Nummer	Benennung und Beschreibung	Verpackungs-gruppe	Gefahrzettel	Tankcodierung ADR-Tanks	Nummer zur Kenn-zeichnung der Gefahr	Gefährliche Güter, für die § 35 nd 35a GGVSEB gilt (Fahrwegbestimmung)
(1)	(2)	(4)	(5)	(12)	(20)	gem. § 35b GGVSEB lfd. Nr.
1624	QUECKSILBER(II)CHLORID	II	6.1	SGAH	60	
1625	QUECKSILBER(II)NITRAT	II	6.1	SGAH	60	
1626	KALIUMQUECKSILBER(II)CYANID	I	6.1	S10AH	66	
1627	QUECKSILBER(I)NITRAT	II	6.1	SGAH	60	
1629	QUECKSILBERACETAT	II	6.1	SGAH	60	
1630	QUECKSILBER(II)AMMONIUMCHLORID	II	6.1	SGAH	60	
1631	QUECKSILBER(II)BENZOAT	II	6.1	SGAH	60	
1634	QUECKSILBERBROMIDE	II	6.1	SGAH	60	
1636	QUECKSILBERCYANID	II	6.1	SGAH	60	
1637	QUECKSILBERGLUCONAT	II	6.1	SGAH	60	
1638	QUECKSILBERIODID	II	6.1	SGAH	60	
1639	QUECKSILBERNUCLEAT	II	6.1	SGAH	60	
1640	QUECKSILBEROLEAT	II	6.1	SGAH	60	
1641	QUECKSILBEROXID	II	6.1	SGAH	60	
1642	QUECKSILBEROXYCYANID, DESENSIBISIERT	II	6.1	SGAH	60	
1643	KALIUMQUECKSILBER(II)IODID	II	6.1	SGAH	60	
1644	QUECKSILBERSALICYLAT	II	6.1	SGAH	60	
1645	QUECKSILBERSULFAT	II	6.1	SGAH	60	
1646	QUECKSILBERTHIOCYANAT	II	6.1	SGAH	60	
1647	METHYLBROMID UND ETHYLENDIBROMID, MISCHUNG, FLÜSSIG	I	6.1	L10CH	66	10
1648	ACETONITRIL	II	3	LGBF	33	4
1649	ANTIKLOPFMISCHUNG FÜR MOTORKRAFTSTOFF	I	6.1	L10CH	66	10
1650	beta-NAPHTHYLAMIN, FEST	II	6.1	SGAH L4BH	60	
1651	NAPHTHYLTHIOHARNSTOFF	II	6.1	SGAH	60	
1652	NAPHTHYLHARNSTOFF	II	6.1	SGAH	60	
1653	NICKELCYANID	II	6.1	SGAH L4BH	60	
1654	NICOTIN	II	6.1	L4BH	60	
1655	NICOTINVERBINDUNG, FEST, N.A.G. oder NICOTINZUBEREITUNG, FEST, N.A.G.	I	6.1	S10AH L10CH	66	
1655	NICOTINVERBINDUNG, FEST, N.A.G. oder NICOTINZUBEREITUNG, FEST, N.A.G.	II	6.1	SGAH L4BH	60	
1655	NICOTINVERBINDUNG, FEST, N.A.G. oder NICOTINZUBEREITUNG, FEST, N.A.G.	III	6.1	SGAH L4BH	60	
1656	NICOTINHYDROCHLORID, FLÜSSIG oder NICOTINHYDROCHLORID, LÖSUNG	II	6.1	L4BH	60	
1656	NICOTINHYDROCHLORID, FLÜSSIG oder NICOTINHYDROCHLORID, LÖSUNG	III	6.1	L4BH	60	
1657	NICOTINSALICYLAT	II	6.1	SGAH L4BH	60	
1658	NICOTINSULFAT, LÖSUNG	II	6.1	L4BH	60	
1658	NICOTINSULFAT, LÖSUNG	III	6.1	L4BH	60	
1659	NICOTINTARTRAT	II	6.1	SGAH L4BH	60	
1661	NITROANILINE (o-, m-, p-)	II	6.1	SGAH L4BH	60	
1662	NITROBENZEN	II	6.1	L4BH	60	
1663	NITROPHENOLE (o-, m-, p-)	III	6.1	SGAH L4BH	60	
1664	NITROTOLUENE, FLÜSSIG	II	6.1	L4BH	60	
1665	NITROXYLENE, FLÜSSIG	II	6.1	L4BH	60	
1669	PENTACHLORETHAN	II	6.1	L4BH	60	
1670	PERCHLORMETHYLMERCAPTAN	I	6.1	L10CH	66	10

UN-Nummer	Benennung und Beschreibung	Verpackungs-gruppe	Gefahrzettel	Tankcodierung ADR-Tanks	Nummer zur Kenn-zeichnung der Gefahr	Gefährliche Güter, für die § 35 nd 35a GGVSEB gilt (Fahrwegbestimmung)
(1)	(2)	(4)	(5)	(12)	(20)	gem. § 35b GGVSEB lfd. Nr.
1671	PHENOL, FEST	II	6.1	SGAH	60	
1672	PHENYLCARBYLAMINCHLORID	I	6.1	L10CH	66	10
1673	PHENYLENDIAMINE (o-, m-, p-)	III	6.1	SGAH L4BH	60	
1674	PHENYLQUECKSILBER(II)ACETAT	II	6.1	SGAH L4BH	60	
1677	KALIUMARSENAT	II	6.1	SGAH	60	
1678	KALIUMARSENIT	II	6.1	SGAH	60	
1679	KALIUMKUPFER(I)CYANID	II	6.1	SGAH	60	
1680	KALIUMCYANID, FEST	I	6.1	S10AH	66	
1683	SILBERARSENIT	II	6.1	SGAH	60	
1684	SILBERCYANID	II	6.1	SGAH	60	
1685	NATRIUMARSENAT	II	6.1	SGAH	60	
1686	NATRIUMARSENIT, WÄSSERIGE LÖSUNG	II	6.1	L4BH	60	
1686	NATRIUMARSENIT, WÄSSERIGE LÖSUNG	III	6.1	L4BH	60	
1688	NATRIUMKAKODYLAT	II	6.1	SGAH	60	
1689	NATRIUMCYANID, FEST	I	6.1	S10AH	66	
1690	NATRIUMFLUORID, FEST	III	6.1	SGAH	60	
1691	STRONTIUMARSENIT	II	6.1	SGAH	60	
1692	STRYCHNIN oder STRYCHNINSALZE	I	6.1	S10AH	66	
1693	STOFF ZUR HERSTELLUNG VON TRÄNENGASEN, FLÜSSIG, N.A.G.	I	6.1	L10CH	66	10
1693	STOFF ZUR HERSTELLUNG VON TRÄNENGASEN, FLÜSSIG, N.A.G.	II	6.1	L4BH	60	
1694	BROMBENZYLCYANIDE, FLÜSSIG	I	6.1	L10CH	66	10
1695	CHLORACETON, STABILISIERT	I	6.1 + 3 + 8	L10CH	663	10
1697	CHLORACETOPHENON, FEST	II	6.1	SGAH L4BH	60	
1698	DIPHENYLAMINOCHLORARSIN	I	6.1	S10AH	66	
1699	DIPHENYLCHLORARSIN, FLÜSSIG	I	6.1	L10CH	66	10
1701	XYLYLBROMID, FLÜSSIG	II	6.1	L4BH	60	
1702	1,1,2,2-TETRACHLORETHAN	II	6.1	L4BH	60	
1704	TETRAETHYLDITHIOPYROPHOSPHAT	II	6.1	L4BH	60	
1707	THALLIUMVERBINDUNG, N.A.G.	II	6.1	SGAH L4BH	60	
1708	TOLUIDINE, FLÜSSIG	II	6.1	L4BH	60	
1709	2,4-TOLUYLENDIAMIN, FEST	III	6.1	SGAH L4BH	60	
1710	TRICHLORETHYLEN	III	6.1	L4BH	60	
1711	XYLIDINE, FLÜSSIG	II	6.1	L4BH	60	
1712	ZINKARSENAT oder ZINKARSENIT oder ZINKARSENAT UND ZINKARSENIT, MISCHUNG	II	6.1	SGAH	60	
1713	ZINKCYANID	I	6.1	S10AH	66	
1715	ESSIGSÄUREANHYDRID	II	8 + 3	L4BN	83	
1716	ACETYLBROMID	II	8	L4BN	80	
1717	ACETYLCHLORID	II	3 + 8	L4BH	X338	4
1718	BUTYLPHOSPHAT	III	8	L4BN	80	
1719	ÄTZENDER ALKALISCHER FLÜSSIGER STOFF, N.A.G.	II	8	L4BN	80	
1719	ÄTZENDER ALKALISCHER FLÜSSIGER STOFF, N.A.G.	III	8	L4BN	80	
1722	ALLYLCHLORFORMIAT	I	6.1 + 3 + 8	L10CH	668	10

UN-Nummer	Benennung und Beschreibung	Verpackungs-gruppe	Gefahrzettel	Tankcodierung ADR-Tanks	Nummer zur Kenn-zeichnung der Gefahr	Gefährliche Güter, für die § 35 nd 35a GGVSEB gilt (Fahrwegbestimmung)
(1)	(2)	(4)	(5)	(12)	(20)	gem. § 35b GGVSEB lfd. Nr.
1723	ALLYLIODID	II	3 + 8	L4BH	338	4
1724	ALLYLTRICHLORSILAN, STABILISIERT	II	8 + 3	L4BN	X839	
1725	ALUMINIUMBROMID, WASSERFREI	II	8	SGAN	80	
1726	ALUMINIUMCHLORID, WASSERFREI	II	8	SGAN	80	
1727	AMMONIUMHYDROGENDIFLUORID, FEST	II	8	SGAN	80	
1728	AMYLTRICHLORSILAN	II	8	L4BN	X80	
1729	ANISOYLCHLORID	II	8	SGAN L4BN	80	
1730	ANTIMONPENTACHLORID, FLÜSSIG	II	8	L4BN	X80	
1731	ANTIMONPENTACHLORID, LÖSUNG	II	8	L4BN	80	
1731	ANTIMONPENTACHLORID, LÖSUNG	III	8	L4BN	80	
1732	ANTIMONPENTAFLUORID	II	8 + 6.1	L4BN	86	
1733	ANTIMONTRICHLORID	II	8	SGAN L4BN	80	
1736	BENZOYLCHLORID	II	8	L4BN	80	
1737	BENZYLBROMID	II	6.1 + 8	L4BH	68	
1738	BENZYLCHLORID	II	6.1 + 8	L4BH	68	
1739	BENZYLCHLORFORMIAT	I	8	L10BH	88	11
1740	HYDROGENDIFLUORIDE, FEST, N.A.G.	II	8	SGAN	80	
1740	HYDROGENDIFLUORIDE, FEST, N.A.G.	III	8	SGAV	80	
1742	BORTRIFLUORID-ESSIGSÄURE-KOMPLEX, FLÜSSIG	II	8	L4BN	80	
1743	BORTRIFLUORID-PROPIONSÄURE-KOMPLEX, FLÜSSIG	II	8	L4BN	80	
1744	BROM oder BROM, LÖSUNG	I	8 + 6.1	L21DH(+)	886	11
1745	BROMPENTAFLUORID	I	5.1 + 6.1 + 8	L10DH	568	9
1746	BROMTRIFLUORID	I	5.1 + 6.1 + 8	L10DH	568	9
1747	BUTYLTRICHLORSILAN	II	8 + 3	L4BN	X83	
1748	CALCIUMHYPOCHLORIT, TROCKEN oder CALCIUMHYPOCHLORIT, MISCHUNG, TROCKEN, mit mehr als 39 % aktivem Chlor (8,8 % aktivem Sauerstoff)	II	5.1	SGAN	50	
1748	CALCIUMHYPOCHLORIT, TROCKEN oder CALCIUMHYPOCHLORIT, MISCHUNG, TROCKEN, mit mehr als 39 % aktivem Chlor (8,8 % aktivem Sauerstoff)	III	5.1	SGAV	50	
1749	CHLORTRIFLUORID		2.3 + 5.1 + 8	PxBH(M)	265	3
1750	CHLORESSIGSÄURE, LÖSUNG	II	6.1 + 8	L4BH	68	
1751	CHLORESSIGSÄURE, FEST	II	6.1 + 8	SGAH	68	
1752	CHLORACETYLCHLORID	I	6.1 + 8	L10CH	668	10
1753	CHLORPHENYLTRICHLORSILAN	II	8	L4BN	X80	
1754	CHLORSULFONSÄURE mit oder ohne Schwefeltrioxid	I	8	L10BH	X88	
1755	CHROMSÄURE, LÖSUNG	II	8	L4BN	80	
1755	CHROMSÄURE, LÖSUNG	III	8	L4BN	80	

UN-Nummer	Benennung und Beschreibung	Verpackungs-gruppe	Gefahrzettel	Tankcodierung ADR-Tanks	Nummer zur Kenn-zeichnung der Gefahr	Gefährliche Güter, für die § 35 nd 35a GGVSEB gilt (Fahrwegbestimmung)
(1)	(2)	(4)	(5)	(12)	(20)	gem. § 35b GGVSEB lfd. Nr.
1756	CHROMFLUORID, FEST	II	8	SGAN	80	
1757	CHROMFLUORID, LÖSUNG	II	8	L4BN	80	
1757	CHROMFLUORID, LÖSUNG	III	8	L4BN	80	
1758	CHROMOXYCHLORID	I	8	L10BH	X88	
1759	ÄTZENDER FESTER STOFF, N.A.G.	I	8	S10AN L10BH	88	
1759	ÄTZENDER FESTER STOFF, N.A.G.	II	8	SGAN L4BN	80	
1759	ÄTZENDER FESTER STOFF, N.A.G.	III	8	SGAV L4BN	80	
1760	ÄTZENDER FLÜSSIGER STOFF, N.A.G.	I	8	L10BH	88	
1760	ÄTZENDER FLÜSSIGER STOFF, N.A.G.	II	8	L4BN	80	
1760	ÄTZENDER FLÜSSIGER STOFF, N.A.G.	III	8	L4BN	80	
1761	KUPFERETHYLENDIAMIN, LÖSUNG	II	8 + 6.1	L4BN	86	
1761	KUPFERETHYLENDIAMIN, LÖSUNG	III	8 + 6.1	L4BN	86	
1762	CYCLOHEXENYLTRICHLORSILAN	II	8	L4BN	X80	
1763	CYCLOHEXYLTRICHLORSILAN	II	8	L4BN	X80	
1764	DICHLORESSIGSÄURE	II	8	L4BN	80	
1765	DICHLORACETYLCHLORID	II	8	L4BN	X80	
1766	DICHLORPHENYLTRICHLORSILAN	II	8	L4BN	X80	
1767	DIETHYLDICHLORSILAN	II	8 + 3	L4BN	X83	
1768	DIFLUORPHOSPHORSÄURE, WASSERFREI	II	8	L4BN	80	
1769	DIPHENYLDICHLORSILAN	II	8	L4BN	X80	
1770	DIPHENYLBROMMETHAN	II	8	SGAN L4BN	80	
1771	DODECYLTRICHLORSILAN	II	8	L4BN	X80	
1773	EISENCHLORID, WASSERFREI	III	8	SGAV	80	
1775	FLUORBORSÄURE	II	8	L4BN	80	
1776	FLUORPHOSPHORSÄURE, WASSERFREI	II	8	L4BN	80	
1777	FLUORSULFONSÄURE	I	8	L10BH	88	11
1778	FLUORKIESELSÄURE	II	8	L4BN	80	
1779	AMEISENSÄURE mit mehr als 85 Masse-% Säure	II	8 + 3	L4BN	83	
1780	FUMARYLCHLORID	II	8	L4BN	80	
1781	HEXADECYLTRICHLORSILAN	II	8	L4BN	X80	
1782	HEXAFLUORPHOSPHORSÄURE	II	8	L4BN	80	
1783	HEXAMETHYLENDIAMIN, LÖSUNG	II	8	L4BN	80	
1783	HEXAMETHYLENDIAMIN, LÖSUNG	III	8	L4BN	80	
1784	HEXYLTRICHLORSILAN	II	8	L4BN	X80	
1786	FLUORWASSERSTOFFSÄURE UND SCHWEFELSÄURE, MISCHUNG	I	8 + 6.1	L10DH	886	
1787	IODWASSERSTOFFSÄURE	II	8	L4BN	80	
1787	IODWASSERSTOFFSÄURE	III	8	L4BN	80	
1788	BROMWASSERSTOFFSÄURE	II	8	L4BN	80	
1788	BROMWASSERSTOFFSÄURE	III	8	L4BN	80	
1789	CHLORWASSERSTOFFSÄURE	II	8	L4BN	80	
1789	CHLORWASSERSTOFFSÄURE	III	8	L4BN	80	
1790	FLUORWASSERSTOFFSÄURE mit mehr als 85 % Fluorwasserstoff	I	8 + 6.1	L21DH(+)	886	11
1790	FLUORWASSERSTOFFSÄURE mit mehr als 60 % Fluorwasserstoff, aber höchstens 85 % Fluorwasserstoff	I	8 + 6.1	L10DH	886	11

UN-Nummer	Benennung und Beschreibung	Verpackungs-gruppe	Gefahrzettel	Tankcodierung ADR-Tanks	Nummer zur Kenn-zeichnung der Gefahr	Gefährliche Güter, für die § 35 nd 35a GGVSEB gilt (Fahrwegbestimmung)
(1)	(2)	(4)	(5)	(12)	(20)	gem. § 35b GGVSEB lfd. Nr.
1790	FLUORWASSERSTOFFSÄURE mit höchstens 60 % Fluorwasserstoff	II	8 + 6.1	L4DH	86	
1791	HYPOCHLORITLÖSUNG	II	8	L4BV(+)	80	
1791	HYPOCHLORITLÖSUNG	III	8	L4BV(+)	80	
1792	IODMONOCHLORID, FEST	II	8	SGAN L4BN	80	
1793	ISOPROPYLPHOSPHAT	III	8	L4BN	80	
1794	BLEISULFAT mit mehr als 3 % freier Säure	II	8	SGAN	80	
1796	NITRIERSÄUREMISCHUNG mit mehr als 50 % Salpetersäure	I	8 + 5.1	L10BH	885	
1796	NITRIERSÄUREMISCHUNG mit höchstens 50 % Salpetersäure	II	8	L4BN	80	
1799	NONYLTRICHLORSILAN	II	8	L4BN	X80	
1800	OCTADECYLTRICHLORSILAN	II	8	L4BN	X80	
1801	OCTYLTRICHLORSILAN	II	8	L4BN	X80	
1802	PERCHLORSÄURE mit höchstens 50 Masse-% Säure	II	8 + 5.1	L4BN	85	
1803	PHENOLSULFONSÄURE, FLÜSSIG	II	8	L4BN	80	
1804	PHENYLTRICHLORSILAN	II	8	L4BN	X80	
1805	PHOSPHORSÄURE, LÖSUNG	III	8	L4BN	80	
1806	PHOSPHORPENTACHLORID	II	8	SGAN	80	
1807	PHOSPHORPENTOXID	II	8	SGAN	80	
1808	PHOSPHORTRIBROMID	II	8	L4BN	X80	
1809	PHOSPHORTRICHLORID	I	6.1 + 8	L10CH	668	10
1810	PHOSPHOROXYCHLORID	I	6.1 + 8	L10CH	X668	10
1811	KALIUMHYDROGENDIFLUORID, FEST	II	8 + 6.1	SGAN	86	
1812	KALIUMFLUORID, FEST	III	6.1	SGAH	60	
1813	KALIUMHYDROXID, FEST	II	8	SGAN	80	
1814	KALIUMHYDROXIDLÖSUNG	II	8	L4BN	80	
1814	KALIUMHYDROXIDLÖSUNG	III	8	L4BN	80	
1815	PROPIONYLCHLORID	II	3 + 8	L4BH	338	4
1816	PROPYLTRICHLORSILAN	II	8 + 3	L4BN	X83	
1817	PYROSULFURYLCHLORID	II	8	L4BN	X80	
1818	SILICIUMTETRACHLORID	II	8	L4BN	X80	
1819	NATRIUMALUMINATLÖSUNG	II	8	L4BN	80	
1819	NATRIUMALUMINATLÖSUNG	III	8	L4BN	80	
1823	NATRIUMHYDROXID, FEST	II	8	SGAN	80	
1824	NATRIUMHYDROXIDLÖSUNG	II	8	L4BN	80	
1824	NATRIUMHYDROXIDLÖSUNG	III	8	L4BN	80	
1825	NATRIUMMONOXID	II	8	SGAN	80	
1826	ABFALLNITRIERSÄUREMISCHUNG mit mehr als 50 % Salpetersäure	I	8 + 5.1	L10BH	885	
1826	ABFALLNITRIERSÄUREMISCHUNG mit höchstens 50 % Salpetersäure	II	8	L4BN	80	
1827	ZINNTETRACHLORID, WASSERFREI	II	8	L4BN	X80	
1828	SCHWEFELCHLORIDE	I	8	L10BH	X88	
1829	SCHWEFELTRIOXID, STABILISIERT	I	8	L10BH	X88	11
1830	SCHWEFELSÄURE mit mehr als 51 % Säure	II	8	L4BN	80	
1831	SCHWEFELSÄURE, RAUCHEND	I	8 + 6.1	L10BH	X886	
1832	SCHWEFELSÄURE, GEBRAUCHT	II	8	L4BN	80	

UN-Nummer	Benennung und Beschreibung	Verpackungs-gruppe	Gefahrzettel	Tankcodierung ADR-Tanks	Nummer zur Kenn-zeichnung der Gefahr	Gefährliche Güter, für die § 35 nd 35a GGVSEB gilt (Fahrwegbestimmung)
(1)	(2)	(4)	(5)	(12)	(20)	gem. § 35b GGVSEB lfd. Nr.
1833	SCHWEFELIGE SÄURE	II	8	L4BN	80	
1834	SULFURYLCHLORID	I	6.1 + 8	L10CH	X668	10
1835	TETRAMETHYLAMMONIUMHYDROXID, LÖSUNG	II	8	L4BN	80	
1835	TETRAMETHYLAMMONIUMHYDROXID, LÖSUNG	III	8	L4BN	80	
1836	THIONYLCHLORID	I	8	L10BH	X88	
1837	THIOPHOSPHORYLCHLORID	II	8	L4BN	X80	
1838	TITANTETRACHLORID	I	6.1 + 8	L10CH	X668	10
1839	TRICHLORESSIGSÄURE	II	8	SGAN L4BN	80	
1840	ZINKCHLORID, LÖSUNG	III	8	L4BN	80	
1841	ACETALDEHYDAMMONIAK	III	9	SGAV	90	
1843	AMMONIUMDINITRO-o-CRESOLAT, FEST	II	6.1	SGAH	60	
1846	TETRACHLORKOHLENSTOFF	II	6.1	L4BH	60	
1847	KALIUMSULFID, HYDRATISIERT mit mindestens 30 % Kristallwasser	II	8	SGAN L4BN	80	
1848	PROPIONSÄURE mit mindestens 10 % und weniger als 90 Masse-% Säure	III	8	L4BN	80	
1849	NATRIUMSULFID, HYDRATISIERT mit mindestens 30 % Kristallwasser	II	8	SGAN L4BN	80	
1851	MEDIKAMENT, FLÜSSIG, GIFTIG, N.A.G.	II	6.1	L4BH	60	
1851	MEDIKAMENT, FLÜSSIG, GIFTIG, N.A.G.	III	6.1	L4BH	60	
1858	HEXAFLUORPROPYLEN (GAS ALS KÄLTEMITTEL R 1216)		2.2	PxBN(M)	20	
1859	SILICIUMTETRAFLUORID		2.3 + 8	PxBH(M)	268	3
1860	VINYLFLUORID, STABILISIERT		2.1	PxBN(M)	239	2
1862	ETHYLCROTONAT	II	3	LGBF	33	4
1863	DÜSENKRAFTSTOFF	I	3	L4BN	33	4
1863	DÜSENKRAFTSTOFF (Dampfdruck bei 50 °C größer als 110 kPa)	II	3	L1,5BN	33	4
1863	DÜSENKRAFTSTOFF (Dampfdruck bei 50 °C höchstens 110 kPa)	II	3	LGBF	33	4
1863	DÜSENKRAFTSTOFF	III	3	LGBF	30	
1866	HARZLÖSUNG, entzündbar	I	3	L4BN	33	4
1866	HARZLÖSUNG, entzündbar (Dampfdruck bei 50 °C größer als 110 kPa)	II	3	L1,5BN	33	4
1866	HARZLÖSUNG, entzündbar (Dampfdruck bei 50 °C höchstens 110 kPa)	II	3	LGBF	33	4
1866	HARZLÖSUNG, entzündbar	III	3	LGBF	30	
1868	DECABORAN	II	4.1 + 6.1	SGAN	46	
1869	MAGNESIUM oder MAGNESIUMLEGIERUNGEN, mit mehr als 50 % Magnesium, in Pellets, Spänen, Bändern	III	4.1	SGAV	40	
1871	TITANHYDRID	II	4.1	SGAN	40	
1872	BLEIDIOXID	III	5.1 + 6.1	SGAN	56	
1873	PERCHLORSÄURE mit mehr als 50 Masse-%, aber höchstens 72 Masse-% Säure	I	5.1 + 8	L4DN(+)	558	9
1884	BARIUMOXID	III	6.1	SGAH L4BH	60	
1885	BENZIDIN	II	6.1	SGAH L4BH	60	
1886	BENZYLIDENCHLORID	II	6.1	L4BH	60	
1887	BROMCHLORMETHAN	III	6.1	L4BH	60	
1888	CHLOROFORM	III	6.1	L4BH	60	
1889	CYANBROMID	I	6.1 + 8	S10AH L10CH	668	
1891	ETHYLBROMID	II	6.1	L4BH	60	

UN-Nummer	Benennung und Beschreibung	Verpackungs-gruppe	Gefahrzettel	Tankcodierung ADR-Tanks	Nummer zur Kenn-zeichnung der Gefahr	Gefährliche Güter, für die § 35 nd 35a GGVSEB gilt (Fahrwegbestimmung)
(1)	(2)	(4)	(5)	(12)	(20)	gem. § 35b GGVSEB lfd. Nr.
1892	ETHYLDICHLORARSIN	I	6.1	L10CH	66	10
1894	PHENYLQUECKSILBER(II)HYDROXID	II	6.1	SGAH	60	
1895	PHENYLQUECKSILBER(II)NITRAT	II	6.1	SGAH	60	
1897	TETRACHLORETHYLEN	III	6.1	L4BH	60	
1898	ACETYLIODID	II	8	L4BN	80	
1902	DIISOOCTYLPHOSPHAT	III	8	L4BN	80	
1903	DESINFEKTIONSMITTEL, FLÜSSIG, ÄTZEND, N.A.G.	I	8	L10BH	88	
1903	DESINFEKTIONSMITTEL, FLÜSSIG, ÄTZEND, N.A.G.	II	8	L4BN	80	
1903	DESINFEKTIONSMITTEL, FLÜSSIG, ÄTZEND, N.A.G.	III	8	L4BN	80	
1905	SELENSÄURE	I	8	S10AN	88	
1906	ABFALLSCHWEFELSÄURE	II	8	L4BN	80	
1907	NATRONKALK mit mehr als 4 % Natriumhydroxid	III	8	SGAV	80	
1908	CHLORITLÖSUNG	II	8	L4BV(+)	80	
1908	CHLORITLÖSUNG	III	8	L4BV(+)	80	
1912	METHYLCHLORID UND DICHLORMETHAN, GEMISCH		2.1	PxBN(M)	23	2
1913	NEON, TIEFGEKÜHLT, FLÜSSIG		2.2	RxBN	22	
1914	BUTYLPROPIONATE	III	3	LGBF	30	
1915	CYCLOHEXANON	III	3	LGBF	30	
1916	2,2'-DICHLORDIETHYLETHER	II	6.1 + 3	L4BH	63	
1917	ETHYLACRYLAT, STABILISIERT	II	3	LGBF	339	4
1918	ISOPROPYLBENZEN	III	3	LGBF	30	
1919	METHYLACRYLAT, STABILISIERT	II	3	LGBF	339	4
1920	NONANE	III	3	LGBF	30	
1921	PROPYLENIMIN, STABILISIERT	I	3 + 6.1	L15CH	336	5
1922	PYRROLIDIN	II	3 + 8	L4BH	338	4
1923	CALCIUMDITHIONIT (CALCIUMHYDROSULFIT)	II	4.2	SGAN	40	
1928	METHYLMAGNESIUMBROMID IN ETHYLETHER	I	4.3 + 3	L10DH	X323	8
1929	KALIUMDITHIONIT (KALIUMHYDROSULFIT)	II	4.2	SGAN	40	
1931	ZINKDITHIONIT	III	9	SGAV	90	
1932	ZIRKONIUM-ABFALL	III	4.2	SGAN	40	
1935	CYANID, LÖSUNG, N.A.G.	I	6.1	L10CH	66	10
1935	CYANID, LÖSUNG, N.A.G.	II	6.1	L4BH	60	
1935	CYANID, LÖSUNG, N.A.G.	III	6.1	L4BH	60	
1938	BROMESSIGSÄURE, LÖSUNG	II	8	L4BN	80	
1938	BROMESSIGSÄURE, LÖSUNG	III	8	L4BN	80	
1939	PHOSPHOROXYBROMID	II	8	SGAN	80	
1940	THIOGLYCOLSÄURE	II	8	L4BN	80	
1941	DIBROMDIFLUORMETHAN	III	9	L4BN	90	
1942	AMMONIUMNITRAT mit höchstens 0,2 % brennbaren Stoffen, einschließlich jedes als Kohlenstoff berechneten organischen Stoffes, unter Ausschluss jedes anderen zugesetzten Stoffes	III	5.1	SGAV	50	
1951	ARGON, TIEFGEKÜHLT, FLÜSSIG		2.2	RxBN	22	
1952	ETHYLENOXID UND KOHLENDIOXID, GEMISCH mit höchstens 9 % Ethylenoxid		2.2	PxBN(M)	20	
1953	VERDICHTETES GAS, GIFTIG, ENTZÜNDBAR, N.A.G.		2.3 + 2.1	CxBH(M)	263	3
1954	VERDICHTETES GAS, ENTZÜNDBAR, N.A.G.		2.1	CxBN(M)	23	2
1955	VERDICHTETES GAS, GIFTIG, N.A.G.		2.3	CxBH(M)	26	3
1956	VERDICHTETES GAS, N.A.G.		2.2	CxBN(M)	20	

UN-Nummer	Benennung und Beschreibung	Verpackungs-gruppe	Gefahrzettel	Tankcodierung ADR-Tanks	Nummer zur Kenn-zeichnung der Gefahr	Gefährliche Güter, für die § 35 nd 35a GGVSEB gilt (Fahrwegbestimmung)
(1)	(2)	(4)	(5)	(12)	(20)	gem. § 35b GGVSEB lfd. Nr.
1957	DEUTERIUM, VERDICHTET		2.1	CxBN(M)	23	2
1958	1,2-DICHLOR-1,1,2,2-TETRAFLUORETHAN (GAS ALS KÄLTEMITTEL R 114)		2.2	PxBN(M)	20	
1959	1,1-DIFLUORETHYLEN (GAS ALS KÄLTEMITTEL R1132a)		2.1	PxBN(M)	239	2
1961	ETHAN, TIEFGEKÜHLT, FLÜSSIG		2.1	RxBN	223	2
1962	ETHYLEN		2.1	PxBN(M)	23	2
1963	HELIUM, TIEFGEKÜHLT, FLÜSSIG		2.2	RxBN	22	
1964	KOHLENWASSERSTOFFGAS, GEMISCH, VERDICHTET, N.A.G.		2.1	CxBN(M)	23	2
1965	KOHLENWASSERSTOFFGAS, GEMISCH, VERFLÜSSIGT, N.A.G. (Gemisch A, A 01, A 02, A 0, A 1, B 1, B 2, B oder C)		2.1	PxBN(M)	23	2
1966	WASSERSTOFF, TIEFGEKÜHLT, FLÜSSIG		2.1	RxBN	223	2
1967	INSEKTENBEKÄMPFUNGSMITTEL, GASFÖRMIG, GIFTIG, N.A.G.		2.3	PxBH(M)	26	3
1968	INSEKTENBEKÄMPFUNGSMITTEL, GASFÖRMIG, N.A.G.		2.2	PxBN(M)	20	
1969	ISOBUTAN		2.1	PxBN(M)	23	2
1970	KRYPTON, TIEFGEKÜHLT, FLÜSSIG		2.2	RxBN	22	
1971	METHAN, VERDICHTET oder ERDGAS, VERDICHTET, mit hohem Methangehalt		2.1	CxBN(M)	23	2
1972	METHAN, TIEFGEKÜHLT, FLÜSSIG oder ERDGAS, TIEFGEKÜHLT, FLÜSSIG, mit hohem Methangehalt		2.1	RxBN	223	2
1973	CHLORDIFLUORMETHAN UND CHLORPENTAFLUORETHAN, GEMISCH mit einem konstanten Siedepunkt, mit ca. 49 % Chlordifluormethan (GAS ALS KÄLTEMITTEL R 502)		2.2	PxBN(M)	20	
1974	BROMCHLORDIFLUORMETHAN (GAS ALS KÄLTEMITTEL R 12B1)		2.2	PxBN(M)	20	
1976	OCTAFLUORCYCLOBUTAN (GAS ALS KÄLTEMITTEL RC 318)		2.2	PxBN(M)	20	
1977	STICKSTOFF, TIEFGEKÜHLT, FLÜSSIG		2.2	RxBN	22	
1978	PROPAN		2.1	PxBN(M)	23	2
1982	TETRAFLUORMETHAN (GAS ALS KÄLTEMITTEL R 14)		2.2	PxBN(M)	20	
1983	1-CHLOR-2,2,2-TRIFLUORETHAN (GAS ALS KÄLTEMITTEL R 133a)		2.2	PxBN(M)	20	
1984	TRIFLUORMETHAN (GAS ALS KÄLTEMITTEL R 23)		2.2	PxBN(M)	20	
1986	ALKOHOLE, ENTZÜNDBAR, GIFTIG, N.A.G.	I	3 + 6.1	L10CH	336	4
1986	ALKOHOLE, ENTZÜNDBAR, GIFTIG, N.A.G.	II	3 + 6.1	L4BH	336	4
1986	ALKOHOLE, ENTZÜNDBAR, GIFTIG, N.A.G.	III	3 + 6.1	L4BH	36	
1987	ALKOHOLE, N.A.G. (Dampfdruck bei 50 °C größer als 110 kPa)	II	3	L1,5BN	33	4
1987	ALKOHOLE, N.A.G. (Dampfdruck bei 50 °C höchstens 110 kPa)	II	3	LGBF	33	4
1987	ALKOHOLE, N.A.G.	III	3	LGBF	30	
1988	ALDEHYDE, ENTZÜNDBAR, GIFTIG, N.A.G.	I	3 + 6.1	L10CH	336	4
1988	ALDEHYDE, ENTZÜNDBAR, GIFTIG, N.A.G.	II	3 + 6.1	L4BH	336	4
1988	ALDEHYDE, ENTZÜNDBAR, GIFTIG, N.A.G.	III	3 + 6.1	L4BH	36	
1989	ALDEHYDE, N.A.G.	I	3	L4BN	33	4
1989	ALDEHYDE, N.A.G. (Dampfdruck bei 50 °C größer als 110 kPa)	II	3	L1,5BN	33	4
1989	ALDEHYDE, N.A.G. (Dampfdruck bei 50 °C höchstens 110 kPa)	II	3	LGBF	33	4
1989	ALDEHYDE, N.A.G.	III	3	LGBF	30	
1990	BENZALDEHYD	III	9	LGBV	90	
1991	CHLOROPREN, STABILISIERT	I	3 + 6.1	L10CH	336	4
1992	ENTZÜNDBARER FLÜSSIGER STOFF, GIFTIG, N.A.G.	I	3 + 6.1	L10CH	336	4
1992	ENTZÜNDBARER FLÜSSIGER STOFF, GIFTIG, N.A.G.	II	3 + 6.1	L4BH	336	4

UN-Nummer	Benennung und Beschreibung	Verpackungs-gruppe	Gefahrzettel	Tankcodierung ADR-Tanks	Nummer zur Kenn-zeichnung der Gefahr	Gefährliche Güter, für die § 35 nd 35a GGVSEB gilt (Fahrwegbestimmung)
(1)	(2)	(4)	(5)	(12)	(20)	gem. § 35b GGVSEB lfd. Nr.
1992	ENTZÜNDBARER FLÜSSIGER STOFF, GIFTIG, N.A.G.	III	3 + 6.1	L4BH	36	
1993	ENTZÜNDBARER FLÜSSIGER STOFF, N.A.G.	I	3	L4BN	33	4
1993	ENTZÜNDBARER FLÜSSIGER STOFF, N.A.G. (Dampfdruck bei 50 °C größer als 110 kPa)	II	3	L1,5BN	33	4
1993	ENTZÜNDBARER FLÜSSIGER STOFF, N.A.G. (Dampfdruck bei 50 °C höchstens 110 kPa)	II	3	LGBF	33	4
1993	ENTZÜNDBARER FLÜSSIGER STOFF, N.A.G.	III	3	LGBF	30	
1994	EISENPENTACARBONYL	I	6.1 + 3	L15CH	663	10
1999	TEERE, FLÜSSIG, einschließlich Straßenöle und Cutback-Bitumen (Verschnittbitumen) (Dampfdruck bei 50 °C größer als 110 kPa)	II	3	L1,5BN	33	4
1999	TEERE, FLÜSSIG, einschließlich Straßenöle und Cutback-Bitumen (Verschnittbitumen) (Dampfdruck bei 50 °C höchstens 110 kPa)	II	3	LGBF	33	4
1999	TEERE, FLÜSSIG, einschließlich Straßenöle und Cutback-Bitumen (Verschnittbitumen)	III	3	LGBF	30	
2001	COBALTNAPHTHENAT-PULVER	III	4.1	SGAV	40	
2004	MAGNESIUMDIAMID	II	4.2	SGAN	40	
2008	ZIRKONIUM-PULVER, TROCKEN	II	4.2	SGAN	40	
2008	ZIRKONIUM-PULVER, TROCKEN	III	4.2	SGAN	40	
2014	WASSERSTOFFPEROXID, WÄSSERIGE LÖSUNG mit mindestens 20 %, aber höchstens 60 % Wasserstoffperoxid (Stabilisierung nach Bedarf)	II	5.1 + 8	L4BV(+)	58	
2015	WASSERSTOFFPEROXID, WÄSSERIGE LÖSUNG, STABILISIERT, mit mehr als 70 % Wasserstoffperoxid	I	5.1 + 8	L4DV(+)	559	9
2015	WASSERSTOFFPEROXID, WÄSSERIGE LÖSUNG, STABILISIERT, mit mehr als 60 %, aber höchstens 70 % Wasserstoffperoxid	I	5.1 + 8	L4BV(+)	559	9
2018	CHLORANILINE, FEST	II	6.1	SGAH L4BH	60	
2019	CHLORANILINE, FLÜSSIG	II	6.1	L4BH	60	
2020	CHLORPHENOLE, FEST	III	6.1	SGAH	60	
2021	CHLORPHENOLE, FLÜSSIG	III	6.1	L4BH	60	
2022	CRESYLSÄURE	II	6.1 + 8	L4BH	68	
2023	EPICHLORHYDRIN	II	6.1 + 3	L4BH	63	
2024	QUECKSILBERVERBINDUNG, FLÜSSIG, N.A.G.	I	6.1	L10CH	66	10
2024	QUECKSILBERVERBINDUNG, FLÜSSIG, N.A.G.	II	6.1	L4BH	60	
2024	QUECKSILBERVERBINDUNG, FLÜSSIG, N.A.G.	III	6.1	L4BH	60	
2025	QUECKSILBERVERBINDUNG, FEST, N.A.G.	I	6.1	S10AH	66	
2025	QUECKSILBERVERBINDUNG, FEST, N.A.G.	II	6.1	SGAH	60	
2025	QUECKSILBERVERBINDUNG, FEST, N.A.G.	III	6.1	SGAH	60	
2026	PHENYLQUECKSILBERVERBINDUNG, N.A.G.	I	6.1	S10AH L10CH	66	
2026	PHENYLQUECKSILBERVERBINDUNG, N.A.G.	II	6.1	SGAH L4BH	60	
2026	PHENYLQUECKSILBERVERBINDUNG, N.A.G.	III	6.1	SGAH L4BH	60	
2027	NATRIUMARSENIT, FEST	II	6.1	SGAH	60	
2030	HYDRAZIN, WÄSSERIGE LÖSUNG mit mehr als 37 Masse-% Hydrazin	I	8 + 6.1	L10BH	886	
2030	HYDRAZIN, WÄSSERIGE LÖSUNG mit mehr als 37 Masse-% Hydrazin	II	8 + 6.1	L4BN	86	
2030	HYDRAZIN, WÄSSERIGE LÖSUNG mit mehr als 37 Masse-% Hydrazin	III	8 + 6.1	L4BN	86	
2031	SALPETERSÄURE, andere als rotrauchende, mit mehr als 70 % Säure	I	8 + 5.1	L10BH	885	

UN-Nummer	Benennung und Beschreibung	Verpackungs-gruppe	Gefahrzettel	Tankcodierung ADR-Tanks	Nummer zur Kennzeichnung der Gefahr	Gefährliche Güter, für die § 35 nd 35a GGVSEB gilt (Fahrwegbestimmung)
(1)	(2)	(4)	(5)	(12)	(20)	gem. § 35b GGVSEB lfd. Nr.
2031	SALPETERSÄURE, andere als rotrauchende, mit mindestens 65 %, aber höchstens 70 % Säure	II	8 + 5.1	L4BN	85	
2031	SALPETERSÄURE, andere als rotrauchende, mit weniger als 65 % Säure	II	8	L4BN	80	
2032	SALPETERSÄURE, ROTRAUCHEND	I	8 + 5.1 + 6.1	L10BH	856	
2033	KALIUMMONOXID	II	8	SGAN	80	
2034	WASSERSTOFF UND METHAN, GEMISCH, VERDICHTET		2.1	CxBN(M)	23	2
2035	1,1,1-TRIFLUORETHAN (GAS ALS KÄLTEMITTEL R 143a)		2.1	PxBN(M)	23	2
2036	XENON		2.2	PxBN(M)	20	
2038	DINITROTOLUENE, FLÜSSIG	II	6.1	L4BH	60	
2044	2,2-DIMETHYLPROPAN		2.1	PxBN(M)	23	2
2045	ISOBUTYRALDEHYD (ISOBUTYLALDEHYD)	II	3	LGBF	33	4
2046	CYMENE	III	3	LGBF	30	
2047	DICHLORPROPENE	II	3	LGBF	33	4
2047	DICHLORPROPENE	III	3	LGBF	30	
2048	DICYCLOPENTADIEN	III	3	LGBF	30	
2049	DIETHYLBENZEN	III	3	LGBF	30	
2050	DIISOBUTYLEN, ISOMERE VERBINDUNGEN	II	3	LGBF	33	4
2051	2-DIMETHYLAMINOETHANOL	II	8 + 3	L4BN	83	
2052	DIPENTEN	III	3	LGBF	30	
2053	METHYLISOBUTYLCARBINOL	III	3	LGBF	30	
2054	MORPHOLIN	I	8 + 3	L10BH	883	
2055	STYREN, MONOMER, STABILISIERT	III	3	LGBF	39	
2056	TETRAHYDROFURAN	II	3	LGBF	33	4
2057	TRIPROPYLEN	II	3	LGBF	33	4
2057	TRIPROPYLEN	III	3	LGBF	30	
2058	VALERALDEHYD	II	3	LGBF	33	4
2059	NITROCELLULOSE, LÖSUNG, ENTZÜNDBAR, mit höchstens 12,6 % Stickstoff in der Trockenmasse und höchstens 55 % Nitrocellulose	I	3	L4BN	33	4
2059	NITROCELLULOSE, LÖSUNG, ENTZÜNDBAR, mit höchstens 12,6 % Stickstoff in der Trockenmasse und höchstens 55 % Nitrocellulose (Dampfdruck bei 50 °C größer als 110 kPa)	II	3	L1,5BN	33	4
2059	NITROCELLULOSE, LÖSUNG, ENTZÜNDBAR, mit höchstens 12,6 % Stickstoff in der Trockenmasse und höchstens 55 % Nitrocellulose (Dampfdruck bei 50 °C höchstens 110 kPa)	II	3	LGBF	33	4
2059	NITROCELLULOSE, LÖSUNG, ENTZÜNDBAR, mit höchstens 12,6 % Stickstoff in der Trockenmasse und höchstens 55 % Nitrocellulose	III	3	LGBF	30	
2067	AMMONIUMNITRATHALTIGES DÜNGEMITTEL	III	5.1	SGAV	50	
2073	AMMONIAKLÖSUNG in Wasser, relative Dichte kleiner als 0,880 bei 15 °C, mit mehr als 35 %, aber höchstens 50 % Ammoniak		2.2	PxBN(M)	20	
2074	ACRYLAMID, FEST	III	6.1	SGAH L4BH	60	
2075	CHLORAL, WASSERFREI, STABILISIERT	II	6.1	L4BH	69	
2076	CRESOLE, FLÜSSIG	II	6.1 + 8	L4BH	68	
2077	alpha-NAPHTHYLAMIN	III	6.1	SGAH L4BH	60	
2078	TOLUENDIISOCYANAT	II	6.1	L4BH	60	
2079	DIETHYLENTRIAMIN	II	8	L4BN	80	
2187	KOHLENDIOXID, TIEFGEKÜHLT, FLÜSSIG		2.2	RxBN	22	

UN-Nummer	Benennung und Beschreibung	Verpackungs-gruppe	Gefahrzettel	Tankcodierung ADR-Tanks	Nummer zur Kenn-zeichnung der Gefahr	Gefährliche Güter, für die § 35 nd 35a GGVSEB gilt (Fahrwegbestimmung)
(1)	(2)	(4)	(5)	(12)	(20)	gem. § 35b GGVSEB lfd. Nr.
2189	DICHLORSILAN		2.3 + 2.1 + 8	PxBH(M)	263	3
2191	SULFURYLFLUORID		2.3	PxBH(M)	26	3
2193	HEXAFLUORETHAN (GAS ALS KÄLTEMITTEL R 116)		2.2	PxBN(M)	20	
2197	IODWASSERSTOFF, WASSERFREI		2.3 + 8	PxBH(M)	268	3
2200	PROPADIEN, STABILISIERT		2.1	PxBN(M)	239	2
2201	DISTICKSTOFFMONOXID, TIEFGEKÜHLT, FLÜSSIG		2.2 + 5.1	RxBN	225	
2203	SILICIUMWASSERSTOFF (SILAN)		2.1	PxBN(M)	23	2
2204	CARBONYLSULFID		2.3 + 2.1	PxBH(M)	263	3
2205	ADIPONITRIL	III	6.1	L4BH	60	
2206	ISOCYANATE, GIFTIG, N.A.G. oder ISOCYANAT, LÖSUNG, GIFTIG, N.A.G.	II	6.1	L4BH	60	
2206	ISOCYANATE, GIFTIG, N.A.G. oder ISOCYANAT, LÖSUNG, GIFTIG, N.A.G.	III	6.1	L4BH	60	
2208	CALCIUMHYPOCHLORIT, MISCHUNG, TROCKEN, mit mehr als 10 %, aber höchstens 39 % aktivem Chlor	III	5.1	SGAN	50	
2209	FORMALDEHYDLÖSUNG mit mindestens 25 % Formaldehyd	III	8	L4BN	80	
2210	MANEB oder MANEBZUBEREITUNGEN mit mindestens 60 Masse-% Maneb	III	4.2 + 4.3	SGAN	40	
2211	SCHÄUMBARE POLYMER-KÜGELCHEN, entzündbare Dämpfe abgebend	III	keine	SGAN	90	
2212	ASBEST, AMPHIBOL (Amosit, Tremolit, Aktinolith, Anthophyllit, Krokydolith)	II	9	SGAH	90	
2213	PARAFORMALDEHYD	III	4.1	SGAV	40	
2214	PHTHALSÄUREANHYDRID mit mehr als 0,05 % Maleinsäureanhydrid	III	8	SGAV L4BN	80	
2215	MALEINSÄUREANHYDRID, GESCHMOLZEN	III	8	L4BN	80	
2215	MALEINSÄUREANHYDRID	III	8	SGAV	80	
2218	ACRYLSÄURE, STABILISIERT	II	8 + 3	L4BN	839	
2219	ALLYLGLYCIDYLETHER	III	3	LGBF	30	
2222	ANISOL	III	3	LGBF	30	
2224	BENZONITRIL	II	6.1	L4BH	60	
2225	BENZENSULFONYLCHLORID	III	8	L4BN	80	
2226	BENZOTRICHLORID	II	8	L4BN	80	
2227	n-BUTYLMETHACRYLAT, STABILISIERT	III	3	LGBF	39	
2232	2-CHLORETHANAL	I	6.1	L10CH	66	10
2233	CHLORANISIDINE	III	6.1	SGAH L4BH	60	
2234	CHLORBENZOTRIFLUORIDE	III	3	LGBF	30	
2235	CHLORBENZYLCHLORIDE, FLÜSSIG	III	6.1	L4BH	60	
2236	3-CHLOR-4-METHYLPHENYLISOCYANAT, FLÜSSIG	II	6.1	L4BH	60	
2237	CHLORNITROANILINE	III	6.1	SGAH L4BH	60	
2238	CHLORTOLUENE	III	3	LGBF	30	
2239	CHLORTOLUIDINE, FEST	III	6.1	SGAH L4BH	60	
2240	CHROMSCHWEFELSÄURE	I	8	L10BH	88	
2241	CYCLOHEPTAN	II	3	LGBF	33	4
2242	CYCLOHEPTEN	II	3	LGBF	33	4
2243	CYCLOHEXYLACETAT	III	3	LGBF	30	
2244	CYCLOPENTANOL	III	3	LGBF	30	
2245	CYCLOPENTANON	III	3	LGBF	30	
2246	CYCLOPENTEN	II	3	L1,5BN	33	4

UN-Nummer	Benennung und Beschreibung	Verpackungs-gruppe	Gefahrzettel	Tankcodierung ADR-Tanks	Nummer zur Kenn-zeichnung der Gefahr	Gefährliche Güter, für die § 35 nd 35a GGVSEB gilt (Fahrwegbestimmung)
(1)	(2)	(4)	(5)	(12)	(20)	gem. § 35b GGVSEB lfd. Nr.
2247	n-DECAN	III	3	LGBF	30	
2248	DI-n-BUTYLAMIN	II	8 + 3	L4BN	83	
2250	DICHLORPHENYLISOCYANATE	II	6.1	SGAH L4BH	60	
2251	BICYCLO-[2,2,1]-HEPTA-2,5-DIEN, STABILISIERT (NORBORNAN-2,5-DIEN, STABILISIERT)	II	3	LGBF	339	4
2252	1,2-DIMETHOXYETHAN	II	3	LGBF	33	4
2253	N,N-DIMETHYLANILIN	II	6.1	L4BH	60	
2256	CYCLOHEXEN	II	3	LGBF	33	4
2257	KALIUM	I	4.3	L10BN(+)	X423	
2258	1,2-PROPYLENDIAMIN	II	8 + 3	L4BN	83	
2259	TRIETHYLENTETRAMIN	II	8	L4BN	80	
2260	TRIPROPYLAMIN	III	3 + 8	L4BN	38	
2261	XYLENOLE, FEST	II	6.1	SGAH L4BH	60	
2262	N,N-DIMETHYLCARBAMOYLCHLORID	II	8	L4BN	80	
2263	DIMETHYLCYCLOHEXANE	II	3	LGBF	33	4
2264	N,N-DIMETHYLCYCLOHEXYLAMIN	II	8 + 3	L4BN	83	
2265	N,N-DIMETHYLFORMAMID	III	3	LGBF	30	
2266	DIMETHYL-N-PROPYLAMIN	II	3 + 8	L4BH	338	4
2267	DIMETHYLTHIOPHOSPHORYLCHLORID	II	6.1 + 8	L4BH	68	
2269	3,3'-IMINOBISPROPYLAMIN	III	8	L4BN	80	
2270	ETHYLAMIN, WÄSSERIGE LÖSUNG mit mindestens 50 Masse-% und höchstens 70 Masse-% Ethylamin	II	3 + 8	L4BH	338	4
2271	ETHYLAMYLKETON	III	3	LGBF	30	
2272	N-ETHYLANILIN	III	6.1	L4BH	60	
2273	2-ETHYLANILIN	III	6.1	L4BH	60	
2274	N-ETHYL-N-BENZYLANILIN	III	6.1	L4BH	60	
2275	2-ETHYLBUTANOL	III	3	LGBF	30	
2276	2-ETHYLHEXYLAMIN	III	3 + 8	L4BN	38	
2277	ETHYLMETHACRYLAT, STABILISIERT	II	3	LGBF	339	4
2278	n-HEPTEN	II	3	LGBF	33	4
2279	HEXACHLORBUTADIEN	III	6.1	L4BH	60	
2280	HEXAMETHYLENDIAMIN, FEST	III	8	SGAV L4BN	80	
2281	HEXAMETHYLENDIISOCYANAT	II	6.1	L4BH	60	
2282	HEXANOLE	III	3	LGBF	30	
2283	ISOBUTYLMETHACRYLAT, STABILISIERT	III	3	LGBF	39	
2284	ISOBUTYRONITRIL	II	3 + 6.1	L4BH	336	4
2285	ISOCYANATOBENZOTRIFLUORIDE	II	6.1 + 3	L4BH	63	
2286	PENTAMETHYLHEPTAN	III	3	LGBF	30	
2287	ISOHEPTENE	II	3	LGBF	33	4
2288	ISOHEXENE	II	3	LGBF	33	4
2289	ISOPHORONDIAMIN	III	8	L4BN	80	
2290	ISOPHORONDIISOCYANAT	III	6.1	L4BH	60	

UN-Nummer	Benennung und Beschreibung	Verpackungsgruppe	Gefahrzettel	Tankcodierung ADR-Tanks	Nummer zur Kennzeichnung der Gefahr	Gefährliche Güter, für die § 35 nd 35a GGVSEB gilt (Fahrwegbestimmung)
(1)	(2)	(4)	(5)	(12)	(20)	gem. § 35b GGVSEB lfd. Nr.
2291	BLEIVERBINDUNG, LÖSLICH, N.A.G.	III	6.1	SGAH L4BH	60	
2293	4-METHOXY-4-METHYLPENTAN-2-ON	III	3	LGBF	30	
2294	N-METHYLANILIN	III	6.1	L4BH	60	
2295	METHYLCHLORACETAT	I	6.1 + 3	L10CH	663	10
2296	METHYLCYCLOHEXAN	II	3	LGBF	33	4
2297	METHYLCYCLOHEXANON	III	3	LGBF	30	
2298	METHYLCYCLOPENTAN	II	3	LGBF	33	4
2299	METHYLDICHLORACETAT	III	6.1	L4BH	60	
2300	2-METHYL-5-ETHYLPYRIDIN	III	6.1	L4BH	60	
2301	2-METHYLFURAN	II	3	LGBF	33	4
2302	5-METHYLHEXAN-2-ON	III	3	LGBF	30	
2303	ISOPROPENYLBENZEN	III	3	LGBF	30	
2304	NAPHTHALEN, GESCHMOLZEN	III	4.1	LGBV	44	
2305	NITROBENZENSULFONSÄURE	II	8	SGAN L4BN	80	
2306	NITROBENZOTRIFLUORIDE, FLÜSSIG	II	6.1	L4BH	60	
2307	3-NITRO-4-CHLORBENZOTRIFLUORID	II	6.1	L4BH	60	
2308	NITROSYLSCHWEFELSÄURE, FLÜSSIG	II	8	L4BN	X80	
2309	OCTADIENE	II	3	LGBF	33	4
2310	PENTAN-2,4-DION	III	3 + 6.1	L4BH	36	
2311	PHENETIDINE	III	6.1	L4BH	60	
2312	PHENOL, GESCHMOLZEN	II	6.1	L4BH	60	
2313	PICOLINE	III	3	LGBF	30	
2315	POLYCHLORIERTE BIPHENYLE, FLÜSSIG	II	9	L4BH	90	
2316	NATRIUMKUPFER(I)CYANID, FEST	I	6.1	S10AH	66	
2317	NATRIUMKUPFER(I)CYANID, LÖSUNG	I	6.1	L10CH	66	10
2318	NATRIUMHYDROGENSULFID mit weniger als 25 % Kristallwasser	II	4.2	SGAN	40	
2319	TERPENKOHLENWASSER-STOFFE, N.A.G.	III	3	LGBF	30	
2320	TETRAETHYLENPENTAMIN	III	8	L4BN	80	
2321	TRICHLORBENZENE, FLÜSSIG	III	6.1	L4BH	60	
2322	TRICHLORBUTEN	II	6.1	L4BH	60	
2323	TRIETHYLPHOSPHIT	III	3	LGBF	30	
2324	TRIISOBUTYLEN	III	3	LGBF	30	
2325	1,3,5-TRIMETHYLBENZEN	III	3	LGBF	30	
2326	TRIMETHYLCYCLOHEXYLAMIN	III	8	L4BN	80	
2327	TRIMETHYLHEXAMETHYLENDIAMINE	III	8	L4BN	80	
2328	TRIMETHYLHEXAMETHYLENDIISOCYANAT (und isomere Gemische)	III	6.1	L4BH	60	
2329	TRIMETHYLPHOSPHIT	III	3	LGBF	30	
2330	UNDECAN	III	3	LGBF	30	
2331	ZINKCHLORID, WASSERFREI	III	8	SGAV	80	
2332	ACETALDEHYDOXIM	III	3	LGBF	30	
2333	ALLYLACETAT	II	3 + 6.1	L4BH	336	4
2334	ALLYLAMIN	I	6.1 + 3	L10CH	663	10
2335	ALLYLETHYLETHER	II	3 + 6.1	L4BH	336	4
2336	ALLYLFORMIAT	I	3 + 6.1	L10CH	336	4

UN-Nummer	Benennung und Beschreibung	Verpackungs-gruppe	Gefahrzettel	Tankcodierung ADR-Tanks	Nummer zur Kenn-zeichnung der Gefahr	Gefährliche Güter, für die § 35 nd 35a GGVSEB gilt (Fahrwegbestimmung)
(1)	(2)	(4)	(5)	(12)	(20)	gem. § 35b GGVSEB lfd. Nr.
2337	PHENYLMERCAPTAN	I	6.1 + 3	L10CH	663	10
2338	BENZOTRIFLUORID	II	3	LGBF	33	4
2339	2-BROMBUTAN	II	3	LGBF	33	4
2340	2-BROMETHYLETHYLETHER	II	3	LGBF	33	4
2341	1-BROM-3-METHYLBUTAN	III	3	LGBF	30	
2342	BROMMETHYLPROPANE	II	3	LGBF	33	4
2343	2-BROMPENTAN	II	3	LGBF	33	4
2344	BROMPROPANE	II	3	LGBF	33	4
2344	BROMPROPANE	III	3	LGBF	30	
2345	3-BROMPROPIN	II	3	LGBF	33	4
2346	BUTANDION	II	3	LGBF	33	4
2347	BUTYLMERCAPTAN	II	3	LGBF	33	4
2348	BUTYLACRYLATE, STABILISIERT	III	3	LGBF	39	
2350	BUTYLMETHYLETHER	II	3	LGBF	33	4
2351	BUTYLNITRITE	II	3	LGBF	33	4
2351	BUTYLNITRITE	III	3	LGBF	30	
2352	BUTYLVINYLETHER, STABILISIERT	II	3	LGBF	339	4
2353	BUTYRYLCHLORID	II	3 + 8	L4BH	338	4
2354	CHLORMETHYLETHYLETHER	II	3 + 6.1	L4BH	336	4
2356	2-CHLORPROPAN	I	3	L4BN	33	4
2357	CYCLOHEXYLAMIN	II	8 + 3	L4BN	83	
2358	CYCLOOCTATETRAEN	II	3	LGBF	33	4
2359	DIALLYLAMIN	II	3 + 6.1 + 8	L4BH	338	4
2360	DIALLYLETHER	II	3 + 6.1	L4BH	336	4
2361	DIISOBUTYLAMIN	III	3 + 8	L4BN	38	
2362	1,1-DICHLORETHAN	II	3	LGBF	33	4
2363	ETHYLMERCAPTAN	I	3	L4BN	33	4
2364	n-PROPYLBENZEN	III	3	LGBF	30	
2366	DIETHYLCARBONAT	III	3	LGBF	30	
2367	alpha-METHYLVALERALDEHYD	II	3	LGBF	33	4
2368	alpha-PINEN	III	3	LGBF	30	
2370	HEX-1-EN	II	3	LGBF	33	4
2371	ISOPENTENE	I	3	L4BN	33	4
2372	1,2-DI-(DIMETHYLAMINO)-ETHAN	II	3	LGBF	33	4
2373	DIETHOXYMETHAN	II	3	LGBF	33	4
2374	3,3-DIETHOXYPROPEN	II	3	LGBF	33	4
2375	DIETHYLSULFID	II	3	LGBF	33	4
2376	2,3-DIHYDROPYRAN	II	3	LGBF	33	4
2377	1,1-DIMETHOXYETHAN	II	3	LGBF	33	4
2378	2-DIMETHYLAMINOACETONITRIL	II	3 + 6.1	L4BH	336	4
2379	1,3-DIMETHYLBUTYLAMIN	II	3 + 8	L4BH	338	4
2380	DIMETHYLDIETHOXYSILAN	II	3	LGBF	33	4
2381	DIMETHYLDISULFID	II	3 + 6.1	L4BH	336	4

UN-Nummer	Benennung und Beschreibung	Verpackungs-gruppe	Gefahrzettel	Tankcodierung ADR-Tanks	Nummer zur Kenn-zeichnung der Gefahr	Gefährliche Güter, für die § 35 nd 35a GGVSEB gilt (Fahrwegbestimmung)
(1)	(2)	(4)	(5)	(12)	(20)	gem. § 35b GGVSEB lfd. Nr.
2382	DIMETHYLHYDRAZIN, SYMMETRISCH	I	6.1 + 3	L10CH	663	10
2383	DIPROPYLAMIN	II	3 + 8	L4BH	338	4
2384	DI-n-PROPYLETHER	II	3	LGBF	33	4
2385	ETHYLISOBUTYRAT	II	3	LGBF	33	4
2386	1-ETHYLPIPERIDIN	II	3 + 8	L4BH	338	4
2387	FLUORBENZEN	II	3	LGBF	33	4
2388	FLUORTOLUENE	II	3	LGBF	33	4
2389	FURAN	I	3	L4BN	33	4
2390	2-IODBUTAN	II	3	LGBF	33	4
2391	IODMETHYLPROPANE	II	3	LGBF	33	4
2392	IODPROPANE	III	3	LGBF	30	
2393	ISOBUTYLFORMIAT	II	3	LGBF	33	4
2394	ISOBUTYLPROPIONAT	III	3	LGBF	30	
2395	ISOBUTYRYLCHLORID	II	3 + 8	L4BH	338	4
2396	METHACRYLALDEHYD, STABILISIERT	II	3 + 6.1	L4BH	336	4
2397	3-METHYLBUTAN-2-ON	II	3	LGBF	33	4
2398	METHYL-tert-BUTYLETHER	II	3	LGBF	33	4
2399	1-METHYLPIPERIDIN	II	3 + 8	L4BH	338	4
2400	METHYLISOVALERAT	II	3	LGBF	33	4
2401	PIPERIDIN	I	8 + 3	L10BH	883	
2402	PROPANTHIOLE	II	3	LGBF	33	4
2403	ISOPROPENYLACETAT	II	3	LGBF	33	4
2404	PROPIONITRIL	II	3 + 6.1	L4BH	336	4
2405	ISOPROPYLBUTYRAT	III	3	LGBF	30	
2406	ISOPROPYLISOBUTYRAT	II	3	LGBF	33	4
2409	ISOPROPYLPROPIONAT	II	3	LGBF	33	4
2410	1,2,3,6-TETRAHYDROPYRIDIN	II	3	LGBF	33	4
2411	BUTYRONITRIL	II	3 + 6.1	L4BH	336	4
2412	TETRAHYDROTHIOPHEN	II	3	LGBF	33	4
2413	TETRAPROPYLORTHOTITANAT	III	3	LGBF	30	
2414	THIOPHEN	II	3	LGBF	33	4
2416	TRIMETHYLBORAT	II	3	LGBF	33	4
2417	CARBONYLFLUORID		2.3 + 8	PxBH(M)	268	3
2419	BROMTRIFLUORETHYLEN		2.1	PxBN(M)	23	2
2420	HEXAFLUORACETON		2.3 + 8	PxBH(M)	268	3
2422	OCTAFLUORBUT-2-EN (GAS ALS KÄLTEMITTEL R 1318)		2.2	PxBN(M)	20	
2424	OCTAFLUORPROPAN (GAS ALS KÄLTEMITTEL R 218)		2.2	PxBN(M)	20	
2426	AMMONIUMNITRAT, FLÜSSIG, heiße konzentrierte Lösung mit einer Konzentration von mehr als 80 %, aber höchstens 93 %		5.1	L4BV(+)	59	
2427	KALIUMCHLORAT, WÄSSERIGE LÖSUNG	II	5.1	L4BN	50	
2427	KALIUMCHLORAT, WÄSSERIGE LÖSUNG	III	5.1	LGBV	50	
2428	NATRIUMCHLORAT, WÄSSERIGE LÖSUNG	II	5.1	L4BN	50	
2428	NATRIUMCHLORAT, WÄSSERIGE LÖSUNG	III	5.1	LGBV	50	

UN-Nummer	Benennung und Beschreibung	Verpackungs-gruppe	Gefahrzettel	Tankcodierung ADR-Tanks	Nummer zur Kenn-zeichnung der Gefahr	Gefährliche Güter, für die § 35 nd 35a GGVSEB gilt (Fahrwegbestimmung)
(1)	(2)	(4)	(5)	(12)	(20)	gem. § 35b GGVSEB lfd. Nr.
2429	CALCIUMCHLORAT, WÄSSERIGE LÖSUNG	II	5.1	L4BN	50	
2429	CALCIUMCHLORAT, WÄSSERIGE LÖSUNG	III	5.1	LGBV	50	
2430	ALKYLPHENOLE, FEST, N.A.G. (einschließlich C_2-C_{12}-Homologe)	I	8	S10AN L10BH	88	
2430	ALKYLPHENOLE, FEST, N.A.G. (einschließlich C_2-C_{12}-Homologe)	II	8	SGAN L4BN	80	
2430	ALKYLPHENOLE, FEST, N.A.G. (einschließlich C_2-C_{12}-Homologe)	III	8	SGAV L4BN	80	
2431	ANISIDINE	III	6.1	L4BH	60	
2432	N,N-DIETHYLANILIN	III	6.1	L4BH	60	
2433	CHLORNITROTOLUENE, FLÜSSIG	III	6.1	L4BH	60	
2434	DIBENZYLDICHLORSILAN	II	8	L4BN	X80	
2435	ETHYLPHENYLDICHLORSILAN	II	8	L4BN	X80	
2436	THIOESSIGSÄURE	II	3	LGBF	33	4
2437	METHYLPHENYLDICHLORSILAN	II	8	L4BN	X80	
2438	TRIMETHYLACETYLCHLORID	I	6.1 + 3 + 8	L10CH	663	10
2439	NATRIUMHYDROGENDIFLUORID	II	8	SGAN	80	
2440	ZINNTETRACHLORIDPENTAHYDRAT	III	8	SGAV	80	
2442	TRICHLORACETYLCHLORID	II	8	L4BN	X80	
2443	VANADIUMOXYTRICHLORID	II	8	L4BN	80	
2444	VANADIUMTETRACHLORID	I	8	L10BH	X88	
2446	NITROCRESOLE, FEST	III	6.1	SGAH L4BH	60	
2447	PHOSPHOR, WEISS, GESCHMOLZEN	I	4.2 + 6.1	L10DH(+)	446	
2448	SCHWEFEL, GESCHMOLZEN	III	4.1	LGBV(+)	44	
2451	STICKSTOFFTRIFLUORID		2.2 + 5.1	PxBN(M)	25	
2452	ETHYLACETYLEN, STABILISIERT		2.1	PxBN(M)	239	2
2453	ETHYLFLUORID (GAS ALS KÄLTEMITTEL R 161)		2.1	PxBN(M)	23	2
2454	METHYLFLUORID (GAS ALS KÄLTEMITTEL R 41)		2.1	PxBN(M)	23	2
2456	2-CHLORPROPEN	I	3	L4BN	33	4
2457	2,3-DIMETHYLBUTAN	II	3	LGBF	33	4
2458	HEXADIENE	II	3	LGBF	33	4
2459	2-METHYLBUT-1-EN	I	3	L4BN	33	4
2460	2-METHYLBUT-2-EN	II	3	L1,5BN	33	4
2461	METHYLPENTADIENE	II	3	LGBF	33	4
2464	BERYLLIUMNITRAT	II	5.1 + 6.1	SGAN	56	
2465	DICHLORISOCYANURSÄURE, TROCKEN oder DICHLORISOCYANURSÄURESALZE	II	5.1	SGAN	50	
2468	TRICHLORISOCYANURSÄURE, TROCKEN	II	5.1	SGAN	50	
2469	ZINKBROMAT	III	5.1	SGAV	50	
2470	PHENYLACETONITRIL, FLÜSSIG	III	6.1	L4BH	60	
2471	OSMIUMTETROXID	I	6.1	S10AH	66	
2473	NATRIUMARSANILAT	III	6.1	SGAH L4BH	60	
2474	THIOPHOSGEN	I	6.1	L10CH	66	10
2475	VANADIUMTRICHLORID	III	8	SGAV	80	
2477	METHYLISOTHIOCYANAT	I	6.1 + 3	L10CH	663	10

UN-Nummer	Benennung und Beschreibung	Verpackungs-gruppe	Gefahrzettel	Tankcodierung ADR-Tanks	Nummer zur Kenn-zeichnung der Gefahr	Gefährliche Güter, für die § 35 nd 35a GGVSEB gilt (Fahrwegbestimmung)
(1)	(2)	(4)	(5)	(12)	(20)	gem. § 35b GGVSEB lfd. Nr.
2478	ISOCYANATE, ENTZÜNDBAR, GIFTIG, N.A.G. oder ISOCYANAT, LÖSUNG, ENTZÜNDBAR, GIFTIG, N.A.G.	II	3 + 6.1	L4BH	336	4
2478	ISOCYANATE, ENTZÜNDBAR, GIFTIG, N.A.G. oder ISOCYANAT, LÖSUNG, ENTZÜNDBAR, GIFTIG, N.A.G.	III	3 + 6.1	L4BH	36	
2480	METHYLISOCYANAT	I	6.1 + 3	L15CH	663	10
2481	ETHYLISOCYANAT	I	6.1 + 3	L10CH	663	10
2482	n-PROPYLISOCYANAT	I	6.1 + 3	L10CH	663	10
2483	ISOPROPYLISOCYANAT	I	6.1 + 3	L15CH	663	10
2484	tert-BUTYLISOCYANAT	I	6.1 + 3	L10CH	663	10
2485	n-BUTYLISOCYANAT	I	6.1 + 3	L10CH	663	10
2486	ISOBUTYLISOCYANAT	I	6.1 + 3	L10CH	663	10
2487	PHENYLISOCYANAT	I	6.1 + 3	L10CH	663	10
2488	CYCLOHEXYLISOCYANAT	I	6.1 + 3	L10CH	663	10
2490	DICHLORISOPROPYLETHER	II	6.1	L4BH	60	
2491	ETHANOLAMIN oder ETHANOLAMIN, LÖSUNG	III	8	L4BN	80	
2493	HEXAMETHYLENIMIN	II	3 + 8	L4BH	338	4
2495	IODPENTAFLUORID	I	5.1 + 6.1 + 8	L10DH	568	
2496	PROPIONSÄUREANHYDRID	III	8	L4BN	80	
2498	1,2,3,6-TETRAHYDROBENZALDEHYD	III	3	LGBF	30	
2501	TRIS-(1-AZIRIDINYL)-PHOSPHINOXID, LÖSUNG	II	6.1	L4BH	60	
2501	TRIS-(1-AZIRIDINYL)-PHOSPHINOXID, LÖSUNG	III	6.1	L4BH	60	
2502	VALERYLCHLORID	II	8 + 3	L4BN	83	
2503	ZIRKONIUMTETRACHLORID	III	8	SGAV	80	
2504	TETRABROMETHAN	III	6.1	L4BH	60	
2505	AMMONIUMFLUORID	III	6.1	SGAH	60	
2506	AMMONIUMHYDROGENSULFAT	II	8	SGAV	80	
2507	HEXACHLORPLATINSÄURE, FEST	III	8	SGAV	80	
2508	MOLYBDÄNPENTACHLORID	III	8	SGAV	80	
2509	KALIUMHYDROGENSULFAT	II	8	SGAV	80	
2511	alpha-CHLORPROPIONSÄURE	III	8	L4BN	80	
2512	AMINOPHENOLE (o-, m-, p-)	III	6.1	SGAH L4DH	60	
2513	BROMACETYLBROMID	II	8	L4BN	X80	
2514	BROMBENZEN	III	3	LGBF	30	
2515	BROMOFORM	III	6.1	L4BH	60	
2516	TETRABROMKOHLENSTOFF	III	6.1	SGAH L4BH	60	
2517	1-CHLOR-1,1-DIFLUORETHAN (GAS ALS KÄLTEMITTEL R 142b)		2.1	PxBN(M)	23	2
2518	1,5,9-CYCLODODECATRIEN	III	6.1	L4BH	60	
2520	CYCLOOCTADIENE	III	3	LGBF	30	
2521	DIKETEN, STABILISIERT	I	6.1 + 3	L10CH	663	10

UN-Nummer	Benennung und Beschreibung	Verpackungs-gruppe	Gefahrzettel	Tankcodierung ADR-Tanks	Nummer zur Kenn-zeichnung der Gefahr	Gefährliche Güter, für die § 35 nd 35a GGVSEB gilt (Fahrwegbestimmung)
(1)	(2)	(4)	(5)	(12)	(20)	gem. § 35b GGVSEB lfd. Nr.
2522	2-DIMETHYLAMINOETHYLMETHACRYLAT	II	6.1	L4BH	69	
2524	ETHYLORTHOFORMIAT	III	3	LGBF	30	
2525	ETHYLOXALAT	III	6.1	L4BH	60	
2526	FURFURYLAMIN	III	3 + 8	L4BN	38	
2527	ISOBUTYLACRYLAT, STABILISIERT	III	3	LGBF	39	
2528	ISOBUTYLISOBUTYRAT	III	3	LGBF	30	
2529	ISOBUTTERSÄURE	III	3 + 8	L4BN	38	
2531	METHACRYLSÄURE, STABILISIERT	II	8	L4BN	89	
2533	METHYLTRICHLORACETAT	III	6.1	L4BH	60	
2535	4-METHYLMORPHOLIN (N-METHYLMORPHOLIN)	II	3 + 8	L4BH	338	4
2536	METHYLTETRAHYDROFURAN	II	3	LGBF	33	4
2538	NITRONAPHTHALEN	III	4.1	SGAV	40	
2541	TERPINOLEN	III	3	LGBF	30	
2542	TRIBUTYLAMIN	II	6.1	L4BH	60	
2545	HAFNIUM-PULVER, TROCKEN	II	4.2	SGAN	40	
2545	HAFNIUM-PULVER, TROCKEN	III	4.2	SGAN	40	
2546	TITAN-PULVER, TROCKEN	II	4.2	SGAN	40	
2546	TITAN-PULVER, TROCKEN	III	4.2	SGAN	40	
2552	HEXAFLUORACETONHYDRAT, FLÜSSIG	II	6.1	L4BH	60	
2554	METHYLALLYLCHLORID	II	3	LGBF	33	4
2558	EPIBROMHYDRIN	I	6.1 + 3	L10CH	663	10
2560	2-METHYLPENTAN-2-OL	III	3	LGBF	30	
2561	3-METHYLBUT-1-EN	I	3	L4BN	33	4
2564	TRICHLORESSIGSÄURE, LÖSUNG	II	8	L4BN	80	
2564	TRICHLORESSIGSÄURE, LÖSUNG	III	8	L4BN	80	
2565	DICYCLOHEXYLAMIN	III	8	L4BN	80	
2567	NATRIUMPENTACHLORPHENOLAT	II	6.1	SGAH	60	
2570	CADMIUMVERBINDUNG	I	6.1	S10AH L10CH	66	
2570	CADMIUMVERBINDUNG	II	6.1	SGAH L4BH	60	
2570	CADMIUMVERBINDUNG	III	6.1	SGAH L4BH	60	
2571	ALKYLSCHWEFELSÄUREN	II	8	L4BN	80	
2572	PHENYLHYDRAZIN	II	6.1	L4BH	60	
2573	THALLIUMCHLORAT	II	5.1 + 6.1	SGAN	56	
2574	TRICRESYLPHOSPHAT mit mehr als 3 % ortho-Isomer	II	6.1	L4BH	60	
2576	PHOSPHOROXYBROMID, GESCHMOLZEN	II	8	L4BN	80	
2577	PHENYLACETYLCHLORID	II	8	L4BN	80	
2578	PHOSPHORTRIOXID	III	8	SGAV	80	
2579	PIPERAZIN	III	8	SGAV L4BN	80	
2580	ALUMINIUMBROMID, LÖSUNG	III	8	L4BN	80	
2581	ALUMINIUMCHLORID, LÖSUNG	III	8	L4BN	80	
2582	EISEN(III)CHLORID, LÖSUNG	III	8	L4BN	80	
2583	ALKYLSULFONSÄUREN, FEST oder ARYLSULFONSÄUREN, FEST, mit mehr als 5 % freier Schwefelsäure	II	8	SGAN L4BN	80	
2584	ALKYLSULFONSÄUREN, FLÜSSIG oder ARYLSULFONSÄUREN, FLÜSSIG, mit mehr als 5 % freier Schwefelsäure	II	8	L4BN	80	

UN-Nummer	Benennung und Beschreibung	Verpackungs-gruppe	Gefahrzettel	Tankcodierung ADR-Tanks	Nummer zur Kenn-zeichnung der Gefahr	Gefährliche Güter, für die § 35 nd 35a GGVSEB gilt (Fahrwegbestimmung)
(1)	(2)	(4)	(5)	(12)	(20)	gem. § 35b GGVSEB lfd. Nr.
2585	ALKYLSULFONSÄUREN, FEST oder ARYLSULFONSÄUREN, FEST, mit höchstens 5 % freier Schwefelsäure	III	8	SGAV	80	
2586	ALKYLSULFONSÄUREN, FLÜSSIG oder ARYLSULFONSÄUREN, FLÜSSIG, mit höchstens 5 % freier Schwefelsäure	III	8	L4BN	80	
2587	BENZOCHINON	II	6.1	SGAH L4BH	60	
2588	PESTIZID, FEST, GIFTIG, N.A.G.	I	6.1	S10AH L10CH	66	
2588	PESTIZID, FEST, GIFTIG, N.A.G.	II	6.1	SGAH L4BH	60	
2588	PESTIZID, FEST, GIFTIG, N.A.G.	III	6.1	SGAH L4BH	60	
2589	VINYLCHLORACETAT	II	6.1 + 3	L4BH	63	
2590	ASBEST, CHRYSOTIL	III	9	SGAH	90	
2591	XENON, TIEFGEKÜHLT, FLÜSSIG		2.2	RxBN	22	
2599	CHLORTRIFLUORMETHAN UND TRIFLUORMETHAN, AZEOTROPES GEMISCH mit ca. 60 % Chlortrifluormethan (GAS ALS KÄLTEMITTEL R 503)		2.2	PxBN(M)	20	
2601	CYCLOBUTAN		2.1	PxBN(M)	23	2
2602	DICHLORDIFLUORMETHAN UND 1,1-DIFLUORETHAN, AZEOTROPES GEMISCH mit ca. 74 % Dichlordifluormethan (GAS ALS KÄLTEMITTEL R 500)		2.2	PxBN(M)	20	
2603	CYCLOHEPTATRIEN	II	3 + 6.1	L4BH	336	4
2604	BORTRIFLUORIDDIETHYLETHERAT	I	8 + 3	L10BH	883	
2605	METHOXYMETHYLISOCYANAT	I	6.1 + 3	L10CH	663	10
2606	METHYLORTHOSILICAT	I	6.1 + 3	L10CH	663	10
2607	ACROLEIN, DIMER, STABILISIERT	III	3	LGBF	39	
2608	NITROPROPANE	III	3	LGBF	30	
2609	TRIALLYLBORAT	III	6.1	L4BH	60	
2610	TRIALLYLAMIN	III	3 + 8	L4BN	38	
2611	1-CHLORPROPAN-2-OL	II	6.1 + 3	L4BH	63	
2612	METHYLPROPYLETHER	II	3	L1,5BN	33	4
2614	METHYLALLYLALKOHOL	III	3	LGBF	30	
2615	ETHYLPROPYLETHER	II	3	LGBF	33	4
2616	TRIISOPROPYLBORAT	II	3	LGBF	33	4
2616	TRIISOPROPYLBORAT	III	3	LGBF	30	
2617	METHYLCYCLOHEXANOLE, entzündbar	III	3	LGBF	30	
2618	VINYLTOLUENE, STABILISIERT	III	3	LGBF	39	
2619	BENZYLDIMETHYLAMIN	II	8 + 3	L4BN	83	
2620	AMYLBUTYRATE	III	3	LGBF	30	
2621	ACETYLMETHYLCARBINOL	III	3	LGBF	30	
2622	GLYCIDALDEHYD	II	3 + 6.1	L4BH	336	4
2624	MAGNESIUMSILICID	II	4.3	SGAN	423	
2626	CHLORSÄURE, WÄSSERIGE LÖSUNG mit höchstens 10 % Säure	II	5.1	L4BN	50	
2627	NITRITE, ANORGANISCHE, N.A.G.	II	5.1	SGAN	50	
2628	KALIUMFLUORACETAT	I	6.1	S10AH	66	
2629	NATRIUMFLUORACETAT	I	6.1	S10AH	66	

UN-Nummer	Benennung und Beschreibung	Verpackungs-gruppe	Gefahrzettel	Tankcodierung ADR-Tanks	Nummer zur Kenn-zeichnung der Gefahr	Gefährliche Güter, für die § 35 nd 35a GGVSEB gilt (Fahrwegbestimmung)
(1)	(2)	(4)	(5)	(12)	(20)	gem. § 35b GGVSEB lfd. Nr.
2630	SELENATE oder SELENITE	I	6.1	S10AH L10CH	66	
2642	FLUORESSIGSÄURE	I	6.1	S10AH L10CH	66	
2643	METHYLBROMACETAT	II	6.1	L4BH	60	
2644	METHYLIODID	I	6.1	L10CH	66	10
2645	PHENACYLBROMID	II	6.1	SGAH L4BH	60	
2646	HEXACHLORCYCLOPENTADIEN	I	6.1	L10CH	66	10
2647	MALONONITRIL	II	6.1	SGAH L4BH	60	
2648	1,2-DIBROMBUTAN-3-ON	II	6.1	L4BH	60	
2649	1,3-DICHLORACETON	II	6.1	SGAH L4BH	60	
2650	1,1-DICHLOR-1-NITROETHAN	II	6.1	L4BH	60	
2651	4,4'-DIAMINODIPHENYLMETHAN	III	6.1	SGAH L4BH	60	
2653	BENZYLIODID	II	6.1	L4BH	60	
2655	KALIUMFLUOROSILICAT	III	6.1	SGAH L4BH	60	
2656	CHINOLIN	III	6.1	L4BH	60	
2657	SELENDISULFID	II	6.1	SGAH L4BH	60	
2659	NATRIUMCHLORACETAT	III	6.1	SGAH	60	
2660	NITROTOLUIDINE (MONO)	III	6.1	SGAH L4BH	60	
2661	HEXACHLORACETON	III	6.1	L4BH	60	
2664	DIBROMMETHAN	III	6.1	L4BH	60	
2667	BUTYLTOLUENE	III	6.1	L4BH	60	
2668	CHLORACETONITRIL	I	6.1 + 3	L10CH	663	10
2669	CHLORCRESOLE, LÖSUNG	II	6.1	L4BH	60	
2669	CHLORCRESOLE, LÖSUNG	III	6.1	L4BH	60	
2670	CYANURCHLORID	II	8	SGAN L4BN	80	
2671	AMINOPYRIDINE (o-, m-, p-)	II	6.1	SGAH L4BH	60	
2672	AMMONIAKLÖSUNG in Wasser, relative Dichte zwischen 0,880 und 0,957 bei 15 °C, mit mehr als 10 %, aber höchstens 35 % Ammoniak	III	8	L4BN	80	
2673	2-AMINO-4-CHLORPHENOL	II	6.1	SGAH L4BH	60	
2674	NATRIUMFLUOROSILICAT	III	6.1	SGAH L4BH	60	
2677	RUBIDIUMHYDROXIDLÖSUNG	II	8	L4BN	80	
2677	RUBIDIUMHYDROXIDLÖSUNG	III	8	L4BN	80	
2678	RUBIDIUMHYDROXID	II	8	SGAN	80	
2679	LITHIUMHYDROXIDLÖSUNG	II	8	L4BN	80	
2679	LITHIUMHYDROXIDLÖSUNG	III	8	L4BN	80	
2680	LITHIUMHYDROXID	II	8	SGAN	80	
2681	CAESIUMHYDROXIDLÖSUNG	II	8	L4BN	80	
2681	CAESIUMHYDROXIDLÖSUNG	III	8	L4BN	80	
2682	CAESIUMHYDROXID	II	8	SGAN	80	
2683	AMMONIUMSULFID, LÖSUNG	II	8 + 3 + 6.1	L4BN	86	

UN-Nummer	Benennung und Beschreibung	Verpackungs-gruppe	Gefahrzettel	Tankcodierung ADR-Tanks	Nummer zur Kenn-zeichnung der Gefahr	Gefährliche Güter, für die § 35 nd 35a GGVSEB gilt (Fahrwegbestimmung)
(1)	(2)	(4)	(5)	(12)	(20)	gem. § 35b GGVSEB lfd. Nr.
2684	3-DIETHYLAMINOPROPYLAMIN	III	3 + 8	L4BN	38	
2685	N,N-DIETHYLETHYLENDIAMIN	II	8 + 3	L4BN	83	
2686	2-DIETHYLAMINOETHANOL	II	8 + 3	L4BN	83	
2687	DICYCLOHEXYLAMMONIUMNITRIT	III	4.1	SGAV	40	
2688	1-BROM-3-CHLORPROPAN	III	6.1	L4BH	60	
2689	GLYCEROL-alpha-MONOCHLORHYDRIN	III	6.1	L4BH	60	
2690	N,n-BUTYLIMIDAZOL	II	6.1	L4BH	60	
2691	PHOSPHORPENTABROMID	II	8	SGAN	80	
2692	BORTRIBROMID	I	8	L10BH	X88	
2693	HYDROGENSULFITE, WÄSSERIGE LÖSUNG, N.A.G.	III	8	L4BN	80	
2698	TETRAHYDROPHTHALSÄUREANHYDRIDE mit mehr als 0,05 % Maleinsäureanhydrid	III	8	SGAV L4BN	80	
2699	TRIFLUORESSIGSÄURE	I	8	L10BH	88	11
2705	1-PENTOL	II	8	L4BN	80	
2707	DIMETHYLDIOXANE	II	3	LGBF	33	4
2707	DIMETHYLDIOXANE	III	3	LGBF	30	
2709	BUTYLBENZENE	III	3	LGBF	30	
2710	DIPROPYLKETON	III	3	LGBF	30	
2713	ACRIDIN	III	6.1	SGAH L4BH	60	
2714	ZINKRESINAT	III	4.1	SGAV	40	
2715	ALUMINIUMRESINAT	III	4.1	SGAV	40	
2716	BUTIN-1,4-DIOL	III	6.1	SGAH L4BH	60	
2717	CAMPHER, synthetisch	III	4.1	SGAV	40	
2719	BARIUMBROMAT	II	5.1 + 6.1	SGAN	56	
2720	CHROMNITRAT	III	5.1	SGAV	50	
2721	KUPFERCHLORAT	II	5.1	SGAV	50	
2722	LITHIUMNITRAT	III	5.1	SGAV	50	
2723	MAGNESIUMCHLORAT	II	5.1	SGAV	50	
2724	MANGANNITRAT	III	5.1	SGAV	50	
2725	NICKELNITRAT	III	5.1	SGAV	50	
2726	NICKELNITRIT	III	5.1	SGAV	50	
2727	THALLIUMNITRAT	II	6.1 + 5.1	SGAH	65	
2728	ZIRKONIUMNITRAT	III	5.1	SGAV	50	
2729	HEXACHLORBENZEN	III	6.1	SGAH	60	
2730	NITROANISOLE, FLÜSSIG	III	6.1	L4BH	60	
2732	NITROBROMBENZENE, FLÜSSIG	III	6.1	L4BH	60	
2733	AMINE, ENTZÜNDBAR, ÄTZEND, N.A.G. oder POLYAMINE, ENTZÜNDBAR, ÄTZEND, N.A.G.	I	3 + 8	L10CH	338	4
2733	AMINE, ENTZÜNDBAR, ÄTZEND, N.A.G. oder POLYAMINE, ENTZÜNDBAR, ÄTZEND, N.A.G.	II	3 + 8	L4BH	338	4
2733	AMINE, ENTZÜNDBAR, ÄTZEND, N.A.G. oder POLYAMINE, ENTZÜNDBAR, ÄTZEND, N.A.G.	III	3 + 8	L4BN	38	
2734	AMINE, FLÜSSIG, ÄTZEND, ENTZÜNDBAR, N.A.G. oder POLYAMINE, FLÜSSIG, ÄTZEND, ENTZÜNDBAR, N.A.G.	I	8 + 3	L10BH	883	
2734	AMINE, FLÜSSIG, ÄTZEND, ENTZÜNDBAR, N.A.G. oder POLYAMINE, FLÜSSIG, ÄTZEND, ENTZÜNDBAR, N.A.G.	II	8 + 3	L4BN	83	
2735	AMINE, FLÜSSIG, ÄTZEND, N.A.G. oder POLYAMINE, FLÜSSIG, ÄTZEND, N.A.G.	I	8	L10BH	88	

UN-Nummer	Benennung und Beschreibung	Verpackungs-gruppe	Gefahrzettel	Tankcodierung ADR-Tanks	Nummer zur Kenn-zeichnung der Gefahr	Gefährliche Güter, für die § 35 nd 35a GGVSEB gilt (Fahrwegbestimmung)
(1)	(2)	(4)	(5)	(12)	(20)	gem. § 35b GGVSEB lfd. Nr.
2735	AMINE, FLÜSSIG, ÄTZEND, N.A.G. oder POLYAMINE, FLÜSSIG, ÄTZEND, N.A.G.	II	8	L4BN	80	
2735	AMINE, FLÜSSIG, ÄTZEND, N.A.G. oder POLYAMINE, FLÜSSIG, ÄTZEND, N.A.G.	III	8	L4BN	80	
2738	N-BUTYLANILIN	II	6.1	L4BH	60	
2739	BUTTERSÄUREANHYDRID	III	8	L4BN	80	
2740	n-PROPYLCHLORFORMIAT	I	6.1 + 3 + 8	L10CH	668	10
2741	BARIUMHYPOCHLORIT mit mehr als 22 % aktivem Chlor	II	5.1 + 6.1	SGAN	56	
2742	CHLORFORMIATE, GIFTIG, ÄTZEND, ENTZÜNDBAR, N.A.G.	II	6.1 + 3 + 8	L4BH	638	
2743	n-BUTYLCHLORFORMIAT	II	6.1 + 3 + 8	L4BH	638	
2744	CYCLOBUTYLCHLORFORMIAT	II	6.1 + 3 + 8	L4BH	638	
2745	CHLORMETHYLCHLORFORMIAT	II	6.1 + 8	L4BH	68	
2746	PHENYLCHLORFORMIAT	II	6.1 + 8	L4BH	68	
2747	tert-BUTYLCYCLOHEXYLCHLORFORMIAT	III	6.1	L4BH	60	
2748	2-ETHYLHEXYLCHLORFORMIAT	II	6.1 + 8	L4BH	68	
2749	TETRAMETHYLSILAN	I	3	L4BN	33	4
2750	1,3-DICHLORPROPAN-2-OL	II	6.1	L4BH	60	
2751	DIETHYLTHIOPHOSPHORYLCHLORID	II	8	L4BN	80	
2752	1,2-EPOXY-3-ETHOXYPROPAN	III	3	LGBF	30	
2753	N-ETHYL-N-BENZYLTOLUIDINE, FLÜSSIG	III	6.1	L4BH	60	
2754	N-ETHYLTOLUIDINE	II	6.1	L4BH	60	
2757	CARBAMAT-PESTIZID, FEST, GIFTIG	I	6.1	S10AH L10CH	66	
2757	CARBAMAT-PESTIZID, FEST, GIFTIG	II	6.1	SGAH L4BH	60	
2757	CARBAMAT-PESTIZID, FEST, GIFTIG	III	6.1	SGAH L4BH	60	
2758	CARBAMAT-PESTIZID, FLÜSSIG, ENTZÜNDBAR, GIFTIG, Flammpunkt unter 23 °C	I	3 + 6.1	L10CH	336	4
2758	CARBAMAT-PESTIZID, FLÜSSIG, ENTZÜNDBAR, GIFTIG, Flammpunkt unter 23 °C	II	3 + 6.1	L4BH	336	4
2759	ARSENHALTIGES PESTIZID, FEST, GIFTIG	I	6.1	S10AH L10CH	66	
2759	ARSENHALTIGES PESTIZID, FEST, GIFTIG	II	6.1	SGAH L4BH	60	
2759	ARSENHALTIGES PESTIZID, FEST, GIFTIG	III	6.1	SGAH L4BH	60	
2760	ARSENHALTIGES PESTIZID, FLÜSSIG, ENTZÜNDBAR, GIFTIG, Flammpunkt unter 23 °C	I	3 + 6.1	L10CH	336	4
2760	ARSENHALTIGES PESTIZID, FLÜSSIG, ENTZÜNDBAR, GIFTIG, Flammpunkt unter 23 °C	II	3 + 6.1	L4BH	336	4
2761	ORGANOCHLOR-PESTIZID, FEST, GIFTIG	I	6.1	S10AH L10CH	66	
2761	ORGANOCHLOR-PESTIZID, FEST, GIFTIG	II	6.1	SGAH L4BH	60	
2761	ORGANOCHLOR-PESTIZID, FEST, GIFTIG	III	6.1	SGAH L4BH	60	

UN-Nummer	Benennung und Beschreibung	Verpackungs-gruppe	Gefahrzettel	Tankcodierung ADR-Tanks	Nummer zur Kenn-zeichnung der Gefahr	Gefährliche Güter, für die § 35 nd 35a GGVSEB gilt (Fahrwegbestimmung)
(1)	(2)	(4)	(5)	(12)	(20)	gem. § 35b GGVSEB lfd. Nr.
2762	ORGANOCHLOR-PESTIZID, FLÜSSIG, ENTZÜNDBAR, GIFTIG, Flammpunkt unter 23 °C	I	3 + 6.1	L10CH	336	4
2762	ORGANOCHLOR-PESTIZID, FLÜSSIG, ENTZÜNDBAR, GIFTIG, Flammpunkt unter 23 °C	II	3 + 6.1	L4BH	336	4
2763	TRIAZIN-PESTIZID, FEST, GIFTIG	I	6.1	S10AH L10CH	66	
2763	TRIAZIN-PESTIZID, FEST, GIFTIG	II	6.1	SGAH L4BH	60	
2763	TRIAZIN-PESTIZID, FEST, GIFTIG	III	6.1	SGAH L4BH	60	
2764	TRIAZIN-PESTIZID, FLÜSSIG, ENTZÜNDBAR, GIFTIG, Flammpunkt unter 23 °C	I	3 + 6.1	L10CH	336	4
2764	TRIAZIN-PESTIZID, FLÜSSIG, ENTZÜNDBAR, GIFTIG, Flammpunkt unter 23 °C	II	3 + 6.1	L4BH	336	4
2771	THIOCARBAMAT-PESTIZID, FEST, GIFTIG	I	6.1	S10AH L10CH	66	
2771	THIOCARBAMAT-PESTIZID, FEST, GIFTIG	II	6.1	SGAH L4BH	60	
2771	THIOCARBAMAT-PESTIZID, FEST, GIFTIG	III	6.1	SGAH L4BH	60	
2772	THIOCARBAMAT-PESTIZID, FLÜSSIG, ENTZÜNDBAR, GIFTIG, Flammpunkt unter 23 °C	I	3 + 6.1	L10CH	336	4
2772	THIOCARBAMAT-PESTIZID, FLÜSSIG, ENTZÜNDBAR, GIFTIG, Flammpunkt unter 23 °C	II	3 + 6.1	L4BH	336	4
2775	KUPFERHALTIGES PESTIZID, FEST, GIFTIG	I	6.1	S10AH L10CH	66	
2775	KUPFERHALTIGES PESTIZID, FEST, GIFTIG	II	6.1	SGAH L4BH	60	
2775	KUPFERHALTIGES PESTIZID, FEST, GIFTIG	III	6.1	SGAH L4BH	60	
2776	KUPFERHALTIGES PESTIZID, FLÜSSIG, ENTZÜNDBAR, GIFTIG, Flammpunkt unter 23 °C	I	3 + 6.1	L10CH	336	4
2776	KUPFERHALTIGES PESTIZID, FLÜSSIG, ENTZÜNDBAR, GIFTIG, Flammpunkt unter 23 °C	II	3 + 6.1	L4BH	336	4
2777	QUECKSILBERHALTIGES PESTIZID, FEST, GIFTIG	I	6.1	S10AH L10CH	66	
2777	QUECKSILBERHALTIGES PESTIZID, FEST, GIFTIG	II	6.1	SGAH L4BH	60	
2777	QUECKSILBERHALTIGES PESTIZID, FEST, GIFTIG	III	6.1	SGAH L4BH	60	
2778	QUECKSILBERHALTIGES PESTIZID, FLÜSSIG, ENTZÜNDBAR, GIFTIG, Flammpunkt unter 23 °C	I	3 + 6.1	L10CH	336	4
2778	QUECKSILBERHALTIGES PESTIZID, FLÜSSIG, ENTZÜNDBAR, GIFTIG, Flammpunkt unter 23 °C	II	3 + 6.1	L4BH	336	4
2779	SUBSTITUIERTES NITROPHENOL-PESTIZID, FEST, GIFTIG	I	6.1	S10AH L10CH	66	
2779	SUBSTITUIERTES NITROPHENOL-PESTIZID, FEST, GIFTIG	II	6.1	SGAH L4BH	60	
2779	SUBSTITUIERTES NITROPHENOL-PESTIZID, FEST, GIFTIG	III	6.1	SGAH L4BH	60	
2780	SUBSTITUIERTES NITROPHENOL-PESTIZID, FLÜSSIG, ENTZÜNDBAR, GIFTIG, Flammpunkt unter 23 °C	I	3 + 6.1	L10CH	336	4
2780	SUBSTITUIERTES NITROPHENOL-PESTIZID, FLÜSSIG, ENTZÜNDBAR, GIFTIG, Flammpunkt unter 23 °C	II	3 + 6.1	L4BH	336	4
2781	BIPYRIDILIUM-PESTIZID, FEST, GIFTIG	I	6.1	S10AH L10CH	66	
2781	BIPYRIDILIUM-PESTIZID, FEST, GIFTIG	II	6.1	SGAH L4BH	60	

UN-Nummer	Benennung und Beschreibung	Verpackungsgruppe	Gefahrzettel	Tankcodierung ADR-Tanks	Nummer zur Kennzeichnung der Gefahr	Gefährliche Güter, für die § 35 nd 35a GGVSEB gilt (Fahrwegbestimmung)
(1)	(2)	(4)	(5)	(12)	(20)	gem. § 35b GGVSEB lfd. Nr.
2781	BIPYRIDILIUM-PESTIZID, FEST, GIFTIG	III	6.1	SGAH L4BH	60	
2782	BIPYRIDILIUM-PESTIZID, FLÜSSIG, ENTZÜNDBAR, GIFTIG, Flammpunkt unter 23 °C	I	3 + 6.1	L10CH	336	4
2782	BIPYRIDILIUM-PESTIZID, FLÜSSIG, ENTZÜNDBAR, GIFTIG, Flammpunkt unter 23 °C	II	3 + 6.1	L4BH	336	4
2783	ORGANOPHOSPHOR-PESTIZID, FEST, GIFTIG	I	6.1	S10AH L10CH	66	
2783	ORGANOPHOSPHOR-PESTIZID, FEST, GIFTIG	II	6.1	SGAH L4BH	60	
2783	ORGANOPHOSPHOR-PESTIZID, FEST, GIFTIG	III	6.1	SGAH L4BH	60	
2784	ORGANOPHOSPHOR-PESTIZID, FLÜSSIG, ENTZÜNDBAR, GIFTIG, Flammpunkt unter 23 °C	I	3 + 6.1	L10CH	336	4
2784	ORGANOPHOSPHOR-PESTIZID, FLÜSSIG, ENTZÜNDBAR, GIFTIG, Flammpunkt unter 23 °C	II	3 + 6.1	L4BH	336	4
2785	4-THIAPENTANAL	III	6.1	L4BH	60	
2786	ORGANOZINN-PESTIZID, FEST, GIFTIG	I	6.1	S10AH L10CH	66	
2786	ORGANOZINN-PESTIZID, FEST, GIFTIG	II	6.1	SGAH L4BH	60	
2786	ORGANOZINN-PESTIZID, FEST, GIFTIG	III	6.1	SGAH L4BH	60	
2787	ORGANOZINN-PESTIZID, FLÜSSIG, ENTZÜNDBAR, GIFTIG, Flammpunkt unter 23 °C	I	3 + 6.1	L10CH	336	4
2787	ORGANOZINN-PESTIZID, FLÜSSIG, ENTZÜNDBAR, GIFTIG, Flammpunkt unter 23 °C	II	3 + 6.1	L4BH	336	4
2788	ORGANISCHE ZINNVERBINDUNG, FLÜSSIG, N.A.G.	I	6.1	L10CH	66	10
2788	ORGANISCHE ZINNVERBINDUNG, FLÜSSIG, N.A.G.	II	6.1	L4BH	60	
2788	ORGANISCHE ZINNVERBINDUNG, FLÜSSIG, N.A.G.	III	6.1	L4BH	60	
2789	EISESSIG oder ESSIGSÄURE, LÖSUNG mit mehr als 80 Masse-% Säure	II	8 + 3	L4BN	83	
2790	ESSIGSÄURE, LÖSUNG mit mindestens 50 Masse-% und höchstens 80 Masse-% Säure	II	8	L4BN	80	
2790	ESSIGSÄURE, LÖSUNG mit mehr als 10 Masse-%, aber weniger als 50 Masse-% Säure	III	8	L4BN	80	
2796	SCHWEFELSÄURE mit höchstens 51 % Säure oder BATTERIEFLÜSSIGKEIT, SAUER	II	8	L4BN	80	
2797	BATTERIEFLÜSSIGKEIT, ALKALISCH	II	8	L4BN	80	
2798	PHENYLPHOSPHORDICHLORID	II	8	L4BN	80	
2799	PHENYLPHOSPHORTHIODICHLORID	II	8	L4BN	80	
2801	FARBSTOFF, FLÜSSIG, ÄTZEND, N.A.G. oder FARBSTOFFZWISCHENPRODUKT, FLÜSSIG, ÄTZEND, N.A.G.	I	8	L10BH	88	
2801	FARBSTOFF, FLÜSSIG, ÄTZEND, N.A.G. oder FARBSTOFFZWISCHENPRODUKT, FLÜSSIG, ÄTZEND, N.A.G.	II	8	L4BN	80	
2801	FARBSTOFF, FLÜSSIG, ÄTZEND, N.A.G. oder FARBSTOFFZWISCHENPRODUKT, FLÜSSIG, ÄTZEND, N.A.G.	III	8	L4BN	80	
2802	KUPFERCHLORID	III	8	SGAV	80	
2803	GALLIUM	III	8	SGAV L4BN	80	
2805	LITHIUMHYDRID, GESCHMOLZEN UND ERSTARRT	II	4.3	SGAN	423	
2809	QUECKSILBER	III	8 + 6.1	L4BN	86	
2810	GIFTIGER ORGANISCHER FLÜSSIGER STOFF, N.A.G.	I	6.1	L10CH	66	10
2810	GIFTIGER ORGANISCHER FLÜSSIGER STOFF, N.A.G.	II	6.1	L4BH	60	
2810	GIFTIGER ORGANISCHER FLÜSSIGER STOFF, N.A.G.	III	6.1	L4BH	60	

UN-Nummer	Benennung und Beschreibung	Verpackungs-gruppe	Gefahrzettel	Tankcodierung ADR-Tanks	Nummer zur Kenn-zeichnung der Gefahr	Gefährliche Güter, für die § 35 nd 35a GGVSEB gilt (Fahrwegbestimmung)
(1)	(2)	(4)	(5)	(12)	(20)	gem. § 35b GGVSEB lfd. Nr.
2811	GIFTIGER ORGANISCHER FESTER STOFF, N.A.G.	I	6.1	S10AH L10CH	66	
2811	GIFTIGER ORGANISCHER FESTER STOFF, N.A.G.	II	6.1	SGAH L4BH	60	
2811	GIFTIGER ORGANISCHER FESTER STOFF, N.A.G.	III	6.1	SGAH L4BH	60	
2813	MIT WASSER REAGIERENDER FESTER STOFF, N.A.G.	I	4.3	S10AN L10DH	X423	
2813	MIT WASSER REAGIERENDER FESTER STOFF, N.A.G.	II	4.3	SGAN	423	
2813	MIT WASSER REAGIERENDER FESTER STOFF, N.A.G.	III	4.3	SGAN	423	
2815	N-AMINOETHYLPIPERAZIN	III	8 + 6.1	L4BN	86	
2817	AMMONIUMHYDROGENDIFLUORID, LÖSUNG	II	8 + 6.1	L4DH	86	
2817	AMMONIUMHYDROGENDIFLUORID, LÖSUNG	III	8 + 6.1	L4DH	86	
2818	AMMONIUMPOLYSULFID, LÖSUNG	II	8 + 6.1	L4BN	86	
2818	AMMONIUMPOLYSULFID, LÖSUNG	III	8 + 6.1	L4BN	86	
2819	AMYLPHOSPHAT	III	8	L4BN	80	
2820	BUTTERSÄURE	III	8	L4BN	80	
2821	PHENOL, LÖSUNG	II	6.1	L4BH	60	
2821	PHENOL, LÖSUNG	III	6.1	L4BH	60	
2822	2-CHLORPYRIDIN	II	6.1	L4BH	60	
2823	CROTONSÄURE, FEST	III	8	SGAV L4BN	80	
2826	ETHYLCHLORTHIOFORMIAT	II	8 + 3	L4BN	83	
2829	CAPRONSÄURE	III	8	L4BN	80	
2830	LITHIUMFERROSILICID	II	4.3	SGAN	423	
2831	1,1,1-TRICHLORETHAN	III	6.1	L4BH	60	
2834	PHOSPHORIGE SÄURE	III	8	SGAV	80	
2835	NATRIUMALUMINIUMHYDRID	II	4.3	SGAN	423	
2837	HYDROGENSULFATE, WÄSSERIGE LÖSUNG	II	8	L4BN	80	
2837	HYDROGENSULFATE, WÄSSERIGE LÖSUNG	III	8	L4BN	80	
2838	VINYLBUTYRAT, STABILISIERT	II	3	LGBF	339	4
2839	ALDOL (3-HYDROXYBUTYRALDEHYD)	II	6.1	L4BH	60	
2840	BUTYRALDOXIM	III	3	LGBF	30	
2841	DI-n-AMYLAMIN	III	3 + 6.1	L4BH	36	
2842	NITROETHAN	III	3	LGBF	30	
2844	CALCIUMMANGANSILICIUM	III	4.3	SGAN	423	
2845	PYROPHORER ORGANISCHER FLÜSSIGER STOFF, N.A.G.	I	4.2	L21DH	333	
2849	3-CHLORPROPAN-1-OL	III	6.1	L4BH	60	
2850	TETRAPROPYLEN (PROPYLENTETRAMER)	III	3	LGBF	30	
2851	BORTRIFLUORID-DIHYDRAT	II	8	L4BN	80	
2853	MAGNESIUMFLUOROSILICAT	III	6.1	SGAH L4BH	60	
2854	AMMONIUMFLUOROSILICAT	III	6.1	SGAH L4BH	60	
2855	ZINKFLUOROSILICAT	III	6.1	SGAH L4BH	60	
2856	FLUOROSILICATE, N.A.G.	III	6.1	SGAH L4BH	60	

UN-Nummer	Benennung und Beschreibung	Verpackungs-gruppe	Gefahrzettel	Tankcodierung ADR-Tanks	Nummer zur Kenn-zeichnung der Gefahr	Gefährliche Güter, für die § 35 nd 35a GGVSEB gilt (Fahrwegbestimmung)
(1)	(2)	(4)	(5)	(12)	(20)	gem. § 35b GGVSEB lfd. Nr.
2859	AMMONIUMMETAVANADAT	II	6.1	SGAH	60	
2861	AMMONIUMPOLYVANADAT	II	6.1	SGAH	60	
2862	VANADIUMPENTOXID, nicht geschmolzen	III	6.1	SGAH	60	
2863	NATRIUMAMMONIUMVANADAT	II	6.1	SGAH	60	
2864	KALIUMMETAVANADAT	II	6.1	SGAH	60	
2865	HYDROXYLAMINSULFAT	III	8	SGAV	80	
2869	TITANTRICHLORID, GEMISCH	II	8	SGAN	80	
2869	TITANTRICHLORID, GEMISCH	III	8	SGAV	80	
2870	ALUMINIUMBORHYDRID	I	4.2 + 4.3	L21DH	X333	
2871	ANTIMON-PULVER	III	6.1	SGAH L4BH	60	
2872	DIBROMCHLORPROPANE	II	6.1	L4BH	60	
2872	DIBROMCHLORPROPANE	III	6.1	L4BH	60	
2873	DIBUTYLAMINOETHANOL	III	6.1	L4BH	60	
2874	FURFURYLALKOHOL	III	6.1	L4BH	60	
2875	HEXACHLOROPHEN	III	6.1	SGAH L4BH	60	
2876	RESORCINOL	III	6.1	SGAH L4BH	60	
2878	TITAN-SCHWAMMGRANULATE oder TITAN-SCHWAMMPULVER	III	4.1	SGAV	40	
2879	SELENOXYCHLORID	I	8 + 6.1	L10BH	X886	
2880	CALCIUMHYPOCHLORIT, HYDRATISIERT oder CALCIUMHYPOCHLORIT, HYDRATISIERTE MISCHUNG mit mindestens 5,5 %, aber höchstens 16 % Wasser	II	5.1	SGAN	50	
2880	CALCIUMHYPOCHLORIT, HYDRATISIERT oder CALCIUMHYPOCHLORIT, HYDRATISIERTE MISCHUNG mit mindestens 5,5 %, aber höchstens 16 % Wasser	III	5.1	SGAV	50	
2881	METALLKATALYSATOR, TROCKEN	II	4.2	SGAN	40	
2881	METALLKATALYSATOR, TROCKEN	III	4.2	SGAN	40	
2901	BROMCHLORID		2.3 + 5.1 + 8	PxBH(M)	265	3
2902	PESTIZID, FLÜSSIG, GIFTIG, N.A.G.	I	6.1	L10CH	66	10
2902	PESTIZID, FLÜSSIG, GIFTIG, N.A.G.	II	6.1	L4BH	60	
2902	PESTIZID, FLÜSSIG, GIFTIG, N.A.G.	III	6.1	L4BH	60	
2903	PESTIZID, FLÜSSIG, GIFTIG, ENTZÜNDBAR, N.A.G., mit einem Flammpunkt von 23 °C oder darüber	I	6.1 + 3	L10CH	663	10
2903	PESTIZID, FLÜSSIG, GIFTIG, ENTZÜNDBAR, N.A.G., mit einem Flammpunkt von 23 °C oder darüber	II	6.1 + 3	L4BH	63	
2903	PESTIZID, FLÜSSIG, GIFTIG, ENTZÜNDBAR, N.A.G., mit einem Flammpunkt von 23 °C oder darüber	III	6.1 + 3	L4BH	63	
2904	CHLORPHENOLATE, FLÜSSIG oder PHENOLATE, FLÜSSIG	III	8	L4BN	80	
2905	CHLORPHENOLATE, FEST oder PHENOLATE, FEST	III	8	SGAV L4BN	80	
2912	RADIOAKTIVE STOFFE MIT GERINGER SPEZIFISCHER AKTIVITÄT (LSA-I), nicht spaltbar oder spaltbar, freigestellt		7X	S2,65AN(+) L2,65CN(+)	70	
2920	ÄTZENDER FLÜSSIGER STOFF, ENTZÜNDBAR, N.A.G.	I	8 + 3	L10BH	883	
2920	ÄTZENDER FLÜSSIGER STOFF, ENTZÜNDBAR, N.A.G.	II	8 + 3	L4BN	83	
2921	ÄTZENDER FESTER STOFF, ENTZÜNDBAR, N.A.G.	I	8 + 4.1	S10AN L10BH	884	

UN-Nummer	Benennung und Beschreibung	Verpackungs-gruppe	Gefahrzettel	Tankcodierung ADR-Tanks	Nummer zur Kenn-zeichnung der Gefahr	Gefährliche Güter, für die § 35 nd 35a GGVSEB gilt (Fahrwegbestimmung)
(1)	(2)	(4)	(5)	(12)	(20)	gem. § 35b GGVSEB lfd. Nr.
2921	ÄTZENDER FESTER STOFF, ENTZÜNDBAR, N.A.G.	II	8 + 4.1	SGAN L4BN	84	
2922	ÄTZENDER FLÜSSIGER STOFF, GIFTIG, N.A.G.	I	8 + 6.1	L10BH	886	
2922	ÄTZENDER FLÜSSIGER STOFF, GIFTIG, N.A.G.	II	8 + 6.1	L4BN	86	
2922	ÄTZENDER FLÜSSIGER STOFF, GIFTIG, N.A.G.	III	8 + 6.1	L4BN	86	
2923	ÄTZENDER FESTER STOFF, GIFTIG, N.A.G.	I	8 + 6.1	S10AN L10BH	886	
2923	ÄTZENDER FESTER STOFF, GIFTIG, N.A.G.	II	8 + 6.1	SGAN L4BN	86	
2923	ÄTZENDER FESTER STOFF, GIFTIG, N.A.G.	III	8 + 6.1	SGAV L4BN	86	
2924	ENTZÜNDBARER FLÜSSIGER STOFF, ÄTZEND, N.A.G.	I	3 + 8	L10CH	338	4
2924	ENTZÜNDBARER FLÜSSIGER STOFF, ÄTZEND, N.A.G.	II	3 + 8	L4BH	338	4
2924	ENTZÜNDBARER FLÜSSIGER STOFF, ÄTZEND, N.A.G.	III	3 + 8	L4BN	38	
2925	ENTZÜNDBARER ORGANISCHER FESTER STOFF, ÄTZEND, N.A.G.	II	4.1 + 8	SGAN	48	
2925	ENTZÜNDBARER ORGANISCHER FESTER STOFF, ÄTZEND, N.A.G.	III	4.1 + 8	SGAN	48	
2926	ENTZÜNDBARER ORGANISCHER FESTER STOFF, GIFTIG, N.A.G.	II	4.1 + 6.1	SGAN	46	
2926	ENTZÜNDBARER ORGANISCHER FESTER STOFF, GIFTIG, N.A.G.	III	4.1 + 6.1	SGAN	46	
2927	GIFTIGER ORGANISCHER FLÜSSIGER STOFF, ÄTZEND, N.A.G.	I	6.1 + 8	L10CH	668	10
2927	GIFTIGER ORGANISCHER FLÜSSIGER STOFF, ÄTZEND, N.A.G.	II	6.1 + 8	L4BH	68	
2928	GIFTIGER ORGANISCHER FESTER STOFF, ÄTZEND, N.A.G.	I	6.1 + 8	S10AH	668	
2928	GIFTIGER ORGANISCHER FESTER STOFF, ÄTZEND, N.A.G.	II	6.1 + 8	SGAH L4BH	68	
2929	GIFTIGER ORGANISCHER FLÜSSIGER STOFF, ENTZÜNDBAR, N.A.G.	I	6.1 + 3	L10CH	663	10
2929	GIFTIGER ORGANISCHER FLÜSSIGER STOFF, ENTZÜNDBAR, N.A.G.	II	6.1 + 3	L4BH	63	
2930	GIFTIGER ORGANISCHER FESTER STOFF, ENTZÜNDBAR, N.A.G.	II	6.1 + 4.1	SGAH L4BH	64	
2931	VANADYLSULFAT	II	6.1	SGAH	60	
2933	METHYL-2-CHLORPROPIONAT	III	3	LGBF	30	
2934	ISOPROPYL-2-CHLORPROPIONAT	III	3	LGBF	30	
2935	ETHYL-2-CHLORPROPIONAT	III	3	LGBF	30	
2936	THIOMILCHSÄURE	II	6.1	L4BH	60	
2937	alpha-METHYLBENZYLALKOHOL, FLÜSSIG	III	6.1	L4BH	60	
2940	9-PHOSPHABICYCLONONANE (CYCLOOCTADIENPHOSPHINE)	II	4.2	SGAN	40	
2941	FLUORANILINE	III	6.1	L4BH	60	
2942	2-TRIFLUORMETHYLANILIN	III	6.1	L4BH	60	
2943	TETRAHYDROFURFURYLAMIN	III	3	LGBF	30	
2945	N-METHYLBUTYLAMIN	II	3 + 8	L4BH	338	4
2946	2-AMINO-5-DIETHYLAMINOPENTAN	III	6.1	L4BH	60	
2947	ISOPROPYLCHLORACETAT	III	3	LGBF	30	

UN-Nummer	Benennung und Beschreibung	Verpackungs-gruppe	Gefahrzettel	Tankcodierung ADR-Tanks	Nummer zur Kenn-zeichnung der Gefahr	Gefährliche Güter, für die § 35 nd 35a GGVSEB gilt (Fahrwegbestimmung)
(1)	(2)	(4)	(5)	(12)	(20)	gem. § 35b GGVSEB lfd. Nr.
2948	3-TRIFLUORMETHYLANILIN	II	6.1	L4BH	60	
2949	NATRIUMHYDROGENSULFID, HYDRATISIERT mit mindestens 25 % Kristallwasser	II	8	SGAN L4BN	80	
2950	MAGNESIUM-GRANULATE, ÜBERZOGEN, mit einer Teilchengröße von mindestens 149 µm	III	4.3	SGAN	423	
2965	BORTRIFLUORIDDIMETHYLETHERAT	I	4.3 + 3 + 8	L10DH	382	
2966	THIOGLYCOL	II	6.1	L4BH	60	
2967	SULFAMINSÄURE	III	8	SGAV	80	
2968	MANEB, STABILISIERT oder MANEBZUBEREITUNGEN, STABILISIERT gegen Selbsterhitzung	III	4.3	SGAN	423	
2969	RIZINUSSAAT oder RIZINUSMEHL oder RIZINUSSAATKUCHEN oder RIZINUSFLOCKEN	II	9	SGAV	90	
2983	ETHYLENOXID UND PROPYLENOXID, MISCHUNG mit höchstens 30 % Ethylenoxid	I	3 + 6.1	L10CH	336	4
2984	WASSERSTOFFPEROXID, WÄSSERIGE LÖSUNG mit mindestens 8 %, aber weniger als 20 % Wasserstoffperoxid (Stabilisierung nach Bedarf)	III	5.1	LGBV	50	
2985	CHLORSILANE, ENTZÜNDBAR, ÄTZEND, N.A.G.	II	3 + 8	L4BH	X338	4
2986	CHLORSILANE, ÄTZEND, ENTZÜNDBAR, N.A.G.	II	8 + 3	L4BN	X83	
2987	CHLORSILANE, ÄTZEND, N.A.G.	II	8	L4BN	X80	
2988	CHLORSILANE, MIT WASSER REAGIEREND, ENTZÜNDBAR, ÄTZEND, N.A.G.	I	4.3 + 3 + 8	L10DH	X338	
2989	BLEIPHOSPHIT, ZWEIBASIG	II	4.1	SGAN	40	
2989	BLEIPHOSPHIT, ZWEIBASIG	III	4.1	SGAV	40	
2991	CARBAMAT-PESTIZID, FLÜSSIG, GIFTIG, ENTZÜNDBAR, mit einem Flammpunkt von 23 °C oder darüber	I	6.1 + 3	L10CH	663	10
2991	CARBAMAT-PESTIZID, FLÜSSIG, GIFTIG, ENTZÜNDBAR, mit einem Flammpunkt von 23 °C oder darüber	II	6.1 + 3	L4BH	63	
2991	CARBAMAT-PESTIZID, FLÜSSIG, GIFTIG, ENTZÜNDBAR, mit einem Flammpunkt von 23 °C oder darüber	III	6.1 + 3	L4BH	63	
2992	CARBAMAT-PESTIZID, FLÜSSIG, GIFTIG	I	6.1	L10CH	66	10
2992	CARBAMAT-PESTIZID, FLÜSSIG, GIFTIG	II	6.1	L4BH	60	
2992	CARBAMAT-PESTIZID, FLÜSSIG, GIFTIG	III	6.1	L4BH	60	
2993	ARSENHALTIGES PESTIZID, FLÜSSIG, GIFTIG, ENTZÜNDBAR, mit einem Flammpunkt von 23 °C oder darüber	I	6.1 + 3	L10CH	663	10
2993	ARSENHALTIGES PESTIZID, FLÜSSIG, GIFTIG, ENTZÜNDBAR, mit einem Flammpunkt von 23 °C oder darüber	II	6.1 + 3	L4BH	63	
2993	ARSENHALTIGES PESTIZID, FLÜSSIG, GIFTIG, ENTZÜNDBAR, mit einem Flammpunkt von 23 °C oder darüber	III	6.1 + 3	L4BH	63	
2994	ARSENHALTIGES PESTIZID, FLÜSSIG, GIFTIG	I	6.1	L10CH	66	10
2994	ARSENHALTIGES PESTIZID, FLÜSSIG, GIFTIG	II	6.1	L4BH	60	
2994	ARSENHALTIGES PESTIZID, FLÜSSIG, GIFTIG	III	6.1	L4BH	60	
2995	ORGANOCHLOR-PESTIZID, FLÜSSIG, GIFTIG, ENTZÜNDBAR, mit einem Flammpunkt von 23 °C oder darüber	I	6.1 + 3	L10CH	663	10
2995	ORGANOCHLOR-PESTIZID, FLÜSSIG, GIFTIG, ENTZÜNDBAR, mit einem Flammpunkt von 23 °C oder darüber	II	6.1 + 3	L4BH	63	
2995	ORGANOCHLOR-PESTIZID, FLÜSSIG, GIFTIG, ENTZÜNDBAR, mit einem Flammpunkt von 23 °C oder darüber	III	6.1 + 3	L4BH	63	
2996	ORGANOCHLOR-PESTIZID, FLÜSSIG, GIFTIG	I	6.1	L10CH	66	10
2996	ORGANOCHLOR-PESTIZID, FLÜSSIG, GIFTIG	II	6.1	L4BH	60	
2996	ORGANOCHLOR-PESTIZID, FLÜSSIG, GIFTIG	III	6.1	L4BH	60	

UN-Nummer	Benennung und Beschreibung	Verpackungs-gruppe	Gefahrzettel	Tankcodierung ADR-Tanks	Nummer zur Kenn-zeichnung der Gefahr	Gefährliche Güter, für die § 35 nd 35a GGVSEB gilt (Fahrwegbestimmung)
(1)	(2)	(4)	(5)	(12)	(20)	gem. § 35b GGVSEB lfd. Nr.
2997	TRIAZIN-PESTIZID, FLÜSSIG, GIFTIG, ENTZÜNDBAR, mit einem Flammpunkt von 23 °C oder darüber	I	6.1 + 3	L10CH	663	10
2997	TRIAZIN-PESTIZID, FLÜSSIG, GIFTIG, ENTZÜNDBAR, mit einem Flammpunkt von 23 °C oder darüber	II	6.1 + 3	L4BH	63	
2997	TRIAZIN-PESTIZID, FLÜSSIG, GIFTIG, ENTZÜNDBAR, mit einem Flammpunkt von 23 °C oder darüber	III	6.1 + 3	L4BH	63	
2998	TRIAZIN-PESTIZID, FLÜSSIG, GIFTIG	I	6.1	L10CH	66	10
2998	TRIAZIN-PESTIZID, FLÜSSIG, GIFTIG	II	6.1	L4BH	60	
2998	TRIAZIN-PESTIZID, FLÜSSIG, GIFTIG	III	6.1	L4BH	60	
3005	THIOCARBAMAT-PESTIZID, FLÜSSIG, GIFTIG, ENTZÜNDBAR, mit einem Flammpunkt von 23 °C oder darüber	I	6.1 + 3	L10CH	663	10
3005	THIOCARBAMAT-PESTIZID, FLÜSSIG, GIFTIG, ENTZÜNDBAR, mit einem Flammpunkt von 23 °C oder darüber	II	6.1 + 3	L4BH	63	
3005	THIOCARBAMAT-PESTIZID, FLÜSSIG, GIFTIG, ENTZÜNDBAR, mit einem Flammpunkt von 23 °C oder darüber	III	6.1 + 3	L4BH	63	
3006	THIOCARBAMAT-PESTIZID, FLÜSSIG, GIFTIG	I	6.1	L10CH	66	10
3006	THIOCARBAMAT-PESTIZID, FLÜSSIG, GIFTIG	II	6.1	L4BH	60	
3006	THIOCARBAMAT-PESTIZID, FLÜSSIG, GIFTIG	III	6.1	L4BH	60	
3009	KUPFERHALTIGES PESTIZID, FLÜSSIG, GIFTIG, ENTZÜNDBAR, mit einem Flammpunkt von 23 °C oder darüber	I	6.1 + 3	L10CH	663	10
3009	KUPFERHALTIGES PESTIZID, FLÜSSIG, GIFTIG, ENTZÜNDBAR, mit einem Flammpunkt von 23 °C oder darüber	II	6.1 + 3	L4BH	63	
3009	KUPFERHALTIGES PESTIZID, FLÜSSIG, GIFTIG, ENTZÜNDBAR, mit einem Flammpunkt von 23 °C oder darüber	III	6.1 + 3	L4BH	63	
3010	KUPFERHALTIGES PESTIZID, FLÜSSIG, GIFTIG	I	6.1	L10CH	66	10
3010	KUPFERHALTIGES PESTIZID, FLÜSSIG, GIFTIG	II	6.1	L4BH	60	
3010	KUPFERHALTIGES PESTIZID, FLÜSSIG, GIFTIG	III	6.1	L4BH	60	
3011	QUECKSILBERHALTIGES PESTIZID, FLÜSSIG, GIFTIG, ENTZÜNDBAR, mit einem Flammpunkt von 23 °C oder darüber	I	6.1 + 3	L10CH	663	10
3011	QUECKSILBERHALTIGES PESTIZID, FLÜSSIG, GIFTIG, ENTZÜNDBAR, mit einem Flammpunkt von 23 °C oder darüber	II	6.1 + 3	L4BH	63	
3011	QUECKSILBERHALTIGES PESTIZID, FLÜSSIG, GIFTIG, ENTZÜNDBAR, mit einem Flammpunkt von 23 °C oder darüber	III	6.1 + 3	L4BH	63	
3012	QUECKSILBERHALTIGES PESTIZID, FLÜSSIG, GIFTIG	I	6.1	L10CH	66	10
3012	QUECKSILBERHALTIGES PESTIZID, FLÜSSIG, GIFTIG	II	6.1	L4BH	60	
3012	QUECKSILBERHALTIGES PESTIZID, FLÜSSIG, GIFTIG	III	6.1	L4BH	60	
3013	SUBSTITUIERTES NITROPHENOL-PESTIZID, FLÜSSIG, GIFTIG, ENTZÜNDBAR, mit einem Flammpunkt von 23 °C oder darüber	I	6.1 + 3	L10CH	663	10
3013	SUBSTITUIERTES NITROPHENOL-PESTIZID, FLÜSSIG, GIFTIG, ENTZÜNDBAR, mit einem Flammpunkt von 23 °C oder darüber	II	6.1 + 3	L4BH	63	
3013	SUBSTITUIERTES NITROPHENOL-PESTIZID, FLÜSSIG, GIFTIG, ENTZÜNDBAR, mit einem Flammpunkt von 23 °C oder darüber	III	6.1 + 3	L4BH	63	
3014	SUBSTITUIERTES NITROPHENOL-PESTIZID, FLÜSSIG, GIFTIG	I	6.1	L10CH	66	10
3014	SUBSTITUIERTES NITROPHENOL-PESTIZID, FLÜSSIG, GIFTIG	II	6.1	L4BH	60	
3014	SUBSTITUIERTES NITROPHENOL-PESTIZID, FLÜSSIG, GIFTIG	III	6.1	L4BH	60	
3015	BIPYRIDILIUM-PESTIZID, FLÜSSIG, GIFTIG, ENTZÜNDBAR, mit einem Flammpunkt von 23 °C oder darüber	I	6.1 + 3	L10CH	663	10
3015	BIPYRIDILIUM-PESTIZID, FLÜSSIG, GIFTIG, ENTZÜNDBAR, mit einem Flammpunkt von 23 °C oder darüber	II	6.1 + 3	L4BH	63	
3015	BIPYRIDILIUM-PESTIZID, FLÜSSIG, GIFTIG, ENTZÜNDBAR, mit einem Flammpunkt von 23 °C oder darüber	III	6.1 + 3	L4BH	63	
3016	BIPYRIDILIUM-PESTIZID, FLÜSSIG, GIFTIG	I	6.1	L10CH	66	10
3016	BIPYRIDILIUM-PESTIZID, FLÜSSIG, GIFTIG	II	6.1	L4BH	60	
3016	BIPYRIDILIUM-PESTIZID, FLÜSSIG, GIFTIG	III	6.1	L4BH	60	
3017	ORGANOPHOSPHOR-PESTIZID, FLÜSSIG, GIFTIG, ENTZÜNDBAR, mit einem Flammpunkt von 23 °C oder darüber	I	6.1 + 3	L10CH	663	10

UN-Nummer	Benennung und Beschreibung	Verpackungs-gruppe	Gefahrzettel	Tankcodierung ADR-Tanks	Nummer zur Kennzeichnung der Gefahr	Gefährliche Güter, für die § 35 nd 35a GGVSEB gilt (Fahrwegbestimmung)
(1)	(2)	(4)	(5)	(12)	(20)	gem. § 35b GGVSEB lfd. Nr.
3017	ORGANOPHOSPHOR-PESTIZID, FLÜSSIG, GIFTIG, ENTZÜNDBAR, mit einem Flammpunkt von 23 °C oder darüber	II	6.1 + 3	L4BH	63	
3017	ORGANOPHOSPHOR-PESTIZID, FLÜSSIG, GIFTIG, ENTZÜNDBAR, mit einem Flammpunkt von 23 °C oder darüber	III	6.1 + 3	L4BH	63	
3018	ORGANOPHOSPHOR-PESTIZID, FLÜSSIG, GIFTIG	I	6.1	L10CH	66	10
3018	ORGANOPHOSPHOR-PESTIZID, FLÜSSIG, GIFTIG	II	6.1	L4BH	60	
3018	ORGANOPHOSPHOR-PESTIZID, FLÜSSIG, GIFTIG	III	6.1	L4BH	60	
3019	ORGANOZINN-PESTIZID, FLÜSSIG, GIFTIG, ENTZÜNDBAR, mit einem Flammpunkt von 23 °C oder darüber	I	6.1 + 3	L10CH	663	10
3019	ORGANOZINN-PESTIZID, FLÜSSIG, GIFTIG, ENTZÜNDBAR, mit einem Flammpunkt von 23 °C oder darüber	II	6.1 + 3	L4BH	63	
3019	ORGANOZINN-PESTIZID, FLÜSSIG, GIFTIG, ENTZÜNDBAR, mit einem Flammpunkt von 23 °C oder darüber	III	6.1 + 3	L4BH	63	
3020	ORGANOZINN-PESTIZID, FLÜSSIG, GIFTIG	I	6.1	L10CH	66	10
3020	ORGANOZINN-PESTIZID, FLÜSSIG, GIFTIG	II	6.1	L4BH	60	
3020	ORGANOZINN-PESTIZID, FLÜSSIG, GIFTIG	III	6.1	L4BH	60	
3021	PESTIZID, FLÜSSIG, ENTZÜNDBAR, GIFTIG, N.A.G., Flammpunkt unter 23 °C	I	3 + 6.1	L10CH	336	4
3021	PESTIZID, FLÜSSIG, ENTZÜNDBAR, GIFTIG, N.A.G., Flammpunkt unter 23 °C	II	3 + 6.1	L4BH	336	4
3022	1,2-BUTYLENOXID, STABILISIERT	II	3	LGBF	339	4
3023	2-METHYL-2-HEPTANTHIOL	I	6.1 + 3	L10CH	663	10
3024	CUMARIN-PESTIZID, FLÜSSIG, ENTZÜNDBAR, GIFTIG, Flammpunkt unter 23 °C	I	3 + 6.1	L10CH	336	4
3024	CUMARIN-PESTIZID, FLÜSSIG, ENTZÜNDBAR, GIFTIG, Flammpunkt unter 23 °C	II	3 + 6.1	L4BH	336	4
3025	CUMARIN-PESTIZID, FLÜSSIG, GIFTIG, ENTZÜNDBAR, mit einem Flammpunkt von 23 °C oder darüber	I	6.1 + 3	L10CH	663	10
3025	CUMARIN-PESTIZID, FLÜSSIG, GIFTIG, ENTZÜNDBAR, mit einem Flammpunkt von 23 °C oder darüber	II	6.1 + 3	L4BH	63	
3025	CUMARIN-PESTIZID, FLÜSSIG, GIFTIG, ENTZÜNDBAR, mit einem Flammpunkt von 23 °C oder darüber	III	6.1 + 3	L4BH	63	
3026	CUMARIN-PESTIZID, FLÜSSIG, GIFTIG	I	6.1	L10CH	66	10
3026	CUMARIN-PESTIZID, FLÜSSIG, GIFTIG	II	6.1	L4BH	60	
3026	CUMARIN-PESTIZID, FLÜSSIG, GIFTIG	III	6.1	L4BH	60	
3027	CUMARIN-PESTIZID, FEST, GIFTIG	I	6.1	S10AH L10CH	66	
3027	CUMARIN-PESTIZID, FEST, GIFTIG	II	6.1	SGAH L4BH	60	
3027	CUMARIN-PESTIZID, FEST, GIFTIG	III	6.1	SGAH L4BH	60	
3048	ALUMINIUMPHOSPHID-PESTIZID	I	6.1	S10AH	642	
3054	CYCLOHEXYLMERCAPTAN	III	3	LGBF	30	
3055	2-(2-AMINOETHOXY)-ETHANOL	III	8	L4BN	80	
3056	n-HEPTALDEHYD	III	3	LGBF	30	
3057	TRIFLUORACETYLCHLORID		2.3 + 8	PxBH(M)	268	3
3065	ALKOHOLISCHE GETRÄNKE mit mehr als 70 Vol.-% Alkohol	II	3	LGBF	33	4
3065	ALKOHOLISCHE GETRÄNKE mit mehr als 24 Vol.-% und höchstens 70 Vol.-% Alkohol	III	3	LGBF	30	
3066	FARBE (einschließlich Farbe, Lack, Emaille, Beize, Schellack, Firnis, Politur, flüssiger Füllstoff und flüssige Lackgrundlage) oder FARBZUBEHÖRSTOFFE (einschließlich Farbverdünnung und -lösemittel)	II	8	L4BN	80	

UN-Nummer	Benennung und Beschreibung	Verpackungs-gruppe	Gefahrzettel	Tankcodierung ADR-Tanks	Nummer zur Kenn-zeichnung der Gefahr	Gefährliche Güter, für die § 35 nd 35a GGVSEB gilt (Fahrwegbestimmung)
(1)	(2)	(4)	(5)	(12)	(20)	gem. § 35b GGVSEB lfd. Nr.
3066	FARBE (einschließlich Farbe, Lack, Emaille, Beize, Schellack, Firnis, Politur, flüssiger Füllstoff und flüssige Lackgrundlage) oder FARBZUBEHÖRSTOFFE (einschließlich Farbverdünnung und -lösemittel)	III	8	L4BN	80	
3070	ETHYLENOXID UND DICHLORDIFLUORMETHAN, GEMISCH mit höchstens 12,5 % Ethylenoxid		2.2	PxBN(M)	20	
3071	MERCAPTANE, FLÜSSIG, GIFTIG, ENTZÜNDBAR, N.A.G. oder MERCAPTANE, MISCHUNG, FLÜSSIG, GIFTIG, ENTZÜNDBAR, N.A.G.	II	6.1 + 3	L4BH	63	
3073	VINYLPYRIDINE, STABILISIERT	II	6.1 + 3 + 8	L4BH	638	
3077	UMWELTGEFÄHRDENDER STOFF, FEST, N.A.G.	III	9	SGAV LGBV	90	
3078	CER, Späne oder Grieß	II	4.3	SGAN	423	
3079	METHACRYLNITRIL, STABILISIERT	I	6.1 + 3	L10CH	663	10
3080	ISOCYANATE, GIFTIG, ENTZÜNDBAR, N.A.G. oder ISOCYANAT, LÖSUNG, GIFTIG, ENTZÜNDBAR, N.A.G.	II	6.1 + 3	L4BH	63	
3082	UMWELTGEFÄHRDENDER STOFF, FLÜSSIG, N.A.G.	III	9	LGBV	90	
3083	PERCHLORYLFLUORID		2.3 + 5.1	PxBH(M)	265	3
3084	ÄTZENDER FESTER STOFF, ENTZÜNDEND (OXIDIEREND) WIRKEND, N.A.G.	I	8 + 5.1	S10AN L10BH	885	
3084	ÄTZENDER FESTER STOFF, ENTZÜNDEND (OXIDIEREND) WIRKEND, N.A.G.	II	8 + 5.1	SGAN L4BN	85	
3085	ENTZÜNDEND (OXIDIEREND) WIRKENDER FESTER STOFF, ÄTZEND, N.A.G.	II	5.1 + 8	SGAN	58	
3085	ENTZÜNDEND (OXIDIEREND) WIRKENDER FESTER STOFF, ÄTZEND, N.A.G.	III	5.1 + 8	SGAN	58	
3086	GIFTIGER FESTER STOFF, ENTZÜNDEND (OXIDIEREND) WIRKEND, N.A.G.	I	6.1 + 5.1	S10AH L10CH	665	
3086	GIFTIGER FESTER STOFF, ENTZÜNDEND (OXIDIEREND) WIRKEND, N.A.G.	II	6.1 + 5.1	SGAH L4BH	65	
3087	ENTZÜNDEND (OXIDIEREND) WIRKENDER FESTER STOFF, GIFTIG, N.A.G.	II	5.1 + 6.1	SGAN	56	
3087	ENTZÜNDEND (OXIDIEREND) WIRKENDER FESTER STOFF, GIFTIG, N.A.G.	III	5.1 + 6.1	SGAN	56	
3088	SELBSTERHITZUNGSFÄHIGER ORGANISCHER FESTER STOFF, N.A.G.	II	4.2	SGAV	40	
3088	SELBSTERHITZUNGSFÄHIGER ORGANISCHER FESTER STOFF, N.A.G.	III	4.2	SGAV	40	
3089	ENTZÜNDBARES METALLPULVER, N.A.G.	II	4.1	SGAN	40	
3089	ENTZÜNDBARES METALLPULVER, N.A.G.	III	4.1	SGAV	40	
3092	1-METHOXY-2-PROPANOL	III	3	LGBF	30	
3093	ÄTZENDER FLÜSSIGER STOFF, ENTZÜNDEND (OXIDIEREND) WIRKEND, N.A.G.	I	8 + 5.1	L10BH	885	
3093	ÄTZENDER FLÜSSIGER STOFF, ENTZÜNDEND (OXIDIEREND) WIRKEND, N.A.G.	II	8 + 5.1	L4BN	85	
3094	ÄTZENDER FLÜSSIGER STOFF, MIT WASSER REAGIEREND, N.A.G.	I	8 + 4.3	L10BH	823	
3094	ÄTZENDER FLÜSSIGER STOFF, MIT WASSER REAGIEREND, N.A.G.	II	8 + 4.3	L4BN	823	
3095	ÄTZENDER FESTER STOFF, SELBSTERHITZUNGSFÄHIG, N.A.G.	I	8 + 4.2	S10AN	884	
3095	ÄTZENDER FESTER STOFF, SELBSTERHITZUNGSFÄHIG, N.A.G.	II	8 + 4.2	SGAN	84	
3096	ÄTZENDER FESTER STOFF, MIT WASSER REAGIEREND, N.A.G.	I	8 + 4.3	S10AN L10BH	842	
3096	ÄTZENDER FESTER STOFF, MIT WASSER REAGIEREND, N.A.G.	II	8 + 4.3	SGAN L4BN	842	

UN-Nummer	Benennung und Beschreibung	Verpackungs-gruppe	Gefahrzettel	Tankcodierung ADR-Tanks	Nummer zur Kennzeichnung der Gefahr	Gefährliche Güter, für die § 35 nd 35a GGVSEB gilt (Fahrwegbestimmung)
(1)	(2)	(4)	(5)	(12)	(20)	gem. § 35b GGVSEB lfd. Nr.
3109	ORGANISCHES PEROXID TYP F, FLÜSSIG		5.2	L4BN(+)	539	
3110	ORGANISCHES PEROXID TYP F, FEST		5.2	S4AN(+)	539	
3119	ORGANISCHES PEROXID TYP F, FLÜSSIG, TEMPERATURKONTROLLIERT		5.2	L4BN(+)	539	
3120	ORGANISCHES PEROXID TYP F, FEST, TEMPERATURKONTROLLIERT		5.2	S4AN(+)	539	
3122	GIFTIGER FLÜSSIGER STOFF, ENTZÜNDEND (OXIDIEREND) WIRKEND, N.A.G.	I	6.1 + 5.1	L10CH	665	10
3122	GIFTIGER FLÜSSIGER STOFF, ENTZÜNDEND (OXIDIEREND) WIRKEND, N.A.G.	II	6.1 + 5.1	L4BH	65	
3123	GIFTIGER FLÜSSIGER STOFF, MIT WASSER REAGIEREND, N.A.G.	I	6.1 + 4.3	L10CH	623	10
3123	GIFTIGER FLÜSSIGER STOFF, MIT WASSER REAGIEREND, N.A.G.	II	6.1 + 4.3	L4BH	623	
3124	GIFTIGER FESTER STOFF, SELBSTERHITZUNGSFÄHIG, N.A.G.	I	6.1 + 4.2	S10AH L10CH	664	
3124	GIFTIGER FESTER STOFF, SELBSTERHITZUNGSFÄHIG, N.A.G.	II	6.1 + 4.2	SGAH L4BH	64	
3125	GIFTIGER FESTER STOFF, MIT WASSER REAGIEREND, N.A.G.	I	6.1 + 4.3	S10AH L10CH	642	
3125	GIFTIGER FESTER STOFF, MIT WASSER REAGIEREND, N.A.G.	II	6.1 + 4.3	SGAH L4BH	642	
3126	SELBSTERHITZUNGSFÄHIGER ORGANISCHER FESTER STOFF, ÄTZEND, N.A.G.	II	4.2 + 8	SGAN	48	
3126	SELBSTERHITZUNGSFÄHIGER ORGANISCHER FESTER STOFF, ÄTZEND, N.A.G.	III	4.2 + 8	SGAN	48	
3128	SELBSTERHITZUNGSFÄHIGER ORGANISCHER FESTER STOFF, GIFTIG, N.A.G.	II	4.2 + 6.1	SGAN	46	
3128	SELBSTERHITZUNGSFÄHIGER ORGANISCHER FESTER STOFF, GIFTIG, N.A.G.	III	4.2 + 6.1	SGAN	46	
3129	MIT WASSER REAGIERENDER FLÜSSIGER STOFF, ÄTZEND, N.A.G.	I	4.3 + 8	L10DH	X382	
3129	MIT WASSER REAGIERENDER FLÜSSIGER STOFF, ÄTZEND, N.A.G.	II	4.3 + 8	L4DH	382	
3129	MIT WASSER REAGIERENDER FLÜSSIGER STOFF, ÄTZEND, N.A.G.	III	4.3 + 8	L4DH	382	
3130	MIT WASSER REAGIERENDER FLÜSSIGER STOFF, GIFTIG, N.A.G.	I	4.3 + 6.1	L10DH	X362	
3130	MIT WASSER REAGIERENDER FLÜSSIGER STOFF, GIFTIG, N.A.G.	II	4.3 + 6.1	L4DH	362	
3130	MIT WASSER REAGIERENDER FLÜSSIGER STOFF, GIFTIG, N.A.G.	III	4.3 + 6.1	L4DH	362	
3131	MIT WASSER REAGIERENDER FESTER STOFF, ÄTZEND, N.A.G.	I	4.3 + 8	S10AN L10DH	X482	
3131	MIT WASSER REAGIERENDER FESTER STOFF, ÄTZEND, N.A.G.	II	4.3 + 8	SGAN	482	
3131	MIT WASSER REAGIERENDER FESTER STOFF, ÄTZEND, N.A.G.	III	4.3 + 8	SGAN	482	
3132	MIT WASSER REAGIERENDER FESTER STOFF, ENTZÜNDBAR, N.A.G.	II	4.3 + 4.1	SGAN L4DH	423	
3132	MIT WASSER REAGIERENDER FESTER STOFF, ENTZÜNDBAR, N.A.G.	III	4.3 + 4.1	SGAN L4DH	423	
3134	MIT WASSER REAGIERENDER FESTER STOFF, GIFTIG, N.A.G.	II	4.3 + 6.1	SGAN	462	
3134	MIT WASSER REAGIERENDER FESTER STOFF, GIFTIG, N.A.G.	III	4.3 + 6.1	SGAN	462	
3135	MIT WASSER REAGIERENDER FESTER STOFF, SELBSTERHITZUNGSFÄHIG, N.A.G.	II	4.3 + 4.2	SGAN L4DH	423	

UN-Nummer	Benennung und Beschreibung	Verpackungs-gruppe	Gefahrzettel	Tankcodierung ADR-Tanks	Nummer zur Kenn-zeichnung der Gefahr	Gefährliche Güter, für die § 35 nd 35a GGVSEB gilt (Fahrwegbestimmung)
(1)	(2)	(4)	(5)	(12)	(20)	gem. § 35b GGVSEB lfd. Nr.
3135	MIT WASSER REAGIERENDER FESTER STOFF, SELBSTERHITZUNGSFÄHIG, N.A.G.	III	4.3 + 4.2	SGAN L4DH	423	
3136	TRIFLUORMETHAN, TIEFGEKÜHLT, FLÜSSIG		2.2	RxBN	22	
3138	ETHYLEN, ACETYLEN UND PROPYLEN, GEMISCH, TIEFGEKÜHLT, FLÜSSIG, mit mindestens 71,5 % Ethylen, höchstens 22,5 % Acetylen und höchstens 6 % Propylen		2.1	RxBN	223	2
3140	ALKALOIDE, FLÜSSIG, N.A.G. oder ALKALOIDSALZE, FLÜSSIG, N.A.G.	I	6.1	L10CH	66	10
3140	ALKALOIDE, FLÜSSIG, N.A.G. oder ALKALOIDSALZE, FLÜSSIG, N.A.G.	II	6.1	L4BH	60	
3140	ALKALOIDE, FLÜSSIG, N.A.G. oder ALKALOIDSALZE, FLÜSSIG, N.A.G.	III	6.1	L4BH	60	
3141	ANORGANISCHE ANTIMONVERBINDUNG, FLÜSSIG, N.A.G.	III	6.1	L4BH	60	
3142	DESINFEKTIONSMITTEL, FLÜSSIG, GIFTIG, N.A.G.	I	6.1	L10CH	66	10
3142	DESINFEKTIONSMITTEL, FLÜSSIG, GIFTIG, N.A.G.	II	6.1	L4BH	60	
3142	DESINFEKTIONSMITTEL, FLÜSSIG, GIFTIG, N.A.G.	III	6.1	L4BH	60	
3143	FARBSTOFF, FEST, GIFTIG, N.A.G. oder FARBSTOFFZWISCHENPRODUKT, FEST, GIFTIG, N.A.G.	I	6.1	S10AH L10CH	66	
3143	FARBSTOFF, FEST, GIFTIG, N.A.G. oder FARBSTOFFZWISCHENPRODUKT, FEST, GIFTIG, N.A.G.	II	6.1	SGAH L4BH	60	
3143	FARBSTOFF, FEST, GIFTIG, N.A.G. oder FARBSTOFFZWISCHENPRODUKT, FEST, GIFTIG, N.A.G.	III	6.1	SGAH L4BH	60	
3144	NICOTINVERBINDUNG, FLÜSSIG, N.A.G. oder NICOTINZUBEREITUNG, FLÜSSIG, N.A.G.	I	6.1	L10CH	66	10
3144	NICOTINVERBINDUNG, FLÜSSIG, N.A.G. oder NICOTINZUBEREITUNG, FLÜSSIG, N.A.G.	II	6.1	L4BH	60	
3144	NICOTINVERBINDUNG, FLÜSSIG, N.A.G. oder NICOTINZUBEREITUNG, FLÜSSIG, N.A.G.	III	6.1	L4BH	60	
3145	ALKYLPHENOLE, FLÜSSIG, N.A.G. (einschließlich C_2-C_{12}-Homologe)	I	8	L10BH	88	
3145	ALKYLPHENOLE, FLÜSSIG, N.A.G. (einschließlich C_2-C_{12}-Homologe)	II	8	L4BN	80	
3145	ALKYLPHENOLE, FLÜSSIG, N.A.G. (einschließlich C_2-C_{12}-Homologe)	III	8	L4BN	80	
3146	ORGANISCHE ZINNVERBINDUNG, FEST, N.A.G.	I	6.1	S10AH L10CH	66	
3146	ORGANISCHE ZINNVERBINDUNG, FEST, N.A.G.	II	6.1	SGAH L4BH	60	
3146	ORGANISCHE ZINNVERBINDUNG, FEST, N.A.G.	III	6.1	SGAH L4BH	60	
3147	FARBSTOFF, FEST, ÄTZEND, N.A.G. oder FARBSTOFFZWISCHENPRODUKT, FEST, ÄTZEND, N.A.G.	I	8	S10AN L10BH	88	
3147	FARBSTOFF, FEST, ÄTZEND, N.A.G. oder FARBSTOFFZWISCHENPRODUKT, FEST, ÄTZEND, N.A.G.	II	8	SGAN L4BN	80	
3147	FARBSTOFF, FEST, ÄTZEND, N.A.G. oder FARBSTOFFZWISCHENPRODUKT, FEST, ÄTZEND, N.A.G.	III	8	SGAV L4BN	80	
3148	MIT WASSER REAGIERENDER FLÜSSIGER STOFF, N.A.G.	I	4.3	L10DH	X323	
3148	MIT WASSER REAGIERENDER FLÜSSIGER STOFF, N.A.G.	II	4.3	L4DH	323	
3148	MIT WASSER REAGIERENDER FLÜSSIGER STOFF, N.A.G.	III	4.3	L4DH	323	
3149	WASSERSTOFFPEROXID UND PERESSIGSÄURE, MISCHUNG mit Säure(n), Wasser und höchstens 5 % Peressigsäure, STABILISIERT	II	5.1 + 8	L4BV(+)	58	
3151	POLYHALOGENIERTE BIPHENYLE, FLÜSSIG oder HALOGENIERTE MONOMETHYLDIPHENYLMETHANE, FLÜSSIG oder POLYHALOGENIERTE TERPHENYLE, FLÜSSIG	II	9	L4BH	90	
3152	POLYHALOGENIERTE BIPHENYLE, FEST oder HALOGENIERTE MONOMETHYLDIPHENYLMETHANE, FEST oder POLYHALOGENIERTE TERPHENYLE, FEST	II	9	S4AH L4BH	90	
3153	PERFLUOR(METHYL-VINYL-ETHER)		2.1	PxBN(M)	23	2
3154	PERFLUOR(ETHYL-VINYL-ETHER)		2.1	PxBN(M)	23	2
3155	PENTACHLORPHENOL	II	6.1	SGAH	60	
3156	VERDICHTETES GAS, OXIDIEREND, N.A.G.		2.2 + 5.1	CxBN(M)	25	

UN-Nummer	Benennung und Beschreibung	Verpackungs-gruppe	Gefahrzettel	Tankcodierung ADR-Tanks	Nummer zur Kenn-zeichnung der Gefahr	Gefährliche Güter, für die § 35 nd 35a GGVSEB gilt (Fahrwegbestimmung)
(1)	(2)	(4)	(5)	(12)	(20)	gem. § 35b GGVSEB lfd. Nr.
3157	VERFLÜSSIGTES GAS, OXIDIEREND, N.A.G.		2.2 + 5.1	PxBN(M)	25	
3158	GAS, TIEFGEKÜHLT, FLÜSSIG, N.A.G.		2.2	RxBN	22	
3159	1,1,1,2-TETRAFLUORETHAN (GAS ALS KÄLTEMITTEL R 134a)		2.2	PxBN(M)	20	
3160	VERFLÜSSIGTES GAS, GIFTIG, ENTZÜNDBAR, N.A.G.		2.3 + 2.1	PxBH(M)	263	3
3161	VERFLÜSSIGTES GAS, ENTZÜNDBAR, N.A.G.		2.1	PxBN(M)	23	2
3162	VERFLÜSSIGTES GAS, GIFTIG, N.A.G.		2.3	PxBH(M)	26	3
3163	VERFLÜSSIGTES GAS, N.A.G.		2.2	PxBN(M)	20	
3170	NEBENPRODUKTE DER ALUMINIUMHERSTELLUNG oder NEBENPRODUKTE DER ALUMINIUMUMSCHMELZUNG	II	4.3	SGAN	423	
3170	NEBENPRODUKTE DER ALUMINIUMHERSTELLUNG oder NEBENPRODUKTE DER ALUMINIUMUMSCHMELZUNG	III	4.3	SGAN	423	
3172	TOXINE, GEWONNEN AUS LEBENDEN ORGANISMEN, FLÜSSIG, N.A.G.	I	6.1	L10CH	66	10
3172	TOXINE, GEWONNEN AUS LEBENDEN ORGANISMEN, FLÜSSIG, N.A.G.	II	6.1	L4BH	60	
3172	TOXINE, GEWONNEN AUS LEBENDEN ORGANISMEN, FLÜSSIG, N.A.G.	III	6.1	L4BH	60	
3174	TITANDISULFID	III	4.2	SGAN	40	
3176	ENTZÜNDBARER ORGANISCHER FESTER STOFF IN GESCHMOLZENEM ZUSTAND, N.A.G.	II	4.1	LGBV	44	
3176	ENTZÜNDBARER ORGANISCHER FESTER STOFF IN GESCHMOLZENEM ZUSTAND, N.A.G.	III	4.1	LGBV	44	
3178	ENTZÜNDBARER ANORGANISCHER FESTER STOFF, N.A.G.	II	4.1	SGAN	40	
3178	ENTZÜNDBARER ANORGANISCHER FESTER STOFF, N.A.G.	III	4.1	SGAV	40	
3179	ENTZÜNDBARER ANORGANISCHER FESTER STOFF, GIFTIG, N.A.G.	II	4.1 + 6.1	SGAN	46	
3179	ENTZÜNDBARER ANORGANISCHER FESTER STOFF, GIFTIG, N.A.G.	III	4.1 + 6.1	SGAN	46	
3180	ENTZÜNDBARER ANORGANISCHER FESTER STOFF, ÄTZEND, N.A.G.	II	4.1 + 8	SGAN	48	
3180	ENTZÜNDBARER ANORGANISCHER FESTER STOFF, ÄTZEND, N.A.G.	III	4.1 + 8	SGAN	48	
3181	ENTZÜNDBARE METALLSALZE ORGANISCHER VERBINDUNGEN, N.A.G.	II	4.1	SGAN	40	
3181	ENTZÜNDBARE METALLSALZE ORGANISCHER VERBINDUNGEN, N.A.G.	III	4.1	SGAV	40	
3182	ENTZÜNDBARE METALLHYDRIDE, N.A.G.	II	4.1	SGAN	40	
3182	ENTZÜNDBARE METALLHYDRIDE, N.A.G.	III	4.1	SGAV	40	
3183	SELBSTERHITZUNGSFÄHIGER ORGANISCHER FLÜSSIGER STOFF, N.A.G.	II	4.2	L4DH	30	
3183	SELBSTERHITZUNGSFÄHIGER ORGANISCHER FLÜSSIGER STOFF, N.A.G.	III	4.2	L4DH	30	
3184	SELBSTERHITZUNGSFÄHIGER ORGANISCHER FLÜSSIGER STOFF, GIFTIG, N.A.G.	II	4.2 + 6.1	L4DH	36	
3184	SELBSTERHITZUNGSFÄHIGER ORGANISCHER FLÜSSIGER STOFF, GIFTIG, N.A.G.	III	4.2 + 6.1	L4DH	36	
3185	SELBSTERHITZUNGSFÄHIGER ORGANISCHER FLÜSSIGER STOFF, ÄTZEND, N.A.G.	II	4.2 + 8	L4DH	38	
3185	SELBSTERHITZUNGSFÄHIGER ORGANISCHER FLÜSSIGER STOFF, ÄTZEND, N.A.G.	III	4.2 + 8	L4DH	38	
3186	SELBSTERHITZUNGSFÄHIGER ANORGANISCHER FLÜSSIGER STOFF, N.A.G.	II	4.2	L4DH	30	
3186	SELBSTERHITZUNGSFÄHIGER ANORGANISCHER FLÜSSIGER STOFF, N.A.G.	III	4.2	L4DH	30	
3187	SELBSTERHITZUNGSFÄHIGER ANORGANISCHER FLÜSSIGER STOFF, GIFTIG, N.A.G.	II	4.2 + 6.1	L4DH	36	
3187	SELBSTERHITZUNGSFÄHIGER ANORGANISCHER FLÜSSIGER STOFF, GIFTIG, N.A.G.	III	4.2 + 6.1	L4DH	36	
3188	SELBSTERHITZUNGSFÄHIGER ANORGANISCHER FLÜSSIGER STOFF, ÄTZEND, N.A.G.	II	4.2 + 8	L4DH	38	
3188	SELBSTERHITZUNGSFÄHIGER ANORGANISCHER FLÜSSIGER STOFF, ÄTZEND, N.A.G.	III	4.2 + 8	L4DH	38	

UN-Nummer	Benennung und Beschreibung	Verpackungs-gruppe	Gefahrzettel	Tankcodierung ADR-Tanks	Nummer zur Kenn-zeichnung der Gefahr	Gefährliche Güter, für die § 35 nd 35a GGVSEB gilt (Fahrwegbestimmung)
(1)	(2)	(4)	(5)	(12)	(20)	gem. § 35b GGVSEB lfd. Nr.
3189	SELBSTERHITZUNGSFÄHIGES METALLPULVER, N.A.G.	II	4.2	SGAN	40	
3189	SELBSTERHITZUNGSFÄHIGES METALLPULVER, N.A.G.	III	4.2	SGAN	40	
3190	SELBSTERHITZUNGSFÄHIGER ANORGANISCHER FESTER STOFF, N.A.G.	II	4.2	SGAN	40	
3190	SELBSTERHITZUNGSFÄHIGER ANORGANISCHER FESTER STOFF, N.A.G.	III	4.2	SGAN	40	
3191	SELBSTERHITZUNGSFÄHIGER ANORGANISCHER FESTER STOFF, GIFTIG, N.A.G.	II	4.2 + 6.1	SGAN	46	
3191	SELBSTERHITZUNGSFÄHIGER ANORGANISCHER FESTER STOFF, GIFTIG, N.A.G.	III	4.2 + 6.1	SGAN	46	
3192	SELBSTERHITZUNGSFÄHIGER ANORGANISCHER FESTER STOFF, ÄTZEND, N.A.G.	II	4.2 + 8	SGAN	48	
3192	SELBSTERHITZUNGSFÄHIGER ANORGANISCHER FESTER STOFF, ÄTZEND, N.A.G.	III	4.2 + 8	SGAN	48	
3194	PYROPHORER ANORGANISCHER FLÜSSIGER STOFF, N.A.G.	I	4.2	L21DH	333	
3205	ERDALKALIMETALLALKOHOLATE, N.A.G.	II	4.2	SGAN	40	
3205	ERDALKALIMETALLALKOHOLATE, N.A.G.	III	4.2	SGAN	40	
3206	ALKALIMETALLALKOHOLATE, SELBSTERHITZUNGSFÄHIG, ÄTZEND, N.A.G.	II	4.2 + 8	SGAN	48	
3206	ALKALIMETALLALKOHOLATE, SELBSTERHITZUNGSFÄHIG, ÄTZEND, N.A.G.	III	4.2 + 8	SGAN	48	
3208	METALLISCHER STOFF, MIT WASSER REAGIEREND, N.A.G.	II	4.3	SGAN	423	
3208	METALLISCHER STOFF, MIT WASSER REAGIEREND, N.A.G.	III	4.3	SGAN	423	
3209	METALLISCHER STOFF, MIT WASSER REAGIEREND, SELBSTERHITZUNGSFÄHIG, N.A.G.	II	4.3 + 4.2	SGAN	423	
3209	METALLISCHER STOFF, MIT WASSER REAGIEREND, SELBSTERHITZUNGSFÄHIG, N.A.G.	III	4.3 + 4.2	SGAN	423	
3210	CHLORATE, ANORGANISCHE, WÄSSERIGE LÖSUNG, N.A.G.	II	5.1	L4BN	50	
3210	CHLORATE, ANORGANISCHE, WÄSSERIGE LÖSUNG, N.A.G.	III	5.1	LGBV	50	
3211	PERCHLORATE, ANORGANISCHE, WÄSSERIGE LÖSUNG, N.A.G.	II	5.1	L4BN	50	
3211	PERCHLORATE, ANORGANISCHE, WÄSSERIGE LÖSUNG, N.A.G.	III	5.1	LGBV	50	
3212	HYPOCHLORITE, ANORGANISCHE, N.A.G.	II	5.1	SGAN	50	
3213	BROMATE, ANORGANISCHE, WÄSSERIGE LÖSUNG, N.A.G.	II	5.1	L4BN	50	
3213	BROMATE, ANORGANISCHE, WÄSSERIGE LÖSUNG, N.A.G.	III	5.1	LGBV	50	
3214	PERMANGANATE, ANORGANISCHE, WÄSSERIGE LÖSUNG, N.A.G.	II	5.1	L4BN	50	
3215	PERSULFATE, ANORGANISCHE, N.A.G.	III	5.1	SGAV	50	
3216	PERSULFATE, ANORGANISCHE, WÄSSERIGE LÖSUNG, N.A.G.	III	5.1	LGBV	50	
3218	NITRATE, ANORGANISCHE, WÄSSERIGE LÖSUNG, N.A.G.	II	5.1	L4BN	50	
3218	NITRATE, ANORGANISCHE, WÄSSERIGE LÖSUNG, N.A.G.	III	5.1	LGBV	50	
3219	NITRITE, ANORGANISCHE, WÄSSERIGE LÖSUNG, N.A.G.	II	5.1	L4BN	50	
3219	NITRITE, ANORGANISCHE, WÄSSERIGE LÖSUNG, N.A.G.	III	5.1	LGBV	50	
3220	PENTAFLUORETHAN (GAS ALS KÄLTEMITTEL R 125)		2.2	PxBN(M)	20	
3243	FESTE STOFFE MIT GIFTIGEM FLÜSSIGEM STOFF, N.A.G.	II	6.1	SGAH	60	
3244	FESTE STOFFE MIT ÄTZENDEM FLÜSSIGEM STOFF, N.A.G.	II	8	SGAV	80	
3246	METHANSULFONYLCHLORID	I	6.1 + 8	L10CH	668	10
3247	NATRIUMPEROXOBORAT, WASSERFREI	II	5.1	SGAN	50	
3248	MEDIKAMENT, FLÜSSIG, ENTZÜNDBAR, GIFTIG, N.A.G.	II	3 + 6.1	L4BH	336	4
3248	MEDIKAMENT, FLÜSSIG, ENTZÜNDBAR, GIFTIG, N.A.G.	III	3 + 6.1	L4BH	36	
3249	MEDIKAMENT, FEST, GIFTIG, N.A.G.	II	6.1	SGAH L4BH	60	
3249	MEDIKAMENT, FEST, GIFTIG, N.A.G.	III	6.1	SGAH L4BH	60	
3250	CHLORESSIGSÄURE, GESCHMOLZEN	II	6.1 + 8	L4BH	68	

UN-Nummer	Benennung und Beschreibung	Verpackungs-gruppe	Gefahrzettel	Tankcodierung ADR-Tanks	Nummer zur Kenn-zeichnung der Gefahr	Gefährliche Güter, für die § 35 nd 35a GGVSEB gilt (Fahrwegbestimmung)
(1)	(2)	(4)	(5)	(12)	(20)	gem. § 35b GGVSEB lfd. Nr.
3252	DIFLUORMETHAN (GAS ALS KÄLTEMITTEL R 32)		2.1	PxBN(M)	23	2
3253	DINATRIUMTRIOXOSILICAT	III	8	SGAV	80	
3256	ERWÄRMTER FLÜSSIGER STOFF, ENTZÜNDBAR, N.A.G., mit einem Flammpunkt über 60 °C, bei oder über seinem Flammpunkt und unter 100 °C	III	3	LGAV	30	
3256	ERWÄRMTER FLÜSSIGER STOFF, ENTZÜNDBAR, N.A.G., mit einem Flammpunkt über 60 °C, bei oder über seinem Flammpunkt und bei oder über 100 °C	III	3	LGAV	30	
3257	ERWÄRMTER FLÜSSIGER STOFF, N.A.G., bei oder über 100 °C und, bei Stoffen mit einem Flammpunkt, unter seinem Flammpunkt (einschließlich geschmolzenes Metall, geschmolzenes Salz, usw.), eingefüllt bei einer Temperatur über 190 °C	III	9	LGAV	99	
3259	AMINE, FEST, ÄTZEND, N.A.G. oder POLYAMINE, FEST, ÄTZEND, N.A.G.	I	8	S10AN L10BH	88	
3259	AMINE, FEST, ÄTZEND, N.A.G. oder POLYAMINE, FEST, ÄTZEND, N.A.G.	II	8	SGAN L4BN	80	
3259	AMINE, FEST, ÄTZEND, N.A.G. oder POLYAMINE, FEST, ÄTZEND, N.A.G.	III	8	SGAV L4BN	80	
3260	ÄTZENDER SAURER ANORGANISCHER FESTER STOFF, N.A.G.	I	8	S10AN	88	
3260	ÄTZENDER SAURER ANORGANISCHER FESTER STOFF, N.A.G.	II	8	SGAN	80	
3260	ÄTZENDER SAURER ANORGANISCHER FESTER STOFF, N.A.G.	III	8	SGAV	80	
3261	ÄTZENDER SAURER ORGANISCHER FESTER STOFF, N.A.G.	I	8	S10AN L10BH	88	
3261	ÄTZENDER SAURER ORGANISCHER FESTER STOFF, N.A.G.	II	8	SGAN L4BN	80	
3261	ÄTZENDER SAURER ORGANISCHER FESTER STOFF, N.A.G.	III	8	SGAV L4BN	80	
3262	ÄTZENDER BASISCHER ANORGANISCHER FESTER STOFF, N.A.G.	I	8	S10AN L10BH	88	
3262	ÄTZENDER BASISCHER ANORGANISCHER FESTER STOFF, N.A.G.	II	8	SGAN L4BN	80	
3262	ÄTZENDER BASISCHER ANORGANISCHER FESTER STOFF, N.A.G.	III	8	SGAV L4BN	80	
3263	ÄTZENDER BASISCHER ORGANISCHER FESTER STOFF, N.A.G.	I	8	S10AN L10BH	88	
3263	ÄTZENDER BASISCHER ORGANISCHER FESTER STOFF, N.A.G.	II	8	SGAN L4BN	80	
3263	ÄTZENDER BASISCHER ORGANISCHER FESTER STOFF, N.A.G.	III	8	SGAV L4BN	80	
3264	ÄTZENDER SAURER ANORGANISCHER FLÜSSIGER STOFF, N.A.G.	I	8	L10BH	88	
3264	ÄTZENDER SAURER ANORGANISCHER FLÜSSIGER STOFF, N.A.G.	II	8	L4BN	80	
3264	ÄTZENDER SAURER ANORGANISCHER FLÜSSIGER STOFF, N.A.G.	III	8	L4BN	80	
3265	ÄTZENDER SAURER ORGANISCHER FLÜSSIGER STOFF, N.A.G.	I	8	L10BH	88	
3265	ÄTZENDER SAURER ORGANISCHER FLÜSSIGER STOFF, N.A.G.	II	8	L4BN	80	
3265	ÄTZENDER SAURER ORGANISCHER FLÜSSIGER STOFF, N.A.G.	III	8	L4BN	80	
3266	ÄTZENDER BASISCHER ANORGANISCHER FLÜSSIGER STOFF, N.A.G.	I	8	L10BH	88	
3266	ÄTZENDER BASISCHER ANORGANISCHER FLÜSSIGER STOFF, N.A.G.	II	8	L4BN	80	
3266	ÄTZENDER BASISCHER ANORGANISCHER FLÜSSIGER STOFF, N.A.G.	III	8	L4BN	80	
3267	ÄTZENDER BASISCHER ORGANISCHER FLÜSSIGER STOFF, N.A.G.	I	8	L10BH	88	
3267	ÄTZENDER BASISCHER ORGANISCHER FLÜSSIGER STOFF, N.A.G.	II	8	L4BN	80	
3267	ÄTZENDER BASISCHER ORGANISCHER FLÜSSIGER STOFF, N.A.G.	III	8	L4BN	80	
3271	ETHER, N.A.G.	II	3	LGBF	33	4
3271	ETHER, N.A.G.	III	3	LGBF	30	
3272	ESTER, N.A.G.	II	3	LGBF	33	4
3272	ESTER, N.A.G.	III	3	LGBF	30	
3273	NITRILE, ENTZÜNDBAR, GIFTIG, N.A.G.	I	3 + 6.1	L10CH	336	4

UN-Nummer	Benennung und Beschreibung	Verpackungs-gruppe	Gefahrzettel	Tankcodierung ADR-Tanks	Nummer zur Kennzeichnung der Gefahr	Gefährliche Güter, für die § 35 nd 35a GGVSEB gilt (Fahrwegbestimmung)
(1)	(2)	(4)	(5)	(12)	(20)	gem. § 35b GGVSEB lfd. Nr.
3273	NITRILE, ENTZÜNDBAR, GIFTIG, N.A.G.	II	3 + 6.1	L4BH	336	4
3274	ALKOHOLATE, LÖSUNG in Alkohol, N.A.G.	II	3 + 8	L4BH	338	4
3275	NITRILE, GIFTIG, ENTZÜNDBAR, N.A.G.	I	6.1 + 3	L10CH	663	10
3275	NITRILE, GIFTIG, ENTZÜNDBAR, N.A.G.	II	6.1 + 3	L4BH	63	
3276	NITRILE, FLÜSSIG, GIFTIG, N.A.G.	I	6.1	L10CH	66	10
3276	NITRILE, FLÜSSIG, GIFTIG, N.A.G.	II	6.1	L4BH	60	
3276	NITRILE, FLÜSSIG, GIFTIG, N.A.G.	III	6.1	L4BH	60	
3277	CHLORFORMIATE, GIFTIG, ÄTZEND, N.A.G.	II	6.1 + 8	L4BH	68	
3278	ORGANISCHE PHOSPHORVERBINDUNG, FLÜSSIG, GIFTIG, N.A.G.	I	6.1	L10CH	66	10
3278	ORGANISCHE PHOSPHORVERBINDUNG, FLÜSSIG, GIFTIG, N.A.G.	II	6.1	L4BH	60	
3278	ORGANISCHE PHOSPHORVERBINDUNG, FLÜSSIG, GIFTIG, N.A.G.	III	6.1	L4BH	60	
3279	ORGANISCHE PHOSPHORVERBINDUNG, GIFTIG, ENTZÜNDBAR, N.A.G.	I	6.1 + 3	L10CH	663	10
3279	ORGANISCHE PHOSPHORVERBINDUNG, GIFTIG, ENTZÜNDBAR, N.A.G.	II	6.1 + 3	L4BH	63	
3280	ORGANISCHE ARSENVERBINDUNG, FLÜSSIG, N.A.G.	I	6.1	L10CH	66	10
3280	ORGANISCHE ARSENVERBINDUNG, FLÜSSIG, N.A.G.	II	6.1	L4BH	60	
3280	ORGANISCHE ARSENVERBINDUNG, FLÜSSIG, N.A.G.	III	6.1	L4BH	60	
3281	METALLCARBONYLE, FLÜSSIG, N.A.G.	I	6.1	L10CH	66	10
3281	METALLCARBONYLE, FLÜSSIG, N.A.G.	II	6.1	L4BH	60	
3281	METALLCARBONYLE, FLÜSSIG, N.A.G.	III	6.1	L4BH	60	
3282	METALLORGANISCHE VERBINDUNG, FLÜSSIG, GIFTIG, N.A.G.	I	6.1	L10CH	66	10
3282	METALLORGANISCHE VERBINDUNG, FLÜSSIG, GIFTIG, N.A.G.	II	6.1	L4BH	60	
3282	METALLORGANISCHE VERBINDUNG, FLÜSSIG, GIFTIG, N.A.G.	III	6.1	L4BH	60	
3283	SELENVERBINDUNG, FEST, N.A.G.	I	6.1	S10AH L10CH	66	
3283	SELENVERBINDUNG, FEST, N.A.G.	II	6.1	SGAH L4BH	60	
3283	SELENVERBINDUNG, FEST, N.A.G.	III	6.1	SGAH L4BH	60	
3284	TELLURVERBINDUNG, N.A.G.	I	6.1	S10AH L10CH	66	
3284	TELLURVERBINDUNG, N.A.G.	II	6.1	SGAH L4BH	60	
3284	TELLURVERBINDUNG, N.A.G.	III	6.1	SGAH L4BH	60	
3285	VANADIUMVERBINDUNG, N.A.G.	I	6.1	S10AH L10CH	66	
3285	VANADIUMVERBINDUNG, N.A.G.	II	6.1	SGAH L4BH	60	
3285	VANADIUMVERBINDUNG, N.A.G.	III	6.1	SGAH L4BH	60	
3286	ENTZÜNDBARER FLÜSSIGER STOFF, GIFTIG, ÄTZEND, N.A.G.	I	3 + 6.1 + 8	L10CH	368	4
3286	ENTZÜNDBARER FLÜSSIGER STOFF, GIFTIG, ÄTZEND, N.A.G.	II	3 + 6.1 + 8	L4BH	368	4
3287	GIFTIGER ANORGANISCHER FLÜSSIGER STOFF, N.A.G.	I	6.1	L10CH	66	10
3287	GIFTIGER ANORGANISCHER FLÜSSIGER STOFF, N.A.G.	II	6.1	L4BH	60	
3287	GIFTIGER ANORGANISCHER FLÜSSIGER STOFF, N.A.G.	III	6.1	L4BH	60	

UN-Nummer	Benennung und Beschreibung	Verpackungsgruppe	Gefahrzettel	Tankcodierung ADR-Tanks	Nummer zur Kennzeichnung der Gefahr	Gefährliche Güter, für die § 35 nd 35a GGVSEB gilt (Fahrwegbestimmung)
(1)	(2)	(4)	(5)	(12)	(20)	gem. § 35b GGVSEB lfd. Nr.
3288	GIFTIGER ANORGANISCHER FESTER STOFF, N.A.G.	I	6.1	S10AH L10CH	66	
3288	GIFTIGER ANORGANISCHER FESTER STOFF, N.A.G.	II	6.1	SGAH L4BH	60	
3288	GIFTIGER ANORGANISCHER FESTER STOFF, N.A.G.	III	6.1	SGAH L4BH	60	
3289	GIFTIGER ANORGANISCHER FLÜSSIGER STOFF, ÄTZEND, N.A.G.	I	6.1 + 8	L10CH	668	10
3289	GIFTIGER ANORGANISCHER FLÜSSIGER STOFF, ÄTZEND, N.A.G.	II	6.1 + 8	L4BH	68	
3290	GIFTIGER ANORGANISCHER FESTER STOFF, ÄTZEND, N.A.G.	I	6.1 + 8	S10AH L10CH	668	
3290	GIFTIGER ANORGANISCHER FESTER STOFF, ÄTZEND, N.A.G.	II	6.1 + 8	SGAH L4BH	68	
3291	KLINISCHER ABFALL, UNSPEZIFIZIERT, N.A.G. oder (BIO)MEDIZINISCHER ABFALL, N.A.G. oder UNTER DIE VORSCHRIFTEN FALLENDER MEDIZINISCHER ABFALL, N.A.G.	II	6.2	S4AH L4BH	606	
3293	HYDRAZIN, WÄSSERIGE LÖSUNG mit höchstens 37 Masse-% Hydrazin	III	6.1	L4BH	60	
3294	CYANWASSERSTOFF, LÖSUNG IN ALKOHOL mit höchstens 45 % Cyanwasserstoff	I	6.1 + 3	L15DH(+)	663	10
3295	KOHLENWASSERSTOFFE, FLÜSSIG, N.A.G.	I	3	L4BN	33	4
3295	KOHLENWASSERSTOFFE, FLÜSSIG, N.A.G. (Dampfdruck bei 50 °C größer als 110 kPa)	II	3	L1,5BN	33	4
3295	KOHLENWASSERSTOFFE, FLÜSSIG, N.A.G. (Dampfdruck bei 50 °C höchstens 110 kPa)	II	3	LGBF	33	4
3295	KOHLENWASSERSTOFFE, FLÜSSIG, N.A.G.	III	3	LGBF	30	
3296	HEPTAFLUORPROPAN (GAS ALS KÄLTEMITTEL R 227)		2.2	PxBN(M)	20	
3297	ETHYLENOXID UND CHLORTETRAFLUORETHAN, GEMISCH mit höchstens 8,8 % Ethylenoxid		2.2	PxBN(M)	20	
3298	ETHYLENOXID UND PENTAFLUORETHAN, GEMISCH mit höchstens 7,9 % Ethylenoxid		2.2	PxBN(M)	20	
3299	ETHYLENOXID UND TETRAFLUORETHAN, GEMISCH mit höchstens 5,6 % Ethylenoxid		2.2	PxBN(M)	20	
3300	ETHYLENOXID UND KOHLENDIOXID, GEMISCH mit mehr als 87 % Ethylenoxid		2.3 + 2.1	PxBH(M)	263	3
3301	ÄTZENDER FLÜSSIGER STOFF, SELBSTERHITZUNGSFÄHIG, N.A.G.	I	8 + 4.2	L10BH	884	
3301	ÄTZENDER FLÜSSIGER STOFF, SELBSTERHITZUNGSFÄHIG, N.A.G.	II	8 + 4.2	L4BN	84	
3302	2-DIMETHYLAMINOETHYLACRYLAT, STABILISIERT	II	6.1	L4BH	60	
3303	VERDICHTETES GAS, GIFTIG, OXIDIEREND, N.A.G.		2.3 + 5.1	CxBH(M)	265	3
3304	VERDICHTETES GAS, GIFTIG, ÄTZEND, N.A.G.		2.3 + 8	CxBH(M)	268	3
3305	VERDICHTETES GAS, GIFTIG, ENTZÜNDBAR, ÄTZEND, N.A.G.		2.3 + 2.1 + 8	CxBH(M)	263	3
3306	VERDICHTETES GAS, GIFTIG, OXIDIEREND, ÄTZEND, N.A.G.		2.3 + 5.1 + 8	CxBH(M)	265	3
3307	VERFLÜSSIGTES GAS, GIFTIG, OXIDIEREND, N.A.G.		2.3 + 5.1	PxBH(M)	265	3
3308	VERFLÜSSIGTES GAS, GIFTIG, ÄTZEND, N.A.G.		2.3 + 8	PxBH(M)	268	3
3309	VERFLÜSSIGTES GAS, GIFTIG, ENTZÜNDBAR, ÄTZEND, N.A.G.		2.3 + 2.1 + 8	PxBH(M)	263	3

UN-Nummer	Benennung und Beschreibung	Verpackungs-gruppe	Gefahrzettel	Tankcodierung ADR-Tanks	Nummer zur Kenn-zeichnung der Gefahr	Gefährliche Güter, für die § 35 nd 35a GGVSEB gilt (Fahrwegbestimmung)
(1)	(2)	(4)	(5)	(12)	(20)	gem. § 35b GGVSEB lfd. Nr.
3310	VERFLÜSSIGTES GAS, GIFTIG, OXIDIEREND, ÄTZEND, N.A.G.		2.3 + 5.1 + 8	PxBH(M)	265	3
3311	GAS, TIEFGEKÜHLT, FLÜSSIG, OXIDIEREND, N.A.G.		2.2 + 5.1	RxBN	225	
3312	GAS, TIEFGEKÜHLT, FLÜSSIG, ENTZÜNDBAR, N.A.G.		2.1	RxBN	223	2
3313	SELBSTERHITZUNGSFÄHIGE ORGANISCHE PIGMENTE	II	4.2	SGAV	40	
3313	SELBSTERHITZUNGSFÄHIGE ORGANISCHE PIGMENTE	III	4.2	SGAV	40	
3318	AMMONIAKLÖSUNG in Wasser, relative Dichte kleiner als 0,880 bei 15 °C, mit mehr als 50 % Ammoniak		2.3 + 8	PxBH(M)	268	3
3320	NATRIUMBORHYDRID UND NATRIUMHYDROXID, LÖSUNG mit höchstens 12 Masse-% Natriumborhydrid und höchstens 40 Masse-% Natriumhydroxid	II	8	L4BN	80	
3320	NATRIUMBORHYDRID UND NATRIUMHYDROXID, LÖSUNG mit höchstens 12 Masse-% Natriumborhydrid und höchstens 40 Masse-% Natriumhydroxid	III	8	L4BN	80	
3321	RADIOAKTIVE STOFFE MIT GERINGER SPEZIFISCHER AKTIVITÄT (LSA-II), nicht spaltbar oder spaltbar, freigestellt		7X	S2,65AN(+) L2,65CN(+)	70	
3322	RADIOAKTIVE STOFFE MIT GERINGER SPEZIFISCHER AKTIVITÄT (LSA-III), nicht spaltbar oder spaltbar, freigestellt		7X	S2,65AN(+) L2,65CN(+)	70	
3336	MERCAPTANE, FLÜSSIG, ENTZÜNDBAR, N.A.G. oder MERCAPTANE, MISCHUNG, FLÜSSIG, ENTZÜNDBAR, N.A.G.	I	3	L4BN	33	4
3336	MERCAPTANE, FLÜSSIG, ENTZÜNDBAR, N.A.G. oder MERCAPTANE, MISCHUNG, FLÜSSIG, ENTZÜNDBAR, N.A.G. (Dampfdruck bei 50 °C größer als 110 kPa)	II	3	L1,5BN	33	4
3336	MERCAPTANE, FLÜSSIG, ENTZÜNDBAR, N.A.G. oder MERCAPTANE, MISCHUNG, FLÜSSIG, ENTZÜNDBAR, N.A.G. (Dampfdruck bei 50 °C höchstens 110 kPa)	II	3	LGBF	33	4
3336	MERCAPTANE, FLÜSSIG, ENTZÜNDBAR, N.A.G. oder MERCAPTANE, MISCHUNG, FLÜSSIG, ENTZÜNDBAR, N.A.G.	III	3	LGBF	30	
3337	GAS ALS KÄLTEMITTEL R 404A (Pentafluorethan, 1,1,1-Trifluorethan und 1,1,1,2-Tetrafluorethan, zeotropes Gemisch mit ca. 44 % Pentafluorethan und 52 % 1,1,1-Trifluorethan)		2.2	PxBN(M)	20	
3338	GAS ALS KÄLTEMITTEL R 407A (Difluormethan, Pentafluorethan und 1,1,1,2-Tetrafluorethan, zeotropes Gemisch mit ca. 20 % Difluormethan und 40 % Pentafluorethan)		2.2	PxBN(M)	20	
3339	GAS ALS KÄLTEMITTEL R 407B (Difluormethan, Pentafluorethan und 1,1,1,2-Tetrafluorethan, zeotropes Gemisch mit ca. 10 % Difluormethan und 70 % Pentafluorethan)		2.2	PxBN(M)	20	
3340	GAS ALS KÄLTEMITTEL R 407C (Difluormethan, Pentafluorethan und 1,1,1,2-Tetrafluorethan, zeotropes Gemisch mit ca. 23 % Difluormethan und 25 % Pentafluorethan)		2.2	PxBN(M)	20	
3341	THIOHARNSTOFFDIOXID	II	4.2	SGAV	40	
3341	THIOHARNSTOFFDIOXID	III	4.2	SGAV	40	
3342	XANTHATE	II	4.2	SGAV	40	
3342	XANTHATE	III	4.2	SGAV	40	
3345	PHENOXYESSIGSÄUREDERIVAT-PESTIZID, FEST, GIFTIG	I	6.1	S10AH L10CH	66	
3345	PHENOXYESSIGSÄUREDERIVAT-PESTIZID, FEST, GIFTIG	II	6.1	SGAH L4BH	60	
3345	PHENOXYESSIGSÄUREDERIVAT-PESTIZID, FEST, GIFTIG	III	6.1	SGAH L4BH	60	
3346	PHENOXYESSIGSÄUREDERIVAT-PESTIZID, FLÜSSIG, ENTZÜNDBAR, GIFTIG, Flammpunkt unter 23 °C	I	3 + 6.1	L10CH	336	4
3346	PHENOXYESSIGSÄUREDERIVAT-PESTIZID, FLÜSSIG, ENTZÜNDBAR, GIFTIG, Flammpunkt unter 23 °C	II	3 + 6.1	L4BH	336	4
3347	PHENOXYESSIGSÄUREDERIVAT-PESTIZID, FLÜSSIG, GIFTIG, ENTZÜNDBAR, mit einem Flammpunkt von 23 °C oder darüber	I	6.1 + 3	L10CH	663	10
3347	PHENOXYESSIGSÄUREDERIVAT-PESTIZID, FLÜSSIG, GIFTIG, ENTZÜNDBAR, mit einem Flammpunkt von 23 °C oder darüber	II	6.1 + 3	L4BH	63	

UN-Nummer	Benennung und Beschreibung	Verpackungs-gruppe	Gefahrzettel	Tankcodierung ADR-Tanks	Nummer zur Kenn-zeichnung der Gefahr	Gefährliche Güter, für die § 35 nd 35a GGVSEB gilt (Fahrwegbestimmung)
(1)	(2)	(4)	(5)	(12)	(20)	gem. § 35b GGVSEB lfd. Nr.
3347	PHENOXYESSIGSÄUREDERIVAT-PESTIZID, FLÜSSIG, GIFTIG, ENTZÜNDBAR, mit einem Flammpunkt von 23 °C oder darüber	III	6.1 + 3	L4BH	63	
3348	PHENOXYESSIGSÄUREDERIVAT-PESTIZID, FLÜSSIG, GIFTIG	I	6.1	L10CH	66	10
3348	PHENOXYESSIGSÄUREDERIVAT-PESTIZID, FLÜSSIG, GIFTIG	II	6.1	L4BH	60	
3348	PHENOXYESSIGSÄUREDERIVAT-PESTIZID, FLÜSSIG, GIFTIG	III	6.1	L4BH	60	
3349	PYRETHROID-PESTIZID, FEST, GIFTIG	I	6.1	S10AH L10CH	66	
3349	PYRETHROID-PESTIZID, FEST, GIFTIG	II	6.1	SGAH L4BH	60	
3349	PYRETHROID-PESTIZID, FEST, GIFTIG	III	6.1	SGAH L4BH	60	
3350	PYRETHROID-PESTIZID, FLÜSSIG, ENTZÜNDBAR, GIFTIG, Flammpunkt unter 23 °C	I	3 + 6.1	L10CH	336	4
3350	PYRETHROID-PESTIZID, FLÜSSIG, ENTZÜNDBAR, GIFTIG, Flammpunkt unter 23 °C	II	3 + 6.1	L4BH	336	4
3351	PYRETHROID-PESTIZID, FLÜSSIG, GIFTIG, ENTZÜNDBAR, mit einem Flammpunkt von 23 °C oder darüber	I	6.1 + 3	L10CH	663	10
3351	PYRETHROID-PESTIZID, FLÜSSIG, GIFTIG, ENTZÜNDBAR, mit einem Flammpunkt von 23 °C oder darüber	II	6.1 + 3	L4BH	63	
3351	PYRETHROID-PESTIZID, FLÜSSIG, GIFTIG, ENTZÜNDBAR, mit einem Flammpunkt von 23 °C oder darüber	III	6.1 + 3	L4BH	63	
3352	PYRETHROID-PESTIZID, FLÜSSIG, GIFTIG	I	6.1	L10CH	66	10
3352	PYRETHROID-PESTIZID, FLÜSSIG, GIFTIG	II	6.1	L4BH	60	
3352	PYRETHROID-PESTIZID, FLÜSSIG, GIFTIG	III	6.1	L4BH	60	
3354	INSEKTENBEKÄMPFUNGSMITTEL, GASFÖRMIG, ENTZÜNDBAR, N.A.G.		2.1	PxBN(M)	23	2
3355	INSEKTENBEKÄMPFUNGSMITTEL, GASFÖRMIG, GIFTIG, ENTZÜNDBAR, N.A.G.		2.3 + 2.1	PxBH(M)	263	3
3361	CHLORSILANE, GIFTIG, ÄTZEND, N.A.G.	II	6.1 + 8	L4BH	68	
3362	CHLORSILANE, GIFTIG, ÄTZEND, ENTZÜNDBAR, N.A.G.	II	6.1 + 3 + 8	L4BH	638	
3371	2-METHYLBUTANAL	II	3	LGBF	33	4
3373	BIOLOGISCHER STOFF, KATEGORIE B		6.2	L4BH	606	
3373	BIOLOGISCHER STOFF, KATEGORIE B (nur tierische Stoffe)		6.2	L4BH	606	
3375	AMMONIUMNITRAT-EMULSION oder AMMONIUMNITRAT-SUSPENSION oder AMMONIUMNITRAT-GEL, Zwischenprodukt für die Herstellung von Sprengstoffen, flüssig	II	5.1	LGAV(+)	50	
3375	AMMONIUMNITRAT-EMULSION oder AMMONIUMNITRAT-SUSPENSION oder AMMONIUMNITRAT-GEL, Zwischenprodukt für die Herstellung von Sprengstoffen, fest	II	5.1	SGAV(+)	50	
3377	NATRIUMPERBORAT-MONOHYDRAT	III	5.1	SGAV	50	
3378	NATRIUMCARBONAT-PEROXYHYDRAT	II	5.1	SGAV	50	
3378	NATRIUMCARBONAT-PEROXYHYDRAT	III	5.1	SGAV	50	
3381	BEIM EINATMEN GIFTIGER FLÜSSIGER STOFF, N.A.G., mit einem LC_{50}-Wert von höchstens 200 ml/m^3 und einer gesättigten Dampfkonzentration von mindestens 500 LC_{50}	I	6.1	L15CH	66	10
3382	BEIM EINATMEN GIFTIGER FLÜSSIGER STOFF, N.A.G., mit einem LC_{50}-Wert von höchstens 1 000 ml/m^3 und einer gesättigten Dampfkonzentration von mindestens 10 LC_{50}	I	6.1	L10CH	66	10
3383	BEIM EINATMEN GIFTIGER FLÜSSIGER STOFF, ENTZÜNDBAR, N.A.G., mit einem LC_{50}-Wert von höchstens 200 ml/m^3 und einer gesättigten Dampfkonzentration von mindestens 500 LC_{50}	I	6.1 + 3	L15CH	663	10
3384	BEIM EINATMEN GIFTIGER FLÜSSIGER STOFF, ENTZÜNDBAR, N.A.G., mit einem LC_{50}-Wert von höchstens 1 000 ml/m^3 und einer gesättigten Dampfkonzentration von mindestens 10 LC_{50}	I	6.1 + 3	L10CH	663	10

UN-Nummer	Benennung und Beschreibung	Verpackungsgruppe	Gefahrzettel	Tankcodierung ADR-Tanks	Nummer zur Kennzeichnung der Gefahr	Gefährliche Güter, für die § 35 nd 35a GGVSEB gilt (Fahrwegbestimmung)
(1)	(2)	(4)	(5)	(12)	(20)	gem. § 35b GGVSEB lfd. Nr.
3385	BEIM EINATMEN GIFTIGER FLÜSSIGER STOFF, MIT WASSER REAGIEREND, N.A.G., mit einem LC_{50}-Wert von höchstens 200 ml/m^3 und einer gesättigten Dampfkonzentration von mindestens 500 LC_{50}	I	6.1 + 4.3	L15CH	623	10
3386	BEIM EINATMEN GIFTIGER FLÜSSIGER STOFF, MIT WASSER REAGIEREND, N.A.G., mit einem LC_{50}-Wert von höchstens 1 000 ml/m^3 und einer gesättigten Dampfkonzentration von mindestens 10 LC_{50}	I	6.1 + 4.3	L10CH	623	10
3387	BEIM EINATMEN GIFTIGER FLÜSSIGER STOFF, ENTZÜNDEND (OXIDIEREND) WIRKEND, N.A.G., mit einem LC_{50}-Wert von höchstens 200 ml/m^3 und einer gesättigten Dampfkonzentration von mindestens 500 LC_{50}	I	6.1 + 5.1	L15CH	665	10
3388	BEIM EINATMEN GIFTIGER FLÜSSIGER STOFF, ENTZÜNDEND (OXIDIEREND) WIRKEND, N.A.G., mit einem LC_{50}-Wert von höchstens 1 000 ml/m^3 und einer gesättigten Dampfkonzentration von mindestens 10 LC_{50}	I	6.1 + 5.1	L10CH	665	10
3389	BEIM EINATMEN GIFTIGER FLÜSSIGER STOFF, ÄTZEND, N.A.G., mit einem LC_{50}-Wert von höchstens 200 ml/m^3 und einer gesättigten Dampfkonzentration von mindestens 500 LC_{50}	I	6.1 + 8	L15CH	668	10
3390	BEIM EINATMEN GIFTIGER FLÜSSIGER STOFF, ÄTZEND, N.A.G., mit einem LC_{50}-Wert von höchstens 1 000 ml/m^3 und einer gesättigten Dampfkonzentration von mindestens 10 LC_{50}	I	6.1 + 8	L10CH	668	10
3391	PYROPHORER METALLORGANISCHER FESTER STOFF	I	4.2	L21DH	43	
3392	PYROPHORER METALLORGANISCHER FLÜSSIGER STOFF	I	4.2	L21DH	333	
3393	PYROPHORER METALLORGANISCHER FESTER STOFF, MIT WASSER REAGIEREND	I	4.2 + 4.3	L21DH	X432	
3394	PYROPHORER METALLORGANISCHER FLÜSSIGER STOFF, MIT WASSER REAGIEREND	I	4.2 + 4.3	L21DH	X333	7
3395	MIT WASSER REAGIERENDER METALLORGANISCHER FESTER STOFF	I	4.3	S10AN L10DH	X423	
3395	MIT WASSER REAGIERENDER METALLORGANISCHER FESTER STOFF	II	4.3	SGAN L4DH	423	
3395	MIT WASSER REAGIERENDER METALLORGANISCHER FESTER STOFF	III	4.3	SGAN L4DH	423	
3396	MIT WASSER REAGIERENDER METALLORGANISCHER FESTER STOFF, ENTZÜNDBAR	I	4.3 + 4.1	S10AN L10DH	X423	
3396	MIT WASSER REAGIERENDER METALLORGANISCHER FESTER STOFF, ENTZÜNDBAR	II	4.3 + 4.1	SGAN L4DH	423	
3396	MIT WASSER REAGIERENDER METALLORGANISCHER FESTER STOFF, ENTZÜNDBAR	III	4.3 + 4.1	SGAN L4DH	423	
3397	MIT WASSER REAGIERENDER METALLORGANISCHER FESTER STOFF, SELBSTERHITZUNGSFÄHIG	I	4.3 + 4.2	S10AN L10DH	X423	
3397	MIT WASSER REAGIERENDER METALLORGANISCHER FESTER STOFF, SELBSTERHITZUNGSFÄHIG	II	4.3 + 4.2	SGAN L4DH	423	
3397	MIT WASSER REAGIERENDER METALLORGANISCHER FESTER STOFF, SELBSTERHITZUNGSFÄHIG	III	4.3 + 4.2	SGAN L4DH	423	
3398	MIT WASSER REAGIERENDER METALLORGANISCHER FLÜSSIGER STOFF	I	4.3	L10DH	X323	
3398	MIT WASSER REAGIERENDER METALLORGANISCHER FLÜSSIGER STOFF	II	4.3	L4DH	323	
3398	MIT WASSER REAGIERENDER METALLORGANISCHER FLÜSSIGER STOFF	III	4.3	L4DH	323	
3399	MIT WASSER REAGIERENDER METALLORGANISCHER FLÜSSIGER STOFF, ENTZÜNDBAR	I	4.3 + 3	L10DH	X323	8
3399	MIT WASSER REAGIERENDER METALLORGANISCHER FLÜSSIGER STOFF, ENTZÜNDBAR	II	4.3 + 3	L4DH	323	8
3399	MIT WASSER REAGIERENDER METALLORGANISCHER FLÜSSIGER STOFF, ENTZÜNDBAR	III	4.3 + 3	L4DH	323	8
3400	SELBSTERHITZUNGSFÄHIGER METALLORGANISCHER FESTER STOFF	II	4.2	SGAN L4BN	40	
3400	SELBSTERHITZUNGSFÄHIGER METALLORGANISCHER FESTER STOFF	III	4.2	SGAN L4BN	40	
3401	ALKALIMETALLAMALGAM, FEST	I	4.3	L10BN(+)	X423	
3402	ERDALKALIMETALLAMALGAM, FEST	I	4.3	L10BN(+)	X423	

UN-Nummer	Benennung und Beschreibung	Verpackungs-gruppe	Gefahrzettel	Tankcodierung ADR-Tanks	Nummer zur Kenn-zeichnung der Gefahr	Gefährliche Güter, für die § 35 nd 35a GGVSEB gilt (Fahrwegbestimmung)
(1)	(2)	(4)	(5)	(12)	(20)	gem. § 35b GGVSEB lfd. Nr.
3403	KALIUMMETALLLEGIERUNGEN, FEST	I	4.3	L10BN(+)	X423	
3404	KALIUM-NATRIUM-LEGIERUNGEN, FEST	I	4.3	L10BN(+)	X423	
3405	BARIUMCHLORAT, LÖSUNG	II	5.1 + 6.1	L4BN	56	
3405	BARIUMCHLORAT, LÖSUNG	III	5.1 + 6.1	LGBV	56	
3406	BARIUMPERCHLORAT, LÖSUNG	II	5.1 + 6.1	L4BN	56	
3406	BARIUMPERCHLORAT, LÖSUNG	III	5.1 + 6.1	LGBV	56	
3407	CHLORAT UND MAGNESIUMCHLORID, MISCHUNG, LÖSUNG	II	5.1	L4BN	50	
3407	CHLORAT UND MAGNESIUMCHLORID, MISCHUNG, LÖSUNG	III	5.1	LGBV	50	
3408	BLEIPERCHLORAT, LÖSUNG	II	5.1 + 6.1	L4BN	56	
3408	BLEIPERCHLORAT, LÖSUNG	III	5.1 + 6.1	LGBV	56	
3409	CHLORNITROBENZENE, FLÜSSIG	II	6.1	L4BH	60	
3410	4-CHLOR-o-TOLUIDIN-HYDROCHLORID, LÖSUNG	III	6.1	L4BH	60	
3411	beta-NAPHTHYLAMIN, LÖSUNG	II	6.1	L4BH	60	
3411	beta-NAPHTHYLAMIN, LÖSUNG	III	6.1	L4BH	60	
3412	AMEISENSÄURE mit mindestens 10 Masse-%, aber höchstens 85 Masse-% Säure	II	8	L4BN	80	
3412	AMEISENSÄURE mit mindestens 5 Masse-%, aber weniger als 10 Masse-% Säure	III	8	L4BN	80	
3413	KALIUMCYANID. LÖSUNG	I	6.1	L10CH	66	10
3413	KALIUMCYANID. LÖSUNG	II	6.1	L4BH	60	
3413	KALIUMCYANID. LÖSUNG	III	6.1	L4BH	60	
3414	NATRIUMCYANID, LÖSUNG	I	6.1	L10CH	66	10
3414	NATRIUMCYANID, LÖSUNG	II	6.1	L4BH	60	
3414	NATRIUMCYANID, LÖSUNG	III	6.1	L4BH	60	
3415	NATRIUMFLUORID, LÖSUNG	III	6.1	L4BH	60	
3416	CHLORACETOPHENON, FLÜSSIG	II	6.1	L4BH	60	
3417	XYLYLBROMID, FEST	II	6.1	SGAH L4BH	60	
3418	2,4-TOLUYLENDIAMIN, LÖSUNG	III	6.1	L4BH	60	
3419	BORTRIFLUORID-ESSIGSÄURE-KOMPLEX, FEST	II	8	SGAN L4BN	80	
3420	BORTRIFLUORID-PROPIONSÄURE-KOMPLEX, FEST	II	8	SGAN L4BN	80	
3421	KALIUMHYDROGENDIFLUORID, LÖSUNG	II	8 + 6.1	L4DH	86	
3421	KALIUMHYDROGENDIFLUORID, LÖSUNG	III	8 + 6.1	L4DH	86	
3422	KALIUMFLUORID, LÖSUNG	III	6.1	L4BH	60	
3423	TETRAMETHYLAMMONIUMHYDROXID, FEST	II	8	SGAN L4BN	80	
3424	AMMONIUMDINITRO-o-CRESOLAT, LÖSUNG	II	6.1	L4BH	60	
3424	AMMONIUMDINITRO-o-CRESOLAT, LÖSUNG	III	6.1	L4BH	60	
3425	BROMESSIGSÄURE, FEST	II	8	SGAN L4BN	80	
3426	ACRYLAMID, LÖSUNG	III	6.1	L4BH	60	
3427	CHLORBENZYLCHLORIDE, FEST	III	6.1	SGAH L4BH	60	
3428	3-CHLOR-4-METHYLPHENYLISOCYANAT, FEST	II	6.1	SGAH L4BH	60	

UN-Nummer	Benennung und Beschreibung	Verpackungs-gruppe	Gefahrzettel	Tankcodierung ADR-Tanks	Nummer zur Kennzeichnung der Gefahr	Gefährliche Güter, für die § 35 nd 35a GGVSEB gilt (Fahrwegbestimmung)
(1)	(2)	(4)	(5)	(12)	(20)	gem. § 35b GGVSEB lfd. Nr.
3429	CHLORTOLUIDINE, FLÜSSIG	III	6.1	L4BH	60	
3430	XYLENOLE, FLÜSSIG	II	6.1	L4BH	60	
3431	NITROBENZOTRIFLUORIDE, FEST	II	6.1	SGAH L4BH	60	
3432	POLYCHLORIERTE BIPHENYLE, FEST	II	9	S4AH L4BH	90	
3434	NITROCRESOLE, FLÜSSIG	III	6.1	L4BH	60	
3436	HEXAFLUORACETONHYDRAT, FEST	II	6.1	SGAH L4BH	60	
3437	CHLORCRESOLE, FEST	II	6.1	SGAH L4BH	60	
3438	alpha-METHYLBENZYLALKOHOL, FEST	III	6.1	SGAH L4BH	60	
3439	NITRILE, FEST, GIFTIG, N.A.G.	I	6.1	S10AH L10CH	66	
3439	NITRILE, FEST, GIFTIG, N.A.G.	II	6.1	SGAH L4BH	60	
3439	NITRILE, FEST, GIFTIG, N.A.G.	III	6.1	SGAH L4BH	60	
3440	SELENVERBINDUNG, FLÜSSIG, N.A.G.	I	6.1	L10CH	66	10
3440	SELENVERBINDUNG, FLÜSSIG, N.A.G.	II	6.1	L4BH	60	
3440	SELENVERBINDUNG, FLÜSSIG, N.A.G.	III	6.1	L4BH	60	
3441	CHLORDINITROBENZENE, FEST	II	6.1	SGAH L4BH	60	
3442	DICHLORANILINE, FEST	II	6.1	SGAH L4BH	60	
3443	DINITROBENZENE, FEST	II	6.1	SGAH L4BH	60	
3444	NICOTINHYDROCHLORID, FEST	II	6.1	SGAH	60	
3445	NICOTINSULFAT, FEST	II	6.1	SGAH	60	
3446	NITROTOLUENE, FEST	II	6.1	SGAH L4BH	60	
3447	NITROXYLENE, FEST	II	6.1	SGAH L4BH	60	
3448	STOFF ZUR HERSTELLUNG VON TRÄNENGASEN, FEST, N.A.G.	I	6.1	S10AH L10CH	66	
3448	STOFF ZUR HERSTELLUNG VON TRÄNENGASEN, FEST, N.A.G.	II	6.1	SGAH L4BH	60	
3449	BROMBENZYLCYANIDE, FEST	I	6.1	S10AH L10CH	66	
3450	DIPHENYLCHLORARSIN, FEST	I	6.1	S10AH L10CH	66	
3451	TOLUIDINE, FEST	II	6.1	SGAH L4BH	60	
3452	XYLIDINE, FEST	II	6.1	SGAH L4BH	60	
3453	PHOSPHORSÄURE, FEST	III	8	SGAV L4BN	80	
3454	DINITROTOLUENE, FEST	II	6.1	SGAH L4BH	60	
3455	CRESOLE, FEST	II	6.1 + 8	SGAH L4BH	68	
3456	NITROSYLSCHWEFELSÄURE, FEST	II	8	SGAN L4BN	X80	
3457	CHLORNITROTOLUENE, FEST	III	6.1	SGAH L4BH	60	

UN-Nummer	Benennung und Beschreibung	Verpackungs-gruppe	Gefahrzettel	Tankcodierung ADR-Tanks	Nummer zur Kenn-zeichnung der Gefahr	Gefährliche Güter, für die § 35 nd 35a GGVSEB gilt (Fahrwegbestimmung)
(1)	(2)	(4)	(5)	(12)	(20)	gem. § 35b GGVSEB lfd. Nr.
3458	NITROANISOLE, FEST	III	6.1	SGAH L4BH	60	
3459	NITROBROMBENZENE, FEST	III	6.1	SGAH L4BH	60	
3460	N-ETHYL-N-BENZYLTOLUIDINE, FEST	III	6.1	SGAH L4BH	60	
3462	TOXINE, GEWONNEN AUS LEBENDEN ORGANISMEN, FEST, N.A.G.	I	6.1	S10AH L10CH	66	
3462	TOXINE, GEWONNEN AUS LEBENDEN ORGANISMEN, FEST, N.A.G.	II	6.1	SGAH L4BH	60	
3462	TOXINE, GEWONNEN AUS LEBENDEN ORGANISMEN, FEST, N.A.G.	III	6.1	SGAH L4BH	60	
3463	PROPIONSÄURE mit mindestens 90 Masse-% Säure	II	8 + 3	L4BN	83	
3464	ORGANISCHE PHOSPHORVERBINDUNG, FEST, GIFTIG, N.A.G.	I	6.1	S10AH L10CH	66	
3464	ORGANISCHE PHOSPHORVERBINDUNG, FEST, GIFTIG, N.A.G.	II	6.1	SGAH L4BH	60	
3464	ORGANISCHE PHOSPHORVERBINDUNG, FEST, GIFTIG, N.A.G.	III	6.1	SGAH L4BH	60	
3465	ORGANISCHE ARSENVERBINDUNG, FEST, N.A.G.	I	6.1	S10AH L10CH	66	
3465	ORGANISCHE ARSENVERBINDUNG, FEST, N.A.G.	II	6.1	SGAH L4BH	60	
3465	ORGANISCHE ARSENVERBINDUNG, FEST, N.A.G.	III	6.1	SGAH L4BH	60	
3466	METALLCARBONYLE, FEST, N.A.G.	I	6.1	S10AH L10CH	66	
3466	METALLCARBONYLE, FEST, N.A.G.	II	6.1	SGAH L4BH	60	
3466	METALLCARBONYLE, FEST, N.A.G.	III	6.1	SGAH L4BH	60	
3467	METALLORGANISCHE VERBINDUNG, FEST, GIFTIG, N.A.G.	I	6.1	S10AH L10CH	66	
3467	METALLORGANISCHE VERBINDUNG, FEST, GIFTIG, N.A.G.	II	6.1	SGAH L4BH	60	
3467	METALLORGANISCHE VERBINDUNG, FEST, GIFTIG, N.A.G.	III	6.1	SGAH L4BH	60	
3469	FARBE, ENTZÜNDBAR, ÄTZEND (einschließlich Farbe, Lack, Emaille, Beize, Schellack, Firnis, Politur, flüssiger Füllstoff und flüssige Lackgrundlage) oder FARBZUBEHÖRSTOFFE, ENTZÜNDBAR, ÄTZEND (einschließlich Farbverdünnung und -lösemittel)	I	3 + 8	L10CH	338	4
3469	FARBE, ENTZÜNDBAR, ÄTZEND (einschließlich Farbe, Lack, Emaille, Beize, Schellack, Firnis, Politur, flüssiger Füllstoff und flüssige Lack- grundlage) oder FARBZUBEHÖRSTOFFE, ENTZÜNDBAR, ÄTZEND (einschließlich Farbverdünnung und -lösemittel)	II	3 + 8	L4BH	338	4
3469	FARBE, ENTZÜNDBAR, ÄTZEND (einschließlich Farbe, Lack, Emaille, Beize, Schellack, Firnis, Politur, flüssiger Füllstoff und flüssige Lackgrundlage) oder FARBZUBEHÖRSTOFFE, ENTZÜNDBAR, ÄTZEND (einschließlich Farbverdünnung und -lösemittel)	III	3 + 8	L4BN	38	
3470	FARBE, ÄTZEND, ENTZÜNDBAR (einschließlich Farbe, Lack, Emaille, Beize, Schellack, Firnis, Politur, flüssiger Füllstoff und flüssige Lackgrundlage) oder FARBZUBEHÖRSTOFFE, ÄTZEND, ENTZÜNDBAR (einschließlich Farbverdünnung und -lösemittel)	II	8 + 3	L4BN	83	
3471	HYDROGENDIFLUORIDE, LÖSUNG, N.A.G.	II	8 + 6.1	L4DH	86	
3471	HYDROGENDIFLUORIDE, LÖSUNG, N.A.G.	III	8 + 6.1	L4DH	86	
3472	CROTONSÄURE, FLÜSSIG	III	8	L4BN	80	

UN-Nummer	Benennung und Beschreibung	Verpackungs-gruppe	Gefahrzettel	Tankcodierung ADR-Tanks	Nummer zur Kenn-zeichnung der Gefahr	Gefährliche Güter, für die § 35 nd 35a GGVSEB gilt (Fahrwegbestimmung)
(1)	(2)	(4)	(5)	(12)	(20)	gem. § 35b GGVSEB lfd. Nr.
3475	ETHANOL UND BENZIN, GEMISCH oder ETHANOL UND OTTOKRAFTSTOFF, GEMISCH mit mehr als 10 % Ethanol	II	3	LGBF	33	4
3482	ALKALIMETALLDISPERSION, ENTZÜNDBAR oder ERDALKALIMETALLDISPERSION, ENTZÜNDBAR	I	4.3 + 3	L10BN(+)	X323	
3483	ANTIKLOPFMISCHUNG FÜR MOTORKRAFTSTOFF, ENTZÜNDBAR	I	6.1 + 3	L10CH	663	10
3484	HYDRAZIN, WÄSSERIGE LÖSUNG, ENTZÜNDBAR, mit mehr als 37 Masse-% Hydrazin	I	8 + 3 + 6.1	L10BH	886	
3485	CALCIUMHYPOCHLORIT, TROCKEN, ÄTZEND oder CALCIUMHYPOCHLORIT, MISCHUNG, TROCKEN, ÄTZEND mit mehr als 39 % aktivem Chlor (8,8 % aktivem Sauerstoff)	II	5.1 + 8	SGAN	58	
3486	CALCIUMHYPOCHLORIT, MISCHUNG, TROCKEN, ÄTZEND mit mehr als 10 %, aber höchstens 39 % aktivem Chlor	III	5.1 + 8	SGAN	58	
3487	CALCIUMHYPOCHLORIT, HYDRATISIERT, ÄTZEND oder CALCIUMHYPOCHLORIT, HYDRATISIERTE MISCHUNG, ÄTZEND mit mindestens 5,5 %, aber höchstens 16 % Wasser	II	5.1 + 8	SGAN	58	
3487	CALCIUMHYPOCHLORIT, HYDRATISIERT, ÄTZEND oder CALCIUMHYPOCHLORIT, HYDRATISIERTE MISCHUNG, ÄTZEND mit mindestens 5,5 %, aber höchstens 16 % Wasser	III	5.1 + 8	SGAN	58	
3488	BEIM EINATMEN GIFTIGER FLÜSSIGER STOFF, ENTZÜNDBAR, ÄTZEND, N.A.G., mit einem LC_{50}-Wert von höchstens 200 ml/m^3 und einer gesättigten Dampfkonzentration von mindestens 500 LC_{50}	I	6.1 + 3 + 8	L15CH	663	G10
3489	BEIM EINATMEN GIFTIGER FLÜSSIGER STOFF, ENTZÜNDBAR, ÄTZEND, N.A.G., mit einem LC_{50}-Wert von höchstens 1 000 ml/m^3 und einer gesättigten Dampfkonzentration von mindestens 10 LC_{50}	I	6.1 + 3 + 8	L10CH	663	G10
3490	BEIM EINATMEN GIFTIGER FLÜSSIGER STOFF, MIT WASSER REAGIEREND, ENTZÜNDBAR, N.A.G., mit einem LC_{50}-Wert von höchstens 200 ml/m^3 und einer gesättigten Dampfkonzentration von mindestens 500 LC_{50}	I	6.1 + 3 + 4.3	L15CH	623	G10
3491	BEIM EINATMEN GIFTIGER FLÜSSIGER STOFF, MIT WASSER REAGIEREND, ENTZÜNDBAR, N.A.G., mit einem LC_{50}-Wert von höchstens 1 000 ml/m^3 und einer gesättigten Dampfkonzentration von mindestens 10 LC_{50}	I	6.1 + 3 + 4.3	L10CH	623	G10
3494	SCHWEFELREICHES ROHERDÖL, ENTZÜNDBAR, GIFTIG	I	3 + 6.1	L10CH	336	G4
3494	SCHWEFELREICHES ROHERDÖL, ENTZÜNDBAR, GIFTIG	II	3 + 6.1	L4BH	336	G4
3494	SCHWEFELREICHES ROHERDÖL, ENTZÜNDBAR, GIFTIG	III	3 + 6.1	L4BH	36	
3495	IOD	III	8 + 6.1	SGAV L4BN	86	
3497	KRILLMEHL	II	4.2	SGAN	40	
3497	KRILLMEHL	III	4.2	SGAV	40	
3498	IODMONOCHLORID, FLÜSSIG	II	8	L4BN	80	
3531	POLYMERISIERENDER STOFF, FEST, STABILISIERT, N.A.G.	III	4.1	SGAN(+)	40	
3532	POLYMERISIERENDER STOFF, FLÜSSIG, STABILISIERT, N.A.G.	III	4.1	L4BN(+)	40	
3533	POLYMERISIERENDER STOFF, FEST, TEMPERATURKONTROLLIERT, N.A.G.	III	4.1	SGAN(+)	40	
3534	POLYMERISIERENDER STOFF, FLÜSSIG, TEMPERATURKONTROLLIERT, N.A.G.	III	4.1	L4BN(+)	40	
3535	GIFTIGER ANORGANISCHER FESTER STOFF, ENTZÜNDBAR, N.A.G.	II	6.1 + 4.1	SGAH	64	

Anhang 5

Verzeichnis der Gase und Gasgemische, die in festverbundenen Tanks (Tankfahrzeugen), Batterie-Fahrzeugen, Aufsetztanks, Tankcontainern oder MEGC befördert werden dürfen

Verzeichnis der Gase und Gasgemische, die in festverbundenen Tanks (Tankfahrzeugen), Batterie-Fahrzeugen, Aufsetztanks, Tankcontainern oder MEGC befördert werden dürfen, unter Angabe des minimalen Prüfdrucks des Tanks sowie gegebenenfalls des Füllungsgrads

Bei Gasen und Gasgemischen, die einer n.a.g.-Eintragung zugeordnet sind, sind die Werte für den Prüfdruck und den Füllungsgrad durch den von der zuständigen Behörde anerkannten Sachverständigen festzulegen.

Wenn Tanks für verdichtete oder unter hohem Druck verflüssigte Gase einem niedrigeren Prüfdruck als dem im Verzeichnis angegebenen ausgesetzt werden und die Tanks mit einer Wärmeisolierung versehen sind, darf durch den von der zuständigen Behörde anerkannten Sachverständigen eine niedrigere maximale Masse festgelegt werden, vorausgesetzt, der Druck des Stoffes im Tank bei 55 °C übersteigt nicht den auf dem Tank eingeprägten Prüfdruck.

UN-Nr.	Benennung des Stoffes	Klassifizierungscode	Mindestprüfdruck für Tanks				höchstzulässige Masse der Füllung je Liter Fassungsraum
			mit Wärmeisolierung		ohne Wärmeisolierung		
			MPa	bar	MPa	bar	kg
1001	ACETYLEN, GELÖST	4 F	nur in Batterie-Fahrzeugen und MEGC, deren Elemente aus Gefäßen bestehen				
1002	LUFT, VERDICHTET (DRUCKLUFT)	1 A	siehe Absatz 4.3.3.2.1				
1003	LUFT, TIEFGEKÜHLT, FLÜSSIG	3 O	siehe Absatz 4.3.3.2.4				
1005	AMMONIAK, WASSERFREI	2 TC	2,6	26	2,9	29	0,53
1006	ARGON, VERDICHTET	1 A	siehe Absatz 4.3.3.2.1				
1008	BORTRIFLUORID	2 TC	22,5	225	22,5	225	0,715
			30	300	30	300	0,86
1009	BROMTRIFLUORMETHAN	2 A	12	120			1,50
	(GAS ALS KÄLTEMITTEL R 13B1)				4,2	42	1,13
					12	120	1,44
					25	250	1,60
1010	BUTADIENE, STABILISIERT (Buta-1,2-dien) oder	2 F	1	10	1	10	0,59
1010	BUTADIENE, STABILISIERT (Buta-1,3-dien) oder		1	10	1	10	0,55
1010	BUTADIENE UND KOHLENWASSERSTOFFE, GEMISCH, STABILISIERT		1	10	1	10	0,50
1011	BUTAN	2 F	1	10	1	10	0,51
1012	BUTENE, GEMISCH, oder	2 F	1	10	1	10	0,50
1012	BUT-1-EN oder		1	10	1	10	0,53
1012	cis-BUT-2-EN oder		1	10	1	10	0,55
1012	trans-BUT-2-EN		1	10	1	10	0,54
1013	KOHLENDIOXID	2 A	19	190			0,73
			22,5	225			0,78
					19	190	0,66
					25	250	0,75
1016	KOHLENMONOXID, VERDICHTET	1 TF	siehe Absatz 4.3.3.2.1				
1017	CHLOR	2 TOC	1,7	17	1,9	19	1,25
1018	CHLORDIFLUORMETHAN (GAS ALS KÄLTEMITTEL R 22)	2 A	2,4	24	2,6	26	1,03
1020	CHLORPENTAFLUORETHAN (GAS ALS KÄLTEMITTEL R 115)	2 A	2	20	2,3	23	1,08
1021	1-CHLOR-1,2,2,2-TETRAFLUORETHAN (GAS ALS KÄLTEMITTEL R 124)	2 A	1	10	1,1	11	1,20
1022	CHLORTRIFLUORMETHAN	2 A	12	120			0,96
	(GAS ALS KÄLTEMITTEL R 13)		22,5	225			1,12
					10	100	0,83
					12	120	0,90
					19	190	1,04
					25	250	1,10
1023	STADTGAS, VERDICHTET	1 TF	siehe Absatz 4.3.3.2.1				

UN-Nr.	Benennung des Stoffes	Klassifizierungscode	Mindestprüfdruck für Tanks mit Wärmeisolierung		Mindestprüfdruck für Tanks ohne Wärmeisolierung		höchstzulässige Masse der Füllung je Liter Fassungsraum
			MPa	bar	MPa	bar	kg
1026	DICYAN	2 TF	10	100	10	100	0,70
1027	CYCLOPROPAN	2 TF	1,6	16	1,8	18	0,53
1028	DICHLORDIFLUORMETHAN (GAS ALS KÄLTEMITTEL R 12)	2 A	1,5	15	1,6	16	1,15
1029	DICHLORMONOFLUORMETHAN (GAS ALS KÄLTEMITTEL R 21)	2 A	1	10	1	10	1,23
1030	1,1-DIFLUORETHAN (GAS ALS KÄLTEMITTEL R 152a)	2 F	1,4	14	1,6	16	0,79
1032	DIMETHYLAMIN, WASSERFREI	2 F	1	10	1	10	0,59
1033	DIMETHYLETHER	2 F	1,4	14	1,6	16	0,58
1035	ETHAN	2 F	12	120	 9,5 12 30	 95 120 300	0,32 0,25 0,29 0,39
1036	ETHYLAMIN	2 F	1	10	1	10	0,61
1037	ETHYLCHLORID	2 F	1	10	1	10	0,80
1038	ETHYLEN, TIEFGEKÜHLT, FLÜSSIG	3 F	siehe Absatz 4.3.3.2.4				
1039	ETHYLMETHYLETHER	2 F	1	10	1	10	0,64
1040	ETHYLENOXID MIT STICKSTOFF bis zu einem höchstzulässigen Gesamtdruck von 1 MPa (10 bar) bei 50 °C	2 TF	1,5	15	1,5	15	0,78
1041	ETHYLENOXID UND KOHLENDIOXID, GEMISCH mit mehr als 9 %, aber höchstens 87 % Ethylenoxid	2 F	2,4	24	2,6	26	0,73
1046	HELIUM, VERDICHTET	1 A	siehe Absatz 4.3.3.2.1				
1048	BROMWASSERSTOFF, WASSERFREI	2 TC	5	50	5,5	55	1,54
1049	WASSERSTOFF, VERDICHTET	1 F	siehe Absatz 4.3.3.2.1				
1050	CHLORWASSERSTOFF, WASSERFREI	2 TC	12	120	 10 12 15 20	 100 120 150 200	0,69 0,30 0,56 0,67 0,74
1053	SCHWEFELWASSERSTOFF	2 TF	4,5	45	5	50	0,67
1055	ISOBUTEN	2 F	1	10	1	10	0,52
1056	KRYPTON, VERDICHTET	1 A	siehe Absatz 4.3.3.2.1				
1058	VERFLÜSSIGTE GASE, nicht entzündbar, überlagert mit Stickstoff, Kohlendioxid oder Luft	2 A	1,5 x Füllungsdruck siehe Absatz 4.3.3.2.2 oder 4.3.3.2.3				
1060	METHYLACETYLEN UND PROPADIEN, GEMISCH, STABILISIERT Gemisch P 1 Gemisch P 2 Propadien mit 1 % bis 4 % Methylacetylen	2 F	siehe Absatz 4.3.3.2.2 oder 4.3.3.2.3 2,5 2,2 2,2	 25 22 22	 2,8 2,3 2,2	 28 23 22	 0,49 0,47 0,50
1061	METHYLAMIN, WASSERFREI	2 F	1	10	1,1	11	0,58
1062	METHYLBROMID mit höchstens 2 % Chlorpikrin	2 T	1	10	1	10	1,51
1063	METHYLCHLORID (GAS ALS KÄLTEMITTEL R 40)	2 F	1,3	13	1,5	15	0,81
1064	METHYLMERCAPTAN	2 TF	1	10	1	10	0,78
1065	NEON, VERDICHTET	1 A	siehe Absatz 4.3.3.2.1				
1066	STICKSTOFF, VERDICHTET	1 A	siehe Absatz 4.3.3.2.1				
1067	DISTICKSTOFFTETROXID (STICKSTOFFDIOXID)	2 TOC	nur in Batterie-Fahrzeugen und MEGC, deren Elemente aus Gefäßen bestehen				
1070	DISTICKSTOFFMONOXID	2 O	22,5	225	 18 22,5 25	 180 225 250	0,78 0,68 0,74 0,75
1071	ÖLGAS, VERDICHTET	1 TF	siehe Absatz 4.3.3.2.1				
1072	SAUERSTOFF, VERDICHTET	1 O	siehe Absatz 4.3.3.2.1				
1073	SAUERSTOFF, TIEFGEKÜHLT, FLÜSSIG	3 O	siehe Absatz 4.3.3.2.4				
1075	PETROLEUMGASE, VERFLÜSSIGT	2 F	siehe Absatz 4.3.3.2.2 oder 4.3.3.2.3				

UN-Nr.	Benennung des Stoffes	Klassifizierungscode	Mindestprüfdruck für Tanks mit Wärmeisolierung MPa	mit Wärmeisolierung bar	ohne Wärmeisolierung MPa	ohne Wärmeisolierung bar	höchstzulässige Masse der Füllung je Liter Fassungsraum kg
1076	PHOSGEN	2 TC	nur in Batterie-Fahrzeugen und MEGC, deren Elemente aus Gefäßen bestehen				
1077	PROPEN	2 F	2,5	25	2,7	27	0,43
1078	GAS ALS KÄLTEMITTEL, N.A.G., wie Gemisch F 1 Gemisch F 2 Gemisch F 3 andere Gemische	2 A	 1 1,5 2,4 siehe Absatz 4.3.3.2.2 oder 4.3.3.2.3	 10 15 24	 1,1 1,6 2,7	 11 16 27	 1,23 1,15 1,03
1079	SCHWEFELDIOXID	2 TC	1	10	1,2	12	1,23
1080	SCHWEFELHEXAFLUORID	2 A	12	120	 7 14 16	 70 140 160	1,34 1,04 1,33 1,37
1081	TETRAFLUORETHYLEN, STABILISIERT	2 F	nur in Batterie-Fahrzeugen und MEGC, deren Elemente aus nahtlosen Gefäßen bestehen				
1082	CHLORTRIFLUORETHYLEN, STABILISIERT (GAS ALS KÄLTEMITTEL R 1113)	2 TF	1,5	15	1,7	17	1,13
1083	TRIMETHYLAMIN, WASSERFREI	2 F	1	10	1	10	0,56
1085	VINYLBROMID, STABILISIERT	2 F	1	10	1	10	1,37
1086	VINYLCHLORID, STABILISIERT	2 F	1	10	1,1	11	0,81
1087	VINYLMETHYLETHER, STABILISIERT	2 F	1	10	1	10	0,67
1581	CHLORPIKRIN UND METHYLBROMID, GEMISCH mit mehr als 2 % Chlorpikrin	2 T	1	10	1	10	1,51
1582	CHLORPIKRIN UND METHYLCHLORID, GEMISCH	2 T	1,3	13	1,5	15	0,81
1612	HEXAETHYLTETRAPHOSPHAT UND VERDICHTETES GAS, GEMISCH	1 T	siehe Absatz 4.3.3.2.1				
1749	CHLORTRIFLUORID	2 TOC	3	30	3	30	1,40
1858	HEXAFLUORPROPYLEN (GAS ALS KÄLTEMITTEL R 1216)	2 A	1,7	17	1,9	19	1,11
1859	SILICIUMTETRAFLUORID	2 TC	20 30	200 300	20 30	200 300	0,74 1,10
1860	VINYLFLUORID, STABILISIERT	2 F	12 22,5	120 225	 25	 250	0,58 0,65 0,64
1912	METHYLCHLORID UND DICHLORMETHAN, GEMISCH	2 F	1,3	13	1,5	15	0,81
1913	NEON, TIEFGEKÜHLT, FLÜSSIG	3 A	siehe Absatz 4.3.3.2.4				
1951	ARGON, TIEFGEKÜHLT, FLÜSSIG	3 A	siehe Absatz 4.3.3.2.4				
1952	ETHYLENOXID UND KOHLENDIOXID, GEMISCH mit höchstens 9 % Ethylenoxid	2 A	19 25	190 250	19 25	190 250	0,66 0,75
1953	VERDICHTETES GAS, GIFTIG, ENTZÜNDBAR, N.A.G. [a)]	1 TF	siehe Absatz 4.3.3.2.1 oder 4.3.3.2.2				
1954	VERDICHTETES GAS, ENTZÜNDBAR, N.A.G.	1 F	siehe Absatz 4.3.3.2.1 oder 4.3.3.2.2				
1955	VERDICHTETES GAS, GIFTIG, N.A.G. [a)]	1 T	siehe Absatz 4.3.3.2.1 oder 4.3.3.2.2				
1956	VERDICHTETES GAS, N.A.G.	1 A	siehe Absatz 4.3.3.2.1 oder 4.3.3.2.2				
1957	DEUTERIUM, VERDICHTET	1 F	siehe Absatz 4.3.3.2.1				
1958	1,2-DICHLOR-1,1,2,2-TETRAFLUORETHAN (GAS ALS KÄLTEMITTEL R 114)	2 A	1	10	1	10	1,30
1959	1,1-DIFLUORETHYLEN (GAS ALS KÄLTEMITTEL R 1132a)	2 F	12 22,5	120 225	 25	 250	0,66 0,78 0,77
1961	ETHAN, TIEFGEKÜHLT, FLÜSSIG	3 F	siehe Absatz 4.3.3.2.4				
1962	ETHYLEN	2 F	12 22,5	120 225	 22,5 30	 225 300	0,25 0,36 0,34 0,37
1963	HELIUM, TIEFGEKÜHLT, FLÜSSIG	3 A	siehe Absatz 4.3.3.2.4				
1964	KOHLENWASSERSTOFFGAS, GEMISCH, VERDICHTET, N.A.G.	1 F	siehe Absatz 4.3.3.2.1 oder 4.3.3.2.2				

UN-Nr.	Benennung des Stoffes	Klassifizierungscode	Mindestprüfdruck für Tanks mit Wärmeisolierung MPa	mit Wärmeisolierung bar	ohne Wärmeisolierung MPa	ohne Wärmeisolierung bar	höchstzulässige Masse der Füllung je Liter Fassungsraum kg
1965	KOHLENWASSERSTOFFGAS, GEMISCH, VERFLÜSSIGT, N.A.G., wie	2 F					
	Gemisch A		1	10	1	10	0,50
	Gemisch A 01		1,2	12	1,4	14	0,49
	Gemisch A 02		1,2	12	1,4	14	0,48
	Gemisch A 0		1,2	12	1,4	14	0,47
	Gemisch A 1		1,6	16	1,8	18	0,46
	Gemisch B 1		2	20	2,3	23	0,45
	Gemisch B 2		2	20	2,3	23	0,44
	Gemisch B		2	20	2,3	23	0,43
	Gemisch C		2,5	25	2,7	27	0,42
	andere Gemische		siehe Absatz 4.3.3.2.2 oder 4.3.3.2.3				
1966	WASSERSTOFF, TIEFGEKÜHLT, FLÜSSIG	3 F	siehe Absatz 4.3.3.2.4				
1967	INSEKTENBEKÄMPFUNGSMITTEL, GASFÖRMIG, GIFTIG, N.A.G. [a)]	2 T	siehe Absatz 4.3.3.2.2 oder 4.3.3.2.3				
1968	INSEKTENBEKÄMPFUNGSMITTEL, GASFÖRMIG, N.A.G.	2 A	siehe Absatz 4.3.3.2.2 oder 4.3.3.2.3				
1969	ISOBUTAN	2 F	1	10	1	10	0,49
1970	KRYPTON, TIEFGEKÜHLT, FLÜSSIG	3 A	siehe Absatz 4.3.3.2.4				
1971 1971	METHAN, VERDICHTET, oder ERDGAS, VERDICHTET, mit hohem Methangehalt	1 F	siehe Absatz 4.3.3.2.1				
1972 1972	METHAN, TIEFGEKÜHLT, FLÜSSIG, oder ERDGAS, TIEFGEKÜHLT, FLÜSSIG, mit hohem Methangehalt	3 F	siehe Absatz 4.3.3.2.4				
1973	CHLORDIFLUORMETHAN UND CHLORPENTAFLUORETHAN, GEMISCH mit einem konstanten Siedepunkt, mit ca. 49 % Chlordifluormethan (GAS ALS KÄLTEMITTEL R 502)	2 A	2,5	25	2,8	28	1,05
1974	BROMCHLORDIFLUORMETHAN (GAS ALS KÄLTEMITTEL R 12B1)	2 A	1	10	1	10	1,61
1976	OCTAFLUORCYCLOBUTAN (GAS ALS KÄLTEMITTEL RC 318)	2 A	1	10	1	10	1,34
1977	STICKSTOFF, TIEFGEKÜHLT, FLÜSSIG	3 A	siehe Absatz 4.3.3.2.4				
1978	PROPAN	2 F	2,1	21	2,3	23	0,42
1982	TETRAFLUORMETHAN (GAS ALS KÄLTEMITTEL R 14)	2 A	20 30	200 300	20 30	200 300	0,62 0,94
1983	1-CHLOR-2,2,2-TRIFLUORETHAN (GAS ALS KÄLTEMITTEL R 133a)	2 A	1	10	1	10	1,18
1984	TRIFLUORMETHAN (GAS ALS KÄLTEMITTEL R 23)	2 A	19 25	190 250			0,92 0,99
					19 25	190 250	0,87 0,95
2034	WASSERSTOFF UND METHAN, GEMISCH, VERDICHTET	1 F	siehe Absatz 4.3.3.2.1				
2035	1,1,1-TRIFLUORETHAN (GAS ALS KÄLTEMITTEL R 143a)	2 F	2,8	28	3,2	32	0,79
2036	XENON	2 A	12	120			1,30
					13	130	1,24
2044	2,2-DIMETHYLPROPAN	2 F	1	10	1	10	0,53
2073	AMMONIAKLÖSUNG in Wasser, relative Dichte kleiner als 0,880 bei 15 °C	4 A					
	mit mehr als 35 %, aber höchstens 40 % Ammoniak		1	10	1	10	0,80
	mit mehr als 40 %, aber höchstens 50 % Ammoniak		1,2	12	1,2	12	0,77
2187	KOHLENDIOXID, TIEFGEKÜHLT, FLÜSSIG	3 A	siehe Absatz 4.3.3.2.4				
2189	DICHLORSILAN	2 TFC	1	10	1	10	0,90

UN-Nr.	Benennung des Stoffes	Klassifizierungscode	Mindestprüfdruck für Tanks				höchstzulässige Masse der Füllung je Liter Fassungsraum
			mit Wärmeisolierung		ohne Wärmeisolierung		
			MPa	bar	MPa	bar	kg
2191	SULFURYLFLUORID	2 T	5	50	5	50	1,10
2193	HEXAFLUORETHAN (GAS ALS KÄLTEMITTEL R 116)	2 A	16 20	160 200	 20	 200	1,28 1,34 1,10
2197	IODWASSERSTOFF, WASSERFREI	2 TC	1,9	19	2,1	21	2,25
2200	PROPADIEN, STABILISIERT	2 F	1,8	18	2	20	0,50
2201	DISTICKSTOFFMONOXID, TIEFGEKÜHLT, FLÜSSIG	3 O	siehe Absatz 4.3.3.2.4				
2203	SILICIUMWASSERSTOFF (SILAN) [b)]	2 F	22,5 25	225 250	22,5 25	225 250	0,32 0,41
2204	CARBONYLSULFID	2 TF	2,7	27	3	30	0,84
2417	CARBONYLFLUORID	2 TC	20 30	200 300	20 30	200 300	0,47 0,70
2419	BROMTRIFLUORETHYLEN	2 F	1	10	1	10	1,19
2420	HEXAFLUORACETON	2 TC	1,6	16	1,8	18	1,08
2422	OCTAFLUORBUT-2-EN (GAS ALS KÄLTEMITTEL R 1318)	2 A	1	10	1	10	1,34
2424	OCTAFLUORPROPAN (GAS ALS KÄLTEMITTEL R 218)	2 A	2,1	21	2,3	23	1,07
2451	STICKSTOFFTRIFLUORID	2 O	20 30	200 300	20 30	200 300	0,50 0,75
2452	ETHYLACETYLEN, STABILISIERT	2 F	1	10	1	10	0,57
2453	ETHYLFLUORID (GAS ALS KÄLTEMITTEL R 161)	2 F	2,1	21	2,5	25	0,57
2454	METHYLFLUORID (GAS ALS KÄLTEMITTEL R 41)	2 F	30	300	30	300	0,36
2517	1-CHLOR-1,1-DIFLUORETHAN (GAS ALS KÄLTEMITTEL R 142b)	2 F	1	10	1	10	0,99
2591	XENON, TIEFGEKÜHLT, FLÜSSIG	3 A	siehe Absatz 4.3.3.2.4				
2599	CHLORTRIFLUORMETHAN UND TRIFLUORMETHAN, AZEOTROPES GEMISCH mit ca. 60 % Chlortrifluormethan (GAS ALS KÄLTEMITTEL R 503)	2 A	3,1 4,2 10	31 42 100	3,1 4,2 10	31 42 100	0,11 0,21 0,76 0,20 0,66
2601	CYCLOBUTAN	2 F	1	10	1	10	0,63
2602	DICHLORDIFLUORMETHAN UND 1,1-DIFLUORETHAN, AZEOTROPES GEMISCH mit ca. 74 % Dichlordifluormethan (GAS ALS KÄLTEMITTEL R 500)	2 A	1,8	18	2	20	1,01
2901	BROMCHLORID	2 TOC	1	10	1	10	1,50
3057	TRIFLUORACETYLCHLORID	2 TC	1,3	13	1,5	15	1,17
3070	ETHYLENOXID UND DICHLORDIFLUORMETHAN, GEMISCH mit höchstens 12,5 % Ethylenoxid	2 A	1,5	15	1,6	16	1,09
3083	PERCHLORYLFLUORID	2 TO	2,7	27	3	30	1,21
3136	TRIFLUORMETHAN, TIEFGEKÜHLT, FLÜSSIG	3 A	siehe Absatz 4.3.3.2.4				
3138	ETHYLEN, ACETYLEN UND PROPYLEN, GEMISCH, TIEFGEKÜHLT, FLÜSSIG, mit mindestens 71,5 % Ethylen, höchstens 22,5 % Acetylen und höchstens 6 % Propylen	3 F	siehe Absatz 4.3.3.2.4				
3153	PERFLUOR(METHYL-VINYL-ETHER)	2 F	1,4	14	1,5	15	1,14
3154	PERFLUOR(ETHYL-VINYL-ETHER)	2 F	1	10	1	10	0,98
3156	VERDICHTETES GAS, OXIDIEREND, N.A.G.	1 O	siehe Absatz 4.3.3.2.1 oder 4.3.3.2.2				
3157	VERFLÜSSIGTES GAS, OXIDIEREND, N.A.G.	2 O	siehe Absatz 4.3.3.2.2 oder 4.3.3.2.3				
3158	GAS, TIEFGEKÜHLT, FLÜSSIG, N.A.G.	3 A	siehe Absatz 4.3.3.2.4				
3159	1,1,1,2-TETRAFLUORETHAN (GAS ALS KÄLTEMITTEL R 134a)	2 A	1,6	16	1,8	18	1,04

UN-Nr.	Benennung des Stoffes	Klassifizierungscode	Mindestprüfdruck für Tanks mit Wärmeisolierung		Mindestprüfdruck für Tanks ohne Wärmeisolierung		höchstzulässige Masse der Füllung je Liter Fassungsraum
			MPa	bar	MPa	bar	kg
3160	VERFLÜSSIGTES GAS, GIFTIG, ENTZÜNDBAR, N.A.G. [a)]	2 TF	siehe Absatz 4.3.3.2.2 oder 4.3.3.2.3				
3161	VERFLÜSSIGTES GAS, ENTZÜNDBAR, N.A.G.	2 F	siehe Absatz 4.3.3.2.2 oder 4.3.3.2.3				
3162	VERFLÜSSIGTES GAS, GIFTIG, N.A.G. [a)]	2 T	siehe Absatz 4.3.3.2.2 oder 4.3.3.2.3				
3163	VERFLÜSSIGTES GAS, N.A.G.	2 A	siehe Absatz 4.3.3.2.2 oder 4.3.3.2.3				
3220	PENTAFLUORETHAN (GAS ALS KÄLTEMITTEL R 125)	2 A	4,1	41	4,9	49	0,95
3252	DIFLUORMETHAN (GAS ALS KÄLTEMITTEL R 32)	2 F	3,9	39	4,3	43	0,78
3296	HEPTAFLUORPROPAN (GAS ALS KÄLTEMITTEL R 227)	2 A	1,4	14	1,6	16	1,20
3297	ETHYLENOXID UND CHLORTETRAFLUORETHAN, GEMISCH mit höchstens 8,8 % Ethylenoxid	2 A	1	10	1	10	1,16
3298	ETHYLENOXID UND PENTAFLUORETHAN, GEMISCH mit höchstens 7,9 % Ethylenoxid	2 A	2,4	24	2,6	26	1,02
3299	ETHYLENOXID UND TETRAFLUORETHAN, GEMISCH mit höchstens 5,6 % Ethylenoxid	2 A	1,5	15	1,7	17	1,03
3300	ETHYLENOXID UND KOHLENDIOXID, GEMISCH mit mehr als 87 % Ethylenoxid	2 TF	2,8	28	2,8	28	0,73
3303	VERDICHTETES GAS, GIFTIG, OXIDIEREND, N.A.G. [a)]	1 TO	siehe Absatz 4.3.3.2.1 oder 4.3.3.2.2				
3304	VERDICHTETES GAS, GIFTIG, ÄTZEND, N.A.G. [a)]	1 TC	siehe Absatz 4.3.3.2.1 oder 4.3.3.2.2				
3305	VERDICHTETES GAS, GIFTIG, ENTZÜNDBAR, ÄTZEND, N.A.G. [a)]	1 TFC	siehe Absatz 4.3.3.2.1 oder 4.3.3.2.2				
3306	VERDICHTETES GAS, GIFTIG, OXIDIEREND, ÄTZEND, N.A.G. [a)]	1 TOC	siehe Absatz 4.3.3.2.1 oder 4.3.3.2.2				
3307	VERFLÜSSIGTES GAS, GIFTIG, OXIDIEREND, N.A.G. [a)]	2 TO	siehe Absatz 4.3.3.2.2 oder 4.3.3.2.3				
3308	VERFLÜSSIGTES GAS, GIFTIG, ÄTZEND, N.A.G. [a)]	2 TC	siehe Absatz 4.3.3.2.2 oder 4.3.3.2.3				
3309	VERFLÜSSIGTES GAS, GIFTIG, ENTZÜNDBAR, ÄTZEND, N.A.G. [a)]	2 TFC	siehe Absatz 4.3.3.2.2 oder 4.3.3.2.3				
3310	VERFLÜSSIGTES GAS, GIFTIG, OXIDIEREND, ÄTZEND, N.A.G. [a)]	2 TOC	siehe Absatz 4.3.3.2.2 oder 4.3.3.2.3				
3311	GAS, TIEFGEKÜHLT, FLÜSSIG, OXIDIEREND, N.A.G.	3 O	siehe Absatz 4.3.3.2.4				
3312	GAS, TIEFGEKÜHLT, FLÜSSIG, ENTZÜNDBAR, N.A.G.	3 F	siehe Absatz 4.3.3.2.4				
3318	AMMONIAKLÖSUNG in Wasser, relative Dichte kleiner als 0,880 bei 15 °C mit mehr als 50 % Ammoniak	4 TC	siehe Absatz 4.3.3.2.2				
3337	GAS ALS KÄLTEMITTEL R 404A	2 A	2,9	29	3,2	32	0,84
3338	GAS ALS KÄLTEMITTEL R 407A	2 A	2,8	28	3,2	32	0,95
3339	GAS ALS KÄLTEMITTEL R 407B	2 A	3	30	3,3	33	0,95
3340	GAS ALS KÄLTEMITTEL R 407C	2 A	2,7	27	3	30	0,95
3354	INSEKTENBEKÄMPFUNGSMITTEL, GASFÖRMIG, ENTZÜNDBAR, N.A.G.	2 F	siehe Absätze 4.3.3.2.2 oder 4.3.3.2.3				
3355	INSEKTENBEKÄMPFUNGSMITTEL, GASFÖRMIG, GIFTIG, ENTZÜNDBAR, N.A.G. [a)]	2 TF	siehe Absätze 4.3.3.2.2 oder 4.3.3.2.3				

a) zugelassen mit einem LC50-Wert von 200 ppm oder darüber
b) gilt als selbstentzündlich (pyrophor).

Anhang 6

Checklisten
Gefahrgut

Kontrolle der Fahrzeugführer
vor Fahrtantritt

Fahrzeugkontrolle
Tankfahrzeuge gemäß 7.5 ADR

Kontrolle vor dem
Befüllen von Tanks

Kontrolle
der Dokumentation

Checkliste Gefahrgut

Kontrolle der Fahrzeugführer vor Fahrtantritt

Allgemeine Angaben

1. Name des Fahrers: ______________________________

2. Ort der Kontrolle: ____________________ 3. Datum der Kontrolle: ____________________

4. Amtl. Kenzeichen 5. Nutzlast (kg) 6. Zulassungsbescheinigung

____________ Lkw/Tkw/Sattel-Zugm. ____________ Gültig bis: ____________

____________ Tank-/Sattelauflieger/Anh ____________ Gültig bis: ____________

7. Ladungsgewicht Lkw, Anh (SAnh) : ____________ / ____________

8. Werden für die Beförderung Freistellungen genutzt *):
1.1.3.6 ADR (Höchstzulässige Gesamtmenge je Beförderungseinheit) ☐
3.4 ADR (Begrenzte Mengen) ☐ 3.5 ADR (Freigestellte Mengen) ☐
1.5.1 ADR (Multilaterale Vereinbarungen) ☐ Sonstige ☐

____

Nr.	Fahrzeugausrüstung und -beschaffenheit	ja	nein**)	entfällt
9.	Wurde geprüft, dass das Fahrzeug nicht überladen ist? ***)	☐	☐	
10.	Sind Fahrzeug und Laderaum frei von Mängeln?	☐	☐	
11.	Wurde geprüft, ob es Trenngebote für die Ladung gibt und sind diese eingehalten?	☐	☐	☐
12.	Ist das Fahrzeug/der Container richtig gekennzeichnet [orangefarbene Tafeln, Großzettel (Placard), Kennzeichen für Versandstücke, die begrenzte Mengen enthalten?	☐	☐	☐
13.	Sind die Verpackungen unbeschädigt, mängelfrei, vorschriftsmäßig gekennzeichnet, bezettelt bzw. werden die Bedingungen für lose Schüttung eingehalten?	☐	☐	☐
14.	Ist der Container frei von Beschädigungen?	☐	☐	☐
15.	Sind Umverpackungen als solche beschriftet und außen alle Kennzeichnungen und Bezettelungen wiederholt worden, sofern nicht erkennbar?	☐	☐	☐
16.	Sind orangefarbene Tafeln und Großzettel so fest angebracht, dass sie nicht aus ihren Halterungen herausrutschen können?	☐	☐	☐
17.	Wurden die Versandstücke richtig verladen, die Ladung gesichert?	☐	☐	
18.	Ist die Beförderungseinheit mit den vorgeschriebenen Feuerlöschern ausgerüstet?	☐	☐	
19.	Ist die Gefahrgutausrüstung (U-Keil, Warnzeichen, Handlampe, Warnkleidung und ggf. Atemschutz) vorhanden und einsatzfähig?	☐	☐	☐
20.	Schutzausrüstung gemäß der schriftlichen Weisungen vorhanden?	☐	☐	☐
21.	Erste-Hilfe-Ausrüstung (nach StVZO) vorhanden?	☐	☐	
22.	Darf das Gut im Tank, in loser Schüttung oder im Fahrzeug befördert werden?	☐	☐	☐
23.	Wurde geprüft, ob im Tank die min. oder max. Füllgrade eingehalten wurden?	☐	☐	☐
24.	Sind die Tanks außen frei von gefährlichen Füllgutresten?	☐	☐	☐
25.	Wurde die Dichtheit der Verschlusseinrichtungen an den Tanks kontrolliert?	☐	☐	☐
26.	Wurde die Verbindungsleitung (Tankschlauch) zwischen den Fahrzeugen entleert?	☐	☐	☐
	Fahrerausstattung und -information			
27.	Wurde die Sendung als Gefahrgutsendung deklariert und angekündigt?	☐	☐	☐
28.	Ist eine Fahrwegbestimmung nach § 35–35c GGBSEB vorhanden?	☐	☐	☐
29.	Sind mögliche Tunnelkategorien vor Fahrtantritt berücksichtigt worden?	☐	☐	☐
30.	Ist für die Sendung eine Ausnahmezulassung, ADR-Vereinbarung oder ein Container-/Fahrzeug-Packzertifikat vorhanden?	☐	☐	☐
31.	Ist die Zulassungsbescheinigung (Besch. des Aufsetztanks) noch gültig?	☐	☐	☐
32.	Ist die ADR-Schulungsbescheinigung noch gültig?	☐	☐	☐
33.	Sind die schriftlichen Weisungen in einer für den Fahrzeugführer verständlichen Sprache vorhanden?	☐	☐	☐
34.	Sind die Maßnahmen bekannt, die bei Unfällen oder Zwischenfällen zu treffen sind?	☐	☐	☐
35.	Ist das Fahrzeug von der Überwachung beim Halten und Parken befreit?	☐	☐	
36.	Sind die erforderlichen Dokumente, allgemein und nach dem ADR, vorhanden?	☐	☐	
37.	Besteht über das Be- und Entladen hinaus ein Rauchverbot?	☐	☐	

*) Zutreffendes bitte ankreuzen.
**) Wird einer dieser Prüfpunkte mit „nein" beantwortet, darf bis zur Behebung des Mangels keine Befüllung erfolgen.
***) Bei festgestellter Überladung des Fahrzeugs muss eine Teilentleerung vorgenommen werden.

______________________________ ______________________________

Unterschrift des Prüfers Unterschrift des Fahrers

Checkliste Gefahrgut
Fahrzeugkontrolle - Tankfahrzeug gemäß 7.5 ADR

1. Lfd-Nr. ____________________

Allgemeine Angaben

2. Spedition: ____

3. Ort der Prüfung: ____________________ 4. Datum der Prüfung: ____________________

5. Name des Fahrers: ____

6. Name des Prüfers: ____

	7. Amtl. Kennzeichen	8. Leergew. (kg)	9. Zulassungsbescheinigung
Lkw/Zugfahrzeug gem. Fz.-Papieren	______	______	Gültig bis: ______
Tanksattelauflieger gem. Fz.-Papieren	______	______	Gültig bis: ______

10. Gesamtleergewicht: ____________________

11. Zulässiges Gesamtgewicht: ____________________ 12. Nutzlast: ____________________

	Fahrzeugausrüstung und -beschaffenheit	ja	nein*)	entfällt
13.	Ist die Fahrzeugart für das Gefahrgut richtig?	☐	☐	
14.	Sind die orangefarbenen Tafeln vorschriftsmäßig und die Anbringung richtig?	☐	☐	☐
15.	Sind die Großzettel (Placards) sichtbar und die Muster richtig?	☐	☐	☐
16.	Ist der Tankbehälter geeignet und zugelassen (Tankcodierung)?	☐	☐	☐
17.	Sind die Tanks unbeschädigt und frei von Füllgutresten?	☐	☐	
18.	Sind die Verschlusseinrichtungen des Tanks vorschriftsmäßig verschlossen und dicht?	☐	☐	
19.	Sind keine sichtbaren Mängel vorhanden (z.B. Beleuchtung, Bereifung, Armaturen)?	☐	☐	☐
20.	Ist die Zulassungsbescheinigung des ziehenden Fahrzeugs für den gleichen Typ ausgestellt wie das gezogene Fahrzeug mit Tank (z.B. „FL-Fahrzeug" und „FL-Fahrzeug")?	☐	☐	☐
21.	Sind Feuerlöscher vorhanden und ordnungsgemäß geprüft und plombiert?	☐	☐	☐
22.	Ist ein Unterlegkeil je Fahrzeug vorhanden?	☐	☐	
23.	Sind zwei selbststehende Warnzeichen vorhanden?	☐	☐	☐
24.	Ist eine geeignete Warnweste / Warnkleidung vorhanden?	☐	☐	☐
25.	Ist eine Handlampe vorhanden, die keine funkenreißende Oberfläche aus Metall hat?	☐	☐	☐
26.	Ist die Schutzausrüstung gemäß der schriftlichen Weisungen vorhanden?	☐	☐	☐
27.	Ist die Erste-Hilfe-Ausrüstung (nach StVZO) vorhanden?	☐	☐	
28.	Ist Arbeitsschutzkleidung erforderlich oder vorhanden?	☐	☐	☐
29.	Wurde geprüft, ob im Tank die min. oder max. Füllgrade eingehalten wurden?	☐	☐	☐
30.	Wurde keine Überladung festgestellt? **)	☐	☐	☐

	Fahrerausstattung und -informationen	ja	nein*)	entfällt
31.	Ist eine gültige ADR-Schulungsbescheinigung vorhanden?	☐	☐	
32.	Ist ein gültiger Führerschein vorhanden?	☐	☐	☐
33.	Ist ein Lichtbildausweis vorhanden?	☐	☐	☐
34.	Sind schriftliche Weisungen vorhanden, die der Fahrzeugführer lesen, verstehen und anwenden kann?	☐	☐	☐
35.	Ist eine Fahrwegbestimmung nach § 35-35c GGBSEB vorhanden?	☐	☐	☐
36.	Wird das Rauchverbot bei Ladearbeiten beachtet?	☐	☐	
37.	Besteht kein Verdacht auf Drogen oder Alkoholkonsum?	☐	☐	
38.	Wurde der Fahrer in die Sicherheitsbestimmungen der Füll-/Entleerungsanlage eingewiesen?	☐	☐	☐

*) Wird einer dieser Prüfpunkte mit „nein" beantwortet, darf bis zur Behebung des Mangels keine Beladung erfolgen.

**) Bei festgestellter Überladung muss eine Teilentladung vorgenommen werden.

____________________ ____________________

Unterschrift des Prüfers Unterschrift des Fahrers

Checkliste Gefahrgut

Kontrolle vor dem Befüllen von Tanks

Allgemeine Angaben

1. Lfd.Nr.: ____________
2. Ort der Prüfung: ______________________ 3. Datum der Prüfung: ______________________
4. Spedition/Name des Fahrers: ____
5. Tankart*): ☐ Tankfahrzeug (verbunden) ☐ Tankcontainer ☐ Ortsbeweglicher Tank
☐ Batterie-Fahrzeug ☐ Aufsetztank ☐ MEGC
6. Art des Behälters für lose Schüttung*): ☐ ohne Bauartgenehmigung ☐ mit Bauartgenehmigung
7. Nr. des Tanks/Behälters/Wagens: ______________________________________
8. Behältervolumen: ______________________ 9. Tankcodierung: ______________
10. Sondervorschriften: ______________________ 11. Fahrzeugtyp: ________ /________
12. Amtl. Kennzeichen 13. Leergew. (kg) 14. Zulassungsbescheinigung
______________ Tkw/Sattel-Zugm. ______________________ Gültig bis: ______________
______________ Tanksattelauflieger ______________________ Gültig bis: ______________

Angaben zum Füllgut

15. UN-Nr.: ________ 16. Benennung: ______________________________________
17. Klassifizierungscode: ______ 18. Verpackungsgruppe: ______ 19. Gefahrzettelmuster: __________
20. Tunnelbeschränkungscode: ______ 21. Abfallschlüssel: ____________

Tank-/Behälterausrüstung und -beschaffenheit und Hinweise

		ja	nein**)	entfällt
22.	Ist das Gefahrgut zur Beförderung zugelassen und wurde der Fahrzeugführer darauf hingewiesen?	☐	☐	
23.	Sind die Umschließungen für das Ladegut geeignet und zugelassen?	☐	☐	
24.	Werden die vorgeschriebenen Sondervorschriften eingehalten?	☐	☐	☐
25.	Sind die Prüffristen der Tanks eingehalten worden?	☐	☐	
26.	Ist/sind der/die Tanks/Ausrüstung unbeschädigt und keine sichtbaren Mängel vorhanden?	☐	☐	☐
27.	Sind die Tanks ordnungsgemäß verschlossen und frei von gefährlichen Füllgutresten?	☐	☐	☐
28.	Wurde geprüft, ob im Tank die min. oder max. Füllgrade eingehalten wurden?	☐	☐	☐
29.	Sind keine gefährlichen Reaktionen möglich zwischen benachbarten Tankabteilen?	☐	☐	☐
30.	Wurde bei wechselweiser Verwendung der Tank gereinigt und entgast?	☐	☐	☐
31.	Sind die erforderlichen Kennzeichnungen/Bezettelungen und Aufschriften vorhanden?	☐	☐	
32.	Liegt eine gültige Zulassungsbescheinigung vor?	☐	☐	
33.	Liegt für Aufsetztanks ein gültiger Prüfnachweis vor?	☐	☐	☐
34.	Wurde für den Straßenverkehr auf die Fahrwegbestimmung nach § 35–35c GGBSEB (wenn erforderlich) hingewiesen?	☐	☐	☐
35.	Sind die schriftlichen Weisungen vorhanden?	☐	☐	
36.	Wurde der Fahrzeugführer in die Befüllanlage eingewiesen?	☐	☐	☐
37.	Wurde das Rauchverbot bei den Ladetätigkeiten beachtet?	☐	☐	
38.	Wurde das Verbot der Benutzung der Verbrennungsheizgeräte beachtet?	☐	☐	☐
39.	Wurden Maßnahmen zur Verhinderung elektrostatischer Aufladung getroffen?	☐	☐	☐
40.	Wurden die Fahrzeuge/Fahrer auf Vorschriftsmäßigkeit kontrolliert?	☐	☐	

*) Zutreffendes bitte ankreuzen.
**) Wird einer dieser Prüfpunkte mit „nein" beantwortet, darf bis zur Behebung des Mangels keine Befüllung erfolgen.

______________________ Unterschrift des Prüfers

______________________ Unterschrift des Befüllers

Checkliste Gefahrgut
Kontrolle der Dokumentation

Allgemeine Angaben

1. Ort der Kontrolle: ______________________ 2. Datum der Kontrolle: ______________________

3. Kontrollierter Beförderungsvorgang: ____

4. Beförderungsart*): ☐ Versandstücke ☐ Tank ☐ lose Schüttung ☐ freigestellt nach 1.1.3.6 ADR
☐ begrenzte Mengen nach Kap. 3.4 ADR ☐ freigestellte Mengen nach Kap. 3.5 ADR

Angaben zu den Dokumenten

Beförderungspapier	ja	nein**)	entfällt
5. Sind Absender und Empfänger aufgeführt?	☐	☐	☐
6. Sind die Klassifizierungsangaben richtig und in der vorgeschriebenen Reihenfolge?	☐	☐	☐
7. Sind Anzahl und Beschreibung der Versandstücke aufgeführt?	☐	☐	☐
8. Ist die Gesamtmenge der Gefahrgüter aufgeführt?	☐	☐	☐
9. Sind Erklärungen nach einer Sondervereinbarung aufgeführt?	☐	☐	☐
10. Sind weitere zusätzliche Eintragungen vorhanden?	☐	☐	☐
11. Ist der Tunnelbeschränkungscode, sofern Tunnel durchfahren werden sollen, angegeben?	☐	☐	☐
ADR-Schulungsbescheinigung			
12. Stimmt die Identität des Fahrers mit der ADR-Schulungsbescheinigung überein?	☐	☐	☐
13. Ist die ADR-Schulungsbescheinigung noch gültig?	☐	☐	☐
14. Ist die ADR-Schulungsbescheinigung für die Beförderungsart zulässig?	☐	☐	☐
Schriftliche Weisungen			
15. Sind die schriftlichen Weisungen in einer Sprache vorhanden, die der Fahrzeugführer lesen, anwenden und verstehen kann?	☐	☐	☐
Zulassungsbescheinigung			
16. Gehört die Zulassungsbescheinigung zum Fahrzeug?	☐	☐	☐
17. Ist die Zulassungsbescheinigung noch gültig?	☐	☐	☐
Lichtbildausweis			
18. Wird ein Lichtbildausweis zur Identifizierung des Fahrers mitgeführt? (z.B. Personalausweis, Reisepass, Führerschein oder Fahrerkarte bei nationalen Transporten und Personalausweis oder Reisepass bei internationalen Transporten)	☐	☐	☐
Fahrzeug-/Container-Packzertifikat			
19. Ist ein Fahrzeug-/Container-Packzertifikat oder ein entsprechender Eintrag vorhanden?	☐	☐	☐
Sondervorschriften für bestimmte Gefahrgutklassen			
20. Klasse 1	☐	☐	☐
21. Klasse 4.1 und 5.2	☐	☐	☐
22. Klasse 7	☐	☐	☐
Prüfnachweis für Aufsetztanks			
23. Ist ein gültiger Prüfnachweis für Aufsetztanks vorhanden?	☐	☐	☐

*) Zutreffendes bitte ankreuzen.
**) Wird einer dieser Prüfpunkte mit „nein" beantwortet, darf bis zur Behebung des Mangels keine Beförderung erfolgen.

______________________ ______________________
Unterschrift des Prüfers Unterschrift des Verantwortlichen

Anhang 7

Schriftliche Weisungen

SCHRIFTLICHE WEISUNGEN GEMÄSS ADR

Maßnahmen bei einem Unfall oder Notfall

Bei einem Unfall oder Notfall, der sich während der Beförderung ereignen kann, müssen die Mitglieder der Fahrzeugbesatzung folgende Maßnahmen ergreifen, sofern diese sicher und praktisch durchgeführt werden können:

- Bremssystem betätigen, Motor abstellen und Batterie durch Bedienung des gegebenenfalls vorhandenen Hauptschalters trennen;
- Zündquellen vermeiden, insbesondere nicht rauchen oder elektronische Zigaretten oder ähnliche Geräte verwenden und keine elektrische Ausrüstung einschalten;
- die entsprechenden Einsatzkräfte verständigen und dabei soviel Informationen wie möglich über den Unfall oder Zwischenfall und die betroffenen Stoffe liefern;
- Warnweste anlegen und selbststehende Warnzeichen an geeigneter Stelle aufstellen;
- Beförderungspapiere für die Ankunft der Einsatzkräfte bereit halten;
- nicht in ausgelaufene Stoffe treten oder diese berühren und das Einatmen von Dunst, Rauch, Staub und Dämpfen durch Aufhalten auf der dem Wind zugewandten Seite vermeiden;
- sofern dies gefahrlos möglich ist, Feuerlöscher verwenden, um kleine Brände/Entstehungsbrände an Reifen, Bremsen und im Motorraum zu bekämpfen;
- Brände in Ladeabteilen dürfen nicht von Mitgliedern der Fahrzeugbesatzung bekämpft werden;
- sofern dies gefahrlos möglich ist, Bordausrüstung verwenden, um das Eintreten von Stoffen in Gewässer oder in die Kanalisation zu verhindern und um ausgetretene Stoffe einzudämmen;
- sich aus der unmittelbaren Umgebung des Unfalls oder Notfalls entfernen, andere Personen auffordern sich zu entfernen und die Weisungen der Einsatzkräfte befolgen;
- kontaminierte Kleidung und gebrauchte kontaminierte Schutzausrüstung ausziehen und sicher entsorgen.

Zusätzliche Hinweise für die Mitglieder der Fahrzeugbesatzung über die Gefahreneigenschaften von gefährlichen Gütern nach Klassen und über die in Abhängigkeit von den vorherrschenden Umständen zu ergreifenden Maßnahmen

Gefahrzettel und Großzettel (Placards)	Gefahreneigenschaften	Zusätzliche Hinweise
(1)	(2)	(3)
Explosive Stoffe und Gegenstände mit Explosivstoff  1 1.5 1.6	Kann eine Reihe von Eigenschaften und Auswirkungen wie Massendetonation, Splitterwirkung, starker Brand/Wärmefluss, Bildung von hellem Licht, Lärm oder Rauch haben. Schlagempfindlich und/oder stoßempfindlich und/oder wärmeempfindlich.	Schutz abseits von Fenstern suchen.
Explosive Stoffe und Gegenstände mit Explosivstoff  1.4	Leichte Explosions- und Brandgefahr.	Schutz suchen.
Entzündbare Gase  2.1	Brandgefahr. Explosionsgefahr. Kann unter Druck stehen. Erstickungsgefahr. Kann Verbrennungen und/oder Erfrierungen hervorrufen. Umschließungen können unter Hitzeeinwirkung bersten.	Schutz suchen. Nicht in tief liegenden Bereichen aufhalten.
Nicht entzündbare, nicht giftige Gase  2.2	Erstickungsgefahr. Kann unter Druck stehen. Kann Erfrierungen hervorrufen. Umschließungen können unter Hitzeeinwirkung bersten.	Schutz suchen. Nicht in tief liegenden Bereichen aufhalten.
Giftige Gase  2.3	Vergiftungsgefahr. Kann unter Druck stehen. Kann Verbrennungen und/oder Erfrierungen hervorrufen. Umschließungen können unter Hitzeeinwirkung bersten.	Notfallfluchtmaske verwenden. Schutz suchen. Nicht in tief liegenden Bereichen aufhalten.
Entzündbare flüssige Stoffe  3	Brandgefahr. Explosionsgefahr. Umschließungen können unter Hitzeeinwirkung bersten.	Schutz suchen. Nicht in tief liegenden Bereichen aufhalten.
Entzündbare feste Stoffe, selbstzersetzliche Stoffe, polymerisierende Stoffe und desensibilisierte explosive feste Stoffe  4.1	Brandgefahr. Entzündbar oder brennbar, kann sich bei Hitze, Funken oder Flammen entzünden. Kann selbstzersetzliche Stoffe enthalten, die unter Einwirkung von Hitze, bei Kontakt mit anderen Stoffen (wie Säuren, Schwermetallverbindungen oder Aminen), bei Reibung oder Stößen zu exothermer Zersetzung neigen. Dies kann zur Bildung gesundheitsgefährdender und entzündbarer Gase oder Dämpfe oder zur Selbstentzündung führen. Umschließungen können unter Hitzeeinwirkung bersten. Explosionsgefahr desensibilisierter explosiver Stoffe bei Verlust des Desensibilisierungsmittels.	
Selbstentzündliche Stoffe  4.2	Brandgefahr durch Selbstentzündung bei Beschädigung von Versandstücken oder Austritt von Füllgut. Kann heftig mit Wasser reagieren.	
Stoffe, die in Berührung mit Wasser entzündbare Gase entwickeln 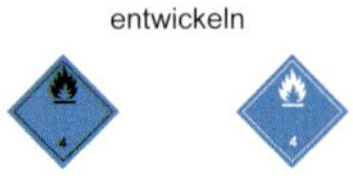 4.3	Bei Kontakt mit Wasser Brand- und Explosionsgefahr.	Ausgetretene Stoffe sollten durch Abdecken trocken gehalten werden.

Zusätzliche Hinweise für die Mitglieder der Fahrzeugbesatzung über die Gefahreneigenschaften von gefährlichen Gütern nach Klassen und über die in Abhängigkeit von den vorherrschenden Umständen zu ergreifenden Maßnahmen

Gefahrzettel und Großzettel (Placards)	Gefahreneigenschaften	Zusätzliche Hinweise
(1)	(2)	(3)
Entzündend (oxidierend) wirkende Stoffe 5.1	Gefahr heftiger Reaktion, Entzündung und Explosion bei Berührung mit brennbaren oder entzündbaren Stoffen.	Vermischen mit entzündbaren oder brennbaren Stoffen (z.B. Sägespäne) vermeiden.
Organische Peroxide 5.2	Gefahr exothermer Zersetzung bei erhöhten Temperaturen, bei Kontakt mit anderen Stoffen (wie Säuren, Schwermetallverbindungen oder Aminen), Reibung oder Stößen. Dies kann zur Bildung gesundheitsgefährdender und entzündbarer Gase oder Dämpfe oder zur Selbstentzündung führen.	Vermischen mit entzündbaren oder brennbaren Stoffen (z.B. Sägespäne) vermeiden.
Giftige Stoffe 6.1	Gefahr der Vergiftung beim Einatmen, bei Berührung mit der Haut oder bei Einnahme. Gefahr für Gewässer oder Kanalisation.	Notfallfluchtmaske verwenden.
Ansteckungsgefährliche Stoffe 6.2	Ansteckungsgefahr. Kann bei Menschen oder Tieren schwere Krankheiten hervorrufen. Gefahr für Gewässer oder Kanalisation.	
Radioaktive Stoffe 7A 7B 7C 7D	Gefahr der Aufnahme und der äußeren Bestrahlung.	Expositionszeit beschränken.
Spaltbare Stoffe 7E	Gefahr nuklearer Kettenreaktion.	
Ätzende Stoffe 8	Verätzungsgefahr. Kann untereinander, mit Wasser und mit anderen Stoffen heftig reagieren. Ausgetretener Stoff kann ätzende Dämpfe entwickeln. Gefahr für Gewässer oder Kanalisation.	
Verschiedene gefährliche Stoffe und Gegenstände 9 9A	Verbrennungsgefahr. Brandgefahr. Explosionsgefahr. Gefahr für Gewässer oder Kanalisation.	

***Bem.* 1.** *Bei gefährlichen Gütern mit mehrfachen Gefahren und bei Zusammenladungen muss jede anwendbare Eintragung beachtet werden.*

2. *Die in der Spalte 3 der Tabelle angegebenen zusätzlichen Hinweise können angepasst werden, um die Klassen der zu befördernden gefährlichen Güter und die Beförderungsmittel wiederzugeben.*

Zusätzliche Hinweise für die Mitglieder der Fahrzeugbesatzung über die Gefahreneigenschaften von gefährlichen Gütern, die durch Kennzeichen angegeben sind, und über die in Abhängigkeit von den vorherrschenden Umständen zu ergreifenden Maßnahmen

Kennzeichen	Gefahreneigenschaften	Zusätzliche Hinweise
(1)	(2)	(3)
 Umweltgefährdende Stoffe	Gefahr für Gewässer oder Kanalisation.	
 Erwärmte Stoffe	Gefahr von Verbrennungen durch Hitze.	Berührung heißer Teile der Beförderungseinheit und des ausgetretenen Stoffes vermeiden.

Ausrüstung für den persönlichen und allgemeinen Schutz für die Durchführung allgemeiner und gefahrenspezifischer Notfallmaßnahmen, die sich gemäß Abschnitt 8.1.5 des ADR an Bord der Beförderungseinheit befinden muss

Die folgende Ausrüstung muss sich an Bord der Beförderungseinheit befinden:

– ein Unterlegkeil je Fahrzeug, dessen Abmessungen der höchstzulässigen Gesamtmasse des Fahrzeugs und dem Durchmesser der Räder angepasst sein müssen;

– zwei selbststehende Warnzeichen;

– Augenspülflüssigkeit[a] und

für jedes Mitglied der Fahrzeugbesatzung

– eine Warnweste;

– ein tragbares Beleuchtungsgerät;

– ein Paar Schutzhandschuhe und

– eine Augenschutzausrüstung.

Für bestimmte Klassen vorgeschriebene zusätzliche Ausrüstung:

– an Bord von Beförderungseinheiten für die Gefahrzettel-Nummer 2.3 oder 6.1 muss sich für jedes Mitglied der Fahrzeugbesatzung eine Notfallfluchtmaske befinden;

– eine Schaufel[b];

– eine Kanalabdeckung[b];

– ein Auffangbehälter[b].

a) Nicht erforderlich für Gefahrzettel der Muster 1, 1.4, 1.5, 1.6, 2.1, 2.2 und 2.3.

b) Nur für feste und flüssige Stoffe mit Gefahrzettel-Nummer 3, 4.1, 4.3, 8 oder 9 vorgeschrieben.

Anhang 8

Wandtafeln Gefahrgut

– Freistellungen und Ausnahmen –

– Gefahrgutklassen, Gefahrzettelmuster und Kennzeichen –

– Tunnelregelungen –

– 1000-Punkte-Tabelle –

– Zusammenladeverbote –

– Gefahrzettelmuster und GHS-Piktogramme –

– Gefahrgutumschließungen –

– Begleitpapiere –

– Kennzeichnung von Versandstücken –

– Kennzeichen und Bezettelung von Beförderungseinheiten –

– Gefahrgutausrüstung –

– Ladungssicherung gefährlicher Güter –

– Verwendung der Feuerlöschausrüstung –

– Gefahrgutverstöße für den Bereich Straße –

– Tanktechnik I –

– Tanktechnik II –

– Tanktechnik III (Gase) –

– Unfallmaßnahmen –

– Umverpackungen –

Freistellungen

- Totalbefreiungen
- Teilbefreiungen
- Komplette Anwendung des ADR

Totalbefreiungen von den Vorschriften des ADR nur bei Beachtung:
a) bestimmter Bedingungen
b) lt. RSEB unter anderem
 – ausreichende Ladungssicherung
 – wirksamer Ventilschutz bei Gasen (z. B. Schutzkappen)
 – Verwendung sicherer Verschlüsse für flüssige und feste Stoffe
c) Mengenangaben und Verpackungsvorschriften gem. Anlage 2 GGVSEB

Tabelle 1.1.3.6.3 ADR (auszugsweise) ≤ 1000 Punkte (Teilbefreiungen)

Beförderungs-kategorie	Stoffe oder Gegenstände Verpackungsgruppe oder Klassifizierungscode /-gruppe oder UN-Nummer	Höchstzulässige Gesamtmenge je Beförderungseinheit	Multiplikationsfaktor (1.1.3.6.4 ADR)
0	Klasse 1: 1.1 A, 1.1 L, 1.2 L, 1.3 L, UN-Nummer 0190 Klasse 3: UN-Nummer 3343	0	keine Befreiung komplette Anwendung
1	Stoffe und Gegenstände, die der Verpackungsgruppe I zugeordnet sind und nicht unter die Beförderungskategorie 0 fallen	20	Faktor 50
2	Stoffe, die der Verpackungsgruppe II zugeordnet sind und nicht unter die Beförderungskategorie 0, 1 oder 4 fallen	333	Faktor 3
3	Stoffe, die der Verpackungsgruppe III zugeordnet sind und nicht unter die Beförderungskategorie 0, 2 oder 4 fallen sowie Stoffe der folgenden Klassen: Klasse 2: Gruppen A und O Druckgaspackungen: Gruppen A und O, Chemikalien unter Druck: UN-Nummer 3500	1 000	Faktor 1
4	Klasse 1: 1.4 S sowie ungereinigte leere Verpackungen, die gefährliche Stoffe mit Ausnahme solcher enthalten haben, die unter die Beförderungskategorie 0 fallen.	unbegrenzt	–
	In Ergänzung zur Beförderungskategorie 1 werden als Fußnote bestimmte Stoffe zusätzlich genannt	50	20

Privatpersonen

1.1.3.1 a) ADR Totalbefreiungen

1000-Punkte-Tabelle

1.1.3.6.3 ADR Teilbefreiungen

Freigestellte Mengen

1.1.3.4.3 und 3.5 ADR Teilbefreiungen

Ungereinigte leere Verpackungen, Großpackmittel u. Großverpackungen der Klassen 2, 3, 4.1, 5.1, 6.1, 8 u. 9

1.1.3.5 ADR Teilbefreiungen

Begrenzte Mengen

1.1.3.4.2 + 3.4 ADR Teilbefreiungen

Handwerkerregelung

1.1.3.1 c) ADR Totalbefreiungen

Behälter von Fahrzeugen oder tragbare Brennstoffbehälter (Reservekanister)

1.1.3.3 ADR Totalbefreiungen (aber mangelhafte Ladungssicherung)

Ungereinigte leere ortsfeste Lagerbehälter

1.1.3.1 f) ADR Totalbefreiungen

Gase

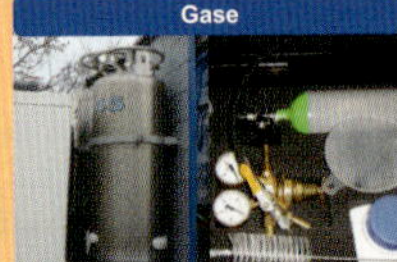

1.1.3.2 ADR Totalbefreiungen

Leuchtmittel mit Gefahrgutinhalt

1.1.3.10 ADR Totalbefreiung

Entzündbare Flüssigkeiten als Brennstoff in Maschinen

SV 363 u. a. Benzin oder Dieselkraftstoff Teilbefreiungen

Sonstige Freistellungen und Ausnahmen:

Notfallmaßnahmen durch zuständige Behörden 1.1.3.1 d) ADR
Notfallbeförderung 1.1.3.1 e) ADR
Sondervorschriften 1.1.3.4.1 ADR i. V. m. 3.3 ADR
Beförderung von Einrichtungen zur Speicherung und Erzeugung elektrischer Energie (1.1.3.7 ADR)

Verstöße

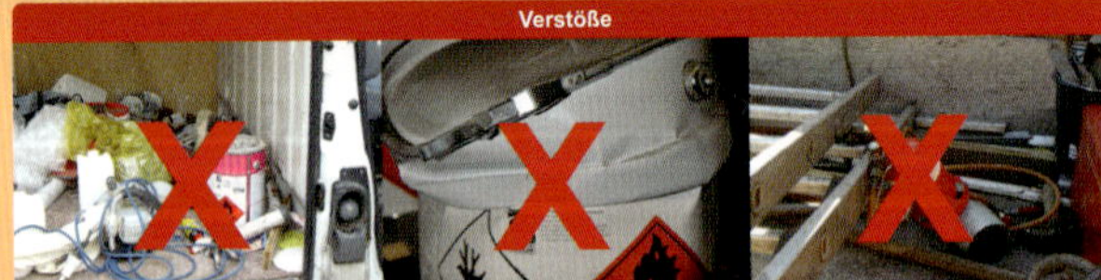

Keine Ladungssicherung — Defekte Verpackung — Ladungssicherungsmängel und fehlender Ventilschutz

Verkehrs-Verlag J. Fischer GmbH & Co. KG
Corneliusstr. 49
40215 Düsseldorf

Telefon 0211-991930
E-Mail vvf@verkehrsverlag-fischer.de
Shop www.verkehrsverlag-fischer.de

Weitere Gefahrgut-Online-Produkte unter:
www.verkehrsverlag-online.de
www.gefahrzettel24.de

VERKEHRSVERLAG FISCHER

2019 – 11028

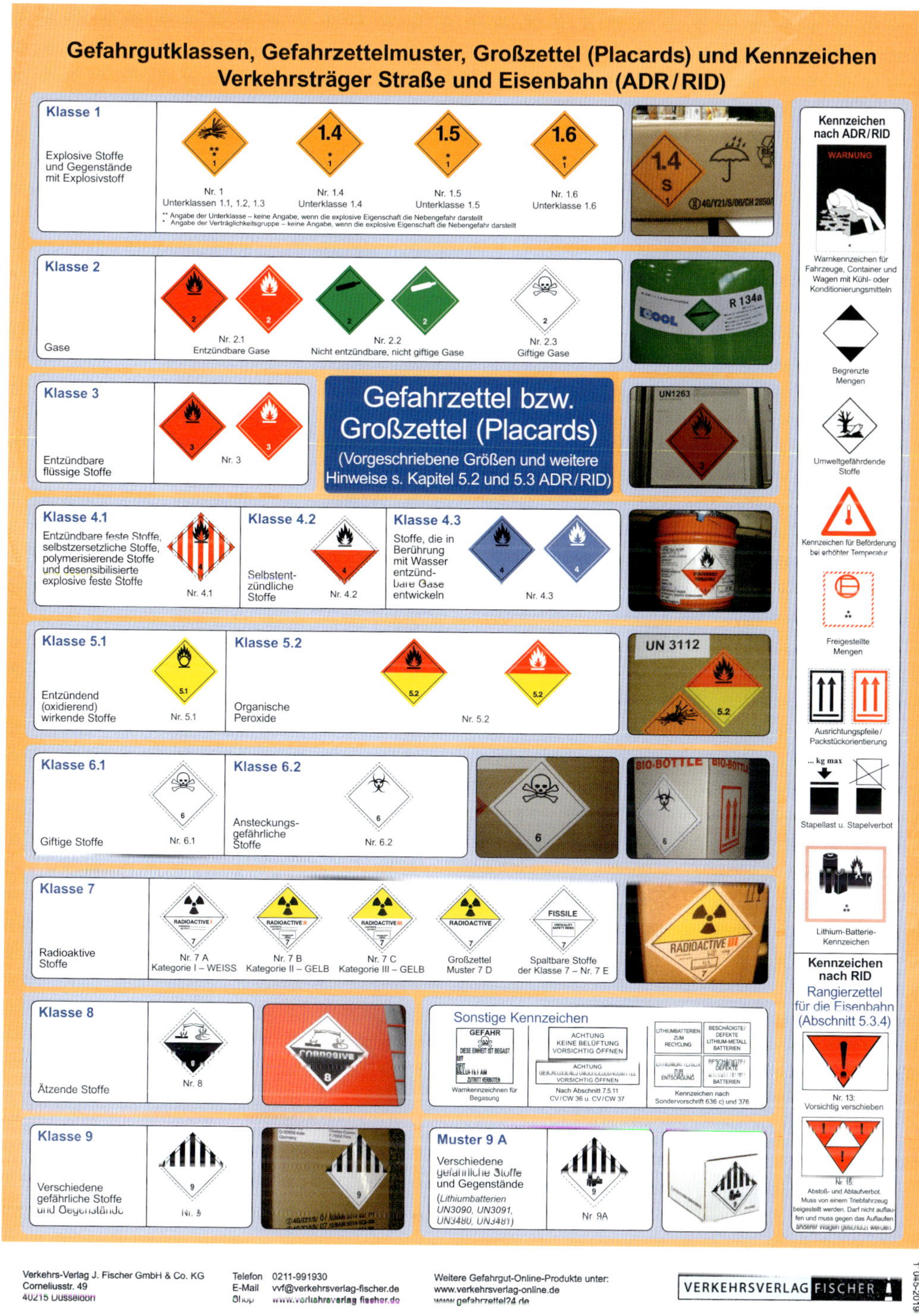
Gefahrgutklassen, Gefahrzettelmuster, Großzettel (Placards) und Kennzeichen
Verkehrsträger Straße und Eisenbahn (ADR/RID)
Klasse 1
Explosive Stoffe und Gegenstände mit Explosivstoff
Nr. 1
Unterklassen 1.1, 1.2, 1.3
Nr. 1.4
Unterklasse 1.4
Nr. 1.5
Unterklasse 1.5
Nr. 1.6
Unterklasse 1.6
** Angabe der Unterklasse – keine Angabe, wenn die explosive Eigenschaft die Nebengefahr darstellt
* Angabe der Verträglichkeitsgruppe – keine Angabe, wenn die explosive Eigenschaft die Nebengefahr darstellt
Klasse 2
Gase
Nr. 2.1
Entzündbare Gase
Nr. 2.2
Nicht entzündbare, nicht giftige Gase
Nr. 2.3
Giftige Gase
R 134a
Klasse 3
Entzündbare flüssige Stoffe
Nr. 3
Gefahrzettel bzw. Großzettel (Placards)
(Vorgeschriebene Größen und weitere Hinweise s. Kapitel 5.2 und 5.3 ADR/RID)
UN1263
Klasse 4.1
Entzündbare feste Stoffe, selbstzersetzliche Stoffe, polymerisierende Stoffe und desensibilisierte explosive feste Stoffe
Nr. 4.1
Klasse 4.2
Selbstentzündliche Stoffe
Nr. 4.2
Klasse 4.3
Stoffe, die in Berührung mit Wasser entzündbare Gase entwickeln
Nr. 4.3
Klasse 5.1
Entzündend (oxidierend) wirkende Stoffe
Nr. 5.1
Klasse 5.2
Organische Peroxide
Nr. 5.2
UN 3112
Klasse 6.1
Giftige Stoffe
Nr. 6.1
Klasse 6.2
Ansteckungsgefährliche Stoffe
Nr. 6.2
BIO-BOTTLE
Klasse 7
Radioaktive Stoffe
RADIOACTIVE I
Nr. 7 A
Kategorie I – WEISS
RADIOACTIVE II
Nr. 7 B
Kategorie II – GELB
RADIOACTIVE III
Nr. 7 C
Kategorie III – GELB
RADIOACTIVE
Großzettel
Muster 7 D
FISSILE
Spaltbare Stoffe der Klasse 7 – Nr. 7 E
RADIOACTIVE III
Klasse 8
Ätzende Stoffe
Nr. 8
CORROSIVE
Sonstige Kennzeichen
GEFAHR
DIESE EINHEIT IST BEGAST
MIT
SEIT
BELÜFTET AM
ZUTRITT VERBOTEN
Warnkennzeichnen für Begasung
ACHTUNG
KEINE BELÜFTUNG
VORSICHTIG ÖFFNEN
ACHTUNG
VORSICHTIG ÖFFNEN
Nach Abschnitt 7.5.11
CV/CW 36 u. CV/CW 37
LITHIUMBATTERIEN ZUM RECYCLING
BESCHÄDIGTE/ DEFEKTE LITHIUM-METALL BATTERIEN
ZUR ENTSORGUNG
BATTERIEN
Kennzeichen nach Sondervorschrift 636 c) und 376
Klasse 9
Verschiedene gefährliche Stoffe und Gegenstände
Nr. 9
Muster 9 A
Verschiedene gefährliche Stoffe und Gegenstände
(Lithiumbatterien UN3090, UN3091, UN3480, UN3481)
Nr. 9A
Kennzeichen nach ADR/RID
WARNUNG
Warnkennzeichen für Fahrzeuge, Container und Wagen mit Kühl- oder Konditionierungsmitteln
Begrenzte Mengen
Umweltgefährdende Stoffe
Kennzeichen für Beförderung bei erhöhter Temperatur
Freigestellte Mengen
Ausrichtungspfeile/ Packstückorientierung
... kg max
Stapellast u. Stapelverbot
Lithium-Batterie-Kennzeichen
Kennzeichen nach RID
Rangierzettel für die Eisenbahn (Abschnitt 5.3.4)
Nr. 13:
Vorsichtig verschieben
Nr. 15:
Abstoß- und Ablaufverbot.
Muss von einem Triebfahrzeug beigestellt werden. Darf nicht auflaufen und muss gegen das Auflaufen anderer Wagen geschützt werden.
Verkehrs-Verlag J. Fischer GmbH & Co. KG
Corneliusstr. 49
40215 Düsseldorf
Telefon 0211-991930
E-Mail vvf@verkehrsverlag-fischer.de
Shop www.verkehrsverlag-fischer.de
Weitere Gefahrgut-Online-Produkte unter:
www.verkehrsverlag-online.de
www.gefahrzettel24.de
VERKEHRSVERLAG FISCHER
1-045-2019

Tunnelregelungen (1.9.5 und 8.6 ADR)

Verkehrszeichen

Zeichen 261

Kategorisierung nach drei Hauptgefahren (1.9.5.2.1 ADR)

- Explosionen
- Freiwerden giftiger Gase oder flüchtiger giftiger flüssiger Stoffe
- Brände

Verbot der Durchfahrt für kennzeichnungspflichtige Kraftfahrzeuge mit zusätzlicher Tafel B, C, D oder E bei Beschränkung oder Verbot

Tunnelkategorie B	Tunnelkategorie C	Tunnelkategorie D	Tunnelkategorie E
B	C	D	E

Zeichen 269

Zeichen 327

Zeichen 354

Tunnelkategorien (1.9.5.2.2 ADR)

Tunnelkategorie A:
Keine Beschränkungen für die Beförderung gefährlicher Güter.

Tunnelkategorie B:
Beschränkungen für die Beförderung gefährlicher Güter, die zu einer sehr großen Explosion führen können, dazu gehören bei der Beförderung in Tanks u. a.: Klassen 4.2, 4.3 und 5.1, jeweils Verpackungsgruppe I und 6.1: UN 1510

Tunnelkategorie C:
Beschränkungen für die Beförderung gefährlicher Güter, die zu einer sehr großen Explosion, einer großen Explosion oder einem umfangreichen Freiwerden giftiger Stoffe führen können, dazu gehören u. a.:
- gefährliche Güter, die in der Tunnelkategorie B Beschränkungen unterliegen und Klasse 6.1: Verpackungsgruppe I ausgenommen UN 1510

Tunnelkategorie D:
Beschränkungen für die Beförderung gefährlicher Güter, die zu einer sehr großen Explosion, einer großen Explosion, einem umfangreichen Freiwerden giftiger Stoffe oder einem großen Brand führen können, dazu gehören u. a.:
- gefährliche Güter, die in der Tunnelkategorie C Beschränkungen unterliegen und Klasse 6.1: Verpackungsgruppe II für Klassifizierungscode TF1, TFC und TFW sowie für die UN-Nummer 3507 und Eintragungen für beim Einatmen giftige Stoffe, denen in Kapitel 3.2 Tabelle A Spalte 6 die Sondervorschrift 354 zugeordnet ist sowie Eintragungen für beim Einatmen giftige Stoffe der UN-Nummern 3381 bis 3390

Tunnelkategorie E:
Beschränkungen für die Beförderung aller gefährlichen Güter mit Ausnahme der UN-Nummern 2919, 3077, 3082, 3291, 3331, 3359 und 3373

Bemerkung: Bei den UN-Nummern 2919 und 3331 sind Sondervereinbarungen nach 1.7.4.2 ADR möglich.

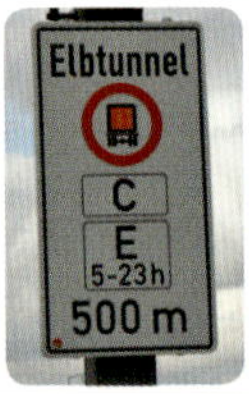

Zeichen 418 und 421

- Bei Zuordnung unterschiedlicher Tunnelbeschränkungscodes auf einer Beförderungseinheit, ist die gesamte Ladung dem restriktivsten Tunnelbeschränkungscode zuzuordnen. (8.6.3.2 ADR)
- Keine Berücksichtigung des Tunnelbeschränkungscodes bei ausschließlicher Inanspruchnahme von Freistellungen nach 1.1.3 ADR

Begrenzte Mengen

Begrenzte Mengen:

In begrenzten Mengen verpackte gefährliche Güter, die in Containern oder Beförderungseinheiten befördert werden, die gemäß den Vorschriften des IMDG-Codes gekennzeichnet sind, unterliegen den Beschränkungen für die Durchfahrt von Tunneln der Kategorie E, sofern die Bruttogesamtmasse der Versandstücke mit gefährlichen Gütern in begrenzten Mengen 8 Tonnen je Beförderungseinheit überschreitet.

Nach Zuordnung des Tunnelbeschränkungscodes gelten folgende Beschränkungen:

Tunnelbeschränkungscode der gesamten Ladung	Beschränkung
B	Durchfahrt verboten durch Tunnel der Kategorien B, C, D und E.
B1000C	Beförderungen, bei denen die Nettoexplosivstoffmasse je Beförderungseinheit – 1000 kg überschreitet: Durchfahrt verboten durch Tunnel der Kategorien B, C, D und E; – 1000 kg nicht überschreitet: Durchfahrt verboten durch Tunnel der Kategorien C, D und E.
B/D	Beförderungen in Tanks: Durchfahrt verboten durch Tunnel der Kategorien B, C, D und E. Sonstige Beförderungen: Durchfahrt verboten durch Tunnel der Kategorien D und E.
B/E	Beförderungen in Tanks: Durchfahrt verboten durch Tunnel der Kategorien B, C, D und E. Sonstige Beförderungen: Durchfahrt verboten durch Tunnel der Kategorie E.
C	Durchfahrt verboten durch Tunnel der Kategorien C, D und E.
C5000D	Beförderungen, bei denen die Nettoexplosivstoffmasse je Beförderungseinheit – 5000 kg überschreitet: Durchfahrt verboten durch Tunnel der Kategorien C, D und E; – 5000 kg nicht überschreitet: Durchfahrt verboten durch Tunnel der Kategorien D und E.
C/D	Beförderungen in Tanks: Durchfahrt verboten durch Tunnel der Kategorien C, D und E. Sonstige Beförderungen: Durchfahrt verboten durch Tunnel der Kategorien D und E.
C/E	Beförderungen in Tanks: Durchfahrt verboten durch Tunnel der Kategorien C, D und E. Sonstige Beförderungen: Durchfahrt verboten durch Tunnel der Kategorie E.
D	Durchfahrt verboten durch Tunnel der Kategorien D und E.
D/E	Beförderungen in loser Schüttung oder in Tanks: Durchfahrt verboten durch Tunnel der Kategorien D und E. Sonstige Beförderungen: Durchfahrt verboten durch Tunnel der Kategorie E.
E	Durchfahrt verboten durch Tunnel der Kategorie E.
–	Durchfahrt durch alle Tunnel gestattet (für die UN-Nummern 2919 und 3331 siehe auch Unterabschnitt 8.6.3.1 ADR).

Beispiel:
Verbot der Durchfahrt bei einer Beförderungseinheit mit UN 0161 Treibladungspulver, Klassifizierungscode 1.3C,Tunnelbeschränkungscode C5000D, in einer Menge, die einer Nettoexplosivstoffmasse von 3000 kg entspricht, durch Tunnel der Kategorien D und E.

Angaben zu Tunnelbeschränkungscodes im Beförderungspapier in Großbuchstaben + Klammern.

Verkehrs-Verlag J. Fischer GmbH & Co. KG
Corneliusstr. 49
40215 Düsseldorf

Telefon 0211-991930
E-Mail vvf@verkehrsverlag-fischer.de
Shop www.verkehrsverlag-fischer.de

Weitere Gefahrgut-Online-Produkte unter:
www.verkehrsverlag-online.de
www.gefahrzettel24.de

VERKEHRSVERLAG FISCHER

11052-2019

(Stückgut) 1 000-Punkte-Tabelle – 1.1.3.6.3 ADR

Beförderungs-kategorie	Stoffe oder Gegenstände, Verpackungsgruppe oder Klassifizierungscode /-gruppe oder UN-Nummer	Höchstzulässige Gesamtmenge je Beförderungseinheit [b]	Multiplikationsfaktor
0	Klasse 1: 1.1 A, 1.1 L, 1.2 L, 1.3 L, UN-Nummer 0190 Klasse 3: UN-Nummer 3343 Klasse 4.2: Stoffe, die der Verpackungsgruppe I zugeordnet sind Klasse 4.3: UN-Nummern 1183, 1242, 1295, 1340, 1390, 1403, 1928, 2813, 2965, 2968, 2988, 3129, 3130, 3131, 3132, 3134, 3148, 3396, 3398 und 3399 Klasse 5.1: UN-Nummer 2426 Klasse 6.1: UN-Nummern 1051, 1600, 1613, 1614, 2312, 3250 und 3294 Klasse 6.2: UN-Nummern 2814 und 2900 Klasse 7: UN-Nummern 2912 bis 2919, 2977, 2978, 3321 bis 3333 Klasse 8: UN-Nummer 2215 (MALEINSÄUREANHYDRID, GESCHMOLZEN) Klasse 9: UN-Nummern 2315, 3151, 3152 und 3432 sowie Gegenstände, die solche Stoffe oder Gemische enthalten sowie ungereinigte leere Verpackungen, die Stoffe dieser Beförderungskategorie enthalten haben, ausgenommen Verpackungen, die der UN-Nummer 2908 zugeordnet sind.	0	keine Befreiung Totalanwendung
1	Stoffe und Gegenstände, die der **Verpackungsgruppe I** zugeordnet sind und nicht unter die Beförderungskategorie 0 fallen, sowie Stoffe und Gegenstände der folgenden Klassen: Klasse 1: 1.1 B bis 1.1 J [a], 1.2 B bis 1.2 J, 1.3 C, 1.3 G, 1.3 H, 1.3 J und 1.5 D [a] Klasse 2: Gruppen T, TC [a], TO, TF, TOC [a], und TFC Druckgaspackungen: Gruppen C, CO, FC, T, TF, TC, TO, TFC und TOC, Chemikalien unter Druck: UN-Nummern 3502, 3503, 3504 und 3505, Klasse 4.1: UN-Nummern 3221 bis 3224, 3231 bis 3240, 3533 und 3534 Klasse 5.2: UN-Nummern 3101 bis 3104 und 3111 bis 3120	20	Faktor 50
2	Stoffe, die der **Verpackungsgruppe II** zugeordnet sind und nicht unter die Beförderungskategorie 0, 1 oder 4 fallen, sowie Stoffe und Gegenstände der folgenden Klassen: Klasse 1: 1.4 B bis 1.4 G und 1.6 N Klasse 2: Gruppe F Druckgaspackungen: Gruppe F Chemikalien unter Druck: UN-Nummer 3501 Klasse 4.1: UN-Nummern 3225 bis 3230, 3531 und 3532 Klasse 4.3: UN-Nummer 3292 Klasse 5.1: UN-Nummer 3356 Klasse 5.2: UN-Nummern 3105 bis 3110 Klasse 6.1: UN-Nummern 1700, 2016 und 2017 sowie Stoffe, die der Verpackungsgruppe III zugeordnet sind Klasse 9: UN-Nummer 3090, 3091, 3245, 3480 und 3481	333	Faktor 3
3	Stoffe, die der **Verpackungsgruppe III** zugeordnet sind und nicht unter die Beförderungskategorie 0, 2 oder 4 fallen, sowie Stoffe und Gegenstände der folgenden Klassen: Klasse 2: Gruppen A und O Druckgaspackungen: Gruppen A und O Chemikalien unter Druck: UN-Nummer 3500 Klasse 3: UN-Nummer 3473 Klasse 4.3: UN-Nummer 3476 Klasse 8: UN-Nummern 2794, 2795, 2800, 3028, 3477 und 3506 Klasse 9: UN-Nummern 2990 und 3072	1 000	Faktor 1
4	Klasse 1: 1.4 S Klasse 2: UN-Nummern 3537 bis 3539 Klasse 3: UN-Nummer 3540 Klasse 4.1: UN-Nummern 1331, 1345, 1944, 1945, 2254, 2623 und 3541 Klasse 4.2: UN-Nummern 1361 und 1362 der Verpackungsgruppe III und UN-Nummer 3542 Klasse 4.3: UN-Nummer 3543 Klasse 5.1: UN-Nummer 3544 Klasse 5.2: UN-Nummer 3545 Klasse 6.1: UN-Nummer 3546 Klasse 7: UN-Nummern 2908 bis 2911 Klasse 8: UN-Nummer 3547 Klasse 9: UN-Nummern 3268, 3499, 3508, 3509 und 3548 sowie ungereinigte leere Verpackungen, die gefährliche Stoffe enthalten haben, ausgenommen solche Verpackungen, die unter die Beförderungskategorie 0 fallen.	unbegrenzt	–
	[a] Für die UN-Nummern 0081, 0082, 0084, 0241, 0331, 0332, 0482, 1005 und 1017 beträgt die höchstzulässige Gesamtmenge je Beförderungseinheit 50 kg.		Faktor 20
	[b] Die höchstzulässige Gesamtmenge für jede Beförderungskategorie entspricht einem berechneten Wert von «1 000» (siehe auch Absatz 1.1.3.6.4).		

Regelungen ≤ 1 000 Punkte

Befreiung u. a. von:

- Anbringen von Großzetteln und orangefarbenen Tafeln

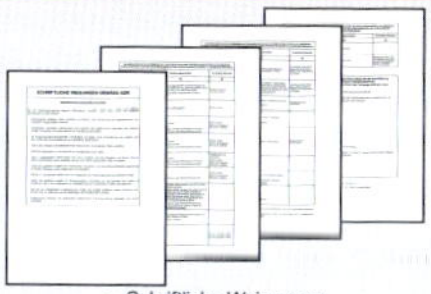

- Schriftliche Weisungen

- Sonstige Ausrüstungen

- Bescheinigung über die Fahrzeugführerschulung

- Feuerlöschausrüstung (nur ein 2 kg-Feuerlöscher erforderlich)

Pflicht bleibt u. a.:

- Kennzeichnung und Bezettelung von Versandstücken

- Ladungssicherung

- Kenntnisse zum Gebrauch der Feuerlöschgeräte

- Unterweisung

- Rauchverbot, auch elektronische Zigaretten u. a. Geräte

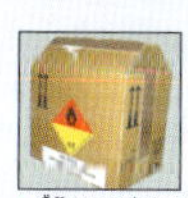

- Öffnungsverbot von Versandstücken
- Geeignetheit von Verpackungen

- Ausreichende Belüftung und Entlüftung

- mind. 2-kg-Feuerlöschgerät

- Beförderungspapier mit u. a. pro Beförderungskategorie Menge + berechnete Punkte

Verkehrs-Verlag J. Fischer GmbH & Co. KG
Corneliusstr. 49
40215 Düsseldorf

Telefon 0211-991930
E-Mail vvf@verkehrsverlag-fischer.de
Shop www.verkehrsverlag-fischer.de

Weitere Gefahrgut-Online-Produkte unter:
www.verkehrsverlag-online.de
www.gefahrzettel24.de

VERKEHRSVERLAG FISCHER

1 007-2019

Zusammenladeverbote nach 7.5.2 ADR

Gefahrzettel	Nr. 1	Nr. 1.4	Nr. 1.5	Nr. 1.6	Nr. 2.1 Nr. 2.2 Nr. 2.3	Nr. 3	Nr. 4.1	Nr. 4.1 + 1	Nr. 4.2	Nr. 4.3	Nr. 5.1	Nr. 5.2	Nr. 5.2 + 1	Nr. 6.1	Nr. 6.2	Nr. 7A Nr. 7B Nr. 7C	Nr. 8	Nr. 9 Nr. 9A
Nr. 1	siehe Unterabschnitt 7.5.2.2										d)							b)
Nr. 1.4					a)	a)	a)		a)	a)	a)	a)		a)	a)	a)	a)	a), b), c)
Nr. 1.5																		b)
Nr. 1.6																		b)
Nr. 2.1, Nr. 2.2, Nr. 2.3		a)			X	X	X		X	X	X	X		X	X	X	X	X
Nr. 3		a)			X	X	X		X	X	X	X		X	X	X	X	X
Nr. 4.1		a)			X	X	X		X	X	X	X		X	X	X	X	X
Nr. 4.1 + 1								X										
Nr. 4.2		a)			X	X	X		X	X	X	X		X	X	X	X	X
Nr. 4.3		a)			X	X	X		X	X	X	X		X	X	X	X	X
Nr. 5.1	d)	a)			X	X	X		X	X	X	X		X	X	X	X	X
Nr. 5.2		a)			X	X	X		X	X	X	X	X	X	X	X	X	X
Nr. 5.2 + 1												X	X					
Nr. 6.1		a)			X	X	X		X	X	X	X		X	X	X	X	X
Nr. 6.2		a)			X	X	X		X	X	X	X		X	X	X	X	X
Nr. 7A, Nr. 7B, Nr. 7C		a)			X	X	X		X	X	X	X		X	X	X	X	X
Nr. 8		a)			X	X	X		X	X	X	X		X	X	X	X	X
Nr. 9, Nr. 9A	b)	a), b), c)	b)	b)	X	X	X		X	X	X	X		X	X	X	X	X

Versandstücke mit unterschiedlichen Gefahrzetteln dürfen nicht zusammen in ein Fahrzeug oder einen Container verladen werden, sofern die Zusammenladung nicht gemäß nebenstehender Tabelle auf der Grundlage der angebrachten Gefahrzettel zugelassen ist.

Bem. 1
Gemäß Absatz 5.4.1.4.2 ADR müssen für Sendungen, die nicht mit anderen zusammen in ein Fahrzeug oder einen Container verladen werden dürfen, gesonderte Beförderungspapiere ausgestellt werden.

Bem. 2
Für Versandstücke, die nur Stoffe oder Gegenstände der Klasse 1 enthalten und die mit einem Gefahrzettel nach Muster 1, 1.4, 1.5 oder 1.6 versehen sind, ist eine Zusammenladung gemäß Unterabschnitt 7.5.2.2 zugelassen, unabhängig davon, ob für diese Versandstücke andere Gefahrzettel vorgeschrieben sind. Die Tabelle in Unterabschnitt 7.5.2.1 gilt nur, wenn solche Versandstücke mit Versandstücken mit Stoffen oder Gegenständen anderer Klassen zusammengeladen werden.

Legende für Tabelle links (ADR 7.5.2.1)

X	Zusammenladung zugelassen
a)	Zusammenladung mit Stoffen und Gegenständen der Verträglichkeitsgruppe 1.4S zugelassen.
b)	Zusammenladung von Gütern der Klasse 1 mit Rettungsmitteln der Klasse 9 (UN-Nummern 2990, 3072 und 3268) zugelassen.
c)	Zusammenladung von Sicherheitseinrichtungen, pyrotechnisch, der Unterklasse 1.4 Verträglichkeitsgruppe G (UN-Nummer 0503) mit Sicherheitseinrichtungen, elektrische Auslösung, der Klasse 9 (UN-Nummer 3268) zugelassen.
d)	Zusammenladung von Sprengstoffen (ausgenommen UN 0083 Sprengstoff Typ C) mit Ammoniumnitrat (UN-Nummern 1942 und 2067), Ammoniumnitrat-Emulsion, -Suspension oder -Gel (UN-Nummer 3375) Alkalimetall-Nitraten und Erdalkalimetall-Nitraten zugelassen, vorausgesetzt, die Einheit wird für Zwecke des Anbringens von Großzetteln (Placards), der Trennung, des Verladens und der höchstzulässigen Ladung als Sprengstoffe der Klasse 1 betrachtet. Zu den Alkalimetall-Nitraten gehören Caesiumnitrat (UN 1451), Lithiumnitrat (UN 2722), Kaliumnitrat (UN 1486), Rubidiumnitrat (UN 1477) und Natriumnitrat (UN 1498). Zu den Erdalkalimetall-Nitraten gehören Bariumnitrat (UN 1446), Berylliumnitrat (UN 2464), Calciumnitrat (UN 1454), Magnesiumnitrat (UN 1474) und Strontiumnitrat (UN 1507).

Versandstücke, die Stoffe oder Gegenstände der Klasse 1 enthalten und mit einem Zettel nach Muster 1, 1.4, 1.5 oder 1.6 versehen sind, die aber unterschiedlichen Verträglichkeitsgruppen zugeordnet sind, dürfen nicht zusammen in ein Fahrzeug oder einen Container verladen werden, sofern nicht gemäß nachstehender Tabelle für die jeweiligen Verträglichkeitsgruppen ein Zusammenladen zulässig ist.

Verträglichkeitsgruppen	A	B	C	D	E	F	G	H	J	L	N	S
A	X											
B		X		a)							b), c)	X
C			X	X	X		X				b), c)	X
D		a)	X	X	X		X				b), c)	X
E			X	X	X		X					X
F						X						X
G			X	X	X		X					X
H								X				X
J									X			X
L										d)		
N			b), c)	b), c)	b), c)						b)	X
S		X	X	X	X	X	X	X	X		X	X

Legende für Tabelle oben (ADR 7.5.2.2)

X	Zusammenladung zugelassen
a)	Versandstücke mit Gegenständen der Verträglichkeitsgruppe B und Versandstücke mit Stoffen oder Gegenständen der Verträglichkeitsgruppe D dürfen zusammen in ein Fahrzeug oder einen Container verladen werden, vorausgesetzt, sie sind wirksam getrennt, sodass keine Gefahr der Explosionsübertragung von Gegenständen der Verträglichkeitsgruppe B auf Stoffe oder Gegenstände der Verträglichkeitsgruppe D besteht. Die Trennung ist durch die Verwendung getrennter Abteile oder durch Einsetzen einer der beiden Arten von explosiven Stoffen oder Gegenständen mit Explosivstoff in ein besonderes Umschließungssystem zu bewerkstelligen. Beide Trennungsmethoden müssen von der zuständigen Behörde zugelassen sein.
b)	Verschiedene Arten von Gegenständen der Klassifizierung 1.6N dürfen nur als Gegenstände der Klassifizierung 1.6N zusammengeladen werden, wenn durch Prüfungen oder Analogieschluss nachgewiesen ist, dass keine zusätzliche Detonationsgefahr durch Übertragung unter den Gegenständen besteht. Andernfalls sind sie als Gegenstände der Gefahrenunterklasse 1.1 zu behandeln.
c)	Wenn Gegenstände der Verträglichkeitsgruppe N mit Stoffen oder Gegenständen der Verträglichkeitsgruppe C, D, oder E zusammengeladen werden, sind die Gegenstände der Verträglichkeitsgruppe N so zu behandeln, als hätten sie die Eigenschaften der Verträglichkeitsgruppe D.
d)	Versandstücke mit Stoffen und Gegenständen der Verträglichkeitsgruppe L dürfen mit Versandstücken mit gleichartigen Stoffen und Gegenständen derselben Art dieser Verträglichkeitsgruppe zusammen in ein Fahrzeug oder einen Container verladen werden.

Bei Anwendung der Zusammenladeverbote in einem Fahrzeug sind die in geschlossenen, vollwandigen Containern enthaltenen Güter nicht zu berücksichtigen. Ungeachtet dessen gelten die Zusammenladeverbote des Unterabschnitts 7.5.2.1 ADR betreffend die Zusammenladung von Versandstücken mit einem Zettel nach Muster 1, 1.4, 1.5 oder 1.6 mit anderen Versandstücken und des Unterabschnitts 7.5.2.2 ADR betreffend die Zusammenladung von explosiven Stoffen und Gegenständen mit Explosivstoff verschiedener Verträglichkeitsgruppen für die in einem Container enthaltenen gefährlichen Güter und die anderen, in dasselbe Fahrzeug verladenen gefährlichen Güter, unabhängig davon, ob die Letztgenannten in einem oder in mehreren anderen Containern enthalten sind.

Beispiele zur Verwendung von Gefahrzetteln

Nr. 1.1 · Nr. 1.3 · Nr. 1.5 · Nr. 1.6 · Nr. 2.1 · Nr. 2.2 · Nr. 2.3 + Nr. 5.1 + Nr. 8 · Nr. 3 · Nr. 4.1 · Nr. 4.3 + Nr. 4.2

Nr. 4.3 · Nr. 5.1 · Nr. 5.2 + Nr. 1 · Nr. 6.1 · Nr. 6.2 · Nr. 7A · Nr. 7B · Nr. 7C · Nr. 8 · Nr. 9 · Nr. 9A

Verkehrs-Verlag J. Fischer GmbH & Co. KG
Corneliusstr. 49
40215 Düsseldorf

Telefon 0211-991930
E-Mail vvf@verkehrsverlag-fischer.de
Shop www.verkehrsverlag-fischer.de

Weitere Gefahrgut-Online-Produkte unter:
www.verkehrsverlag-online.de
www.gefahrzettel24.de

VERKEHRSVERLAG FISCHER

11048-2019

Gefahrgut / GHS
Gefahrzettelmuster/-kennzeichnungen und GHS-Piktogramme

Gefahrzettel, Großzettel (Placards) und Kennzeichen	Gefahreneigenschaften und zusätzliche Hinweise	GHS Gefahrenpiktogramme
Nr. 1, Nr. 1.5, Nr. 1.6 – Explosive Stoffe und Gegenstände mit Explosivstoff	Kann eine Reihe von Eigenschaften und Auswirkungen wie Massendetonation, Splitterwirkung, starkem Brand / Wärmefluss, Bildung von hellem Licht, Lärm oder Rauch haben. Schlagempfindlich und / oder stoßempfindlich und / oder wärmeempfindlich. **Schutz abseits von Fenstern suchen.**	
Nr. 1.4 – Explosive Stoffe und Gegenstände mit Explosivstoff	Leichte Explosions- und Brandgefahr. **Schutz suchen.**	
Nr. 2.1 – Entzündbare Gase	Brandgefahr. Explosionsgefahr. Kann unter Druck stehen. Erstickungsgefahr. Kann Verbrennungen und / oder Erfrierungen hervorrufen. Umschließungen können unter Hitzeeinwirkung bersten. **Schutz suchen. Nicht in tief liegenden Bereichen aufhalten.**	
Nr. 2.2 – Nicht entzündbare, nicht giftige Gase	Erstickungsgefahr. Kann unter Druck stehen. Kann Erfrierungen hervorrufen. Umschließungen können unter Hitzeeinwirkung bersten. **Schutz suchen. Nicht in tief liegenden Bereichen aufhalten.**	
Nr. 2.3 – Giftige Gase	Vergiftungsgefahr. Kann unter Druck stehen. Kann Verbrennungen und / oder Erfrierungen hervorrufen. Umschließungen könnten unter Hitzeeinwirkung bersten. Notfallfluchtmaske verwenden. **Schutz suchen. Nicht in tief liegenden Bereichen aufhalten.**	
Nr. 3 – Entzündbare flüssige Stoffe	Brandgefahr. Explosionsgefahr. Umschließungen können unter Hitzeeinwirkung bersten. **Schutz suchen. Nicht in tief liegenden Bereichen aufhalten.**	
Nr. 4.1 – Entzündbare feste Stoffe, selbstzersetzliche Stoffe, polymerisierende Stoffe und desensibilisierte explosive feste Stoffe	Brandgefahr. Entzündbar oder brennbar, kann sich bei Hitze, Funken oder Flammen entzünden. Kann selbstzersetzliche Stoffe enthalten, die unter Einwirkung von Hitze, bei Kontakt mit anderen Stoffen (wie Säuren, Schwermetallverbindungen oder Aminen), bei Reibung oder Stößen zu exothermer Zersetzung neigen. Dies kann zur Bildung gesundheitsgefährdender und entzündbarer Gase oder Dämpfe oder zur Selbstentzündung führen. Umschließungen können unter Hitzeeinwirkung bersten. Explosionsgefahr desensibilisierter explosiver Stoffe bei Verlust des Desensibilisierungsmittels.	
Nr. 4.2 – Selbstentzündliche Stoffe	Brandgefahr durch Selbstentzündung bei Beschädigung von Versandstücken oder Austritt von Füllgut. Kann heftig mit Wasser reagieren.	
Nr. 4.3 – Stoffe, die in Berührung mit Wasser entzündbare Gase entwickeln	Bei Kontakt mit Wasser Brand- und Explosionsgefahr. **Ausgetretene Stoffe sollten durch Abdecken trocken gehalten werden.**	
Nr. 5.1 – Entzündend (oxidierend) wirkende Stoffe	Gefahr heftiger Reaktion, Entzündung und Explosion bei Berührung mit brennbaren oder entzündbaren Stoffen. **Vermischen mit entzündbaren oder brennbaren Stoffen (z. B. Sägespäne) vermeiden.**	
Nr. 5.2 – Organische Peroxide	Gefahr exothermer Zersetzung bei erhöhten Temperaturen, bei Kontakt mit anderen Stoffen (wie Säuren, Schwermetallverbindungen oder Aminen), Reibung oder Stößen. Dies kann zur Bildung gesundheitsgefährdender und entzündbarer Gase oder Dämpfe oder zur Selbstentzündung führen. Vermischen mit entzündbaren oder brennbaren Stoffen (z. B. Sägespäne) vermeiden.	
Nr. 6.1 – Giftige Stoffe	Gefahr der Vergiftung beim Einatmen, bei Berührung mit der Haut oder bei Einnahme. Gefahr für Gewässer oder Kanalisation. **Notfallfluchtmaske verwenden.**	
Nr. 6.2 – Ansteckungsgefährliche Stoffe	Gefahr der Vergiftung beim Einatmen, bei Berührung mit der Haut oder bei Einnahme. Gefahr für Gewässer oder Kanalisation. **Notfallfluchtmaske verwenden.**	
Nr. 7 A, Nr. 7 B, Nr. 7 C – Radioaktive Stoffe; Muster 7 D als Großzettel	Gefahr der Vergiftung beim Einatmen, bei Berührung mit der Haut oder bei Einnahme. Gefahr für Gewässer oder Kanalisation. **Notfallfluchtmaske verwenden.**	
Nr. 7 E – Spaltbare Stoffe der Klasse 7	Gefahr nuklearer Kettenreaktion.	
Nr. 8 – Ätzende Stoffe	Verätzungsgefahr. Kann untereinander, mit Wasser und mit anderen Stoffen heftig reagieren. Ausgetretener Stoff kann ätzende Dämpfe entwickeln. Gefahr für Gewässer oder Kanalisation.	
Nr. 9, Nr. 9A – Verschiedene gefährliche Stoffe und Gegenstände	Verbrennungsgefahr. Brandgefahr. Explosionsgefahr. Gefahr für Gewässer oder Kanalisation.	
Umweltgefährdende Stoffe	Gefahr für Gewässer oder Kanalisation.	
Kennzeichen für Beförderung bei erhöhter Temperatur	Gefahr von Verbrennungen durch Hitze. **Berührung heißer Teile der Beförderungseinheit und des ausgetretenen Stoffes vermeiden.**	

Bem. 1. Bei gefährlichen Gütern mit mehrfachen Gefahren und bei Zusammenladungen muss jede anwendbare Eintragung beachtet werden.
2. Die oben angegebenen zusätzlichen Hinweise können angepasst werden, um die Klassen der zu befördernden gefährlichen Güter und die Beförderungsmittel wiederzugeben.

Maßnahmen bei einem Unfall oder Notfall

Bei einem Unfall oder Notfall, der sich während der Beförderung ereignen kann, müssen die Mitglieder der Fahrzeugbesatzung folgende Maßnahmen ergreifen, sofern diese sicher und praktisch durchgeführt werden können:

- Bremssystem betätigen, Motor abstellen und Batterie durch Bedienung des gegebenenfalls vorhandenen Batterietrennschalters trennen;
- Zündquellen vermeiden, insbesondere nicht rauchen oder elektrische Zigaretten oder ähnliche Geräte verwenden und keine elektrische Ausrüstung einschalten;
- die entsprechenden Einsatzkräfte verständigen und dabei so viel Informationen wie möglich über den Unfall oder Zwischenfall und die betroffenen Stoffe liefern;
- Warnweste anlegen und selbststehende Warnzeichen an geeigneter Stelle aufstellen;
- Beförderungspapiere für die Ankunft der Einsatzkräfte bereithalten;
- nicht in ausgelaufene Stoffe treten oder diese berühren und das Einatmen von Dunst, Rauch, Staub und Dämpfen durch Aufhalten auf der dem Wind zugewandten Seite vermeiden;
- sofern dies gefahrlos möglich ist, Feuerlöscher verwenden, um kleine Brände / Entstehungsbrände an Reifen, Bremsen und im Motorraum zu bekämpfen;
- Brände in Ladeabteilen dürfen nicht von Mitgliedern der Fahrzeugbesatzung bekämpft werden;
- sofern dies gefahrlos möglich ist, Bordausrüstung verwenden, um das Eintreten von Stoffen in Gewässer oder in die Kanalisation zu verhindern und um ausgetretene Stoffe einzudämmen;
- sich aus der unmittelbaren Umgebung des Unfalls oder Notfalls entfernen, andere Personen auffordern, sich zu entfernen und die Weisungen der Einsatzkräfte befolgen;
- kontaminierte Kleidung und gebrauchte kontaminierte Schutzausrüstung ausziehen und sicher entsorgen.

Verkehrs-Verlag J. Fischer GmbH & Co. KG
Corneliusstr. 49
40215 Düsseldorf

Telefon 0211-991500
E-Mail vvf@verkehrsverlag-fischer.de
Shop www.verkehrsverlag-fischer.de

Weitere Gefahrgut-Online-Produkte unter:
www.verkehrsverlag-online.de
www.gefahrzettel24.de

VERKEHRSVERLAG FISCHER

11037-2C19

Verkehrs-Verlag J. Fischer GmbH & Co. KG
Corneliusstr. 49
40215 Düsseldorf

Telefon 0211-991930
E-Mail vvf@verkehrsverlag-fischer.de
Shop www.verkehrsverlag-fischer.de

Weitere Gefahrgut-Online-Produkte unter:
www.verkehrsverlag-online.de
www.gefahrzettel24.de

VERKEHRSVERLAG FISCHER

11005-2019

Begleitpapiere nach 8.1.2 ADR

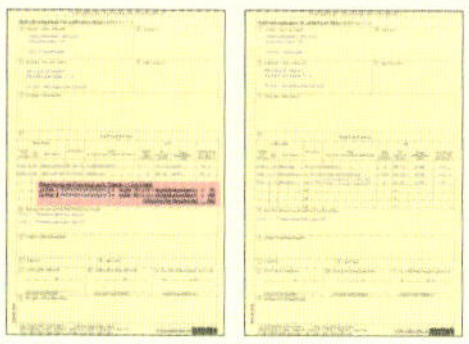

8.1.2.1 a) und 5.4.1 ADR

Beförderungspapier

8.1.2.1 a) und 5.4.2 ADR

ggf. Container-/Fahrzeugpackzertifikat

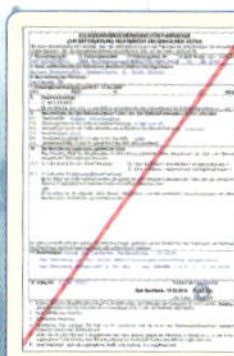

Für jede Beförderungseinheit oder ihre Teile 8.1.2.2 a) und 9.1.3 ADR

ADR-Zulassungsbescheinigung

Für jedes Mitglied der Fahrzeugbesatzung 8.1.2.1 d) und 1.10.1.4 ADR

Lichtbildausweis
(oder Reisepass, Führerschein, Fahrerkarte für das digitale Kontrollgerät oder ADR-Schulungsbescheinigung mit Lichtbild)

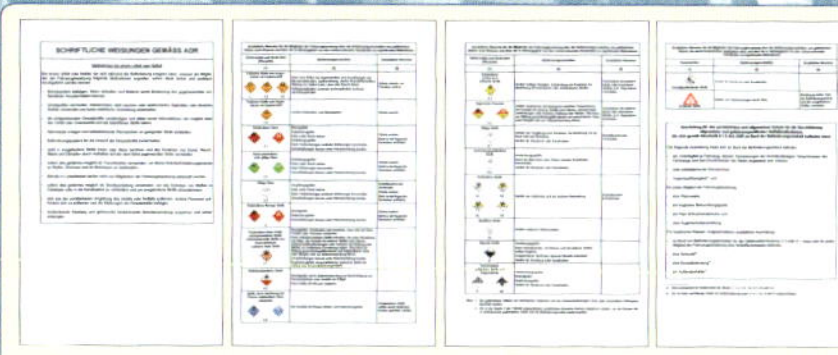

Schriftliche Weisungen 8.1.2.1 b) und 5.4.3 ADR

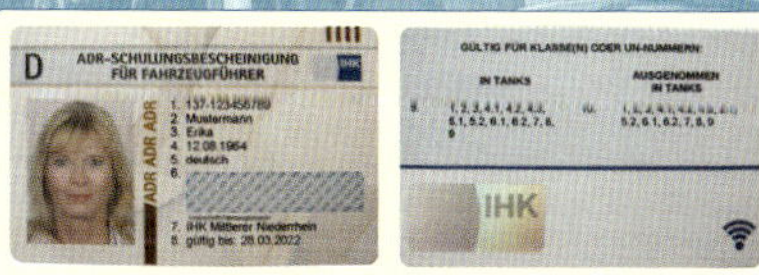

ADR-Schulungsbescheinigung 8.1.2.2 b) und 8.2.1 ADR

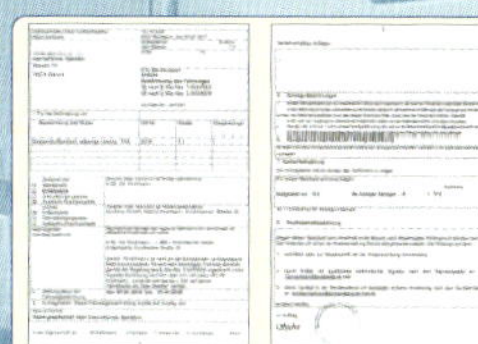

§ 35a GGVSEB

Fahrwegbestimmung

Sonstige Begleitpapiere

Kopie der Genehmigung der zuständigen Behörde 8.1.2.2 und 5.4.1.2.1 c) oder 5.4.1.2.3.3 ADR

1) Bei der Beförderung von bestimmten Stoffen und Gegenständen der Klasse 1
2) Bei der Beförderung bestimmter selbstzersetzlicher Stoffe und organischer Peroxide

Kopie der Multilateralen Vereinbarungen, sofern eine Mitführpflicht besteht

Beförderungsgenehmigung

Für die Beförderung bestimmter Versandstücke der Klasse 7 als Multilaterale Genehmigung 1.7.4.2 ADR

Besonderheiten
Luft 1.1.4.2 ADR
See 1.1.4.2 ADR

§ 5 GGVSEB

Einzelausnahme

§§ 10 – 13 NachwV

Abfallbegleit- oder Übernahmeschein

Für die Beförderung spezieller Stoffe der Klasse 1

Befähigungsschein § 20 SprengG
Erlaubnis § 27 SprengG

Beförderungsgenehmigung für die Beförderung radioaktiver Stoffe

§ 4 Atomgesetz und § 16 StrSchV

Verkehrs-Verlag J. Fischer GmbH & Co. KG
Corneliusstr. 49
40215 Düsseldorf

Telefon 0211-991930
E-Mail vvf@verkehrsverlag-fischer.de
Shop www.verkehrsverlag-fischer.de

Weitere Gefahrgut-Online-Produkte unter:
www.verkehrsverlag-online.de
www.gefahrzettel24.de

VERKEHRSVERLAG FISCHER

1102-2019

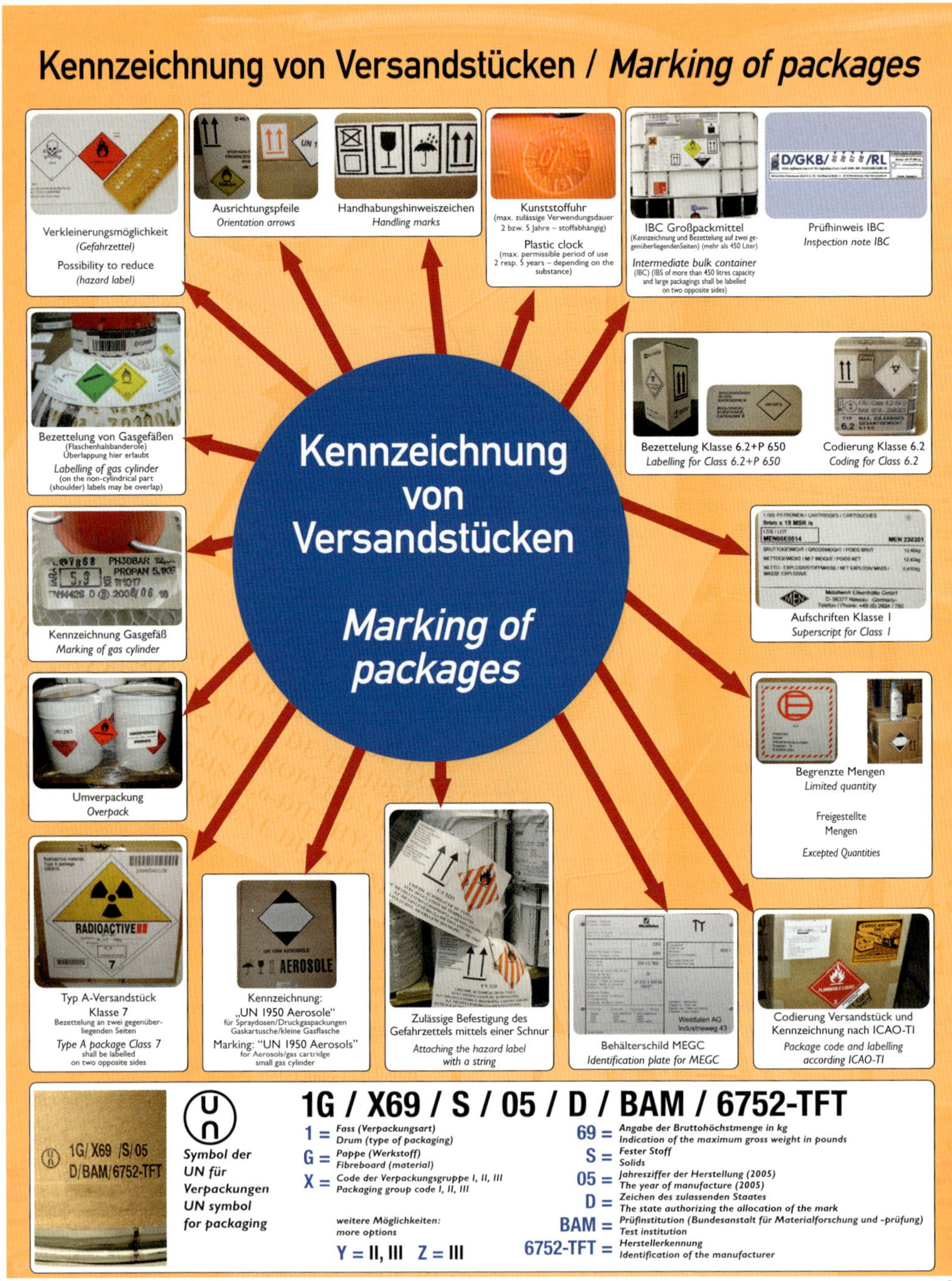

VERKEHRSVERLAG FISCHER
Telefon: 0211 – 9 91 93 – 0
Telefax: 0211 – 6 80 15 44
Telefax: 0211 – 9 91 93 27
Shop: www.verkehrsverlag-fischer.de
E-Mail: vvf@verkehrsverlag-fischer.de

Weitere Gefahrgut-Online-Produkte unter:
www.verkehrsverlag-online.de
www.gefahrzettel24.de

Kennzeichnung und Bezettelung von Beförderungseinheiten

Stückgutbeförderungen

LKW mit Versandstücken

Begrenzte Mengen nach Kapitel 3.4 ADR

Trägerfahrzeug mit Container

4 Großzettel (Placards)/ Kennzeichen*
(zusätzlich zu den orangefarbenen Tafeln)

Beförderung von Versandstücken – Radioaktiv

Beförderung von Versandstücken – Explosiv

3 Großzettel (Placards)/ Kennzeichen**
(zusätzlich zu den orangefarbenen Tafeln)

Lose Schüttung

40
3175

Fahrzeug für Beförderungen in loser Schüttung

3 Großzettel (Placards)/ Kennzeichen**
(zusätzlich zu den orangefarbenen Tafeln)

Trägerfahrzeug für Container oder Schüttgut-Container

4 Großzettel (Placards)/ Kennzeichen*
(zusätzlich zu den orangefarbenen Tafeln)

Hauptgefahr **Nebengefahr**

Nummer zur Kennzeichnung der Gefahr bzw. Kemlerzahl

33
1088

10 cm hoch

30 cm hoch

40 cm breit

Rand, waagerechte Linie und Ziffern: 15 mm Strichbreite

UN-Nummer *(immer vierstellig)*

12 cm hoch

30 cm breit

Verkleinerte orangefarbene Tafel für z. B. für PKW

1.5D
0331

Bei Gütern der Gefahrenklasse 1 in Tanks wird in der oberen Hälfte der orangefarbenen Tafel statt der Gefahrnummer der Klassifizierungscode angegeben.

Warntafel Abfall

A

30 cm hoch

40 cm breit

15-minütige Brandresistenz für Tafel mit Ziffern, Halterung und Abdeckung

Ziffernbedeutung

- **0** – keine Zusatzgefahr
- **2** – Entweichen von Gas durch Druck oder durch chemische Reaktion
- **3** – Entzündbarkeit von flüssigen Stoffen (Dämpfen) und Gasen oder selbsterhitzungsfähiger flüssiger Stoff
- **4** – Entzündbarkeit von festen Stoffen oder selbsterhitzungsfähiger fester Stoff
- **5** – Oxidierende (brandfördernde) Wirkung
- **6** – Giftigkeit oder Ansteckungsgefahr
- **7** – Radioaktivität
- **8** – Ätzwirkung
- **9** – Gefahr einer spontanen heftigen Reaktion

Nummer zur Kennzeichnung der Gefahr – Ziffernkombinationen

(Beispiele)

X 423	=	fester Stoff, der mit Wasser gefährlich reagiert und entzündbare Gase bildet, oder entzündbarer fester Stoff, der mit Wasser gefährlich reagiert und entzündbare Gase bildet, oder selbsterhitzungsfähiger fester Stoff, der mit Wasser gefährlich reagiert und entzündbare Gase bildet
X 668	=	sehr giftiger Stoff, ätzend, der mit Wasser gefährlich reagiert
22	=	tiefgekühlt verflüssigtes Gas, erstickend
23	=	entzündbares Gas
30	=	– entzündbarer flüssiger Stoff, (Flammpunkt von 23°C bis einschließlich 60°C) oder – entzündbarer flüssiger Stoff oder fester Stoff in geschmolzenem Zustand mit einem Flammpunkt über 60°C, auf oder über seinen Flammpunkt erwärmt, oder – selbsterhitzungsfähiger flüssiger Stoff
33	=	leicht entzündbarer flüssiger Stoff (Flammpunkt unter 23°C)
66	=	sehr giftiger Stoff
88	=	stark ätzender Stoff
99	=	verschiedene gefährliche erwärmte Stoffe

Tankfahrzeug, Beförderungseinheit mit Tankcontainer, ortsbeweglicher Tank, MEGC und Batterie-Fahrzeug

33
1203

Tankfahrzeug

3 Großzettel (Placards)/ Kennzeichen**
(zusätzlich zu den orangefarbenen Tafeln)

Trägerfahrzeug mit Tankcontainer

4 Großzettel (Placards)/ Kennzeichen*
(zusätzlich zu den orangefarbenen Tafeln)

Batterie-Fahrzeug

MEGC

3 Großzettel (Placards)/ Kennzeichen**
(zusätzlich zu den orangefarbenen Tafeln)

* = an beiden Längsseiten und an jedem Ende
** = an beiden Längsseiten und hinten

Verkehrs-Verlag J. Fischer GmbH & Co. KG
Corneliusstr. 49
40215 Düsseldorf

Telefon 0211-991930
E-Mail vvf@verkehrsverlag-fischer.de
Shop www.verkehrsverlag-fischer.de

Weitere Gefahrgut-Online-Produkte unter:
www.verkehrsverlag-online.de
www.gefahrzettel24.de

VERKEHRSVERLAG FISCHER

1160–2019

Verkehrs-Verlag J. Fischer GmbH & Co. KG
Corneliusstr. 49
40215 Düsseldorf

Telefon 0211-991930
E-Mail vvf@verkehrsverlag-fischer.de
Shop www.verkehrsverlag-fischer.de

Weitere Gefahrgut-Online-Produkte unter:
www.verkehrsverlag-online.de
www.gefahrzettel24.de

VERKEHRSVERLAG FISCHER

2019 – 11001

Ladungssicherung gefährlicher Güter
(Be-, Entladung und die Handhabung)
Bei Ankunft
– am Be- und Entladeort
– am Container-Terminal
müssen
– Fahrzeuge
– Mitglieder der Fahrzeug-besatzung
– Container
– Schüttgut-Container
– MEGC
– Tankcontainer
– ortsbewegliche Tanks
bezüglich
– Sicherheit
– Sicherung
– Sauberkeit
– ordnungsgemäßer Funktion der bei Be- und Entladung verwendeten Ausrüstung
den Rechtsvorschriften genügen
Beladeverbot nach
1. Kontrolle der Dokumente
2. nach Sichtprüfung
Entladeverbot von
bei Mängeln an
bei Verstößen gegen
Bei Entladung
Pflicht zur Container-/Fahrzeugkontrolle
– innen
– außen
zur Schadensvermeidung oder Unversehrtheit an
– Fahrzeugen
– Containern
– Versandstücken
Alle Umschließungsmittel müssen nach einer Handhabungsmethode verladen und entladen werden, für die sie ausgelegt und, sofern vorgeschrieben, geprüft sind.
Versandstücke und Umverpackungen nach den Ausrichtungspfeilen ausrichten, wenn diese vorgeschrieben sind
Bei Beförderung von Gefahrgut und Nichtgefahrgut müssen alle Güter zur Verhinderung des Gefahrgutaustritts in den Fahrzeugen / oder Containern gesichert oder verpackt werden
Keine Überspannung von Verspannungen (Bänder, Gurte), wodurch es zur Beschädigung / Verformung des Versandstücks kommt
„Anwendungsmöglichkeit“
DIN EN 12195-1:2010 gilt für Fzg. > 3,5 t Gesamtgewicht
Sicherung von Gefahrgutversandstücken / unverpackten gefährlichen Gegenständen durch geeignete Mittel, zur Verhinderung einer Bewegung während der Beförderung, die zur Ausrichtungsänderung der Versandstücke oder zur Beschädigung der Versandstücke führt; Ladungssicherung nach DIN EN 12195-1:2010 ist ausreichend
Ladungssicherung Gefahrgut 7.5.7.1 ADR
Zusätzliche Vorschriften für Gase 7.5.11 ADR
Schutz der Versandstücke gegen Beschädigung durch korrekte
– Handhabung bei Beförderungsvorbereitung
– Art des Fahrzeugs / Containers
– Be- und Entlademethode
... kg max
Nur Stapelung, wenn Versandstücke für diesen Zweck ausgelegt sind; Stapelfähigkeit berücksichtigen
„Bei Containerbeladung ist der CTU-Code zu berücksichtigen.“
– Auffüllen von Hohlräumen durch Stauhölzer
– Blockieren
– Verspannen
Gemäß 7.5.7.4 ADR gelten die Vorschriften nach 7.5.7.1 ADR auch für das Verladen, Verstauen und Absetzen sowie für das Entleeren von Containern, Tankcontainern, ortsbeweglichen Tanks und MEGC auf bzw. von Fahrzeugen.
Abschnitt 7.5.11 ADR, Sondervorschrift CV 9
Versandstücke nicht werfen oder Stößen aussetzen
Gefäße so verladen, dass sie nicht umkippen oder herabfallen können
Abschnitt 7.5.11 ADR, Sondervorschrift CV 10
Flaschen parallel oder quer zur Längsachse legen.
In der Nähe der Stirnwände müssen sie jedoch quer zur Längsachse verladen werden.
Aufrechte Verladung der Flaschen, wenn
– ausreichend standfest
– in geeigneten Einrichtungen gegen Umfallen geschützt (ausreichend standfest sind Flaschen nur, wenn diese mit einem Fußteil versehen sind. Für Flaschen ohne Fußteil wird z. B. ein geeignetes Ladegestell benötigt, dass ladungsgesichert werden muss (RSEB Ziffer 7-12))
Kurze Flaschen mit großem Durchmesser (etwa 30 cm und mehr) dürfen auch längs gelagert werden;
Bei Inanspruchnahme von Freistellungen nach 1.1.3 ADR und 3.5 ADR gilt national Unterabschnitt 7.5.7.1 ADR nicht (z. B. Handwerkerregelung). Es sind aber die StVO / StVZO anzuwenden. Ahndung über FAER
Verkehrs-Verlag J. Fischer GmbH & Co. KG
Corneliusstr. 49
40215 Düsseldorf
Telefon 0211-991930
E-Mail vvf@verkehrsverlag-fischer.de
Shop www.verkehrsverlag-fischer.de
www.verkehrsverlag-online.de
www.gefahrzettel24.de
VERKEHRSVERLAG FISCHER

Verwendung der Feuerlöschausrüstung

Feuerlöschausrüstung kennzeichnungspflichtiger Beförderungseinheiten

bis höchstens 3,5 t zGM	**4 kg**	2 kg + 2 kg
mehr als 3,5 t bis 7,5 t zGM	**8 kg**	6 kg + 2 kg
mehr als 7,5 t zGM	**12 kg**	6 kg + 6 kg

Hinweis:

Großer Feuerlöscher entspricht 6 kg

Kleiner Feuerlöscher entspricht 2 kg

Brandklasse nach EN 2:1992+A1:2004: EN 3 tragbare Feuerlöscher Teil 7 (EN 3–7:2004+A1:2007)	Beschreibung	Beispiele	Löschmittel	Hinweis
A	Brände fester Stoffe, hauptsächlich organischer Natur, die normalerweise unter Glutbildung verbrennen	Holz, Kohle, Papier, Textilien, Autoreifen, einige Kunststoffe, Stroh	Wasser, wässrige Lösungen, Schaum, ABC-Pulver	
B	Brände von flüssigen oder flüssig werdenden Stoffen	Benzin, Alkohol, Teer, Wachs, viele Kunststoffe, Äther, Lacke, Harz	Schaum, ABC-Pulver, BC-Pulver, Kohlendioxid	Auch Stoffe, die durch die Temperaturerhöhung flüssig werden
C	Brände von Gasen	Ethin (Acetylen), Wasserstoff, Erdgas, Methan, Propan, Butan, Stadtgas	ABC-Pulver, BC-Pulver, Kohlendioxid nur in Ausnahmefällen (hierfür gibt es sehr selten speziell konstruierte Sonderfeuerlöscher mit Gasstrahldüse), Gaszufuhr durch Abschiebern der Leitung unterbinden	Brände von Gasen in der Regel erst dann löschen, wenn die Gaszufuhr unterbunden werden kann, da sonst die Gefahr eines explosionsfähigen Gas-Luft-Gemisches besteht
D	Brände von Metallen	Aluminium, Magnesium, Natrium, Kalium, Lithium und deren Legierung	Metallbrandpulver (D-Pulver), trockener Sand, trockenes Streu- oder Viehsalz, trockener Zement, Grauguss-Späne	Bei Bränden der Klasse D niemals Wasser als Löschmittel verwenden
F	Brände von Speiseölen/-fetten (pflanzliche oder tierische Öle und Fette) in Frittier- und Fettbackgeräten und anderen Kücheneinrichtungen und -geräten	Speiseöle und Speisefette	Topfdeckel, Speziallöschmittel (Flüssiglöschmittel aus der Brandklasse F-Handfeuerlöscher)	Bei Bränden der Klasse F (Fettbrand) niemals Wasser als Löschmittel verwenden

Lithiumbatteriebrände dürfen **nicht** mit ABC-Pulverlöscher bekämpft werden!

Wichtige Regeln

Sollte es zum Ausbruch eines Feuers gekommen sein, ist es wichtig, neben der Kenntnis der Brandklassen auch die wesentlichen Regeln beim Einsatz von Feuerlöschern zu beherrschen. Der Fahrzeugführer sollte allenfalls nach persönlicher Einschätzung Entstehungsbrände löschen. Ladungsbrände dürfen aufgrund der zu hohen Eigengefährdung nicht gelöscht werden. Mit einem 6-kg-Feuerlöscher kann man im Dauerbetrieb maximal 8 bis 12 Sekunden löschen.

Die wichtigsten Regeln sind:

- Feuerlöscher erst in Brandnähe betätigen,
- mit dem Wind löschen,
- von unten nach oben löschen,
- von vorn nach hinten löschen,
- durch kurze Pulverstöße löschen, Löschmittelreserve zurückbehalten,
- möglichst mit mehreren Feuerlöschern zugleich angreifen,
- bei kleinen Flammen: Pulverwolke sanft über das gesamte brennende Objekt legen.

Wichtig: Reifen entzünden sich durch Hitze und Glutnester wieder. Möglichst nach dem Löschen kühlen.

Feuerlösch-ausrüstung

Mindestens ein tragbarer 2 kg-Feuerlöscher der Brandklassen A, B und C bei gefährlichen Gütern nach 1.1.3.6 ADR (≤ 1 000 Punkte) (8.1.4.2 ADR)

leicht erreichbar (8.1.4.5 ADR)

Plombierung ist Pflicht (8.1.4.4 ADR)

Ausrüstungspflicht der Beförderungseinheit durch den Beförderer mit tragbarem Feuerlöscher entsprechend der EN 3 Tragbare Feuerlöscher Teil 7 / EN 3-7:2004 + A 1:2007)

Schnittmodelle von Feuerlöschern

Konformitätszeichen einer zuständigen Behörde mit Monat und Jahr der nächsten wiederkehrenden Prüfung oder des Ablaufs der höchstzulässigen Nutzungsdauer (8.1.4.4 ADR). Innerstaatlich beträgt gem. § 36 GGVSEB die Prüffrist für Feuerlöschgeräte für in Deutschland zugelassene Fahrzeuge zwei Jahre. Es kann ein D-Halter/Beförderer auch im Ausland einen F. kaufen und unterliegt bei den Prüfungen dann den Intervallen des anderen Landes, wenn es mehr als zwei Jahre sein sollten.

Unterweisungspflicht nach 8.3.2 ADR

Die Mitglieder der Fahrzeugbesatzung müssen mit der Bedienung der Feuerlöschgeräte vertraut sein.

Löschmittelübersicht

Wasser	W
Schaum	S
BC-Pulver	P
Metallbrandpulver	PM
Kohlenstoffdioxid CO_2	K
Fettbrandlöschmittel	F
ABC-Pulver	PG

Witterungsschutz (8.1.4.5 ADR)

Ohne Schutz gegen Witterungseinflüsse (Mangel)

Ausnahme: Bei neuen Feuerlöschern gilt das Datum der Werksendkontrolle als das Datum der letzten Prüfung

Verkehrs-Verlag J. Fischer GmbH & Co. KG
Corneliusstr. 49
40215 Düsseldorf

Telefon 0211-991930
E-Mail vvf@verkehrsverlag-fischer.de
Shop www.verkehrsverlag-fischer.de

Weitere Gefahrgut-Online-Produkte unter:
www.verkehrsverlag-online.de
www.gefahrzettel24.de

VERKEHRSVERLAG FISCHER

11006-2019

Gefahrgutverstöße für den Bereich Straße
Fehlender Verschlussventilschutz z.B. Schutzkappe
1. gefülltes bzw. teilentleertes Druckgefäß
Verpacker 800 €
2. ungereinigt leeres Druckgefäß
Verlader 400 €
Beschädigte(s) Versandstück / Verpackung
Fahrzeugführer 250 €
Verlader 500 €
Nichtbeachten der Vorschriften über die Gefahrzettel
Verlader 500 €
Nichtbeachten der Ausrüstungsvorschriften Persönlicher Schutz nach Überschreitung der Mindeshaltbarkeit (MHD)
Beförderer 200 €
Gefahrzettel nicht vollständig sichtbar
Verpacker 500 €
Orangefarbene Tafel (Warntafel) nicht vollständig entfernt oder verdeckt
Fahrzeugführer
• eine orangefarbene Tafel 20 €
• zwei orangefarbene Tafeln 30 €
• bei mehreren Verstößen 100 €
Verstöße gegen ADR-Bestimmungen
Gefahrgut-Unfall
Bußgeld bzw. Geld- oder Freiheitsstrafe
Ordnungswidrigkeiten
StVO/StVZO
StVG
GGVSEB/GGBefG
Bodenverunreinigung
Gewässerverunreinigung
Unerlaubter Umgang mit radioaktiven Stoffen und anderen gefährlichen Gütern
StGB
Beschädigte(s) Versandstück/Verpackung und überklebter Gefahrzettel
Fahrzeugführer 250 €
Verlader 500 €
Verpacker 800 €
Verlader ungereinigt leer 400 €
Bezettelungsmängel
Verpacker 500 €
Ungeeignete Halterung der orangefarbenen Tafel
Befüller und Beförderer 500 €
Orangefarbene Tafel angerostet und beschädigt
Befüller und Beförderer 500 €
Anhaftung gefährlicher Rückstände
1. ungereinigt leer
Verlader 400 €
2. gefüllt bzw. teilentleert
Verpacker 800 €
GGVSEB / des GGBefG
Auftraggeber des Absenders
Absender
Beförderer
Befüller
Betreiber eines – Tankcontainers
– ortsbeweglichen Tanks pp.
Die an der Beförderung Beteiligten
Betroffene
Empfänger
Fahrzeugführer
Hersteller, Rekonditionierer und Inspektions- und Prüfstelle
Unternehmen
Verlader
Verpacker
Unzulässige Verkleinerung des Gefahrzettels
Verpacker 500 €
Buß- und
RSEB - Anlage 7-
10 € bis 1500 €
und
bis zu 50.000 Euro nach GGBefG
Nichtbeachten besonderer Bedingungen
Handwerkerregelung
- Ladungssicherung, Schutzkappen und sichere Verschlüsse -
Fahrzeugführer 300 €
Verlader 500 €
Beförderer 800 €
Beispiel Ladungssicherung
Versandstücke falsch ausgerichtet
Fahrzeugführer und Verlader 250 €
Falsche Kennzeichnung von in begrenzten Mengen verpackten gefährlichen Gütern
Verpacker 500 €
Ladungssicherungsmängel
Fahrzeugführer 300 €
Verlader 500 €
Beförderer 800 €
Ladungssicherungsmangel
Nachsicherung durch Anlegen von zusätzlichen Zurrgurten
Fahrzeugführer 300 €
Verlader 500 €
Beförderer 800 €
Gasflaschenbeförderung ohne ordnungsgemäße Ladungssicherung
Fahrzeugführer 300 €
Verlader 500 €
Beförderer 800 €
VERKEHRSVERLAG FISCHER
Telefon: 0211 – 9 91 93 – 0
Telefax: 0211 – 6 80 15 44
Telefax: 0211 – 9 91 93 27
E-Mail: vvf@verkehrsverlag-fischer.de
www.verkehrsverlag-online.de
www.gefahrzettel24.de

Tanktechnik I

Fahrzeug- und Beförderungsarten

Tankcontainer

Silotankfahrzeug

Tankanhänger mit Verbindungsleitung

Saug-Druck-Tank für Abfälle

Aufsetztanks auf einer Wechselbrücke

Bauformen

Kofferförmiger Tank

Zylindrischer Tank

Elliptischer Tank

Prüfungen

Zum Beispiel

- Wasserdruckprüfung
- Bauprüfung
- Prüfung innerer und äußerer Zustand
- Prüfung Tankkörper
- Prüfung Ausrüstungsteile mit deren Funktion
- Dichtheitsprüfung

Zulassungsbescheinigung

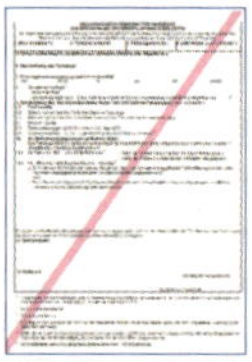

Kennzeichnungen

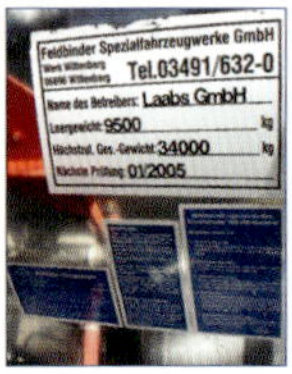

Betreiberschild

Inhalt:

- Name des Eigentümers oder Betreibers
- Leermasse
- höchstzulässige Gesamtmasse

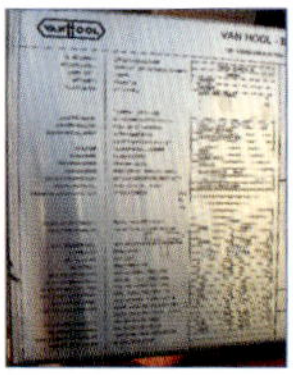

Tankschild

mit Angaben z.B.:

- Zulassungsnummer
- Baujahr
- Prüfdruck (Überdruck)
- bestimmte Prüfdaten
- Stempel des prüfenden Sachverständigen

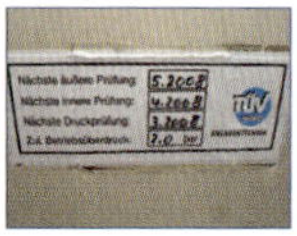

Zusatzkennzeichnung

mit Angaben z.B.:

- Nächste äußere oder innere Prüfung
- Nächste Druckprüfung
- Höchstzulässiger Betriebsdruck
- Wärmeisoliert
- Offizielle Benennung des Gases

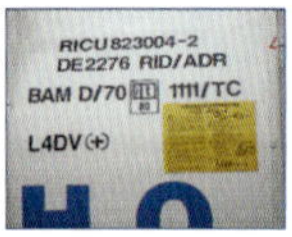

Tankcodierung (hier L4DV (+))

Kennzeichnung eines ortsbeweglichen Tanks „UN Portable Tank"

Befüllen und Entleeren

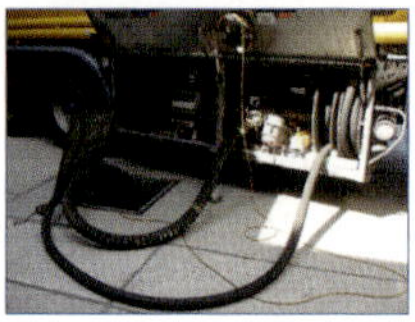

Erdtankbefüllung (Füllleitung und Gaspendelleitung)

Obenbefüllung

Potentialausgleichsleitung

Erdungsanschluss

Tankerdung

VERKEHRSVERLAG FISCHER
Telefon: 0211 – 9 91 93 – 0
Telefax: 0211 – 6 80 15 44
Telefax: 0211 – 9 91 93 27
Shop: www.verkehrsverlag-fischer.de
E-Mail: vvf@verkehrsverlag-fischer.de

Tanktechnik II
Domdeckeldichtung
Domarmaturen
Schutz der Einrichtungen auf der Oberseite
Domwannenauslauf
Laufsteg
Aufstieg, Geländer und Laufsteg
Hinterer Schutz der Fahrzeuge
Seitlicher Anfahrschutz
Schwallwand
Steigrohrleitungsanschluss
Armaturenschrank
Fahrerhausrückwand
Auspuffabdeckung
Erdungsanschluss mit Erdungssymbol
Additivierungsanlage
Flammendurchschlag-sicherung
Vollschlauchhaspel
verbindungsleitung
NOTAUS
Außenliegendes Bedienungsorgan Batterietrennschalter
Innenliegendes Bedienungsorgan Batterietrennschalter
Sicherheitsventil
Drosselklappe
Bodenventil
Berstscheibe
Bedienelement für
Notausschaltung (ANA)"
Tankisolierung
Schaltverstärker für Abfüllsicherung
Auslaufstutzen geöffnet mit Verschlusskappe
Drosselklappe mit Auslauf

Tanktechnik III Gase

Fahrzeug- und Beförderungsarten

Gastanksattelzug mit Heckarmaturenschrank

Batterie-Fahrzeug

MEGC (Multiple-Element-Gascontainer) Gascontainer mit mehreren Elementen

Tankcontainer für Gase

Tankcontainer für tiefgekühlt verflüssigtes Gas, erstickend

Armaturenschränke

Armaturenschrank eines Gastankwechselbehälters

Armaturenschrank eines Gastankwagens für tiefgekühlt verflüssigtes Gas

Befüllung

Befüllung

Technische Ausstattung

Normal- und Kontrollpeilrohre

Drehpeilrohr

Volumenanzeige

Temperaturanzeige

Kühlaggregate

Kennzeichnungen

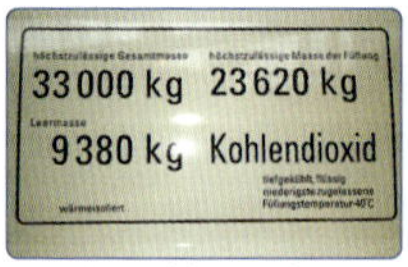

Kennzeichnung eines Gastankfahrzeuges

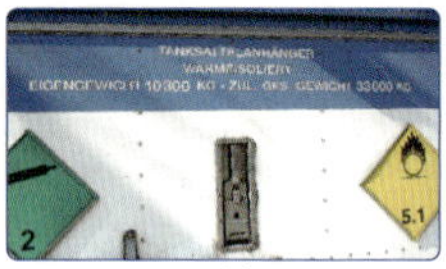

Kennzeichnung „WÄRMEISOLIERT"

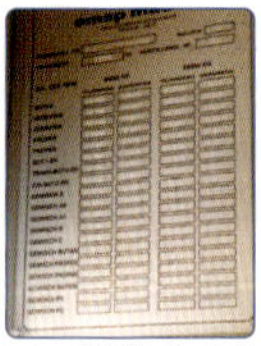

Tankschild für Produktkennzeichnung

Maßnahmen bei Gefahrgutunfall oder – Notfall

Bei einem Unfall oder Notfall, der sich während der Beförderung ereignen kann, müssen die Mitglieder der Fahrzeugbesatzung folgende Maßnahmen ergreifen, sofern diese sicher und praktisch durchgeführt werden können

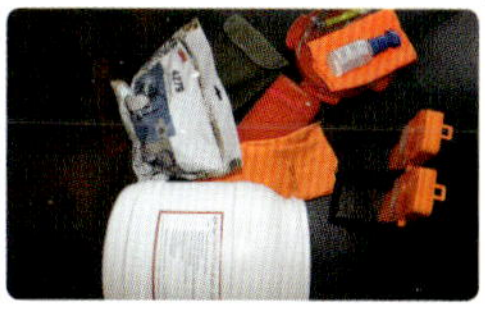

Kontaminierte Kleidung und gebrauchte kontaminierte Schutzausrüstung ausziehen und sicher entsorgen

Bremssystem betätigen, Motor abstellen und Batterie durch Bedienung des gegebenenfalls vorhandenen Hauptschalters trennen

Zündquellen vermeiden, insbesondere nicht rauchen oder elektronische Zigaretten oder ähnliche Geräte verwenden und keine elektrische Ausrüstung einschalten

Sich aus der unmittelbaren Umgebung des Unfalls oder Notfalls entfernen, andere Personen auffordern sich zu entfernen und die Weisungen der Einsatzkräfte befolgen

Einsatzkräfte verständigen und dabei soviel Informationen wie möglich über den Unfall oder Zwischenfall und die betroffenen Stoffe liefern

Bordausrüstung verwenden, um das Eintreten von Stoffen in Gewässer oder in die Kanalisation zu verhindern und um ausgetretene Stoffe einzudämmen

Warnweste anlegen und selbststehende Warnzeichen an geeigneter Stelle aufstellen

Brände in Ladeabteilen dürfen nicht von Mitgliedern der Fahrzeugbesatzung bekämpft werden

Feuerlöscher verwenden, um kleine Brände/Entstehungsbrände an Reifen, Bremsen und im Motorraum zu bekämpfen

Nicht in ausgelaufene Stoffe treten oder diese berühren und das Einatmen von Dunst, Rauch, Staub und Dämpfen durch Aufhalten auf der dem Wind zugewandten Seite vermeiden

Beförderungspapiere für die Ankunft der Einsatzkräfte bereit halten

Meldungen von Ereignissen mit gefährlichen Gütern

Ereignet sich ein schwerer Unfall oder Zwischenfall, so hat der Verantwortliche (Verlader, Befüller, Beförderer, Empfänger) sicherzustellen, dass der zuständigen Behörde ein Bericht vorgelegt wird. (1.8.5.1 ADR)

Umverpackungen

Begriffsbestimmung Umverpackung (1.2.1 ADR / RID)

Umverpackung: Eine Umschließung, die (im Falle radioaktiver Stoffe von einem einzigen Absender) für die Aufnahme von einem oder mehreren Versandstücken und für die Bildung einer Einheit zur leichteren Handhabung und Verladung während der Beförderung verwendet wird. Beispiele für Umverpackungen sind: a) eine Ladeplatte, wie eine Palette, auf die mehrere Versandstücke gestellt oder gestapelt werden und die durch Kunststoffband, Schrumpf- oder Dehnfolie oder andere geeignete Mittel gesichert werden, oder b) eine äußere Schutzverpackung wie eine Kiste oder ein Verschlag.

Umverpackungen bei Limited Quantities (3.4.11 ADR / RID) und Excepted Quantities (3.5.4.3 ADR / RID)

- „UMVERPACKUNG“ (mind. 12 mm Schriftgröße)
- Sofern für alle in der Umverpackung enthaltenen gefährlichen Gütern repräsentativen Kennzeichen nicht sichtbar sind

Verwendung von Umverpackungen (5.1.2 ADR/RID)

Außenwiederholung nur, wenn

- UN-Nummern mit „UN“ vorangestellt
- Gefahrzettel z. B.
- Kennzeichen für umweltgefährdende Stoffe
- Ausrichtungspfeile (gegenüberliegend)

nicht sichtbar (5.1.2.1 a) ADR / RID)

Ausrichtungspfeile gegenüberliegend (5.1.2.1 b) ADR / RID)

Zusammenladeverbote beachten (5.1.2.4 ADR / RID)

Ausdruck „UMVERPACKUNG“ in Sprache

- Ursprungsland
- Deutsch oder
- Englisch oder
- Französisch oder
- gemäß Vereinbarung durchfahrener Staaten

Kennzeichen „UMVERPACKUNG“ (5.1.2.1a) ADR / RID) in 12 mm Schriftgröße

Beispiele

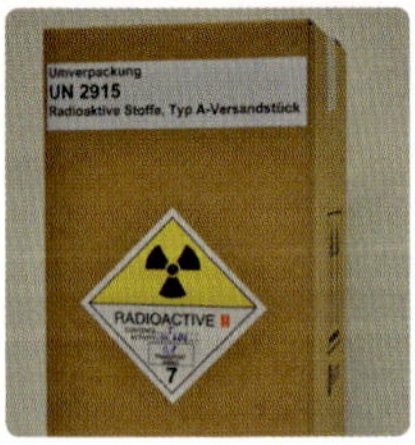

Verkehrs-Verlag J. Fischer GmbH & Co. KG
Corneliusstr. 49
40215 Düsseldorf

Telefon 0211-991930
E-Mail vvf@verkehrsverlag-fischer.de
Shop www.verkehrsverlag-fischer.de

Weitere Gefahrgut-Online-Produkte unter:
www.verkehrsverlag-online.de
www.gefahrzettel24.de

VERKEHRSVERLAG FISCHER

11046-2019

Stichwortverzeichnis

A

B

C

E

L

M

N

O

P

Q

R

S

T

U

V

W

Z